Anne E Dünzelmann

Stockholmer Spaziergänge

Bibliographische Information der Deutschen Nationalbibliothek

Die Deutsche Nationalbibliothek verzeichnet diese Publikation in der Deutschen

Nationalbibliographie; detaillierte bibliographische Daten sind im Internet über

http://dnb.ddb.de abrufbar.

Überarbeiteter Neudruck Oktober 2024

der 4. Auflage 2024

© Anne E Dünzelmann

Verlag: BoD · Books on Demand GmbH, In de Tarpen 42, 22848 Norderstedt

Druck: Libri Plureos GmbH, Friedensallee 273, 22763 Hamburg

ISBN: 978-3-7583-7113-4

Anne E Dünzelmann

Stockholmer Spaziergänge (4)

Auf den Spuren deutschsprachiger Exilierter 1933 – 1945

**Diese von Michael Meschke geschaffene Figur
des Baptiste aus dem Film *Kinder des Olymp*
reflektiert die Situation vieler Exilierter:
Es gibt trotz allem einen Neubeginn.**

Inhalt

Aktivitäten der Internationalen Transportarbeiter-Föderation Sabotage als Mittel zum Zweck? / Fallbeispiele: Birnbaum, Knüfken, Wollweber / Die Verbindung zum sogenannten Kreisauer Kreis: Adam von Trott zu Solz und Willy Brandt / In Memoriam Jacob Welter

III Anhang ___________________________________ 273

Einleitende Anmerkungen

Forschung bedeutet ja nie Stillstand und befindet sich immer in Bewegung. Diesem Diktum bin ich gefolgt und habe festgestellt, dass bestimmte Ereignisse in den bisherigen Fassungen zwar erwähnt, aber nicht ausführlicher dargestellt wurden. Dazu gehören z. B. der Komplex der Sabotageaktivitäten und auch das sorgfältig eingefädelte Treffen von Willy Brandt und Adam von Trott zu Solz. In diesem Kontext kann Stockholm auch als Hot Spot des deutschsprachigen Exils bezeichnet werden, obwohl es kein ›Casablanca des Nordens‹ war.

Ansonsten besitzen im nunmehr vorliegenden Neudruck die Anmerkungen der vierten Auflage weiterhin Gültigkeit: Doch sind verschiedene Korrekturen und Ergänzungen hinzugekommen. Zudem wurde mehreren Biografien eine stärkere Aufmerksamkeit zuteil, da die Protagonisten bestimmten Erfahrungen ausgesetzt waren und somit exemplarisch für entsprechende Ereignisse stehen. Gleich geblieben ist das Anliegen, eine Übersicht über das im historischen Kontext doch recht schmale Zeitfenster hinsichtlich der Möglichkeiten der meisten in Stockholm angekommenen Exilierten aufzuzeigen. Wobei einzelne Exilierte sich auf besonderer Weise profiliert haben und daher als sogenannte Fallbeispiel anzusehen sind. Vor allem geht es hier um den Menschen, den in das Geschehen involvierten Menschen an sich, die bestimmten Zwängen und Schwierigkeiten ausgesetzt waren und diese bewältigen mussten. Insofern versteht sich diese Arbeit vor allem auch als Werk der Erinnerung. Ungewollt fehlerhafte Darstellungen und Informationen bitte ich zu entschuldigen.

Darüber hinaus kann diese Arbeit auch Anregungen für weitere intensivere Forschungen liefern. Doch ist leider anzumerken, dass nicht alle kontaktierten Personen und Einrichtungen notwendig gewordene Anfragen beantwortet haben. Dadurch bleiben vorläufig bestimmte Unklarheiten und Lücken noch offen. Mit dem hier vorgelegten Neudruck sollen notwendig erscheinende Ergänzungen und mögliche Unterlassungen weitestgehend ausgeglichen werden.

Aus den Geschehnissen ist Geschichte geworden

Im Fokus dieser Darstellung steht also der Mensch an sich und erhält mit seinem Potential zur Vernetzung die entsprechende Aufmerksamkeit, und zwar in Anlehnung an Hannah Arendt. Kennzeichnend für die Situation fast aller hier genannten Fluchtmigranten ist ein bisher erlebtes und ziemlich positives Miteinander zu verlassen und die eigene Flucht- bzw. Exilerfahrung nunmehr mit anderen Betroffenen zu teilen. Daraus resultierte ein Bewusstsein, sich gemeinschaftlich neu verorten zu müssen. Erste Kontakte zu in etwa Gleichgesinnten mussten also ausgelotet werden, damit es überhaupt zu einer gemeinschaftlichen Neufindung kommen konnte. Aus den zunächst wohl nur persönlichen Kontakten entstanden lockere und sich dann vertiefende Zusammenschlüsse.

Zunächst wird einmal den formalen und gesellschaftlichen Bedingungen eines Aufenthalts im Aufnahmeland Schweden nachgegangen, und zwar unter besonderer Berücksichtigung der in Deutschland verfolgten Juden. Im daran anschließenden Kurzkapitel wird der Komplex

Kindertransporte behandelt, wobei die von jüdischer Seite geplante und vorbereitete Auswanderung der betroffenen Kinder und Jugendlichen ausführlicher dargestellt wird. Weiter wird in einem Exkurs die Aufnahme jüdischer Kinder und Jugendlicher aus dem inzwischen besetzten Dänemark und Norwegen festgehalten. Es folgt in chronologischer Ordnung eine Auflistung der von schwedischer Seite initiierten Hilfs- und Betreuungsangebote für die in Stockholm aufgenommenen Fluchtmigranten.

Um ein Gefühl für die geografische Neuverortung der zugewanderten Exilierten zu entwickeln, werden im zweiten Teil die entsprechenden Orte und Räume in Stockholm aufgesucht, wo sie lebten und agierten. Obwohl die Zeit nicht stehen geblieben ist und insofern Veränderungen nicht ausgeblieben sind. Insofern verweisen auch nur wenige Erinnerungsorte auf die Anwesenheit und das Wirken bestimmter Exilierter hin. Beispielhaft dafür sind Personen wie Bertolt Brecht, Willy Brandt, Fred Forbat und Orte wie das Långholmen fängelse sowie bestimmte Bauten.

Im biografischen Abschnitt werden die maßgeblichen Lebenslinien bestimmter Exilierter der ersten Generation nachgezeichnet. Wobei es sich um eine Auswahl handelt ohne den Anspruch der Vollständigkeit. Stattdessen ist der Querschnitt einer biografischen Erkundung entstanden, in dessen Mittelpunkt die jeweiligen Protagonisten beispielhaft für sich stehen. Nicht nur in der Bewältigug schwieriger Situationen und Verhältnisse. In diesem Kontext stellt sich u. a. die Frage, von woher kamen die jetzt im Exil lebenden Akteure, was für Fähigkeiten und Kenntnisse brachten sie mit.Allerdings werden die Biografien bestimmter Exilierter ausführlicher und dargestellt, da deren Schicksale in Verbindung stehen mit besonderen Ereignissen. Dazu gehören z. B. Willy Brandt, Hermann Knüfken, Nelly Sachs, Stefan Szende und die Familien Goldstein/Winter. In diesem Kontext stellt sich vor allem die Frage, wie gestalteten sie ihr nunmehriges Leben? Und in Anlehnung an Hannah Arendt (vgl. *Vita activa,* Abb. 110 Gab es für sie Möglichkeiten des Handelns, um so ein aktives, ein tätiges Leben zu führen? Dieses gelingt nicht in der Isolation, es benötigt die umgebende Welt und ein Bezugsgewebe zwischenmenschlicher Beziehungen. Das schafft sich der Mensch bzw. schaffen sich die Menschen selbst. Beispielhaft dafür sind die vielen Vereinigungen, die im Laufe des Exils geschaffen und geformt wurden. Aus Begegnungen entstanden Gesprächskreise, Gruppierungen und Interessenvertretungen bis hin zu Vereinen, von denen nicht alle einen formellen Status besaßen und daher Schwankungen unterworfen waren. Da nicht alle hier genannten Vereinigungen exakt durchleuchtet werden konnten, soll die vielfache Organisierung innerhalb der Exilgesellschaft die Möglichkeiten einer zum Überleben notwendigen Vernetzung aufzeigen. Eine andere Deutung des Tätigseins und -werdens findet sich im Roman *Im Schatten des Windes* von Carlos Ruiz Zafón mit dem Ausspruch, dass man/frau beim Arbeiten (also dem Tätigsein) dem Leben nicht in die Augen zu schauen braucht. Weitere biografische Angaben sind ebenfalls bei Müssener, *Exil,* Müssener/Scholz, *Emigrantenselbsthilfe* und Rosengren, *Fünf Musiker* zu finden.

Mit der Organisierung in Selbsthilfegruppen und Vereinigungen zeigt sich die Wichtigkeit von Vernetzungen per se, um sich mit Hilfe dieses Medium in der nunmehrigen Gesellschaft zu behaupten und überhaupt einen Ort zu finden. Das Exil war tatsächlich eine neue Erfahrung für Menschen, die zwar zuvor durchaus in einem Miteinander lebten, sich nach ihrer Fluchterfahrung aber neuen Gemeinsamkeiten stellen mussten. In einem allmählichen Prozess mussten die neuen Möglichkeiten zunächst ausgelotet werden, bevor sich auf der Basis einigermaßen übereinstimmender Vorstellungen entsprechende Gruppen bilden konnten. Tatsächlich entwickelte sich dann ein breites Spektrum vielfältiger Vereinigungen, was eine Neuverortung erleichterte und unterstützte und zugleich Schutz bot. Doch kam es mit der Herausbildung von Vereinigungen im informellen Bereich tatsächlich zu einer Neu-Beheimatung, was die einzelnen Individuen stärkte und womöglich auch zu einer Art Natalität im Sinne von Hannah Arendt verhalf? Die Vereine selbst entstanden zum Teil aus Gesprächskreisen, die aus anfänglichen Begegnungen resultierten und sich verfestigten. Auch wurden mitgebrachte Erfahrungen und Kontakte im Exil weitergeführt. Insgesamt weist die exilantische Vereinslandschaft ein buntes und breit gefächertes Spektrum auf und hat sicherlich auch der Aufnahmegesellschaft entsprechende Impulse gegeben.

Nach den Ausführungen zur geografischen und organisierten Neuverortung der fraglichen Exilierten soll nicht vergessen werden, dass es bedingt durch Verfolgung und Flucht zu einer Entheimatung gekommen ist. Doch bestand weiterhin eine Verbundenheit mit dem Herkunftsland und der Herkunftsgesellschaft im gemeinsamen Bewusstsein des Widerstands gegen ein stark repressives Regime. Dabei mussten gleichzeitig neue Herausforderungen bewältigt werden wozu z. B. die Erfahrung der Internierung in bestimmten Lagern bzw. Einrichtungen gehörte. Von Bedeutung war für einige wenige Protagonisten die aktive Teilhabe am Widerstand innerhalb eines im Untergrund agierenden Netzwerkes.

Das betrifft nicht nur die Verbindungen nach Deutschland, sondern insbesondere die von bestimmten Exilierten geplanten Sabotageakte sowie das Treffen zwischen Willy Brandt und Adam von Trott zu Solz. Mit dem Ende des Zweiten Weltkriegs standen dann vor allem Rückkehrwünsche zur Debatte, die nicht so einfach umzusetzen waren. In den zuvor geführten Diskussionen wurden oft eher idealistische Vorstellungen für eine Neuordnung der deutschen Gesellschaft entwickelt und dabei die eigene Positionierung eingebracht. Doch wer durfte und konnte remigrieren? Das wird nicht nur im entsprechenden Teilkapitel berück-sichtigt, sondern auch in den betroffenen Biografien. Doch ist damit nicht der Kreis des Exils, der Emigration geschlossen: mittels der inzwischen gesammelten Erfahrungen galt es wieder einmal eine Zukunft zu gestalten. Eine nicht unwesentliche Erfahrung stellte für die Exilierten zudem die Praxis der Ausbürgerung* seitens des Deutschen Reiches dar. Da von den Ausbürgerungsverfahren nahezu alle der hier in den Kurzbiografien Erfassten betroffen waren, wird darauf im Text nicht explizit hingewiesen.

I Zur Situation im schwedischen Exil

Legale, Illegale, Abgewiesene – sie kennzeichneten ab 1933 auch in Schweden die Zuwanderung politisch, rassistisch, überhaupt Verfolgter aus Nazi-Deutschland. Betroffen waren vor allem Kommunisten, Sozialdemokraten und vor allem Juden, deren Rezeption in der Folge kurz dargelegt wird:

Seitens der Mosaiska församlingen Stockholm mit ihren etwa 4000 Mitgliedern (in Schweden etwa 7000) kam es ab 1933 zu Verhandlungen mit dem Zentralausschuss der deutschen Juden für Hilfe und Aufbau sowie anderer Organisationen in Berlin. Im Fokus stand die Hilfe schwedischer Juden für die bedrängten deutschen Juden. Es wurde antizipiert, dass die Flüchtlingsfrage grundsätzlich auf internationaler Ebene zu klären sei, wobei Schweden eine passive Rolle einnahm – bis hin zur Einführung des roten »J« im Pass der in Schweden einreisenden jüdischen Fluchtmigranten. Damit konnte bereits an der Grenze eine Auswahl getroffen werden.

Bis zum 9. November 1938 wurde nur wenigen die Einreise erlaubt, dann setzte man in Verhandlungen einmal für die Kindertransporte eine Quote von 500 Kindern und Jugendliche fest, für Erwachsene zunächst lediglich 140. Die deutsche Besetzung der ČSR führte ebenfalls zu einer breiten Fluchtbewegung vor allem jüdischer Personen. Deren Einlass, so der damalige schwedische Außenminister, könnte »die öffentliche Meinung im Land negativ beeinflussen.« Darin unterstützt wurde er durch die Jüdische Gemeinde Stockholm, »die mit ihren, als minderwertig angesehenen Glaubensgenossen aus dem Osten nichts zu tun haben wollte«, so Weiss in *Ästhetik*. Mit dieser Problematik beschäftigt sich beispielsweise der Historiker Svante Hansson in seinem 2004 erschienenen Buch *Flykt och överlevnad – flyktingsverk samhet i Mosaiska Församlingen.* Nach Aussage von David Toren (Klaus-Günther Tarnowski) war Eva Warburg »the only one in the Jewish administration in Stockholm who was a Mensch«. (Info: J. Winter)

Auf der Internationalen Flüchtlingskonferenz in Évian im Juli 1938 stemmte auch Schweden sich gegen eine Rezeption besonders jüdischer Flüchtlinge. Es wollte nicht, wie der zuständige Sozialminister sagte, »das Tor werden, durch das Deutschlands Nichtarier den Weg nach draußen suchten.« Nicht vertreten war der Zionistische Weltverband, was sich negativ für jüdische Flüchtlinge auswirken sollte. Neben ihrem Antisemitismus wurde die schwedische Politik auch bestimmt durch eine weit verbreitete Fremdenfeindlichkeit. Darin unterstützt von einem großen Teil der Bevölkerung. So organisierte die Svensk Socialistik Samling (früher Nationalsocialistiska Arbetarpartiet) gegen Ende 1938 Aktionen unter dem Slogan »Lasst Moses nicht zur Tür herein«, die bis 1945 andauerten. In Schweden waren seit 1933 etwa 2000 jüdische Fluchtmigranten mit teilweiser Unterstützung der Mosaiska församlingen aufgenommen worden. Anfang 1939 hielten sich hier zwischen 3000 und 3500 jüdische Fluchtmigranten auf, im Oktober lag die Zahl bei etwa 4000. Nach 1939 durfte ein Kontingent von weiteren 400 deutschen Juden in Schweden einreisen, ausgehandelt von Cora Berliner von der Reichsvereinigung der Juden in Deutschland. Ebenso wurden dank der Bemühungen Eva Warburgs etwa 500 deutschsprachige jüdische Kinder aufgenommen. (vgl. Kinder/Jugend-Alijah). Im November 1939 konnten mit Hilfe der Svenska Israelmissionen und der Nansen-Hilfe* über 250 Personen (200 Erwachsene und 60 Jugendliche) aus Österreich nach Schweden und Norwegen emigrieren.

Auf die durch den Anschluss Österreichs an das Deutsche Reich bedingte erneute jüdische Fluchtbewegung reagierte Schweden mit einem Visumzwang für österreichische Pässe, etwas später auch für deutsche. Die Visa waren auf zwei Jahre befristet, zudem musste eine ausreichende finanzielle Grundlage gewährleistet sein. Um jüdischen Transmigranten eine Einreise in die USA zu erleichtern, traten der frühere schwedische Generalkonsul Olof H. Lamm und Gunnar Josephson, Vorsteher der Mosaiska församlingen, an das US-Außenministerum heran, um eine höhere Quote zu erreichen. Darin auch unterstützt von Hans Schäffer, einem ehemaligen hohen deutschen Staatsbeamten. (Vgl. Rudberg)

Nach Ausbruch des Zweiten Weltkriegs änderte sich die Situation. Schweden nahm bis zum deutschen Ausreiseverbot im Oktober 1941 an die 4000 jüdische Fluchtmigranten auf, wovon zwei Drittel mit familialer Unterstützung und mittels anderer Beziehungen sowie ein Drittel über eine zuvor ausgehandelte Quote gekommen waren. Neben Schweden hielt sich auch Norwegen mit der Rezeption jüdischer Fluchtmigranten zurück, während diese in Dänemark bereitwillig aufgenommen wurden. Selbst die vom RSHA unter Adolf Eichmann* entwickelten Pläne zur Judenvernichtung in Europa lösten keine wesentlich höhere Bereitschaft zur Rezeption aus. Von den besonders um 1937/1938 nach Schweden ohne Aufenthaltsgenehmigung geflüchteten Juden sind ein Großteil ausgewiesen woren. Viele von ihnen wurden nach Auschwitz deportiert und dort umgebracht. Ihrer wird z. B. in Stockholm mit Stolpersteinen* gedacht, Alles in allem war Schwedens Füchtlingspolitik gegenüber Juden recht restriktiv – wer illegal nach Schweden kam, wurde abgeschoben.

Aufschlussreich ist die Tatsache, dass nach dem Krieg in Malung (Dalarnas län) auf einem privaten Dachboden der neue Hausbesitzer in einer Truhe einen Haufen Merkzettel fand. Diese Zettel enthielten die Namen von etwa 3000 Personen jüdischer Abstammung oder nur vermuteter. Sie sollten mutmaßlich als Unterlage für Deportationen in Vernichtungslager dienen, falls Schweden nationalsozialistisch werden würde. Ein noch umfangreicheres Juden-register führte der rechtslastige Manhem Förbundet bzw. die Society Manhem*. Ebenso legte das Ausländerbüro der Sozialbehörde ein gesondertes Judenregister an, weil die »jüdische Herkunft in der internationalen Fremdenpolitik nun eine erhebliche Rolle spielt«. (*Spiegel* 47/1997) Nach Ausbruch des Zweiten Weltkrieges wurden Boote mit jüdischen Flüchtlingen oft abgewiesen, da ohne Visa. Überhaupt war Schweden durch den Krieg »sehr aufgestört, der

kriegsaktivismus wächst jeden tag, die sozialdemokratie unterstützt ihn tatkräftig«, wie Bertolt Brecht im *Arbeitsjournal 1* am 16.12.1939 notierte.

In seinem Buch *Ästhetik* lässt Weiss dichterisch frei den Protagonisten bei dessen Einreise nach Schweden eine damals an vielen Grenzen Europas auftretende Szene beobachten und schildern. Die Abschiebung traf zwei jüdische Familien, die es endlich von Dänemark aus geschafft hatten, auf die schwedische Eisenbahnfähre in Helsingborg zu kommen:

> *Die beiden Familien, die eine mit einem Säugling, die andre mit Alten und ein paar Kindern, aus Böhmen stammend, mußten sich, schreiend zuerst, dann verzweifelt jammernd, schließlich verstummt, gebrochen, auf die Fähre zurücktragen lassen, und dies zu einem Zeitpunkt, da in Deutschland die Synagogen angezündet, die jüdischen Geschäfte zertrümmert, die rassisch Verdammten durch die Straßen gejagt wurden.*

Doch nicht nur Juden galt eine gewisse Verächtlichmachung, sie galt auch Kommunisten. Wie überhaupt die schwedische Arbeiterbewegung stark gespalten war: Sozialdemokraten versus Kommunisten. Politisch war Schweden von einer eher rechtsgerichteten Sozialdemokratie dominiert. Der Begriff des Folkhemmet/Volksheim wurde zu einer wichtigen Metapher der schwedischen Gesellschaft. Im Ausländerrecht vertrat nicht nur die Politik wenig liberale Positionen. Die Flüchtlingspolitik wurde äußerst restriktiv gehandhabt, man konnte sich einfach nicht vorstellen, so Müssener in *Exil*, dass Menschen ihre Heimat verließen, egal aus welchen Gründen. Doch wurde sozialdemokratischen Verfolgten durchaus Hilfe zuteil. Dementsprechend war der Umgang mit ihnen deutlich liberaler. Zwar wurde ihnen keine nennenswerte finanzielle Unterstützung zuteil, wohl aber erhielten sie eine Wohnung und Hilfe bei der Arbeitssuche. Um die Emigranten in den Arbeitsmarkt zu integrieren, wurden etliche von ihnen 1939 nahe der Södra Station in Södermalm auf einem Werkstattgelände zu Drehern und Fräsern ausgebildet. Einige erhielten hierdurch Arbeit, andere wurden 1940 als Waldarbeiter eingesetzt.

Aus Konkurrenzgründen verhielt man sich ebenfalls ablehnend gegenüber Intellektuellen, Akademikern, Künstlern und Ärzten. Schweden zeichnete sich also nicht gerade durch ein freundliches Verhalten gegenüber Fluchtmigranten aus. Die wirtschaftlichen Beziehungen Schwedens zu Nazi-Deutschland waren eben wichtiger als eine solidarisch-humanitäre Hilfeleistung für Verfolgte. Deutlich einfacher war eine Emigration nach Schwez. B. mit dem Schiff von Sassnitz nach Trelleborg für diejenigen, die über gute Kontakte auf freundschaftlicher oder verwandtschaftlicher Basis verfügten. Viele der Fluchtmigranten hatten ihre Rezeption auch Prinz Eugen Bernadotte zu verdanken, der sich beispielhaft für sie einsetzte.

Eine andere, wesentlich kleinere Gruppe bildeten die sogenannten tyska desertörer, die deutschen Militärflüchtlinge, die vor allem ab 1940 aus Norwegen kamen. Bis 1942 wurden viele wieder zurückgeschickt, weil sie, wie der damalige Staatssekretär Tage Erlander sagte, keine politischen Flüchtlinge waren. Ein großer Teil wurde dann in Deutschland in

Konzentrationslagern inhaftiert, z. B. in Bergen-Belsen. Bis zum Kriegsende 1945 sollen bis zu 500 Deserteure nach Schweden gekommen sein. Untergebracht waren sie anfangs in entsprechenden Lagern, wie in Storsien nahe der finnischen Grenze oder wurden in Gefängnissen in Umeå und Kalmar inhaftiert. Doch ist es zweifelhaft, ob eine Desertion immer aus Gründen des politischen Widerstands erfolgte oder Späher eingesetzt wurden.

Im Einwanderungsgesetz von 1937 wurde z. B. nicht der Begriff des politischen Asyls definiert. Die einzelnen Behörden (Soziales, Polizei) entschieden über Aufnahme oder Ausweisung. Damit sollte die Zuwanderung unerwünschter Exilierter aus Deutschland, Österreich und Tschechoslowakei klein gehalten werden. 1938 erklärte Schweden sich allerdings dazu bereit, verfolgte sudetendeutsche Sozialdemokraten aufzunehmen. Die Arbetarrörelsens flyktinghjälp übernahm deren Auswahl und die Organisierung der Flucht. Am Zustandekommen der Abmachung war insbesondere Ernst Paul beteiligt. Die von der Deutschen Sozialdemokratischen Arbeiterpartei (DSAP)* in der ČSR ausgesuchten Personen und Familien wurden über Polen und die baltischen Länder nach Stockholm geschleust. Eine ausführlichere Darstellung hinsichtlich dieser Gruppe ist in Müssener, *Exil* enthalten. Von Oktober 1938 bis März 1939 rezipierte Schweden zunächst etwa 350 sudetendeutsche Fluchtmigranten. Anfangs waren sie in Auffanglagern untergebracht, erhielten aber bald eine Wohnung und fanden eine Arbeit. 1945 lebten an die 500 dieser demografischen Gruppe in Schweden (ihre Zahl erhöhte sich bis 1952 auf 4300 als Folge der Vertreibung aus der ČSR). Viele emigrierten allerdings weiter nach Kanada.

Erst nach dem 9. November 1938 schlug Schweden einen liberaleren Kurs ein. 1939 legte das Ausländerbüro der staatlichen Sozialbehörde ein Register über alle in Schweden lebenden etwa 20 000 Emigranten an, Juden gesondert. Doch wurden um 1941 die Überwachungsmethoden verstärkt: Die mit der Gestapo zum Teil eng zusammenarbeitende Säpo erhielt die Befugnis, Briefe zu öffnen, Telefonate abzuhören, Hausdurchsuchungen und Leibesvisitationen durchzuführen. Auch konnte die Sozialbehörde bestimmte Fluchtmigranten – Anarchisten, Kommunisten, Linkssozialisten, Spanienkämpfer*, Pazifisten – ohne Anhörung durch den zuvor eingerichteten Ausländerausschusses internieren. Hingegen ließ das schwedische Außenministerium im September 1941 wissen, dass nunmehr alle jüdischen Fluchtmigranten eine Einreiseerlaubnis erhielten, wenn sich in Schweden befindliche nahe Angehörige dafür verbürgten, dass sie der Allgemeinheit nicht zur Last fielen. Nur einen Monat später verfügte Nazi-Deutschland ein Ausreiseverbot für Juden aus Deutschland und den besetzten Gebieten.

Mit der Besetzung Dänemarks und auch Norwegens Anfang April 1940 unter dem Namen ›Unternehmen Weserübung‹ setzte erneut eine Fluchtbewegung deutscher Exilierter nach Schweden ein. Insbesondere im Herbst 1943, als das Führerhauptquartier in Berlin die Deportation aller in Dänemark (und Norwegen) lebenden Juden plante und darüber der in Kopenhagen tätige deutsche Schifffahrtssachverständige Georg Ferdinand Duckwitz* informiert wurde. Dieser nahm sofort Kontakt zu maßgeblichen Personen in Dänemark und Schweden auf und initiierte damit eine breit angelegte Rettungsaktion. Es wurden Visa für Schweden beschafft und die Überfahrt dorthin geregelt. Der Sozialdemokrat und spätere dänische Ministerpräsident Hans Hedtoft z. B. informierte den Vorsitzenden der Jüdischen Gemeinde, der die Nachricht schnell weiterverbreitete. In der Folge entstand eine Art Volksbewegung zur Rettung der Juden. Zahlreiche Hilfskomitees unter der Leitung eines Zentralkomitees organisierten landesweit eine umfassende Rettungsaktion. Innerhalb weniger Tage konnten etwa 7460 Juden mit Fischerbooten über den Öresund nach Schweden gebracht werden. Darüber hinaus informierte Duckwitz seinen Kollegen Theodor Steltzer* in Oslo über die geplante Aktion, der dann in der Folge ebenfalls die geplante massenhafte Deportation von Juden verhinderte. (Dünzelmann, *Disziplin*)

Viele der 1943 aus Dänemark Kommenden wurden u. a. in das Internierungslager Loka Brunn gebracht, einem alten Rheumabad am Vänersee. Aus Norwegen Geflüchtete wurden zum Teil in westschwedischen Einrichtungen untergebracht, wie z. B. in Nolhaga Slott in Alingsås (vgl. Anm. 4). Unter diesen erneut Geflüchteten befanden sich auch jüdische Kinder und Jugendliche. (→ Kinder/Jugend-Alijah) Die bald darauf einsetzende Kriegswende führte endlich zu einer Lockerung der restriktiven Flüchtlingspolitik: Ein Großteil der Inhaftierten und Internierten wurde freigelassen, die Kriterien überdacht. Auch die schwedische Gesellschaft nahm nunmehr die etwa 4500 deutschsprachigen Fluchtmigranten als Verfolgte wahr.

Von Seiten der Deutschen Gesandtschaft in Stockholm war man sehr um Kontrolle noch nicht ausgebürgerter Exilierter bemüht. Das betraf allerdings nicht jüdische Emigranten, die laut Gesetz vom 14. Juli 1933 automatisch die deutsche Staatsangehörigkeit beim Überschreiten der deutschen Reichsgrenze verloren. Um an die Daten deutscher Staatsangehöriger zu kommen, musste die Gesandtschaft auf informelle Informationen seitens der schwedischen Polizei- und Sozialbehörde sowie des Außenministeriums zurückgreifen. Nichtausgebürgerte Emigranten hatten, um nicht ihren legalen Status zu verlieren, sich regelmäßig bei den konsularischen Vertretungen zu melden. Wodurch sie einer starken Kontrolle und Drohungen ausgesetzt waren. Erst eine Ausbürgerung gewährleistete Sicherheit, die Betroffenen wurden dann allerdings staatenlos. Partner der deutschen Gesandtschaft waren die rechtskonservativen Eliten, aber nicht die rechtsgerichteten Parteien, so Roth in *Hitlers Brückenkopf*. In diesem Kontext ist noch zu erwähnen, dass der deutsche Volksgerichtshof zwischen 1936 und 1943 in insgesamt 12 Verfahren einige der in Stockholm lebenden politischen Exilierten erfasst hat. (db.saur.de/Ortsregister)

Schweden verstand sich zwar als neutraler Staat, aber in recht dehnbarem Maße. Im Januar 1945 erkannte man endlich in Schweden die Unterwanderung der Ausländerbehörde durch die Nationalsozialisten. Es wurde eine Untersuchungskommission unter dem Sozialdemokraten

Rickard Sandler eingerichtet, die sogenannte Sandler-Kommission. An diese konnten sich alle Emigranten wenden, denen früher Unrecht widerfahren war. Andererseits entwickelte Stockholm sich dank der Zuwanderung von den Nationalsozialisten Verfolgter und deren vielfältiger Schichtung nicht nur zu einer interessanten Stadt. Insbesondere erhielt sie eine Bedeutung als sogenannte Nachrichtenbörse britischer und sowjetischer Geheimdienste, denen etliche der Exilierten Informationen zutrugen. So z. B. M. Hodann, W. Lansburgh, W. Steinitz. Ebenso wurden von hier aus im Widerstand Tätige mit entsprechenden Instruktionen ins Reich geschleust, wie aus einzelnen Biografien hervorgeht. (Vgl. Müssener, *Exil*)

1 *Frémlingspass von Dietrich Müller-Winter, 1943*

Die schwedische Neutralitätspolitik bedeutete auch, dass man gegenüber reichsdeutschen Wünschen bzw. Forderungen sich recht nachgiebig verhielt. So durften deutsche Soldaten von Norwegen nach Finnland durch schwedisches Gebiet transportiert werden. Deserteure wurden zumeist zurückgeschickt. Alles in allem wurde auf den starken Druck aus Berlin nur schwach reagiert, wenn auch in vielen Fällen diesem Druck standgehalten wurde – trotz der Kontakte zwischen Gestapo und Säpo. Im Hintergrund stand zudem die Furcht, dass Schweden ebenfalls von der deutschen Wehrmacht besetzt werden könnte. Tatsächlich gab es auch in Schweden Kreise, sie sich gegenüber völkisch gesinnten Deutschen sehr entgegenkommend zeigten. (W. Brandt, *Erinnerungen;* Roth, *Brückenkopf*) Demgegenüber steht die nach dem Kriegsende gezeigte Hilfsbereitschaft vieler Schweden, die sich an der Hilfsaktion der Weißen Busse* beteiligten, was ebenfalls gewürdigt wird.

Kinder/Jugend-Alijah . . .

Bereits 1932 initiierte die Berliner Lehrerin und Publizistin Recha Freier* das Projekt der Jugend-Alijah. Ein Jahr später wurde die Kinderauswanderung als Unterabteilung der Reichsvertretung der Juden in Deutschland mit Sitz in Berlin gegründet. Noch vor dem Pogrom am 9. November 1938 hatte man auf die Bedrohung durch die Nationalsozialisten mit der Planung von Transporten jüdischer Kinder und Jugendlicher in nahe gelegene sichere Aufnahmeländer reagiert. Das Projekt lief unter dem informellen Namen Kindertransport (bzw. Refugee Children Movement/RCM). In Großbritannien kam es schnell zu Verhandlungen einflussreicher Juden und christlicher Organisationen wie den Quäkern mit den zuständigen Behörden über die Rezeption dieser demografischen Gruppe aus Deutschland, später auch aus Österreich, ČSR und Polen. Die Jüdische Gemeinde in London war bereit, die Kosten für Reise und Aufnahme zu übernehmen. Bereits nach drei Wochen setzten die ersten Transporte nach Großbritannien ein, dann nach Belgien, Dänemark, Holland, Schweiz und Schweden.

Die Bedingungen für eine Ausreise waren zwischen der niederländischen Bankiersfrau Geertruida Wijsmuller-Meyer und Adolf Eichmann ausgehandelt worden. Demnach durfte jedes Kind einen Koffer, eine Tasche, eine Fotografie und zehn Reichsmark mitnehmen. Nicht erlaubt waren Bücher und Spielsachen. Gruppenweise wurden Blockvisa erstellt, wobei jedes Kind eine Nummer erhielt. Analog dazu erfolgte die Ausbürgerung ebenfalls pauschal. Bei der von der Gestapo überwachten Abfahrt durften Eltern und Angehörige oft nicht den Bahnsteig zum Verabschieden betreten – es sollte keine Aufmerksamkeit erregt werden. Letztendlich konnte nur ein Drittel der Angemeldeten emigrieren, über 10 000 konnten wegen des Zweiten Weltkriegs nicht mehr berücksichtigt werden. Insgesamt wurden etwa 18 000 jüdische Kinder und Jugendliche im Alter bis zu 17 Jahren aus Deutschland, Österreich, Polen und Tschechoslowakei mit Zügen und Schiffen in die oben genannten Länder evakuiert. Ein Teil von ihnen gehörte zur jüdisch orientierten Bündischen Bewegung*. Großbritannien nahm 10 000 auf, die Niederlande 1500, Belgien 1000, die Schweiz 300 und Schweden 500. Der erste Kindertransport nach Großbritannien startete am 1. Dezember 1938 in Berlin-Mitte vom Bahnhof Friedrichstraße.

. . . (in Schweden)

Die Kinder-Alijah nach Schweden wurde zwar schon vor dem 9. November 1938 mit Hilfe der Hamburger Bankierstochter Eva (Unger-)Warburg angedacht, aber konkret erst nach dem Pogrom geplant und in die Wege geleitet. In den Verhandlungen zur Einreise jüdischer Kinder und Jugendlicher von 13 bis 17 Jahren wurde zunächst eine Quote von 60 festgelegt, sodass im Februar 1939 ein erster Transport starten konnte. Am 23. Mai 1939 erhielt die inzwischen in Stockholm lebende EW einen Brief von Eva Michaelis-Stern*, Leiterin der Youth Aliyah in London. In diesem offerierte sie EW die Leitung der Jugend-Alijah i Sverige. Barnahjälpen.

Michaelis-Stern war überzeugt, dass gerade sie dank ihrer Ausbildung und ihres Engagements dafür prädestiniert war, »to do everything in your power to get out as many children as possible from Germany to Sweden for a transitory stay in order to have them trained there for agricultural work«. Erwartet wurde von ihr »the foundation of training centres in Sweden«. Dabei sollte der Brief ihr als formale Bestätigung ihres leitenden Status gelten, um Kontakte zu allen erforderlichen jüdischen und nichtjüdischen Organisationen aufzunehmen und Verhandlungen zu führen. (LSE Library; nationalarchives.gov.uk) Was laut Glück ebenfalls von der Jewish Agency in Jerusalem bestätigt wurde. (*Hachscharah*)

2 *Züge in das Leben, in den Tod Denkmal Berlin Friedrichstr. Künstler: Frank Meisler[1]*

3 *Eisenbahnfähre »Deutschland« von Sassnitz nach Trelleborg*

Das Büro der Jugend-Aliya richtete EW in der Arsenalsgatan 1 ein, nahe dem Kungsträdgården und nicht weit entfernt von der Jüdischen Gemeinde (Mosaiska församlingen) in der Wahrendorffsgatan. In der Folge organisierte sie nicht nur die praktische Vorbereitung auf das Leben in Palästina in entsprechenden Einrichtungen. Ebenso organisierte sie die Auswanderung nach Palästina einschließlich Visabeschaffung, Reisekosten und Reisemöglichkeiten. Daher stand sie nicht nur in Kontakt mit der Mosaiska församlingen und ihrem Hjälpkommittén für Flüchtlinge. Zu ihrem umfassenden Netzwerk gehörten beispielsweise das American Jewish Joint Distribution Committee (JOINT) und die Jewish Agency in Jerusalem. Insofern war EW eine wichtige Koordinatorin und Teil eines »komplexe[n] Netzwerk[s], das Helfer und Schützlinge verband und in dem es zu manövrieren galt«. (Maier-Wolthausen) Darüber hinaus war EW auf der Suche nach geeigneten Immobilien als Schulungsheime für die zukünftigen Chaluzim*, wofür ehemalige Herrenhäuser bzw. Gutshöfe infrage kamen.

Mitte Juni 1939 wurde die Quote der jugendlichen Migranten auf 500 erhöht, und zwar in Reaktion auf einen Appell des Hjälpkommitté und dank des Engagements von EW. Vor allem aber auch auf Druck Großbritanniens. Doch unter der Bedingung, dass die Jüdische Gemeinde alle Kosten übernahm und die schwedische Wirtschaft nicht belastet wurde. (Vgl. *Spiegel* 47/1997) Diese Migrantengruppe besaß allerdings nicht den Status von Emigranten, sondern den von Transmigranten. Keinesfalls durften die Eltern nachkommen, vielmehr sollten sie in andere Exilländer gehen und dorthin die Kinder nachholen. Trotzdem gab es einige Fälle des Nachzugs, was aber ab Oktober 1941 mit dem deutschen Ausreiseverbot für Juden unmöglich wurde. Das Hjälpkommittén der Mosaiska församlingen gewährleistete die geforderte Garantie für die Unterhaltskosten und die eventuelle Emigration nach Palästina etwa zwei Jahre später. Darauf sollten sie in entsprechenden Einrichtungen vorbereitet werden. Demgegenüber quotierte die Jewish Agency nur 95 Kinder und Jugendliche zur Einreise in Palästina, obwohl das neutrale Schweden inzwischen als gefährdet galt.

Eva Warburgs netzwerkliche Verbindungen:

Jüdische Gemeinde Hamburg		Mosaiska församlingen Stockholm
Hjälpkommittén Mosaiska församlingen		Stockholmer Komitee Flüchtlingshilfe
Jüd. Hilfsorganisationen USA		und in Europa
Hilfsverein Deutscher Juden	\ /	Jewish Agency for Palestine
Youth Aliyah London	**EW**	Jugend-Alijah, Berlin
JOINT	/ \	HIAS-HICEM
Kibbuz BaDerech u.a. Einrichtungen		Palästina-Büro Stockholm, G. Löllbach
Reisebüro Intourist u. a.		Botschaften UdSSR, Türkei, Syrien
Hechaluz Dänemark		Hechaluz-Büro Hässleholm

Mit Hilfe von EW und dem Hamburger Oberrabbiner Joseph Carlebach (1883-1942) sowie in Zusammenarbeit mit der Mosaiska församlingen konnten ab der zweiten Hälfte des Jahres 1939 sukzessive die ausgehandelten 500 Kinder nach Schweden kommen. Der letzte Transport erfolgte im Dezember 1939. Carlebach selbst schickte die fünf ältesten seiner neun Kinder auf die Reise nach Großbritannien. Im März 1942 wurde er deportiert und in einem Wald bei Riga erschossen, zusammen mit seiner Frau und drei Töchtern. Neben EW mit ihrer tatkräftigen organisatorischen Hilfe unterstützte auch die Warburg-Familie das Vorhaben finanziell, so Max Warburg in seiner Funktion als Vorsitzender des Hilfsvereins deutscher Juden. In Schweden hatten jüdische Spender und die Jüdische Gemeinde die notwendige Bürgschaft übernommen.

Da es für die Jungen schwieriger war eine Pflegefamilie zu finden, richtete die Mosaiska församlingen u. a. Heime für Jungen in Stockholm und Uppsala ein, und zwar unter dem Namen Mosaiska/Judiska pojkhemmet (Jüdisches Jungenheim). In Uppsala waren z. B. Klaus Back und Harry Schein untergebracht. Das Heim wurde vorbildlich geleitet von Sophie Michaeli. Über seine Zeit dort berichtete Klaus B. später im Gelsenzentrum ausführlich:

> Das einfache, Ende 1938 für die Fluchtkinder hergerichtete Heim nahe Uppsala war ein ehemaliges Waisenhaus älterer Bauart. Klas gehörte zu den ersten dort aufgenommenen Kindern. Noch fehlte vieles in dem alten ehemaligen Waisenhaus. Betten mussten noch aufgestellt und die Küche in Ordnung gebracht werden. Neben Küche und Esszimmer gab es drei, später vier Schlafräume mit 11 bzw. 15 Betten. Vorsteherin war Sophie Michaeli, eine ehemalige Berlinerin, die das alltägliche Leben gut durchorganisierte. Jedes Kind hatte bestimmte Dienste zu verrichten: in der Küche, bei den Mahlzeiten, der Ofenversorgung, beim Holzhacken, dem Fahrraddienst usw. Die aufgenommenen Kinder waren 10 bis 17 Jahre alt und besuchten die einige Kilometer entfernte Schule mit dem Fahrrad. Bei den Schulaufgaben halfen ihnen Studenten der Universität Uppsala. Während der Mahlzeiten durfte kein Deutsch gesprochen werden bei Strafe von einem halben Öre, der in die Fahrradkasse wanderte. An Taschengeld erhielten die unter 15-Jährigen 30 Öre, die bis 17-Jährigen 50. Alles in allem wurden die Kinder gut auf die Zukunft vorbereitet, wie Back betonte. (Goch)

Er selbst blieb bis 1946 im Heim und war dann als 17-Jähriger auf sich gestellt. Im gesamten Zeitraum durchliefen etwa 50 Kinder die Einrichtung. Das in Stockholm befindliche Pojk-hemmet lag anfangs in der Fleminggatan 45 und später in der Hornsgatan 75. In beiden war Sophie Michaelis ältere Schwester Elisabeth Müller-Winter tätig gewesen. (Dünzelmann, *Reise;* Info:J.Winter) Weitere Einrichtungen und ihre geografische Verteilung sind im Anhang aufgelistet.

Wie aus den Berichten ehemaliger sogenannter flyktingbarnen hervorgeht, begann die Reise ins schwedische Exil einmal in Hamburg, wo es vom Hauptbahnhof mit dem Kurswagen nach Stockholm über Sassnitz auf Rügen und weiter mit der Fähre nach Trelleborg ging. Ein anderer Startbahnhof war der Stettiner (Kopf-)Bahnhof in Berlin-Mitte (heute Nordbahnhof), von dort ging es ebenfalls über Sassnitz und Trelleborg nach Schweden. Die Route über Dänemark wurde nicht gewählt, da dafür Transitvisa erforderlich waren und die Fahrt auch länger dauerte. In der Regel fanden die Verteilungen der Kinder und Jugendlichen auf andere Orte in den Ankunftsstädten statt. Wer in Schweden nicht in jüdischen Familien oder Ein-richtungen unterkam, wurde anderweitig untergebracht, ohne dass dieses von der Jüdischen Gemeinde beeinflusst werden konnte. Auch Eva Warburg stand nicht in direkter Verbindung zu allen Einrichtungen (→ Anhang).

Insgesamt kamen laut Lomfors 650 jüdische Kinder und Jugendliche aus Mitteleuropa per Kindertransport nach Schweden. Doch waren nur 160 jüdische Familien bereit, jemanden aufzunehmen. Ein Teil der so Geretteten ging später nach Palästina, ein anderer blieb in Schweden oder wanderte in die USA aus. Etwa 60 der 95 für die Alijah vorgesehenen

Jugendlichen lebten im sogenannten Kibbuz Hälsinggården in Falun. (*barndom*) Beispielhaft für die Emigration vieler per Kindertransport nach Schweden gekommener Kinder und Jugendlicher wird hier in den Emigrantenschicksalen der Lebensweg einiger nachgezeichnet, so der von Klaus Back, Günter Heinrich, Hannelore und Inge Josias, Hans Kaufmann, Thea Kurzbarth, Erwin Leiser, Peggy Parnass, Ilse Reifenstein, Harry Schein, Otto Schwarz, Klaus-Günther Tarnowski, Eva Tuteur-Schwarz sowie Otto Ullmann. Einen besonderen Status erhält die Emigration der Geschwister Max und Peter Goldstein, die allein, also unorganisiert, von Berlin nach Schweden reisten. (→ Fallbeispiel)

Vorbereitung auf die Alijah nach Palästina

Hierzu wurden viele Jugendliche in heimähnlichen Einrichtungen untergebracht, die zumeist im südschwedischen Skåne/Schonen lagen. Eine Einrichtung befand sich in Tjörnarp nahe Hässleholm, dem Zentrum der schwedischen Hechaluz. Im westlichen Skåne wurde 1934 in Västraby nahe Helsingborg das Landschulheim Kristinehov internatsskola gegründet. Hier hatte 1937 und 1938 der spätere Musiker Kurt Lewin im Auftrag der Jüdischen Gemeinde Berliner Jugendliche in den Sommerferien betreut. Zu den Internatsschülern gehörten nach 1938 Erwin Leiser und Eva Tuteur. Wobei die Schule nun mehr zionistisch mit regelmäßigem Hebräisch-Unterricht ausgerichtet war. Eva Warburg war sehr an dieser Schulungseinrichtung gelegen und plante im Sommer 1940, mit Hilfe der Mosaiska församlingen nahe Kristinehov eine weitere Immobilie für die Jugend-Alijah zu erstehen. Ebenso plädierte sie für die schnelle Ausreise von acht Jugendlichen aus diesem Internat. Die dafür von ihr geschätzten Kosten in Höhe von 76 000 Skr würden ziemlich unter denen für die weitere Unterbringung liegen, wie EW der Gemeinde vorrechnete. Zudem würden mit der antizipierten Auflösung der Einrichtungen in Tjörnarp und Falun weitere Kosten wegfallen. (Maier-Wolthausen) Nach Ausbruch des Zweiten Weltkriegs und mit der Abreise der Jugendlichen nach Palästina verlegte man diese Einrichtung 1941 nach Ebbarp in der Gemeinde Osby nördlich von Hässleholm und führte sie neuen Aufgaben zu. (Dünzelmann, *Reise*)

Als erster Kibbuz entstand 1936 in Svartingtorp am Finjasjön nahe Hässleholm das Ausbildungszentrum Hachscharah i Sverige, Kibbuz Svartingtorp. Hier waren etwa 50 Jugendliche untergebracht, weitere bei einzelnen Bauern. Die Einrichtung musste aber 1940 aus ökonomischen Gründen geschlossen werden. Ein zweiter Kibbuz wurde 1939 in Falun in Dalarna län gegründet, wie weiter unten beschrieben. In beiden Einrichtungen sollte gemeinsam gearbeitet, hebräisch (ivrit) gelernt und sich auf das Leben in Palästina vorbereitet werden. Dazu trugen auch Wochenendseminare bei, die von deutschsprachigen Emigranten aus Stockholm gehalten wurden. Zu denen M. Hodann, K. Stechert, W. Strzelewicz und F. Tarnow gehörten. Zusätzlich gab es zwei Heime für orthodoxe Praktikanten, eines befand sich in Växjö in Västgötland. (Müssener, *Exil*)

Ein zweiter Kibbuz wurde in Falun unter dem Namen

gegründet. Diese Immobilie wurde Mitte Juni 1939 in Falun nach einigem Suchen als geeignet gefunden: die zuvor ausgesuchten Objekte mussten aus Kostengründen abgelehnt werden. Diese letztlich favorisierte Anlage befand sich in Hälsinggården am Hälsingstrand und wurde mit Hilfe von Hechaluz* und Jüdischer Gemeinde von Eva Warburg im Juli 1939 angemietet und in der Folge als gemeinschaftlich bewirtschaftete Anlage genutzt. Den oben genannten und seinerzeit angesagten hebräischen Namen hatte die Kibbuzgemeinschaft sich selbst gegeben. Wie aus einer Postkarte an Günter Heinrich hervorgeht, lautete die postalische Adresse anscheinend Kornäs in Falun/Dalarna. (*Dagen, www.platser.se*) In offiziellen Unterlagen hieß die Einrichtung Internatsskolan Hälsinggård bzw. Hälsingstrand und wurde als Förening geführt. (KB-A) Sie war in einem ehemaligen Gutshof bzw. Herrgård in der für Dalarna typischen Bauweise untergebracht mit viel Natur ringsherum.

4 *Sophie Michaeli im Mosaiska pojkhemmet /*
Klaus Back, zweiter li untere Reihe, hockend

5 Buch/Bildzitat

Anfangs waren dort 50 Jugendliche im Alter von 14 bis 17 Jahren untergebracht, weitere 20 Plätze wurden durch Anmietung von Zimmern auf Bauernhöfen in der Nachbarschaft geschaffen. Um 1940 lebten hier etwa 60 Jugendliche, aufgeteilt in zwei Gruppen mit je 20 bis 30 Personen. 1943 erhöhte sich die Zahl auf 75 Personen, von denen jede täglich zwei (?) Skr kostete. (Glück) Auch Jugendliche, die mit der Svenska Israelmissionen nach Schweden gekommen waren, fanden hier Aufnahme und emigrierten zum Teil nach Palästina. Aber nicht alle der als Transmigranten eingeordneten Jugendlichen waren an einer Weiterreise nach Palästina interessiert und entschieden sich dafür, in Schweden zu bleiben. Etwa zwei Drittel sollen nach Palästina gegangen sein, während ein Drittel in Schweden blieb. (Vgl. Lomfors)

Um die Jugendlichen auf das Leben in Palästina als Pioniere vorzubereiten, zog man sie zu Arbeiten im Wald, in Gemüsegärten und in der Landwirtschaft heran. Zugute kamen dem Kibbuz und auch der Waldwirtschaft das von einem der Bewohner initiierte Projekt der Spielzeugfabrikation, Pluha genannt, wo z. B. Holzpferde von den Jugendlichen hergestellt wurden. Im Herbst 1939 zeichnete sich das Kibbuz-Projekt durch eine gute Stabilität aus. Etwa 30 bis 40 Mädchen und Jungen hatten eine Arbeit in der Umgebung gefunden, davon waren 20 in der Waldwirtschaft beschäftigt. Die Mädchen wurden zumeist als Friseurinnen, Haushaltshilfen, Näherinnen und Polsterer ausgebildet. Auf diese Weise konnte sich die Kibbuz-Gemeinschaft selbst erhalten, wie es auch angestrebt war. Der Alltag war gut organisiert: Morgens um acht Uhr begann der Arbeitstag und endete in der Mittagszeit um 12.30 Uhr. Am Nachmittag gab es weiterbildende Angebote. Doch soll die spirituelle und soziale Begleitung unzureichend gewesen sein. (Vgl. Glück) Neben der Arbeit, dem politischen und sprachlichen Unterricht kam allerdings die Freizeit nicht zu kurz, wie sich Hans Kaufmann später erinnerte.

Der Ausbruch des Zweiten Weltkrieg verhinderte allerdings eine Emigration nach Palästina auf der westlichen Route über Marseille, genommen werden musste nunmehr die östliche Route über Finnland und weiter durch die Sowjetunion, Türkei und Syrien. In zähen und weitreichenden Verhandlungen bemühte EW sich um die Erteilung von Transitvisa durch diese Länder. Eine andere Schwierigkeit bestand in der Kostenübernahme, die zum Teil von der Mosaiska församlingen übernommen werden sollte. Erst nach einer von Eva Warburg vorgelegten und genau durchkalkulierten Kostenrechnung stimmte diese zu. Denn die Reise nach Palästina war kostengünstiger als ein weiterer Aufenthalt in Schweden. (Maier-Wolthausen) Tatsächlich konnte noch im März 1941 eine kleine Gruppe nach Palästina reisen, zusammen mit einer in Dänemark gestarteten. Doch blieb die Kibbuzgemeinschaft bestehen und vergrößerte sich im Herbst 1943 durch die Aufnahme von aus Dänemark geflüchteter Jugendlicher. Zu denen gehörte u. a. Hans Kaufmann.

Allerdings musste EW den Plan fallenlassen, ebenfalls im März 1941 als Begleiterin der Jugendlichen nach Palästina zu reisen. Zuvor hatte sie das für eine Einreise erforderliche (Kapitalisten-)Zertifikat beantragt und auch erhalten. Denn auf Betreiben der Jewish Agency in Jerusalem wurde weiterhin ihre Hilfe bei der Betreuung in Schweden benötigt. Ebenso 1943 bei der Rezeption aus Dänemark geflüchteter jüdischer Jugendlicher, zu denen auch Hans Kaufmann gehörte. Von Helsingborg bzw. Malmö erfolgte deren Transport nach Stockholm per Bahn in Zehnergruppen, die EW am Centralbahnhof persönlich begrüßte und weiter betreute. Darüber hinaus veranlasste sie den Kauf eines Bootes, mit dem Juden zur Flucht aus Dänemark verholfen wurde. Ebenso half sie mit, Fischerboote zu chartern, die vor der dänischen Küste entlang fuhren und Flüchtende aufnahmen. 1944 engagierte sie sich ebenfalls bei der Betreuung finnisch-jüdischer Flüchtlingskinder und versorgte 1945

Holocaust-Überlebende. So wurden auch im Kibbuz BaDerech bis zu seiner Schließung 1946 Überlebende betreut. (RA: Jud. förs.)

Svenska Israelmissionen / SIM
(→ Hilfen für Fluchtmigranten)

Diese 1920 in Wien gegründete kirchliche Organisation erhielt nach dem sogenannten Anschluss Österreichs an Nazi-Deutschland starken Zulauf und musste neben ihrer spirituelle Tätigkeit vor allem Aufgaben im sozialen Segment wahrnehmen, besonders hinsichtlich einer stark nachgefragten Auswandererhilfe. Die zuständige Mitarbeiterin Sylvia Wolff (-Simson) plante in diesem Kontext, auch von Österreich aus Kindertransporte nach Großbritannien und Schweden durchzuführen. Nach Verhandlungen mit dem Missionsdirektor in Stockholm und anderen Stellen wurde im Oktober 1938 etwa 100 Kindern unter 14 Jahren und 50 Jugendlichen bis 18 Jahren die Einreise nach Schweden genehmigt, letztendlich lag die Quote aber bei 65 und 30. Tatsächlich kamen 80 der insgesamt 500 nach Schweden transportierten deutschsprachigen Kinder aus Österreich.

Aber nicht jedes Kind konnte berücksichtigt werden. Denn von Seiten des Aufnahmelandes Schweden wurde ein regelrechter Katalog aufgestellt. Es wurden vor allem evangelische, jüdische , sie in Privathaushalten unterzubringen oder sie als Arbeitskräfte zu vermitteln. So gab es jeden Sonntag eine öffentliche ›Beschau‹ der Jugendlichen. Diejenigen, die letztlich wegen ihroder konfessionslose Kinder bevorzugt, katholische sollten am besten nicht berücksichtigt werden. Weitere Kriterien waren der gesundheitliche Zustand und der Charakter. Sie sollten tüchtig, wohlerzogen, evangelisch, körperlich und geistig gesund sein, und im Aufnahmeland sollten sie nicht der staatlichen Fürsorge zur Last fallen. Nach Möglichkeit sollten zudem die Eltern die Transportkosten übernehmen. Auch hatten diese nachzuweisen, dass sie bald in sichere Länder emigrieren und die Kinder nachholen konnten. Vor allem aber musste auf die Wünsche der Pflegeeltern eingegangen werden. Wer nicht vermittelt werden konnte, kam zunächst in einem Heim unter.

Der erste Transport verließ den Wiener Westbahnhof am 1. Februar 1938 um 20.12 Uhr und war von zwei Betreuerinnen begleitet. Die Reise ging über Berlin nach Sassnitz, dann mit der Fähre nach Trelleborg und weiter mit dem Zug nach Göteborg. Dort begann die Verteilung auf die Pflegeeltern. Ungefähr 25 zumeist ältere Jungen blieben übrig, die in das Kinderheim Hemhult in Tollarp südwestlich von Kristianstad gebracht wurden. Hier bestimmte ein streng reglementierter Tagesablauf mit religiösen Inhalten das Leben. Es wurde weiterhin versuchtes ›fremden‹ Aussehens nicht vermittelbar waren, wurden bei Bauern oder Gewerbetreibenden untergebracht, wie z. B. Harry Schein und Otto Ullmann. Beide wählten Schweden als neue Heimat, hingegen migrierte Siegfried Tschmul nach zweijährigem Aufenthalt in Schweden mit dem letzten Alijah-Transport im März 1941 nach Palästina und nannte sich fortan Shlomo Shaked. Ein weiteres Heim befand sich in Tostarp nordöstlich von

Tollarp bei Hässleholm. Hier sollten 20 bis 30 nicht in Familien vermittelte Jugendliche über 14 Jahren auf den Aufenthalt in einer geplanten judenchristlichen Kolonie in Südamerika oder Afrika vorbereitet werden. Dafür bildete man sie in der Landwirtschaft und in Haushalten aus. Doch mussten etliche in der Waldwirtschaft als Holzfäller und im Pflegebereich arbeiten. Weitere berufliche Perspektiven fehlten. (Åsbrink; Dünzelmann, *Reise:* Pammer)

Aus internationaler und schwedischer Sicht wird die Arbeit der SIM inzwischen als fragwürdig eingeordnet. Man wirft ihr neben einem religiös motivierten Antisemitismus auch Zwangstaufen von Kindern und zweifelhafte Auswahlkriterien bei der Zusammenstellung der Kindertransporte vor. Einige der Kinder wurden wohl schon vor der Abreise von SIM-Missionaren getauft, andere nach der Ankunft in Schweden. Auf jeden Fall kam es hier besonders im ländlichen Bereich zu massiver religiöser Indoktrination. Was Lomfors (*barndom*) ausführlich beschrieben hat und von Pammer andiskutiert wurde. (*Barnen*) Bei Erscheinen des Buches von Åsbrink, das Pammer als »einen Frontalangriff auf SIM und ihre Kinderhilfsaktionen« bezeichnet, kam es in *Dagens Nyheter* zu einer kontroversen Diskussion. Vor allem die Unterbringung von O. Ullman auf dem Gut des Nazis und Faschisten Kamprad durch die SIM bzw. ihre Mitarbeiter wurde heftig kritisiert. Die Schriftstellerin Ilse Aichinger als getaufte Jüdin warf der SIM vor, nicht in erster Linie »an der Rettung ihrer Schützlinge vor der Verfolgung und Vernichtung« interessiert gewesen zu sein, sondern mehr an der Rettung der Seelen. (Ebd.)

Bewertung

Die durch äußerliche Gewalt erzwungene Trennung der betroffenen Kinder von ihrer Familie wirkte sich oft traumatisch aus: Sie fühlten sich von den Eltern verstoßen und sahen sie selten wieder. Aus später verfassten Berichten geht deutlich hervor, dass viele mit dieser Situation schwer zurecht kamen. Beispielhaft dafür ist die Reaktion des fünfjährigen Gady Parnass, der einige Jahre sprachgestört war. Vielfach entsprach die Unterbringung auch nicht den Erwartungen der Kinder. Dem setzten manche ein renitentes Verhalten entgegen und stellten in Briefen an die Eltern die Situation bewusst negativ dar. Da z. B. die Post von der SIM kontrolliert wurde, ging man den Erzählungen nach und zeigte teilweise auch Verständnis für das Heimweh der Kinder. Oft aber kam es zu Sanktionen und einmal zur Rückführung eines Dreizehnjährigen nach Wien. Andererseits lebten die Eltern in immerwährender Sorge um die Kinder, zumal wenn diese auf ihre häufigen Briefe seltener antworteten. Da die Schilderungen nicht immer positiv waren, sprachen die Eltern ihnen Mut zu mit der Bitte um Durchhalten bis zu einer erhofften Verbesserung der Situation. (Ebd.)

Hinzu kam, dass ihnen in Schweden ein Höchstmaß an Anpassung und Assimilation abverlangt wurde. Sie vermissten die eigene, oft gehobenere Kultur, das obst- und gemüsereichere Essen, Musik und Tanz. In der schwedischen Gesellschaft nahmen sie die unterste Position ein, was den zumeist aus der Mittelschicht stammenden Kindern unverständlich war.

Trotzdem erkannten viele, dass die Lebensbedingungen der schwedischen Unterschicht sehr hart waren, sie selbst dagegen privilegiert aufgewachsen waren. Tatsache war auch, dass Behörden und Gesellschaft die sogenannten nicht-arischen *flyktingbarnen* diskriminierte, vor allem wegen ihres fremdartigen Aussehens. Hingegen wurden 1944/45 die blonden finnischen Flüchtlingskinder bereitwillig zu Tausenden rezipiert. (Ebd.)

Insofern gelang auch nicht allen ein erhoffter Aufstieg. Mädchen konnten oft keinen richtigen Beruf erlernen, sondern mussten als Hausmädchen arbeiten oder in der Fabrik. Hinzu kamen ethnizistisch motivierte Konflikte wie dem Anderssein, dem *othering,* und der Exklusion. Aber auch das Unverständnis vieler Schweden gegenüber ihrer Situation. Erst Anfang 1945 änderte sich dies. Infolge der Reportagen, Berichte und Fotos erkannte man endlich, was wirklich in Nazi-Deutschland und in den von ihm besetzten Ländern geschehen war. Auch die Auswahlverfahren wirkten nach: im Herkunftsland die Taxierungen, im Aufnahmeland das Prozedere der Verteilung. Und diejenigen, die in ländliche Familien kamen, entfremdeten sich der bisherigen Kultur und oft auch dem Judentum. Zudem kam es infolge der Traumatisierung zu Erinnerungsblockaden, die sie das Gewesene, die hergebrachte Kultur vergessen ließen und dazu führte, dass real Geschehenes in ein Neukonstrukt umgedeutet wurde.

Maßgebliches Moment im Integrationsprozess war das Beziehungsgeflecht, in dem sich die *flyktingbarnen* bewegten. Wobei die gleiche konfessionelle Zugehörigkeit ein wichtiger Faktor war. Denn, wie Lomfors ermittelte, heirateten später 28 Prozent der Kinder PartnerInnen aus dem gleichen Umfeld. Von denjenigen, die in Schweden eine neue Heimat fanden, heirateten 44 Prozent jüdische PartnerInnen aus der schwedischen Gesellschaft. Weiter stellt sie fest, dass trotz der Widrigkeiten viele der Kinder aktiv ihr Leben in der neuen Heimat gestalteten: durch Bildung, berufliches Weiterkommen, familiäres und gesellschaftliches Engagement. (*barndom*) Insofern wurden sie Teil der schwedischen Mittelschicht, aus der sie ja auch selbst stammten und von der sie geprägt waren.

Für die in Schweden überlebenden Kinder und Jugendlichen stellte sich 1945 die Frage: Hier bleiben oder gehen? Der größte Teil musste nach 1945 damit fertig werden, dass ihre Eltern, Geschwister und andere Angehörige umgebracht worden waren, es also kein Wiedersehen gab. Nach Lomfors blieben 65 Prozent der Kinder im Aufnahmeland Schweden, 18 Prozent emigrierten in die USA und 13 Prozent nach Palästina bzw. ab 1949 nach Israel. Nur wenige wollten nach Deutschland oder Österreich repatriiert werden. Auch hielten nicht alle der Weitergewanderten Kontakt zum ersten Aufnahmeland Schweden. Erst mit zunehmendem Alter sahen sich viele mit der persönlich erlebten Negativerfahrung konfrontiert. Neben auftretenden Schuldgefühlen als Überlebende kam hinzu, dass Dankbarkeit gegenüber den Eltern als ihre eigentlichen Lebensretter nicht empfunden werden konnte. (Ebd.)

Doch kann konstatiert werden, dass die erlebten Fluchterfahrungen trotz allem ein Ansporn zum sozialen Erfolg und kreativer Lebensgestaltung waren. Das nicht nur der

Fähigkeit zur Resilienz geschuldet. Insbesondere kann, analog zu Hannah Arendt, das tätige Leben der betroffenen Kinder und Jugendlichen in Hinblick auf einen Neuanfang als »Faktum der Natalität« definiert werden. (*Vita activa*) Die oft noch sehr jungen Kinder wurden abrupt aus einem Geborgenheit gebenden familialen Umfeld in ein fremdes Habitat verpflanzt. Ältere von 14 bis 17 Jahren mussten sich an ein von körperlicher Arbeit bestimmtes Leben gewöhnen. Für alle galt, eigenständig zukunftsweisende Entscheidungen zu treffen. Wie diese Herausforderung singulär bewältigt wurde, zeigen die einzelnen Biografien. Auch hier gilt das von Hanna Arendt dargelegte Prinzip des *Vita activa,* der drei Grundtätigkeiten Arbeiten, Herstellen und Handeln – trotz der Verlusterfahrungen, denen die jungen Akteure ausgesetzt waren.

Letztendlich stellt sich noch die Frage, welches Narrativ die organisierten Kindertransporte bestimmte: Rettung der Kinder und Jugendlichen per se oder die Alijah nach Palästina. Laut Thor Tureby war primäres Ziel nicht die Rettung, sondern die Rekrutierung zur Alijah bereiter Jugendlicher inklusive der Vorbereitung auf ein Pionierleben in Palästina. Tatsächlich stand anfangs, also 1932, die Kinder/Jugend-Alijah im Fokus. Erst mit der zunehmenden Bedrohung und dann vor allem nach dem Pogrom am 9. November 1938 wurde mit den Kindertransporten die Rettung bestimmend. Andererseits war das Alter entscheidend, ob Rettung oder Hachscharah: Erst Jugendliche von 14 bis 17 Jahren waren für die Hachscharah vorgesehen. Nicht vergessen werden darf, dass Eva Warburg vor allem als überzeugte Zionistin agierte. Doch begegnete sie allen *flyktingbarnen* mit gleicher Freundlichkeit und Herzlichkeit.

6 *Rabbiner Joseph Carlebach*

7 *Berthold Grünfeld, Oslo*

Flyktingbarnen aus Dänemark, Norwegen und Finnland

Zu der in **Dänemark** nach der Pogromnacht 1938 initiierten Hechaluz-Bewegung gehörten insgesamt über 500 aus Deutschland, Österreich und ČSR geflüchtete Jugendliche zwischen 14 und 17 Jahren. Für ihre Betreuung war das Komiteen for de Jødiske Landvaesenselever in Kopenhagen zuständig. Die Reise führte die einzelnen Gruppen mit dem Zug vom Berliner Stettiner-Bahnhof nach Warnemünde, dann mit der Fähre nach Gedser und weiter mit dem Zug nach Odense auf Fünen. Von hier wurden sie nach kurzem Aufenthalt in der dortigen Jugendherberge auf nicht so weit voneinander entfernte Bauernhöfe verteilt, um ihnen bessere Kontaktmöglichkeiten untereinander zu verschaffen. An einem zentral gelegenen Ort wurde ein wöchentlich stattfindender Treffpunkt eingerichtet, wo sie in Hebräisch, Geschichte und allgemeiner Bildung unterrichtet wurden. Andere Praktikanten waren bei Fischern untergebracht. Hinzu kamen zwei orthodoxe Gruppen, die jeweils in einem Heim lebten und außerhalb desselben arbeiteten.

Es war vorgesehen, dass die Jugendlichen nach einem Jahr Praktikum und Schulung nach Palästina emigrieren sollten. Das verhinderte allerdings der Zweite Weltkrieg. Doch konnten im März 1941 noch 42 Hechaluz-Jugendliche über Schweden, Finnland, die UdSSR, Türkei und Syrien nach Palästina entkommen. Ihnen schloss sich in Stockholm eine Gruppe weiterer Jugendlicher an (→ Kibbuz BaDerech). In Dänemark blieben 184 sogenannte Aliyabørn und 303 Hechaluz-Jugendliche zurück. Von diesen wurden 28 und 38 je Gruppe von den Deutschen verhaftet. (Vgl. Jørgen Hæstrup, *Jødisk ungdom på træk...* Odense University Press 1982) Mit Hilfe von Eva Warburg und dem Hechaluz-Sekretariat in Hässleholm konnten laut Glück 75 Jugendliche zum Teil in Hälsinggården unterkommen, einige in einem Camp bei Norrköping. (*Hachscharah.. com*) Neben Hans Kaufmann kamen auch Nelly Kahn(-Moos) und Hans Moos nach Hälsinggården.

Der ebenfalls nach Schweden geflüchtete Berthold Rindsberg (1924-2015) stammte aus Adelsdorf bei Bamberg und kam im Oktober 1939 mit einem Alijah-Transport nach Dänemark. Nahe Odense auf Fünen erhielt er eine Praktikantenstelle in der Landwirtschaft. 1943 lebte er wegen akuter Bedrohung in verschiedenen Verstecken und konnte zusammen mit anderen Jugendlichen nach Schweden fliehen, wo er im Kibbuz BaDerech unterkam. Nach Kriegsende verließ er diesen und pendelte zunächst zwischen Schweden und Dänemark. 1948 reiste er mit einem legalen Transport nach Palästina, wo er sich seinen hebräischen Namen Baruch Ron zulegte. 2010 veröffentlichte er seine Autobiografie unter dem Titel *Der Tag, an dem meine Schoah begann.* (Dünzelmann, *Reise;* s.a. Maier-Wolthausen)

Ab März 1938 nahm **Norwegen** mehrfach jüdische Kinder und Jugendliche aus Österreich und der ČSR auf. Aber nicht im Rahmen der Jugend-Alijah bzw. des Hechaluz, sondern mit Unterstützung des norwegischen Komitees der Wiener Kinder und der Nansen-Hilfe*. So konnten im Juni 1938 aus Österreich 22 jüdische Kinder nach Norwegen zur Sommerfrische kommen. Diese Wienerbarna genannten Kinder waren zwischen 10 und 13 Jahre alt und wurden zunächst in einem Ferienheim der Jüdischen Jugendvereinigung Norwegens in Baerum bei Oslo untergebracht, später in Pflegefamilien. Bei Ausbruch des Zweiten Weltkriegs holten die Eltern von vier Kindern diese zurück, keines von ihnen überlebte den Holocaust. Drei Kinder konnten nach Australien und in die USA emigrieren, eines blieb bei den jüdischen Pflegeeltern und wurde später deportiert. (Irene Levin, *Vertriebene Kinder*; www.ntv.com/documents)

Die restlichen Kinder, sechs Jungen und drei Mädchen, wurden in einem Heim der Jüdischen Gemeinde in der Osloer Industrigate 34 untergebracht und von Nina Hasvold betreut. Sie besuchten die Volksschule, das jüngste Kind die erste Klasse, das älteste die vierte. Aus Sicherheitsgründen brachte man sie und weitere Kinder am 26. November 1942 in einer Privatwohnung unter und nach und nach in großer Heimlichkeit in einer anderen, die mehr Sicherheit versprach. Dank der umfassenden Betreuung vor allem durch Tove Filseth*, der Repräsentantin der Nansen-Hilfe, waren die Kinder in der Lage, zu ihr und Nina H. eine für das Überleben notwendige Beziehung aufzubauen und ihr zu vertrauen. Von diesem Versteck aus wurde der Grenzübergang nach Schweden organisiert. Da eines der Kinder in Oslo bleiben wollte, wurden nur noch 13 Kinder mit einem Lastwagen in die Nähe der Grenze gebracht und zu Fuß weiter nach Schweden. In einem schwedischen Militärlager versorgte man sie mit Keksen und Kakao und ließ sie in einem Krankenhaus untersuchen. Danach brachte man sie in Alingsås nicht weit von Göteborg auf dem als Turmhaus erbauten Engabo/Ängabo Herrgård nahe der Sjuhäradsgatan unter, wo sie bis Kriegsende blieben. Alle 13 Kinder kehrten wieder nach Norwegen zurück, einige emigrierten dann in andere Länder, zum Teil mit den wiedergefundenen Eltern. (Ebd.; haGalil.com)

Kurz vor Kriegsbeginn 1939 konnten weitere 37 jüdische Kinder aus der ČSR in Norwegen mit Unterstützung der Nansen-Hilfe einreisen. In Wien sammelten sich 13 Kinder aus Bratislava und 24 aus Prag, um von hier mit dem Zug nach Skandinavien auf der üblichen Route Berlin→Sassnitz→Trelleborg und im Transit durch Schweden nach Oslo zu reisen. Der größte Teil blieb in Oslo und wurde in einem Heim der Jüdischen Gemeinde und bei Pflegeeltern untergebracht, neun kamen nach Bergen in Westnorwegen und ein Kind nach Trondheim. Nach der deutschen Besetzung 1940 mussten 18 Flüchtlingskinder auf Wunsch der Pflegeeltern wieder zurückkehren – keines dieser Kinder überlebte. Im Oktober 1942 wurden acht Kinder aus dieser Gruppe in Oslo im selben Heim wie oben genannt einquartiert, zwei Monate später gelang es den norwegischen Betreuern, sie nach Schweden zu bringen. Dort wurden sie ebenfalls im Herrgård Engabo untergebracht. (Levin)

Zu dieser Gruppe gehörte auch Berthold Grünfeld. Er stammte aus Bratislava, wo er seit seiner frühen Kindheit in einem Waisenhaus lebte und dann in eine Pflegefamilie kam. Wie er später herausfand, war seine jüdische Mutter Prostituierte und wurde im Lager Sobibor umgebracht. Im Oktober 1939 reiste er mit 12 anderen Kindern nach Wien, weiter ging die Reise mit der Gruppe aus Prag nach Oslo. Er kam dann zu einer Pflegefamilie in Trondheim, wurde aber aus Sicherheitsgründen nach der deutschen Besetzung 1940 nach Oslo in das oben genannte jüdische Kinderheim gebracht. Mit den anderen Kindern flüchtete er Ende 1942 nach Schweden, wo alle auf Engabo in Alingsås bis 1946 lebten. BG kehrte nach Norwegen zurück, studierte Medizin und machte sich als Professor für Sozialmedizin einen Namen, ebenso als Psychiater. Zusammen mit seiner norwegischen Ehefrau bekam er drei Kinder. Seine Tochter Nina Grünfeld ging dem Leben ihres Vaters nach und stellte es filmisch dar. (*Dagbladet,* 14.3.2017; Dünzelmann, *Reise*)

Finnland kämpfte zwar im Zweiten Weltkrieg zusammen mit Deutschland gegen die Sowjetunion, galt aber den dort lebenden Juden noch als sicheres Land. Das änderte sich Anfang 1944 wegen der zunehmend unsicheren Situation. Daher nahm die Helsingfors Judiska Församlingen Kontakt zur Jüdischen Gemeinde in Stockholm auf, um über die Evakuierung jüdischer Kinder aus Finnland nach Schweden zu verhandeln. Mit Hilfe der JOINT konnten dann 91 (oder 100?) Kinder nach Schweden reisen: einmal von Turku mit dem Schiff nach Stockholm und dann per Flugzeug. Der erste Transport startete am 8. März 1944 mit 23 Kindern und einer Begleitperson. Bis zum September erhöhte sich die Zahl auf 91.

Von Stockholm aus wurden sie auf verschiedene Einrichtungen verteilt: 57 wurden privat untergebracht, 23 lebten in einem Gästehaus in Hallstavik, sechs im Kibbuz BaDerech in Falun, einige auch auf Engabo Herrgård in Alingsås. Eine weitere Gruppe wurde vom ehemaligen Arbeitslager in Källeryd in Västergötland aufgenommen. Transport und Unterbringung organisierte das Hjälpskommittén der Mosaiska församlingen ohne Inanspruchnahme einer staatlichen Unterstützung. Nach dem Waffenstillstand zwischen Finnland und der Sowjetunion im September 1944 kehrten die Kinder wieder nach Finnland zurück. Mit gemischten Gefühlen gegenüber dem Aufnahmeland Schweden. Einigen wurde sehr freundlich begegnet, anderen abweisend. Um die Aufarbeitung dieses Geschehens hat sich besonders Kai Rosnell verdient gemacht. (Finska Krigsbarn, 1,2014; sotalepset.fi, 1, 2014; s.a. Artikel von Daniel Weintraub, Finnische Universität Helsinki, Januar 1997)

Hilfen für Fluchtmigranten

Von Seiten des Aufnahmelandes Schweden wurde, trotz der negativen offiziellen Flüchtlingspolitik, im formellen und privaten Segment mit Hilfeleistungen auf die 1933 einsetzende Mi-
grationsbewegung reagiert. Hier werden die wichtigsten institutionalen Träger in chronologischer Folge vorgestellt. Weiterführende Informationen sind bei Müssener, *Exil in Schweden*
zu finden. Von herausragender Bedeutung ist in diesem Kontext das Engagement der jüdischen
Gemeinchaft. Mit der Gründung einer Selbsthilfegruppe, die von Michael F. Scholz in seinem
Buch *Die jüdische Emigrantenselbsthilfe in Stockholm (1938-1973)* ausführlich dargestellt
wird, konnte ein Pfeiler solidarischer Hilfe erbracht werden. Doch gab es schon vor den
Verfolgungen durch die Nationalsozialisten und den daraus resultierenden Fluchtbewegungen
in Stockholm eine Anlaufstelle für jüdische Fluchtmigranten. In der Folge kam es nach 1933 zu
weiteren Gründungen von unterstützenden Gruppierungen. So wurde bereits

1930

Röda hjälpen flykingskommitté / Rote Hilfe Flüchtlingskomitee

gegründet. Diese war ein Ableger der international agierenden kommunistischen Roten Hilfe*.
Nur in geringem Umfang konnte Hilfe geleistet werden, war man doch von Spenden und
Sammlungen abhängig. Nichtsdestotrotz leistete sie wirksame solidarische Hilfe. Vor allem
wirkte sie unterstützend auf den moralischen Zusammenhalt der exilierten Gemeinschaft und
der Individuen. 1934 wurde das oben genannte Komitee etabliert, Mitglieder waren zumeist
Gewerkschaftler. Mit Kriegsbeginn und der zunehmenden Internierung kommunistischer
Fluchtmigranten in Smedsbo und Långmora wurden nach außen die Hilfen scheinbar beendet.
Tatsächlich bestanden diese weiter, so in Form von Paketen an die Internierten und bestimmten
Sachleistungen. Da die Spenden infolge des Zweiten Weltkriegs zurückgingen, musste auch die
Unterstützung reduziert werden, Spendengelder wurden sozusagen erbettelt. Um die
Lebenshaltungskosten so niedrig wie möglich zu halten, wurden so genannte
Kollektivhaushalte eingerichtet. (Müssener, (*Exil*). Um 1940 verbesserte sich allgemein die
Situation finanziell und wohnungsmäßig. Die bisher zusammenlebenden Familienverbände
konnten nach und nach eigene Wohnungen beziehen, wenn auch kleine.

1933

Arbetarrörelsens flyktingshjälp/Flüchtlingshilfe Arbeiterbewegung

Diese Organisation der schwedischen Sozialdemokraten und des Gewerkschaftsbundes wurde
im Mai 1933 gegründet, und zwar als Hilfskomitee für gewerkschaftlich organisierte und
politische Flüchtlinge. Ab Dezember 1938 fungierte sie unter dem oben genannten Namen.
Hilfesuchende mussten vom Komitee als Flüchtlinge anerkannt werden. Bedingung für eine
(minimale) Unterstützung waren Hilfsbedürftigkeit und die Zugehörigkeit zu einer
sozialdemokratischen Partei. Alternativ wurde die Zugehörigkeit zu einer gewerkschaftlichen
Organisation oder einer Arbeiterpartei wie die SAP anerkannt. Zudem musste eine Bedrohung

der Antrag stellenden Person vorliegen. Kommunistisch Organisierte mussten offenlegen, dass sie keine Verbindung zu einer anderen Hilfsorganisation (wie der Roten Hilfe) hatten und Mitglied einer Gewerkschaft gewesen waren. Die administrativen Kosten wurden von der Partei getragen, die sich an der Arbeitslosenhilfe orientierende Unterstützung vom Gewerkschaftsbund. Zudem wurden Beihilfen und Mietzuschüsse gezahlt. Wegen der hohen Arbeitslosigkeit in Schweden fand eine Arbeitsvermittlung bis 1938 nicht statt. Bis 1937/38 blieb die Zahl der anerkannten Fluchtmigranten gering, nach 1939 stieg sie deutlich an. Um eigene Interessen wahrzunehmen, schlossen sich die anerkannten Exilierten zu einer Emigrantengemeinschaft (→ Vernetzungen) zusammen. Es bestand eine enge Zusammenarbeit mit der Sozialbehörde und dem Außenministerium. Zur Säpo dürfte es Kontakte gegeben haben, vor allem wenn man nicht nur eine Nähe zu den Kommunisten vermutete, sondern auch zu ideologisch ähnlichen Gruppierungen.

Insamlingen för landsflyktiga intellektuella
Sammlung für landesflüchtige Intellektuelle

Diese Vereinigung bestand von 1933 bis 1940 und agierte als Hilfsfond vor allem für exilierte deutsche Kulturschaffende, die besonders auf private Hilfe angewiesen waren. Mitinitiatorin und Vorsitzende war die in Göteborg lebende schwedische Schriftstellerin Mia Leche-Löfgren. Die Zuwanderung vor allem intellektueller, zumeist nicht parteipolitisch organisierter Fluchtmigranten stellte diese Organisation vor erhebliche Schwierigkeiten. Daher riefen an die 200 Persönlichkeiten des öffentlichen Lebens zu der genannten Sammlung auf. Betont wurde das Gefühl der Verpflichtung gegenüber der Kultur dieser Gruppe. Es wurde ein Arbeitsausschuss gebildet und ein Sekretariat für die Hilfesuchenden eingerichtet. Doch es war sehr schwierig, die erforderlichen Hilfsgelder aufzutreiben. Immer wieder mussten Aufrufe um Spenden veröffentlicht werden.

Mit der 1939 angedrohten Auflösung von Insamlingen kam es zu einem Eingreifen staatlicherseits. Die auch als Intellektuellenkomitee bekannte Organisation erhielt seit Oktober 1939 entsprechende finanzielle Mittel zur weiteren Betreuung der oben genannten Emigrantengruppe. Sie wurde bis in die 1940er Jahre von einem Uppsalienser Professor geleitet. Von den Exilierten engagierte sich in diesem Komitee z. B. Curt Trepte. Da die Situation sich zunehmend verschlechterte, wurde im März 1940 beschlossen, Insamlingen aufzulösen.

Mosaiska församlingens hjälpkommittén /
Hilfskomitee Jüd. Gemeinde

In der *Judisk tidskrift* wurde im März 1933 der erste Aufruf an die schwedischen Juden gerichtet mit der Bitte, den geflohenen Juden aus Deutschland Hilfe zu geben. Ein weiterer Hilferuf erfolgte 1935, da die bisher geleisteten Aufwendungen nicht ausreichten. Zwar reagierte die Gemeinde selbst schnell auf die ersten jüdischen Emigranten, doch verhielten sich viele Gemeindemitglieder eher abweisend. Man sah auf sie herab und ordnete sie als unerwünschte, aus dem Osten kommende Elemente ein. Vor allem nach 1938 mit der stärkeren Zuwanderung aus Österreich und der ČSR. Anfang der 1940er Jahre dürften etwa 150 bis 200 Personen ständig vom Hilfskomitee unterstützt worden sein. Auch von nichtschwedischen jüdischen Organisationen kam finanzielle Hilfe. Weitere Unterstützungsgelder flossen in das Projekt der Kinder- und Jugendalijah. So gingen z. B. Gelder an das deutsch-jüdische Internat Kristinehov in Västraby, an den Kibbuz in Falun, an das Pojkhemmet in Uppsala und an den Hechaluz. Engagierte Mitarbeiterin war u. a. Eva Warburg. (Unterlagen befinden sich im RA, Judiska församlingen.

1934

Neben dem Hilfskomitee gab es nunmehr auch das Caritas-Notwerk an der St. Eugenia-Kirche im Zentrum Stockholms.

1935

Stiftelsen Birkagården/VHS Birkagården*

Hier wurden ab 1935 auf Anregung von Franz Mockrauer Sprachkurse angeboten, ebenso Kurse, um Kenntnisse über schwedische Lebensgewohnheiten und Verhältnisse zu vermitteln. 1937 schloss sich Birkagården dem Zentralen Komitee für Flüchtlingshilfe an und vergab auch Unterstützungsgelder im Büro Karlbergsvägen. 1938 liefen an die 115 Kurse mit jeweils 150 Teilnehmenden. Sehr gut angenommen wurden die von Birkagården angebotenen Feiern zu Weihnachten und zum 1. Mai. Dank des Engagements der Leitenden, Gillis und Elisabeth Hammar, konnten Exilierte das Gefühl haben, willkommen zu sein und einer Gemeinschaft anzugehören.

Internationella Foyern / Internationales Foyer

Nach Aussage des Initiators Stig Bendixon war das Foyer eher zufällig entstanden. Menschen wie Mathilde Widengren und er wollten vor allem das Asylrecht verbessern bzw. dieses überhaupt installieren. Während eines Treffens mit Interessierten sollte nach dem Beispiel Paris auch in Stockholm ein Raum mit dem Namen Foyer eingerichtet werden, wo sich Flüchtlinge wohl fühlen konnten. Den entsprechenden Raum stellte Bendixon in der Västerlånggatan 40 im ersten Stock zur Verfügung. Damit konnte das Projekt ›Internationales Foyer‹ starten, das notwendige Mobiliar war schnell gesammelt. Schon bald wurde dieser Ort von Emigranten angenommen und in der Szene bekannt. Hier konnten sie in Ruhe Zeitungen lesen, sich informieren, Erfahrungen austauschen, Ratschläge und Auskünfte einholen, zur Mittagszeit Tee und Butterbrote zu sich nehmen. Leider erhielt diese private Einrichtung nicht die notwendige und erhoffte Anerkennung durch die Behörden. Nach der Besetzung Österreichs stieg die Zahl der Fluchtmigranten deutlich an. Manchmal hielten sich bis zu 80 Gäste am Tag im Foyer auf. Dabei zeigten sich ideologische Gegensätze, wie z. B. die zwischen Katholiken und Sozialisten. 1942 beendete das Foyer seine helfende Tätigkeit, da jetzt der Staat mehr Verantwortung für Exilierte übernahm.

1937

Katholisches Hilfskomitee

Auch diese Einrichtung der von Jesuiten betreuten St. Eugenia-Gemeinde schloss sich 1939 dem Zentralen Hilfskomitee an.

Stockholms centrala kommitté för flyktingshjälp
Zentrales Stockholmer Komitee für Flüchtlingshilfe

Es entstand ungefähr zur gleichen Zeit wie das Intellektuellenkomitee und war mit diesem eng verbunden. Folgende Organisationen waren zunächst angeschlossen

Intellektuellenkomitee
Hilfskomitee für Flüchtlinge
Internationales Foyer
Hilfskomitee der Jüdischen Gemeinde / Jugend-Alijah i Sverige. Barnahjälp
Hilfskomitee der Schwedischen Ökumene
Soziales Hilfskomitee der Quäker
Volkshochschule Birkagården
Israelmission
Katholisches Hilfskomitee

Weitere kamen im Laufe der Zeit hinzu. Abgelehnt wurde aber der Versuch der Roten Hilfe, sich dem Zentralkomitee anzuschließen.

Das Zentral-Komitee wurde auf Initiative des Theologen Nathanael Beskow gegründet. Ein Finanzausschuss regelte unparteiisch die Verteilung der Spendengelder auf die einzelnen Komitees. Eine wichtige Aufgabe war, bei Regierung und Sozialbehörde eine günstigere Behandlung der Fluchtmigranten zu erwirken. Auch wurde eine Gleichstellung der jüdischen Exilierten mit den politischen verlangt. Von Ausweisung Bedrohte sollten vorher persönlich vor dem Ausländerausschuss erscheinen können. Insgesamt wurde eine Liberalisierung der schwedischen Flüchtlingspolitik gefordert. Anfang 1939 konnte eine Sozialarbeiterin eingestellt werden, da die Zahl der Hilfesuchenden ständig wuchs. Doch deren Versorgung wurde immer schwieriger. Es fehlten preiswerter Wohnraum, Arbeitsmöglichkeiten usw. Erst Ende 1947 konnte das Komitee seine Arbeit einstellen.

1938

Emigranternes Självhjälp (ES) – Emigrantenselbsthilfe

Diese jüdische Emigrantenselbsthilfe wurde nur wenig bekannt. Maßgeblich an deren Gründung Fritz Hollander und Wolfgang Steinitz beteiligt. Beide gehörten dem Vorstand an und prägten insofern die Arbeit der Organisation. Neben der kulurellen Arbeit waren betreuende Maßnahmen und Beratungen wichtigste Elemente. Als Büro wurde ein Raum in der Drottningsgatan 10 genutzt, während Versammlungen in Birkagården und Veranstaltungn im Sessionssaal der Mosaiska Församlingen in der Wahrendorffsgatan 3 stattfanden. Auf Seiten der Exilierten selbst engagierten sch z. B. Hermann Greid, Hans Holewa und Paul Leser. Noch bis in die 1950er Jahre hinein existierte diese Form der Selbsthilfe für jüdische Exilierte. Ausführliche Informationen außerdem in dem Buch von Helmut Müssener und Michael F. Scholz, *Die jüdische Emigrantenselbsthilfe in Stockholm (1938-1973)*.

Svenska Israelsmissionen (SIM) / Schwedische Israelmission

Das Hauptanliegen dieser 1920 in Wien gegründeten Missionseinrichtung lag in der sogenannten Bekehrung von Juden zum Christentum, und zwar in Wien wegen seines hohen Anteils jüdischer Bewohner. Die Einrichtung befand sich in Wien-Alsergrund in der Seegasse 16, religiöses Zentrum des Hauses war die Messiaskapelle. Bis 1938 agierte die Mission unter dem gegebenem Namen, dann hieß sie Schwedische Mission Stockholm, Missionsstation Wien. Nach der deutschen Besetzung Österreichs unterstützte die SIM die Auswanderung Betroffener u. a. nach Großbritannien und Schweden. So konnten zwischen 1938 und 1941 an die 3000 Menschen (Juden und Christen jüdischer Herkunft) zur Emigration verholfen werden. Von Bedeutung ist, dass mit Hilfe der SIM Kindertransporte nach Großbritannien, in die Niederlande und nach Schweden organisiert wurden. (→ Kinder/Jugend-Alijah)

Darüber hatte der seinerzeitige Direktor der SIM, Pfarrer Göte Hedenquist, direkt mit Adolf Eichmann in Wien verhandelt. Zu diesem Zweck befand sich auch in Eichmanns Hauptquartier eine eigene Kanzlei der SIM. Das Haus in Wien selbst diente jetzt vor allem als Auswanderungsbüro und Hilfswerk für notleidende sogenannte Judenchristen. Vielen konnte geholfen werden, aber einer weitaus größeren Zahl nicht. 1939 schloss sich die SIM dem Zentralen Stockholmer Komitee an. 1940 wurde G. Hedenquist ausgewiesen, im Mai 1941 das Haus geschlossen, die Mission aufgelöst. Der Generalsekretär Johannes Jellinek emigrierte nach Stockholm und wurde dort Generalsekretär der SIM. Eine wichtige Initiatorin war Sylvia Wolff, die ebenfalls nach Stockholm migrierte und Gerhard Simson heiratete. Ab 1951 fanden wieder in der Seegasse Gottesdienste statt unter dem Namen Schwedische Mission für Israel. 1974 stellte die SIM ihre Tätigkeit in Wien ein.

1939

Nämnden för statens flyktingshjälp
Ausschuss für staatliche Flüchtingshilfe

Im Mai 1939 eingerichtet. Damit stellte erstmals der schwedische Staat finanzielle Mittel für die Betreuung von Fluchtmigranten bereit. Zwei Jahre später umbenannt in

Statens flyktingsnämnd

Diese Einrichtung war nunmehr vor allem für die soziale Betreuung zuständig, ebenso für die Verteilung der Gelder an Hilfsorganisationen.

1942

*Samarbetskommittén för demokratisket uppbyggnadsarbete
Koordinationskomitee für demokratische Aufbauarbeit*

Zielsetzung war, mit Hilfe der Emigranten den Deutschen beim Aufbau »einer im schwedischen Sinne richtig verstandenen Demokratie zu helfen und sich aktiv am deutschen Wiederaufbau zu beteiligen«. (Müssener, *Exil*) Ungefähr im Herbst 1942 wurde bereits mit derartigen Überlegungen begonnen. In fünf Sektionen sollten die umfangreichen Aufgaben diskutiert und umgesetzt werden unter Mithilfe von deutschsprachigen Emigranten wie E. Behm, W. A. Berendson, E. Björkman-Goldschmidt, F. Fricke, O. Friedländer, H. Mändl, K. Meschke, E. Paul und W. Sonntag. Bis in die Nachkriegsjahre hinein war das Komitee aktiv. Letzter Sekretär war Behm, 1950/51 wurde die Arbeit beendet.

Darüber hinaus gab es auch Hilfe und Unterstützung durch die Stockholmer Quäker-Gemeinschaft (Vännernas samfund kväkarne), wie z. B. aus der Biografie von Hai Frankl ersichtlich ist. Der Vollständigkeit halber soll hier noch auf deutsch-schwedische Vereinigungen hingewiesen werden, die nicht zur Emigrantengesellschaft gehörten und nicht deren Belange vertraten:

Tysk-svenska sällskapet/Schwedisch-Deutsche Gesellschaft

Sie wurde 1913 gegründet und diente der Verständigung zwischen beiden Völkern und dem kulturellen Austausch. Mitglieder waren u. a. Carl Larsson, Selma Lagerlöf und Sven Hedin neben vielen zur schwedischen Oberschicht Gehörenden. Wichtig war für die Vereinigung in den 1930er und 1940er Jahren, eine gute formelle Beziehung zu Deutschland aufrecht zu erhalten. Ein Teil der Mitglieder sympathisierte allerdings deutlich mit dem Nazi-Regime. Auch Peter Weiss erwähnt diese Gesellschaft kurz in *Ästhetik*. Aktuell hat der Verein etwa 450 Mitglieder.

Riksföreningen Sverige-Tyskland

Im Dezember 1937 gegründete nationalistisch orientierte Vereinigung. Neben der Wahrnehmung wirtschaftlicher Interessen gehörte es zu den Aufgaben der Mitglieder, Geld zu sammeln für die Streitkräfte in Nazi-Deutschland. Unter den Mitgliedern befanden sich viele Nazi-Sympathisanten, wie eine 1940 von der Säpo durchgeführte Untersuchung zeigt. Prominentes Mitglied war z. B. Sven Hedin, andere namhafte Mitglieder gehörten zum Militär. Während des Bestehens von 1938 bis 1942 führte die Mitgliederliste 5689 Personen aus allen Schichten der schwedischen Gesellschaft auf. 1949 kam es zur formellen Auflösung mit bis in die 1950er Jahre existierenden Splittergruppen.

Svenska Föreningen Fri Tyska Kultur

Im Oktober 1943 gab es von schwedischer Seite ein starkes Interesse an der Fragestellung, »wie man sich zu Deutschland verhalten sollte«. Vorgesehen war die Schaffung einer entsprechenden Vereinigung. Dem zugrunde lag die Erkenntnis nicht nur des akademischen Bürgertums, dass die schwedische Gesellschaft stark mit der deutschen Kultur und Wissenschaft verknüpft war. Zudem sollte unbedingt das »Wissen um eine deutsche Kultur« aufrechterhalten werden. So wurde auch die Gründung des FDKB begrüßt. Nach Auseinandersetzungen zwischen einigen der Mitglieder und mit Teilen des FDKB wurde im Juni 1944 die Gründung der oben genannten Vereinigung vorgeschlagen. (Vgl. Müssener, *Exil*)

II Die Wege, die Erinnerung
Stadtgeografische Verortungen ___________________

Machen wir uns auf den Weg, besser auf die Wege! Hin zu Orten und Räumen der Erinnerung an die Menschen, die als Exilierte in Stockholm verortet und tätig waren. Einmal bewegen wir uns auf den Spuren des literarischen Chronisten Peter Weiss: In seinem Hauptwerk *Ästhetik des Widerstands* sind die Wege seines namenlosen Protagonisten (hier Anonymus genannt), die für Emigranten wichtigen Einrichtungen, Treffpunkte und helfende Netzwerke nachgezeichnet. Zum anderen suchen wir die Plätze auf, wo bestimmte Personen ihre Spuren hinterlassen haben und denen Schweden etwas zu verdanken hat. Es geht quer durch *tätort* und *län* von Stockholm, einem inzwischen natürlich veränderten Raum. Wiederum leben hier Emigranten, die erneut zur Veränderung beitragen. Ein Teil der Neuverortung lag und liegt im räumlich-geografischen Segment, und zwar in der Stadt per se und ihren Gebäuden, an denen sich orientiert werden konnte. Dazu gehörte auch dieser Panoramablick auf Riddarholmen und Gamla Stan:

8 *Aussicht von Kungsholmen hinüber zur Gamla Stan und Riddarholmen. 1925*

Ausgangspunkt unserer Erkundungen ist der Centralbahnhof. Von ihm als einem Raum der Ankunft und Weiterfahrt gelangt man in alle Stadtteile und Vororte. Von hier aus konnten seinerzeit Exilierten für sie wichtige Anlaufstellen und Treffpunkte aufsuchen, wie auch von Weiss beschrieben. Zur besseren Orientierung werden die für Exilierte wichtigen Stadtteile bz. Wohngebiete zwar erfasst, aber ohne jeweilige personale Zuordnung.

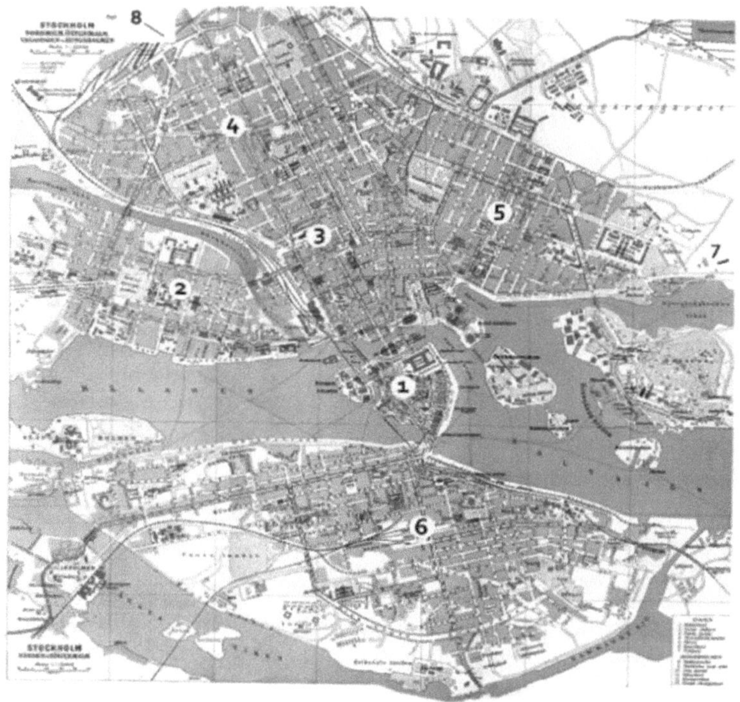

Abb. 9 **Teilansicht von Stockholm**

1 Riddarholm, Gamla Stan	5 Östermalm
2 Kungsholmen	6 Södermalm, Enskede
3 Norrmalm	7 Lidingö
4 Vasastan, Solna	8 Viggbyholm

Hier lebten viele der Exilierten:

Viggbyholm	*Kungsholmen*
Solna	*Lilla Essinge*
Vasastaden	*Stora Essinge*
Norrmalm	*Gamla Stan*
Östermalm	*Reimersholme*
Södermalm	*Hammarbyhöjden*
Lidingö	*Enskede*

Machen wir uns auf den Weg mit dem Gedanken an die Geflüchteten und ihrer möglichen Neu-Beheimatung im Kopf

Was erwartete die mit dem Zug ankommenden Emigranten nach der Fahrt durch den Tunnel in Södermalm, beim Herauskommen in Höhe Slussen, bei der Fahrt über die Centralbron, nach den ersten Stunden im sicher erscheinenden Exil? Hier im Zentrum von Stockholm mit

Central Station, Riddarholmen und Gamla Stan

Wichtig war für die legal Ankommenden der Besuch der auf Riddarholmen unterhalb eines Adelspalastes am Birger Jarls Torg befindlichen hölzernen Baracke. Hier war das Ausländerbüro der Sozialbehörde, wo sie sich zu melden hatten und erfasst wurden, von Weiss so beschrieben: »Der Schuppen, mit dem engen muffigen Warteraum, den Schaltern [ähnelte] der Ärmlichkeit und dem Provisorium unsres Lebenszustands.« Wer illegal als politisch Verfolgter einreiste, konnte sich auf das entsprechende Netzwerk solidarischer Hilfe verlassen.

Über die Brücke geht der Weg in Richtung Mälartorg mit den seinerzeit dort liegenden Büros der Arbetarrörelsen flyktingshjälp*und für viele Illegale das der Roten Hilfe*. Beide waren vor allem für politische Flüchtlinge eine wichtige Anlaufstelle zur Deckung der elementaren Bedürfnisse wie Wohnen und Lebensunterhalt. Ebenfalls in der Altstadt befindet sich die lutherische Tyska Kyrka St. Gertrud, die eine Anlaufstelle für Emigranten sein konnte. Nicht so weit entfernt richtete in der inzwischen nicht mehr existierenden Norra Smedjegatan die katholische Gemeinde St. Eugenia ihr Hilfskomitee ein. Übrigens hatte seinerzeit ganz in der Nähe in der Blasieholmsgatan die Deutsche Gesandtschaft ihren Sitz – kein Ort der Sicherheit für die Geflüchteten.

10 *Västerlånggatan 40, 44*

11 *Norr Mälarstrand*

Im Zentrum der Gamla Stan geht es die Västerlånggatan entlang, wo sich in einem ehemaligen Büro im Haus Nr. 40 von 1935 bis 1942 das Café Internationales Foyer der privaten gleichnamigen Organisation befand. Ausgestattet war der Raum mit Tischen, Stühlen und einer Küche mit einem Gasherd. Es wurde von der Pädagogin Matilda Widengren mit Unterstützung der Stiftelsen Birkagården geleitet. Zwar wurde keine Beratung oder finanzielle Hilfe angeboten, wohl aber täglich um 12 Uhr Tee und Brötchen. Trotz begrenzter Mittel fühlten sich hier viele Emigranten wohl, sie waren keine Objekte, sondern Menschen! In entspannterer Atmosphäre konnten sie den gespendeten Imbiss verzehren und die ausliegenden Zeitungen lesen, wie auch Weiss schildert. Im gleichen Haus lebte von etwa 1938 bis 1946 die Schriftstellerin und Literaturagentin Greta Berges-Herthel mit ihrer Muttter und der Tochter Anna. Ein paar Häuser weiter hatte Peter Weiss ab den 1950er Jahren im Haus Nr. 44 ein Arbeitszimmer bzw. Atelier. Nicht weit entfernt befindet sich die Köpmangatan, wo er kurz mit Gunilla Palmstierna und der gemeinsamen Tochter Nadja lebte.

Wiederum in der Nähe war am Slottsbacken 6 von 1950 bis 1979 das Musikhistoriska museet untergebracht (aktuell nahe Humlegården in Norrmalm) Für dieses Museum war ab 1949 Ernst Emsheimer als Kurator und bis 1973 als Direktor tätig. Er prägte seinerzeit maßgeblich das Museum mit seinen Sammlungen und Veranstaltungen. Dank seiner engagierten Tätigkeit gewann es deutlich an Prestige und Bedeutung. So initiierte er Konzerte mit historischer Aufführungspraxis, führte musikethnologische Forschungen durch und erweiterte die Sammlung alter Musikinstrumente.

Emsheimer war nicht nur ein sehr fähiger Gestalter, sondern ebenso ein beliebter, warmherziger Vorgesetzter. Zudem schuf er ein weitreichendes Netzwerk an Musikethnologen. Dieser Einsatz kam nicht nur dem Museum zugute, das sich unter seiner Leitung zu einem international renommierten Museum entwickelte. Von seinem Engagement profitierten vor allem jüngere Musikethnologen, für die er Ratgeber war und denen er hilfreich zur Seite stand. Zu diesem Kreis gehörte neben Andreas Lüderwaldt, ehemaliger Kustos am Bremer Übersee-Museum, auch der Musikwissenschaftler Jan Ling (1934-2013), dem Emsheimer Mentor und Kollege war.

Von Riddarholmen geht der Blick nach Kungsholmen hinüber zum Norr Mälarstrand und zur Centralstation. Dieser fast gegenüber befand sich in der Vasagatan 18 das beeindruckende Gebäude des Esselte-Papierkonzerns, in dessen Räumen Max Tau als Mitarbeiter des zum Konzern gehörenden Ljus-Verlags und als Leiter des Neuen Verlags einige Jahre tätig war.

Von hier ist der Weg über die Vasabron nicht weit nach Kungsholmen. Ziel ist der Bereich um

Kungsholmen: Pipersgatan→ Fleminggatan→ Kronobergsparken

Unser Weg soll an der Stadshusbron beginnen: Es geht in Kungsholmen ein Stück die Hantverkergatan entlang bis zur Pipersgatan, dann die Coldinutrappen hinunter in die Scheelegatan. Rechterhand befindet sich der von Weiss beschriebene Komplex Piperska muren mit Garten und Gebäude als Restbestand des ehemaligen weitläufigen Grundstücks der im 17. Jahrhundert aus Lübeck zugewanderten Adelsfamilie Piper. Vor der Umwidmung war es berühmt für seine kunstvolle Gartenarchitektur. Gegenüber ragt das Rathaus empor. Rechts von hier kommt man zur Kungsgatan, hier befand sich die auch von Weiss genannte Amarantentrappan, die inzwischen einem Neubaukomplex weichen musste. Nahebei gab es in der Kungsgatan ein kleines Lokal, das als Treffpunkt für kommunistische Emigranten von Bedeutung war sowie das Büro der schwedischen KP.

Weiter die Scheelegatan entlang kommen wir zur Fleminggatan. An der Ecke gegenüber liegt der Gebäudekomplex von Alfa Separator. Dort arbeitete der in der *Ästhetik* genannte Protagonist als Zuträger, hier Anonymus genannt. Vor uns liegt die lange Fleminggatan. Unter der Hausnummer 37 und mit Sicht auf das gegenüber liegende St. Eriks-Krankenhaus bewohnte Anonymus ein Zimmer im vierten Stock. Tatsächlich lebte Weiss selbst dort ab 1944 mit Helga Henschen und nutzte es später als Atelier. In *Ästhetik* bezeichnet er die Fleminggatan als »Inbegriff der Einförmigkeit und Fremde (...) mit ihren Begräbnisanstalten, Möbelmagazinen, Pfandhäusern und ärmlichen Läden«, eher eine Industriestraße, denn ein heimeliger Ort zum Wohnen. In seinem Zimmer entwickelte Anonymus beim Hinausschauen Fluchtpläne, falls es zu einer Verhaftung kam: über den Hinterausgang durch benachbarte Höfe in das Gewirr der Straßen.

12 *Piperska Muren*

13 *Fleminggatan*

Seine anfängliche Situation dort beschrieb Weiss als Anonymus so:
Während der ersten drei Monate im Land verließ ich kaum die Straße, an der sich die Fabrik befand, wo ich versuchsweise als Aufräumer und Heizer in der Verzinnungswerkstatt angestellt worden war, und an der ich auch, im Haus Nummer Siebenunddreißig, ein möbliertes Zimmer gemietet hatte. (Ästhetik)

Das Haus Nr. 37 gehört inzwischen zum benachbarten Gebäudekomplex der Wohnungsbaugesellschaft HSB. Einige Häuser weiter befand sich 1939/40 unter der Hausnummer 45 ein Heim für jüdische Flüchtlingsjungen, das Judiska/Mosaiska pojkhemmet. Hier konnten Nelly Sachs und ihre Mutter nach ihrer Flucht aus Berlin im Mai 1940 für zwei Monate unterkommen. Das Heim wurde geleitet von der ebenfalls aus Berlin stammenden Elisabeth Mülller-Winter.

Dann geht es in die Polhemsgatan hinein und am 1911 errichteten Polizeihaus mit Untersuchungsgefängnis, dem so genannten Kronobergshäklet, vorbei zur Bergsgatan. Hier hatte u. a. die Säpo ihren Sitz, hier wurden nicht nur illegale politische Emigranten verhört und inhaftiert. Nach oft wochenlanger Befragung erfolgte bei fehlender ›Mitarbeit‹ die Überführung in die Lager Långmora oder Smedsbo, in das Zuchthaus von Falun oder in das Gefängnis von Kalmar. Manchmal auch ins Långholmen centralfängelse. Im Untersuchungsgefängnis waren z. B. das KPD-Mitglied Charlotte Bischoff inhaftiert sowie 1940 für fünf Wochen Immanuel Birnbaum und der Verleger Gottfried Bermann Fischer. Nicht allzuweit entfernt befindet sich das Haus Kungsholmstorg Nr. 6, wo der Komponist Hans Holewa seinerzeit lebte. Dort wurde zum Gedenken an den in Auschwitz ermordeten Bruder Erich Holewa im Juni 2019 der hier abgebildete Stolperstein verlegt. Später lebten die Holewas im nahen Högalid und dann in Traneberg.

Ganz in der Nähe befindet sich der Kronobergsparken mit einem 1787 angelegten jüdischen Friedhof, den die Mosaische Gemeinde bis 1857 nutzte. Er ist eingegrenzt mit einem schmiedeeisernen Zaun und nicht frei zugänglich, aber sehr gut einsehbar. Nicht allzuweit entfernt liegt in der Alströmersgatan ebenfalls ein kleiner jüdischer Friedhof, der Mosaiska begravningsplatsen Aronsberg, der von 1776 bis 1880 genutzt wurde. Er ist von Wohngebäuden umgeben und über die Fleming- und St. Eriksgatan zu erreichen. Der St. Eriksgatan abwärts folgend, kommt man zum Norr Mälarstrand mit weitem Panoramablick von der Västerbron hinüber nach Södermalm und Riddarholm. Im Haus Nr. 76 lebte bis 1948 der Karikaturist und Zeichner Theodor Heine im vierten Stock. Schenken wir ihm doch Augenblicke der Erinnerung: an ihn und seinen Einfluss auf den *Simplicissimus*.

14 *Jüd. Friedhof Kronoberg*

15 *Stolperstein Erich Holewa*

In Richtung Stadtmitte gehend kam Anonymus durch die Kungsgatan zum Sveavägen, zu Max Hodann. Weiter dann zum Humlegården und von dort mit der Vorortbahn nach Lidingö zu Bertolt Brecht, mit dem Fahrrad durch die Upplandsgatan nach Viggbyholm zum

Landschulheim – für ihn wichtige Verortungen. Oder er brachte Besuch mit, wie z. B. Rosalinde von Ossietzky, und sah

meinen Unterkunftsraum mit den Augen des Gasts. Er glich einer Zelle. Schmale Bettstatt, Tisch, Stuhl, Kommode, Kachelofen. Kein Buch, nur ein paar Papiere auf der Tischplatte. Nichts hatte ich ihr anzubieten.

Ein anderer Weg führt uns nach Södermalm und auf zwei Inseln, wo ebenfalls Erinnerungen an Exilierte zu finden sind:

Södermalm → Långholmen → Reimersholme

Über die Centralbron kommen wir rechterhand zum Söder Mälarstrand. Den geht's entlang hin zum Pålsundsparken mit Blick hinüber nach Kungsholmen. Vom Park links über mehrere Treppenabschnitte hinauf zur Varvsgatan. Gleich an der Ecke im Haus Nr. 2 wohnte für einige Jahre Karl Helbig, gegenüber neben der Treppe unter Nr. 1A Peter Weiss. War Helbig hier einigermaßen glücklich? Weiss selbst beschreibt anschaulich den damaligen Panoramablick von seinem Wohnraum aus und die hämmernden Geräusche von den naheliegenden kleinen Bootswerften.

Wieder die Treppen hinunter geht es über die schmale Pålsundsbron zur wenig bebauten Insel Långholmen. Nach einem kurzen Fußweg unter der Västerbron hindurch kommt man zum ehemaligen Långholmens centralfängelse. Nicht nur für politisch Verfolgte und illegal eingereiste Emigranten als Ort der Inhaftierung bekannt und von negativer, bedrohlicher Bedeutung. Im Eingangsbereich hat die Arbetarnas kulturhistoriska sällskap eine Informationstafel aufgestellt. Leider nur in schwedischer Sprache wird auf die Inhaftierung politischer Flüchtlinge aus dem antifaschistischen Widerstand hingewiesen. Namentlich zu erwähnen sind außer etlichen schwedischen Inhaftierten die seinerzeit im Exil lebenden Arno Behrisch, Hermann Knüfken, Herbert Wehner und Ernst Wollweber.

Das Gefängnis selbst weist eine lange Geschichte auf: Etwa ab 1660 wurde es als solches genutzt, in der Folge erweitert und neu erbaut. Mit etwa 600 Insassen war es bis 1975 das größte Gefängnis Schwedens. Nach Umbauarbeiten beherbergt die ummauerte Anlage heute das Fängelsemuseum, ein Hotel mit Vandrarhem und Restaurant. Außen und innen gut renoviert und ansprechend aussehend, aber den alten Zweck nicht verleugnend. Auffallend die typischen kleinformatigen Fenster, innen der dreistöckige Bereich mit seinen Haftzellen. Oben auf der Västerbron blickt Peter Weiss in der Straßenbahn durch das Fenster hin zum Gefängnis: »Fächerförmig stiegen violette Wolkenstreifen in den blaugrünen Himmel auf und die Strahlen der Sonne brachen in die Fenster des Gefängnisgebäudes unten auf der Insel ein«. (*Fluchtpunkt*)

Zurück über die schmale Långholmsbron geht es wieder zum Söder Mälarstrand und dann rechts über die Brücke nach Reimersholme. Hier entstand von 1942 bis 1946 im Nordosten längs des Långholmskanalen auf dem Gelände einer ehemaligen Wollfabrik ein neues Wohnquartier, errichtet von der Wohnungsbaugesellschaft HSB. Maßgeblich an Planung und Durchführung beteiligt war der deutsch-ungarische Architekt Fred Forbát. Als ehemaliger Mitarbeiter am Bauhaus und Gestalter der Wohnquartiere Haselhorst und Siemensstadt in Berlin brachte er auch hier seinen Stil und seine Ideen ein. Zum Kanal hin wurden fünf Wohnblöcke mit bis zu sieben Stockwerken errichtet. Von hier geht der Blick direkt hinüber zum Långholmen fängelse.

16 *Långholmen fängelse*

17 *In Reimersholme*

Wir überqueren nochmals die Reimersholmbron und gehen am Liljeholmsviken entlang zum Södermalmer Ortsteil Högalid. Hier am Bergsunds Strand Nr. 23, einem schlichten mehrstöckigen Eckhaus der HSB, lebten Margarete und Nelly Sachs ab 1941 zunächst in einer unfreundlich-dunklen Einzimmerwohnung. 1948 konnten sie im gleichen Haus eine etwas größere Wohnung mit 41qm beziehen, die Nelly Sachs bis zu ihrem Tod 1970 beherbergte. Die Wohnung besaß einen kleinen Küchenraum und eine (Schlaf-) Nische. Aus dem Fenster konnte sie auf den Liljeholmsviken und nach Liljeholmen schauen. Aktuell befindet sich ein Teil der Wohnungseinrichtung als Ausstellungsobjekt in der Kungliga biblioteket im Humlegården. Nahebei liegt der Lindvallsplan. Im Haus Nr. 4 lebte in einer Zweizimmerwohnung Rosalinde von Ossietzky. Ebenfalls im Högalid-Viertel lebten zuletzt Alice und Hans Holewa.

Hin zum Pålsunden bewegte sich laut Weiss z. B. Charlotte Bischoff in politisch-agitatorischem Auftrag: Mit der Straßenbahn fuhr sie über die Västerbron, ging hinunter zum Pålsund durch den kleinen Park, dann den breiten Södra Mälarstrand am Riddarfjärden entlang an Werften, Schuppen und Magazinen vorbei zur Schleuse (Slussen) und zu einer Großbaustelle an der Kungsklippe, dort Propagandamaterial verteilend und Spenden sammelnd, auch Beschimpfungen ausgesetzt.

Parallel zum Mälarstrand verläuft die lange Hornsgatan. Im Haus Nr. 75 war von 1940/41 bis 1945 ein weiteres Pojkhemmet der Jüdischen Gemeinde untergebracht. Hier lebte für kurze Zeit der Filmschaffende Harry Schein. Nahe Slussen bewohnte ab 1975 im Haus 29b die Familie Palmstierna-Weiss eine großzügig geschnittene Wohnung im obersten Stockwerk. Zwar war die Hornsgatan, wie überhaupt Södermalm, ein Arbeiterwohngebiet, doch wird die Bebauung unterbrochen von Häusern des Bürgertums, wie das in dem Peter Weiss lebte. Dort verbrachte er die letzten sieben Jahre seines Lebens:

18 *Hornsgatan*

19 *Peter Weiss*
Buch/Bildzitat

Um nicht nur gedanklich nahe bei Nelly Sachs zu bleiben, ist das nächste Ziel

Norrmalm / Östermalm mit Humlegården

Auf dem Weg zum Humlegården durchqueren wir zuerst den Stadtteil Norrmalm, die eigentliche Stockholmer City, das Geschäftszentrum. Hier befanden sich ebenfalls für Emigranten wichtige Anlaufstellen und Treffpunkte. In der Drottninggatan Nr. 10 mietete die jüdische Emigrantenselbsthilfe einen Büroraum, im Haus Nr. 71D lag die für Emigranten wichtige Pension Schedin, in der u. a. Max Barth und Peter Weiss für einige Zeit wohnten. Aktuell ist die Drottninggatan vor allem ein Ort, wo es zu Terroranschlägen gekommen ist und damit auch als Erinnerungsstätte Bedeutung hat.

Parallel zur Drottninggatan durchschneidet der Sveavägen achsenförmig den Stadtteil. Vom südlichen Ende des Sveavägen geht es erst einmal zur Wahrendorffsgatan. Dort steht als imposantes Gebäude die Große Synagoge mit angrenzendem Gemeindehaus der Mosaiska församlingen. Nicht allzu weit entfernt sollte in der Riddargatan Nr. 5 die Synagoge der Gemeinde Adat Jeschurun besucht werden. Ihr schönes und sehenswertes Jugendstil-Mobiliar stammt aus der früheren gleichnamigen Hamburger Synagoge an der Heinrich-Barth-Straße. Es konnte vom damaligen Oberrabbiner Joseph Carlebach im März 1939 als Restmüll deklariert nach Stockholm verschickt und somit gerettet werden. Die Gemeinde selbst besteht in Stockholm seit 1940 und war in wechselnden Gebäuden untergebracht, u. a. im Haus der Hillelschule in der Nybrogatan und in der Wahrendorffsgatan. Von 1943 bis 1949 war hier der bekannte Rabbi Wolf Jacobsohn erfolgreich tätig. In der ebenfalls nicht weit entfernten Arsenalsgatan 1 befand sich das von Eva Warburg eingerichtete Büro der Jugend-Aliyah i Sverige. Barnahjälpen.

Zurück zum Sveavägen und diesen hinauf geht es zum Hötorget. In einem Eckhaus am Sveavägen/Kungsgatan war das von Elise Ottesen-Jensen* geleitete sexualkundliche Institut des Riksförbundet för Sexuell Upplysning* untergebracht, wo Max Hodann als informeller Kollege in der Patientenberatung tätig war. Er und seine dritte Ehefrau Ručena lebten dort für kurze Zeit in einer Kellerwohnung mit dem neugeborenen Sohn Jan. Vom Sveavägen geht es durch die Kungsgatan zum Stureplan. Dort befand sich, neben anderen Cafés, ein weiterer Treffpunkt, das Café Ogo. Es soll sich im Keller des Restaurants Brända Tomten befunden haben, »wo sich im kleinen Kreis, bei einer Tasse Kaffee, einem Glas Wasser, ein paar Stunden verreden ließen«, so Weiss in *Ästhetik*.

Weiter geht es den Sveavägen entlang. An der Ecke Tunnelgatan treffen wir auf den Ort der Erinnerung an Olof Palme, der hier am 28. Februar 1986 ermordet wurde: eine schlichte Bronzeplatte im Straßenpflaster. Auf der rechten Seite des Sveavägens liegt ein Stück hinauf unter Nr. 41 das sogenannte AMF Huset mit den Räumen der Birkagården folkhögskola. Diese wurde für die Exilierten zu einem Ort der Beratung, der Hilfe, der Begegnung, der kulturellen Vermittlung. Wobei besonders die Gewöhnung an das schwedische Alltagsleben wichtig war (bis hin zur donnerstäglichen Erbsensuppe, wie Müssener in *Exil* betont) und die Vermittlung der schwedischen Sprache, der Kultur, der jahreszeitlichen Feste. Hier wurde der FDKB gegründet und hier fand dessen erste öffentliche Veranstaltung statt.

20 *Drottninggatan*

21 *Nelly-Sachs-rummet*
   Kungliga biblioteket

22 *Josef-Frank-Platsen mit*
   seinen Bronsstolaren

Nicht weit entfernt liegt im angrenzenden Stadtteil Östermalm der Humlegården mit der Kungliga biblioteket bzw. der Sveriges nationalbibliotek. Dieser angeschlossen war das August-Strindberg-Archiv, in dem Walter Berendsohn zeitweilig tätig war. In den Kellerräumen der Bibliothek ist als Ausstellungsobjekt die Wohnung von Nelly Sachs mit Originalmöbeln installiert. Ihre wichtigsten Arbeiten, geschrieben auf der Schreibmaschine Typ Mercedes Prima, entstanden am kleinen Tisch in der von ihr so genannten, vier Quadratmeter großen Kajüte, der Nische. In dieser Wohnung war sie allein mit ihren Ängsten, ihren Erinnerungen, in problematischen Situationen. Leider ist der ausgestellte Raum für die Öffentlichkeit sehr begrenzt einsehbar: auf Anmeldung einmal monatlich am ersten Mittwochvormittag für vier bis fünf Personen, die aus sicherheitstechnischen Gründen gut zu Fuß sein müssen. In der KB wird außerdem ein Teil des Nachlasses von Nelly Sachs betreut.

Ganz in der Nähe verortete Weiss die Sandbergsche Buchhandlung, wo im Lesezimmer internationale Neuerscheinungen auslagen, wichtig für die sich oft isoliert fühlenden Emigranten. Im südlichen Bereich des kleinen Parks zweigt die Humlegårdsgatan ab und führt zum Östermalmtorg. Hier geht es weiter in die Storgatan. Dort wohnte von 1943 bis 1945 unter der Nr. 16 Fritz Bauer. Etwas weiter weg vom Humlegården kommt man über die Birger Jarlsgatan zur Sibyllegatan 2, zum heutigen Musikmuseet. Der historische Bau stammt aus dem 17. Jahrhundert und beherbergte lange Zeit die Kronobageriet, die Kronbäckerei.

Entlang der Birger Jarlsgatan führt uns der Weg zurück zum Zentrum über den Nybroplan zum Strandvägen 5. Hier befindet sich das maßgebende Designunternehmen Svenskt Tenn mit seinen exklusiven Exponaten. Noch immer wird der Einrichtungsstil von Josef Franks Ideen beeinflusst. Lassen wir uns von den Farben und den üppigen Mustern ein wenig berauschen und die Erinnerung an den aus Wien zugewanderten Architekt wachhalten. Ein anderer Erinnerungsort an diesen begabten Architekten liegt jenseits vom Valhallavägen in einem Neubauquartier nahe der Rintogatan: es ist der Josef Franks Plats mit einer Installation der von ihm geschaffenen Bronzestühle.

Auf dem Programm stehen nunmehr die beiden Stadtteile

Vasastaden und Solna

Wiederum über den Sveavägen oder über Dalarnagatan und Odengatan kommen wir nach Vasastaden, einem um 1880 erschlossenen Stadtteil, auch bekannt unter dem Namen Sibirien. Damit war vor allem das Kerngebiet zwischen Roslagsgatan, Odengatan, Sveavägen, Freigatan und Upplandsgatan gemeint. Weiss bezeichnete diesen Teil Stockholms wegen seiner Unauffälligkeit als idealen Unterschlupf für illegale Emigranten. Zu einer Pause lädt in der Roslagsgatan 25/ Ecke Freigatan die berühmte Sibiriens Soppkök ein (aber nicht am Sonntag). Es ist ein kleines, familienbetriebenes Restaurant mit wechselnden Tagesgerichten.

Die Freigatan hinuntergehend in westliche Richtung kommen wir zur Upplandsgatan, wo unter der Nr. 77 illegal der Komintern-Mitarbeiter Jakob Rosner lebte. Nach einem Besuch bei ihm lässt Weiss Anonymus die »lange gerade Upplandsgatan hinuntergleitend, diese fast leere Straße, im nördlichen Stadtteil, der Sibirien genannt wurde, und an der die Häuser jene

Einförmigkeit und Anonymität besaßen, wie Illegale sie suchen« mit dem Fahrrad fahren: »Die rechte Hand hielt ich um die Lenkstange des Fahrrads, mit der Linken hielt ich Rosalindes Hand«.

Im Haus Nr. 4 befand sich seinerzeit das Arbetarrörelsens* Archiv mit Bibliothek, (aktuell in Huddinge). Dieser Ort war nicht nur für sozialdemokratische Emigranten wichtig. Er bot mit seiner Bibliothek Ablenkung und Möglichkeiten gedanklichen Austausches. Nicht so weit entfernt kann das Judiska museet in der Hälsingegatan 2 nahe dem Vanadisplan besucht werden. Dargestellt werden dort Geschichte, Tradition und Integration der jüdischen Bevölkerung in Schweden. In seinem Archiv befinden sich zahlreiche Materialien betreffend jüdische Exilierte, wie z. B. Unterlagen von Hans Kaufmann. Auch Georg Henke lebte in diesem Viertel, in der Döbelnsgatan 60.

Noch gut gestärkt von der Soppkök geht es vom Vanadisplan durch die Gävlegatan zur Norra Stationsgatan und die entlang unter der Solnabron hindurch zum Haus Nr. 115. Dort wohnte im vierten Stock das Ehepaar Frieda und Josef Wagner. Hier soll es 1942 zur Verhaftung von Herbert Wehner während eines Besuchs gekommen sein, swie auch von Peter Weiss in *Ästhetik* beschrieben. Von hier aus ist das nächste, nicht so weit entfernte Ziel Stockholms größter Friedhof Norra Begravningsplatsen, auch bekannt als Bergfriedhof. Auf dem Gang durch diese Friedhofslandschaft sind noch Gräber hier beerdigter Emigranten zu finden, so die von Josef Frank, Theodor Heine, Max Hodann und Peter Weiss. Im Bereich Minneslunden ist W. A. Korinth zu gedenken. Im nördlichen Teil des Friedhofsgeländes liegt der Norra Judiska begravningsplats. Hier auf der Stätte des Lebens, Bejt-Ha'Chaim, fand nicht nur Nelly Sachs ihre letzte Ruhestätte. Diese ist versehen mit einem schlichten, ihre Daten tragenden Grabstein und manchmal auch mit Blumen geschmückt. Nahebei befindet sich der katholische Friedhof mit Gräbern seinerzeit Geflüchteter.

23 Upplandsgatan

24 Hagaparken

25 Stora Essingen

Wenn wir dann den breiten, vielbefahrenen Uppsalavägen (E4) queren, kommen wir direkt zum Hagaparken. Er ist einen Besuch wert! Der Park wurde im 18. Jahrhundert im englischen Stil von F. M. Piper, einem Nachfahren der Lübecker Piper-Familie, gestaltet. Die Parkanlage war seinerzeit eine echte Novität und ist nicht wesentlich verändert worden. Nicht allzuweit entfernt vom Park war im Ortsteil Hagalund am Rosstigen 7 Richard Stahlmann zeitweilig untergekommen. Im gleichen Haus lebte die aus Berlin über Oslo geflüchtete Anna Mosler-Wennesland mit ihrem Lebensgefährten Paul Hasche. Der Weg dorthin geht über den Hagavägen und die Hagalundsgata entlang, weiter dann kurz auf dem Frösundaleden. Seinerzeit eine ruhigere Ecke und ohne Anschluss an die Autobahn nach Uppsala.

Zum Gedenken an *Max Hodann* und anderen Exilierten bewegen wir uns in Richtung

Kristineberg und Stora Essingen

Um ihn in seiner zweiten Stockholmer Wohnung zu besuchen, musste Anonymus auf dem Kungsholmer Drottningsvägen durch den Ortsteil Kristineberg hin zur Tranebergsbron gehen (oder mit dem Fahrrad fahren). Vor der Brücke geht es rechts zum Lidnersplan, wo Hodann mit Familie von 1941 bis 1944 in einem graugelben Haus wohnte, davor ein kleiner Platz mit Birke. Vom nahen Uferpark konnte er über den Tranebergssund zum gleichnamigen Ortsteil schauen.

Hodanns dritte Wohnung im Stockholmer Exil befand sich auf der Insel Stora Essingen, die über Lilla Essingen erreicht wird. Ein Weg geht links von der Tranebergsbron am Essingefjärden entlang nach Lilla Essingen über die Fredhällsbron, dann weiter über die Essingebron. Von dort rechts auf den Essingevägen zum Broparken. Hier geht unser Blick hinüber zum Ortsteil Fredhäll. Zur linken Seite befindet sich der Stenshällsvägen. Im Haus Nr. 9 verbrachte er mit seiner Familie die letzten Lebensjahre – welch ein Weg von Berlin hierher.

Ebenfalls auf Stora Essingen lebte Maria Lazar mit ihrer Tochter Judith, auf Lillla Essingen Karl Mewis in der Disponentgatan 4. Weiter über den Essingevägen in südlicher Richtung kommt man über den Essingesundet nach Gröndal, wo sich ebenfalls ein von Forbát mitgestaltetes Wohnquartier befindet. Im nahen Stadtteil Aspudden lebten weitere deutsche Exilierte, waren die Mieten hier doch recht günstig. Am Hägerstensvägen wohnte Charlotte Bischoff mit einer Genossin in einer Einzimmerwohnung, ab 1946 am nicht so weit entfernten Bokbindarvägen 51 Greta-Berges-Herthel mit Tochter.

Auf den Spuren Bertolt Brechts ist unser nächster Zielort die Insel

Lidingö

Mit der U-Bahn kommt man vom Norrmalmstorg schnell nach Ropsten. Von dort geht es weiter mit der Lidingöbanan über die Lidingöbron auf die Insel jenseits des Lilla Värtan bis

zur Station Baggeby (geplant ist eine direkte Verbindung von Kungsholmen nach Lidingö).
Dann geht der Weg über Mosstorp zum Riddarvägen, von dem aus man seinerzeit das von der
Bildhauerin Ninnan Santesson der Gruppe um Bertolt Brecht zur Verfügung gestellte Haus am
Lövstigen 1 gut sehen konnte. Heute weist am Rand des inzwischen fast zugewachsenen,
unbebauten Grundstücks eine Informationstafel auf seinen Aufenthalt hin mit je einem Foto
des damaligen Hauses und Brecht selbst. Leider nur mit Text in schwedischer Sprache.

26 *Lidingöbanan*

27 *Infotafel zu Bertolt Brecht*

Brecht war sehr darauf bedacht, dass Besucher das Grundstück von der Waldseite her betraten
– stand er doch unter Bewachung, und konspirative Treffen waren ihm untersagt. In seiner
Ästhetik beschreibt Weiss ausführlich-fiktional die Besuche Anonymus' und seine intensiven
Gespräche mit Brecht und anderen Emigranten. Zu diesem Kreis gehörten u. a. C. Bischoff,
die Enderles, das Ehepaar Goldschmidt, H. Greid, M. Hodann, K. Kautsky jr., K. Mewis, A.
Plenikowski, H. Tombrock, C. Trepte, H. Warnke. Gelegentlicher Gast war z. B. der dänische
Schriftsteller Martin Andersen Nexö. Der erste Besuch von Anonymus und seiner Begleiterin
Rosalinde O. fand auf Vermittlung von Tombrock statt: Sie sollten getrennt kommen und
diese Route nehmen: Mit der Lidingöbahn von Humlegården nach Lidingö und über den Rid-
darvägen zum Lövstigen. In fiktionaler Weise lässt Weiss den Protagonisten bei diesem ersten
Besuch seinen Eindruck schildern:

> *Hinter einem Spalier führten zwei Stufen zur offnen Tür des Arbeitsraums. Beim*
> *Eintreten hörte ich, wie Tombrock mich mit meinem Vornamen anmeldete. Trotz der*
> *weißgekalkten Wände und hohen Fenster lag die Werkstatt in einer dämmrigen Dun-*
> *kelheit, da die Bäume ringsum das Licht stahlen. Die Größe des Raums war, wegen der*
> *zahlreich umherstehenden Tische, schwer auszumachen (...) Die Anwesenden saßen im*
> *Halbrund auf Schemeln und Kisten, etwas abseits, unterhalb der Galerie, mit dem*
> *Rücken zum Fenster, kauerte einer, schmalschultrig, in einem tiefen Ledersessel.*
> *[Brecht] Ich setzte mich auf eine Truhe, neben Bischoff.*

Vom Lövstigen abzweigend liegt der Tulevägen 11, wo Grete Steffin lebte. Hier war sie in einem Zimmer untergebracht, in dem sie 1939/40 sehr unter der winterlichen Kälte zu leiden hatte.

Peter Weiss selbst folgte Jahrzehnte später im Juni 1972 dem beschriebenen Weg nach Lidingö mit einem Zeitzeugen. Vom Riddarvägen aus konnten sie das rote Holzhaus zwischen Kiefern und Birken sehen. Es war tot:

Eingang zum angebauten Atelier von der Rückseite her. Ein paar morsche Holzstufen, verkohlte Geländer. Auch die Fassade verkohlt, das Dach von Brand zerstört. Drinnen im Atelier Ruß und Schutt. Im Gerümpel eiserner Ofen, Küchengeräte im Flur. Fensterscheiben zerborsten. Alles ausgebrannt. (Notizbücher 1971-1980)

Ebenfalls auf Lidingö lebten der Ökonom und Gewerkschaftler Rudolf Meidner, der Jurist Gerhard Simson mit seiner Frau Sylvia, die Schriftstellerin Gusti Stridsberg und kurze Zeit der Journalist und Schriftsteller Edzard Schaper.

Auf dem Rückweg geht der Blick von der Brücke aus hinüber zum **Frihamnen** am Ladugårdsgärdet, dem Hafenbereich für Frachtschiffe (heute Norvik). Hier wurden seinerzeit z. B. von den Enderles Kontakte zu deutschen Seeleuten angeknüpft, wie weiter unten im Beitrag über die Widerstandsarbeit erwähnt wird. Doch erinnert heute nichts mehr an die damalige Situation − Fähr- und Kreuzfahrtschiffe bestimmen nunmehr das Bild.

Vom Zentrum weg geht es hinaus in die Landschaft nach

Viggbyholm

Diese kleine Ortschaft gehört zur Gemeinde Täby, nördlich von Stockholm gelegen. Sie ist heute bequem mit der Roslagsbanan (von Stockholm-Östra bis Österskär) zu erreichen, bis Anfang der 1970er Jahre Djursholmsbanan genannt. 1928 gründete der Quäker Per Sundberg auf einem Viggbyholms Herrgården genannten Areal am Drakseppsvägen ein modernen pädagogischen Ideen verpflichtetes Landschulheim, die sogenannte Viggbyholmsskolan*. Bereits 1933 öffnete es sich für Fluchtmigranten, denn gemäß ihren ethischen Grundsätzen engagierten sich auch in Schweden die Quäker in der Flüchtlingshilfe. Zwar bot das Internat einigen der Aufgenommenen eine dauerhafte Bleibe, für andere war es eher ein Ort der Transition, wo auf die Weiterreise z. B. in die USA oder Kanada gewartet wurde.

Folgende hier im Buch genannte Personen lebten und arbeiteten hier zeitweilig oder viele Jahre:

Robert Braun mit Familie	*Eva-J. und Kurt Meschke mit Familie*
Ulrich Herz	*Rosalinde von Ossietzky*
Alice u. Hans Holewa	*Karin u. Michael Hoffmann mit Familie*
Karl Kautsky jr. mit Familie	*Alexander Weiss*
Hedda Korsch	*Barbara Weinreich, verh. Öberg-Sjögren*

Von 1933 bis 1936 war die deutsche Reformpädagogin H. Korsch an der Schule tätig. Wolfgang Leonhard, B. Weinreich und A. Weiss lebten hier als Internatsschüler, Rosalinde von Ossietzky, genannt Ossie, musste sich als allein reisende Jugendliche zurechtfinden. Gern hätten die Brechts den Sohn Stefan als Schüler dort untergebracht, mussten aber aus Kostengründen darauf verzichten.

Teilweise lebten auf dem Schulgelände bis zu 35 Emigranten in beengten Verhältnissen, um 1938/39 an die 15, wie Braun es in seinem Schlüsselroman *Mutter der Flüchtlinge* fiktional beschreibt. Braun selbst war mit seiner Familie und den Holewas neu hinzugekommen, da wieder Platz zur Verfügung stand. Zu diesem Zeitpunkt bereiteten sich die Kautskys auf die Weiterreise in die USA vor. Hinzu kam die Familie Meschke mit fünf Personen. Was Braun so darstellt: »Pastor Knaus wird Lehrer an unserer Schule (…) und seine Frau wird vielleicht auch unterrichten«.   Real brachte K. Meschke sich als Lehrer und Pastor bis an sein Lebensende ein, Eva-J. als Lehrkraft für Französisch und andere Sprachen, die Kinder gehörten zur Schülerschaft, Esther-Maria als Jüngste z. B. bis in die 1960er Jahre. Wie auf Abb. 28 zu erkennen ist, trugen die Betreuerinnen weiße Schürzen. Obwohl es ansonsten nicht so ein strenges Reglement gab.

28 *Viggbyholms Herrgård*

29 *Skogskyrkogården*

Als für ihn wichtige Kontaktperson zum Landschulheim Viggbyholm nennt Weiss um 1941 Rosalinde O. Skizzenhaft schildert Anonymus seine Besuche und die Gespräche:

Am Rand des Wegs, der zur Schulkolonie in der Fichtenwaldung führte, neben den Stallungen des Bauernhofs, auf dem hohen Brettertisch zum Abstellen der Milcheimer, saß Ossietzkys Tochter.(...) Seit fast drei Jahren sei sie in diesem Land, und sie habe bisher nur die Mühe erfahren, die es kostete, um überleben zu können (...) Ein Emigrant ist kein Mensch, nur ein Schatten, der einen Menschen vorstellen will (...) In Viggbyholm hat dafür niemand Verständnis, ein bloßer Versuch, etwas von meinen Schwierigkeiten anzudeuten, führt dazu, daß man mich zuerst verwundert, dann ärgerlich anstarrt (...) Es ist doch so, daß das, was uns in die Flucht getrieben, was meinen Vater und unzählige andre vernichtet hat, hier nicht existiert.

Ein anderer Höhepunkt und weitere Verortungen der Erinnerungssuche liegen im südlichen Stockholm und sollten ebenfalls aufgesucht werden. Vom Zentrum aus kann man/frau sich zu Fuß auf den Weg machen oder die Tunnelbanan nehmen. Vom Zentrum aus geht es über Riddarholmen durch den Bezirk Södermalm hin nach

Enskede mit Hammarbyhöjden und Sköndal

Da ist zunächst die Gotlandsgatan, die von der Achse Götgatan abzweigt. Im Haus Nr. 76A wohnte zeitweilig Herbert Wehner.

Weiter geht es die Götgatan entlang über Hammarbyslussen an Södra Hammarbyhamnen vorbei nach Hammarbyhöjden. Dort konnte Willy Brandt nach seiner Flucht aus Norwegen 1942 eine Wohnung für sich und seine kleine Familie beziehen. Daran erinnert im Finn Malmgrens väg 23 eine Gedenktafel neben der Eingangstür mit schwedischem Text. Heute gehört das Haus einer Eigentümergemeinschaft, die das Anbringen der Gedenktafel mit Stolz begrüßt haben soll.

Ganz in der Nähe befindet sich der kleine Willy Brandts Park, eine Grünanlage bei der U-Bahnstation Hammarbyhöjden. Hier wurde im Juni 2006 eine kleine Kopie der von Rainer Fettig gefertigten großen Berliner Willy-Brandt-Statue als Geschenk der Sozialdemokraten Schwedens eingeweiht. Ein Jahr später erfolgte die Umwidmung des Platzes in Willy Brandts Park – zur Erinnerung an sein Stockholmer Exil. Zusätzlich wurde eine Informationstafel mit einem Foto der (damaligen) Familie Frahm und dem Ehepaar Kreisky aufgestellt. (Abb. 85) Das Denkmal wird umrundet von Beeten mit im Herbst rotblühender Fetthenne. Ebenfalls in diesem Stadtteil lebten seinerzeit Hermann Greid und Stefan Szende.

30 *Willy Brandt - Denkmal*

31 *Finn Malmgrensväg 23 mit Plakette*

Dann geht es in südlicher Richtung und am Nynäsvägen entlang. Rechterhand ist das Viertel Johanneshov entstanden mit mehreren Senioreneinrichtungen. Hier lebte später das Ehepaar Greid und aktuell am Lödösevägen weitere Exilierte. Linkerhand liegt an der gleichnamigen U-Bahnstation der Friedhof Skogskyrkogården, ein sogenannter Waldfriedhof. Er wurde zwischen 1915 und 1940 unter landschaftsarchitektonischen Aspekten angelegt, als Parklandschaft mit nordischen Bäumen und axialen Alleen. Seit 1994 gehört er zum Weltkulturerbe der Unesco und hat weltweit die Friedhofsgestaltung beeinflusst. Auch das Grab von Greta Garbo befindet sich hier. Von den im Text genannten Emigranten haben hier Günter Dallmann, Max und Joachim Goldstein, das Ehepaar Greid, Karl Helbig, Günther Heinrich, das Ehepaar Mockrauer, Walter Schirren und Tochter Anne-Christine, Stefan und Elisabeth Szende sowie Hugo Urbahns ihre letzte Ruhe gefunden. Im nördlich gelegenen Minneslund (Gedenkgarten) kann derer gedacht werden, die anonym beerdigt wurden. Dazu gehören die Emsheimers, Fred Forbat und Christoph Sulzbach.

Im südlichen Teil wurde am Bogårdsvägen in den 1940er Jahren der Södra Judiska Begravningsplatsen Sköndal angelegt, zur Straße abgegrenzt durch eine Mauer aus Natursteinen. Hier fanden z. B. die Folkmans, die Holewas und die Forchheimers ihre letzte Ruhestätte. Nicht sehr weit entfernt liegt ein anderer Friedhof, der Sandborgskyrkogården, wo Alexander Weiss beerdigt ist.

Zum Gedenken an Kurt Tucholsky können wir uns per Schiff auf dem Mälaren nach

Mariefred

bringen lassen. In Riddarholmen wird abgelegt. Es geht vorbei an Långholmen und Stora Essingen, dann an Fågelön und Kungshatt nach Mariefred in der Gripsholm-Bucht nahe Södertälje. Mariefred erhielt seinen Namen von einem 1493 gegründeten Kartäuserkloster. Hier auf dem Friedhof ist Kurt Tucholsky begraben – nahe Läggesta, wo er von April bis Oktober 1929 lebte. Diese Zeit hielt er literarisch in der Erzählung *Schloß Gripsholm* fest: Heiteres vermischt sich mit dunkel Hintergründigem.

32 Buch/Bildzitat
Kurt Tucholsky

33 in Bandhagen:
Höghus Murbruket (F. Forbat)

34 in Fruängen
Triangelhus (W. Taesler)

Für den Rückweg kann der Bus nach Läggesta, dort der Zug nach Stockholm über Södertälje genommen werden. Oder umgekehrt: hin mit dem Zug, zurück mit dem Schiff – und der schön anzusehende Bahnhof von Mariefred kann auch noch besichtigt werden.

Und was sonst noch?

Zur weiteren Erinnerung an *Fred Forbát* sollten nicht die im südlichen Vorortbereich Stockholms liegenden Quartiere

Bandhagen, Hökarängen und Fruängen

vergessen werden. Sie wurden in den 1950er Jahren ebenfalls mit stadtplanerischer und architektonischer Hilfe Forbáts erschlossen. Der größte Teil Bandhagens besteht aus flachen Wohngebäuden mit begrünten Innenhöfen, durchsetzt von einigen Hochhäusern. Im Zentrum befindet sich der von Fred Forbat mitentworfene Wohnkomplex Murbruket. Die gesamte Wohnanlage Bandhagen gilt als typisch für die 1950er Jahre und gehört zum Stockholmer Kulturerbe. Hier lebte z. B. das Ehepaar Pöppel. Der moderne Teil von Hökarängen wurde bereits in den frühen 1940er Jahren geplant, die Bebauung erfolgte zwischen 1946 und 1954. Dieses Wohnquartier gilt mit als erstes Beispiel der landestypischen Wohnbauentwicklung in Schweden. Beide Quartiere liegen in naher Nachbarschaft, verbunden durch den Verkehrsweg Örbyleden. Zu den in den 1950er Jahren neu erschlossenen Wohngebieten gehört auch der Stadtteil Fruängen, der gut mit der Tunnelbanan zu erreichen ist. Hier hat der Architekt Werner Taesler mit seinem sogenannten Triangelhaus ein architektonisches Zeichen setzen können.

Uppsala

Auch an diesem Ort sind Bezüge zu Exilierten zu finden, wie aus einigen biografischen Anmerkungen hervorgeht. In Erinnerung an die Verfolgung der Juden und vor allem an das dort befindliche Pojkhemmet für die flyktingsbarnen wurde 2010 im Tullgarnsparken ein von der Künstlerin Ulla Viotto entworfenes Denkmal in Form eines aus Steinen gemauerten Stuhls mit Armlehnen und einer Pflanzmulde errichtet. Aus bestimmten Gründen wird dieser Minnesplats hier in freier Gestaltung dargestellt.

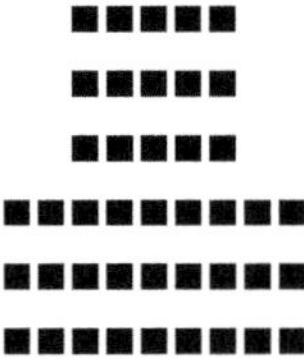

35 *Symbolbild Minnesplats im Tullgarnsparken*
aus gemauerten Steinen mit Armlehnen und
Pflanzmulde für Blumen

Emigrantenschicksale

Biografische Informationen und Lebenslinien _______________

In Anlehnung an Peter Härtlings Buch *Felix Guttmann* sollen hier nicht die vergessen sein, die in der Masse der Fluchtmigranten Deutschland verlassen mussten und hier nicht erwähnt werden. Härtling fragt zu Recht nach ihnen: »Wie sind sie gegangen? Wer hat sie verabschiedet? Wer unter ihrer Abwesenheit gelitten?« Er meint nicht die Berühmten, sondern die heute Namenlosen, »die Nachbarn, die irgendwann, in den ersten [und nachfolgenden] Jahren des Hitlerregimes auswanderten«. Ein Teil dieser deutschen Exilierten, die nach Stockholm flüchten oder emigrieren konnten, wird hier anhand ihrer Lebenslinien kurz aufgeführt: mit Herkunft, Fluchtwegen, Verortungen im Exil. Damit erhalten exemplarisch alle der nach Schweden emigrierten Deutschen nicht nur eine verdiente Würdigung, Einzelne werden zudem in Fallbeispielen analog zu ihrer besonderen Lebenslinie erfasst. Ebenso gilt es, ihr Schicksal vor dem Vergessen zu bewahren. Die nach Deutschland Zurückgekehrten sind mit einem **Z** gekennzeichnet, bzw. in Klammern **(Z)** gesetzt bei einem anderen Zielort. Im Vergleich zeigt sich, dass der weitaus größere Teil in Schweden geblieben ist, wenige in die USA oder nach Israel emigrierten. Kaum jemand aus dieser Generation ist noch am Leben – hier soll an sie erinnert werden und auch an die vielen anderen hier nicht Genannten. Betreffend Aus- und Wiedereinbürgerung wird im Glossar kurz im allgemeinen darauf hingewiesen.

Allerdings stellen diese Lebenslinien lediglich eine Auswahl dar und erheben keinen Anspruch auf Vollständigkeit sowohl von der Anzahl her als auch vom Inhalt. Doch verbinden sich objektive und subjektive Faktoren mit teilweise narrativen Elementen zu einem (hoffentlich) Ganzen. Am Anfang steht der namenlose Protagonist aus dem Roman *Ästhetik des Widerstands* von Peter Weiss, der damit indirekt zur Entstehung des hier vorliegenden Buchsprojekts beigetragen hat.

Anonymus

Der junge Arbeiter in der *Ästhetik* gehörte zur Gruppe der aus Paris evakuierten tschechoslowakischen Emigranten. Vorher hatte er sich bei den Internationalen Brigaden in Spanien aufgehalten. Unter falschen Angaben konnte er legal über Malmö einreisen. In Stockholm fand er legal Arbeit in der Lavalschen Separatorenfabrik an der Fleminggatan. Von Vorteil war für ihn, dass er zwar der KP nahestand, aber kein Parteimitglied war, daher nicht von der Säpo überwacht wurde. In der Fleminggatan 37 fand er ein Zimmer im vierten Stock mit Blick auf das St. Eriks-Krankenhaus. Nahebei lagen Rathaus und Polizeipräsidium mit Untersuchungsgefängnis. In den ersten drei Monaten verließ A. kaum die Straße, dann erst überwand er die als Folge der Flucht quer durch Europa entstandene »Bedrückung«.

Jenseits der institutionalen Verortungen konnte er sich sein personales Netzwerk schaffen, wie Weiss es eindrücklich beschreibt. Zu diesem Netzwerk gehörten u. a. Max

Hodann, Rosalinde von Ossietzky, Bertolt Brecht mit Anhang. Über diese kam es zu weiteren Verknüpfungen. So zur Genossin Charlotte Bischoff und zum Komintern-Mitarbeiter Jakob Rosner. Einen besonderen Raum nehmen bei Weiss die Begegnungen seines Protagonisten mit Brecht ein. Sie standen zwar nicht in freundschaftlicher Beziehung, doch unterstützte A. ihn bei der Beschaffung von Materialien zu einem geplanten Stück um den schwedischen Reichshauptmann Engelbrekt Engelbrektsson. Dadurch war »etwas wie Zugehörigkeit zu diesem Land« entstanden, er sah sich »ansässig werden in Schweden«. (*Ästhetik*) Doch reflektiert die Person des Anonymus nicht die tatsächliche Lebensgeschichte des Autrs Peter Weiss wider – sondern ist die Darstellung einer von Weiss für sich selbst gewünschten und erdachten Biografie.

Fritz Abicht, *1912 – □1998
Deckname Weidmüller

In Chemnitz geboren und anfangs Angestellter in einem Rechtsanwaltsbüro. Er war Mitglied in der SPD, der SAJ und im Reichsbanner Schwarz-Rot-Gold*. FA emigrierte 1933 in die ČSR, 1936 wurde er ausgebürgert. Verheiratet war er mit Hedwig Haas. Über Frankreich kamen beide 1938 nach Stockholm. Im schwedischen Exil war er Mitglied der Gewerkschafts-gruppe und der SoPaDe, wo er dem Vorstand und der Landesleitung angehörte. Ebenso war er Mitglied des FDKB. 1943 kam der Sohn Fritz Peter (Hökenhammar) zur Welt. FA arbeitete anfangs als Techniker, später als Verkaufsingenieur. Das Ehepaar Abicht kehrte nicht zurück. Er selbst war 1946 im Landesvorstand der SPD-Gruppe Schweden tätig und lebte um 1978 in Solna. Im ARAB befindet sich die Sammlung Abicht, im RA ein Dossier der SUK. Außerdem wurde er vom Volksgerichtshof/VGH* unter den Aktenzeichen 6J 52/40g und 2H 111/40 namentlich erfasst. (db.daur.de)
Zu erwähnen ist noch, dass eine Lola Abicht anscheinend aktives Mitglied der Emigrantenselbsthilfe war, wie von Müssener/Scholz angegeben wurde.

(Fritz) Karl Albert Altwein, *1899 – □1967   Z
Decknamen: Felix, Felix Schmidt, Onkel Felix, Konrad

Von Beruf Lithograf und früh politisch tätig. Trat 1908 der SPD bei, 1918 dem Sparta-kusbund* und der USPD. 1920 wechselte er zur KPD, die ihn aber 1928 ausschloss, wodurch er seine Arbeit als Zentralsekretär der Roten Hilfe in Berlin verlor. 1928 Studium an der Wohlfahrtsakademie in Berlin und anschließend Fürsorger. Er wechselte zur KPO* und 1932 zur SAPD, für die er 1933 im Untergrund arbeitete. 1934 emigrierte er über die Niederlande in die ČSR, 1938 nach Norwegen und 1940 nach Schweden mit seiner Frau Margarete und den Töchtern Käte und Herta. In Schweden wurde er zunächst in Loka Brunn interniert. Später engagierte sich KA in der Gewerkschaftsgruppe und der SAP, aber nicht in der SoPaDe. In Stockholm war er wieder als Lithograf tätig. In die Bundesrepublik zurückkehren konnte er aus politischen Gründen erst 1958. Er wurde erneut Mitglied der SPD, war aber nicht mehr politisch aktiv. In den Jahren 1935, 1936 und 1937 wurde er vom VGH namentlich erwähnt, so in der Akte 8J 165/35 und 2H 30/36 sowie 8J 17/36 und 1H 29/36. (db.saur.de)

Alfons Anker, *1872 – □1958

Studium der Architektur und Volkswirtschaft in Berlin. 1906 wird die Tochter Eva-Juliane (verh. Meschke →) geboren. Zu diesem Zeitpunkt war die Familie bereits zum Protestantismus konvertiert bzw. getauft worden. Während des Ersten Weltkriegs gehörte er als Kaisertreuer zu den freiwillig Kämpfenden. Ab 1923/2 führte er zusammen mit Hans und Wassili Luckhardt ein avantgardistisch ausgerichtetes Architekturbüro unter dem Namen Gebr. Luckardt und Anker. In dieser Zeit war er 1930 Dozent an der TH Berlin und Weimar, zudem entwarf er u. a. die Versuchssiedlung Schorlemerstraße in Berlin-Dahlem. Das Büro wurde 1933 aufgelöst, die Brüder Luckhardt schlossen sich zunächst den Nazis an. AA selbst arbeitete weiter als freier Architekt. 1939 emigrierte er aus rassistischen Gründen nach Schweden (ebenso die Tochter mit Familie).

In Stockholm war er zunächst in einigen Architekturbüros und als Bausachverständiger tätig. Von 1940 bis 1945 arbeitete er als Assistent bei mehreren Stockholmer Architekten. In dieser Zeit gründete er *Utlandspublikationen* und veröffentlichte zahlreiche Artikel. Weiter beschäftigte er sich mit fotografischen Experimenten. Anker kehrte nicht zurück und nahm die schwedische Staatsangehörigkeit an. 1950 gehörte er zu den Mitbegründern des Forschungsinstituts für Internationales Krankenhauswesen an der TU Berlin. Zu seinem 80. Geburtstag erschienen 1952 je ein Artikel in *Bauwelt* und *Baumeister.* 1958 ernannte die TU Berlin ihn zu ihrem Ehrensenator. Sein Grab befindet sich auf dem Bromma kyrkogården, der Nachlass in der AdK Berlin.

36 Buch/Bildzitat
Alfons Anker, Berlin

37 Max Barth
Buch/Bildzitat

Verner Arpe, *1902 – □1979

In Hamburg aufgewachsen mit schwedischer Mutter und von Beruf Schauspieler und
Regisseur. Er emigrierte 1937 aus politischen Gründen nach Schweden und war im Theaterbereich tätig. Gründungsmitglied der Freien Bühne und Mitglied im FDKB. VA kehrte nicht
zurück. Er arbeitete u. a. als Dramaturg, Verlagslektor und Übersetzer. In den Jahren 1956 und
1957 erschien von ihm *Knaurs Schauspielführer* und *Knaurs Buch von Film*. 1971 erhielt er
die österreichische Professorenwürde. Nicht nur berufsbedingt gehörte er zu Denjenigen, die
in der jüdischen Emigranten-Selbsthilfe aktiv waren. (Vgl. Müssener/Scholz, *Emigrantenselbsthilfe.*

Klas Fredrik Back, *1928 – □2001
geboren als Klaus Friedrich (Jehuda) Back

Er ist mit zwei Geschwistern in einer jüdischen Rechtsanwaltsfamilie in Gelsenkirchen aufgewachsen. Zusammen mit seinem Bruder Ernst Ludwig kam der fast Elfjährige im Januar 1939
mit einem Kindertransport nach Stockholm. Dort lebten beide einen Monat in räumlich sehr
beengten Verhältnissen bei der Familie des ehemaligen Dortmunder Rabbiners Emil Kronheim. Klaus wurde im März 1939 im Judiska pojkhemmet in Uppsala aufgenommen und in
die dritte Grundschulklasse eingeschult. Da er der Jüngste im Heim war, erhielt er von den
Älteren viel Zuwendung und Unterstützung. Ebenso von Studenten der Universität Uppsala,
die den Kindern bei den Schulaufgaben halfen. Auf diese Weise lernte er die Familie des
früheren Außenministers Åke Holmbäck kennen und auch andere Familien, die ihn unter ihre
Fittiche nahmen. So konnte er später auf mehrere schwedische Ersatzeltern verweisen, die
ihm die Integration in die schwedische Gesellschaft erleichterten.

Nach Beendigung der Mittelschule und einer Ausbildung zum Elektriker verließ
KB mit 17 Jahren das Heim und war nun auf sich allein gestellt. 1948 erhielt er die
schwedische Staatsangehörigkeit. Bis 1950 studierte er an einer technischen Fachschule und
konnte sich eine berufliche Laufbahn bis zum Posten eines Direktors aufbauen. 1972 heiratete
KB eine aus Göteborg stammende Nichtjüdin mit zwei Kindern, Lebensmittelpunkt blieb
weiterhin Stockholm. Nach seiner Aussage führte er ein gutes Leben, ohne religiös gebunden
zu sein. Doch blieb das Schicksal der Eltern, zu denen die Kinder lange brieflichen Kontakt
hatten, nicht vergessen: Der Vater wurde im Januar 1943 in Theresienstadt umgebracht, die
Mutter in Auschwitz. (Goch) Seine beiden Geschwister emigrierten ebenfalls nach Schweden.
Noch zu seinen Lebzeiten wurden in Gelsenkirchen in Erinnerung an die Eltern Paula und
Moritz Back Stolpersteine* verlegt, was er mit einer Rede begleitete.

Ernst Ludwig Back, *1923 – □ 2020

kam als Jugendlicher zusammen mit seinem fünf Jahre jüngeren Bruder Klaus 1939 nach
Stockholm. Nach dem kurzen Aufenthalt bei den Kronheims nahm ihn eine Familie in
Upplands Väsby nördlich von Stockholm als Pflegekind auf. Später studierte er in Stockholm
ein papiertechnisches Fach und baute darauf seine Karriere auf. 1947 wurde er promoviert

und 1958 zum Professor ernannt. 1953 heiratet er eine Schwedin, mit der er drei Kinder hatte. Die letzten Jahre seines Lebens verbrachte er in Lidingö. Im RA befinden sich im Sveriges Turiståds arkiv Materialien zu seiner Person. Ebenso stand er in Verbindung zum Gelsenzentrum in Gelsenkirchen.

Hilde Back, *1922 – □ 2021

konnte dank der guten Beziehungen ihres Bruders Klaus zu Å. Holmbäck mit dessen Hilfe 1940 nach Schweden emigrieren. Anfangs war sie als Kinderpflegerin nahe Stockholm tätig und absolvierte dann eine Ausbildung zur Vorschullehrerin in Uppsala. Das, was sie in Schweden an Unterstützung erfahren hatte, gab sie später weiter und unterstützte z. B. caritative Organisationen finanziell. Zudem gründete sie den *Hilde Back Education Fund* zur Unterstützung talentierter Kinder aus armen Familien in Kenia. Zuletzt lebte sie in Västerås. (Ebd.)

Adolf Baier, *1907 – □1982
Deckname: Alf   **Z**

Aus dem Badischen stammend und von Beruf Schlosser. Bevor er 1929 Mitglied der KPD wurde war er auch beim KJVD aktiv. Außerdem gehörte er dem Roten Frontkämpferbund (RFB) und dem Deutschen Metallarbeiter-Verband an. Ab 1933 engagierte er sich im Widerstand gegen den Nationalsozialismus und wurde für drei Monate inhaftiert. Danach flüchtete er nach Frankreich und betätigte sich von Paris aus weiterhin politisch. 1936 Teilnahme am Spanischen Bürgerkrieg* bei den Internationalen Brigaden mit anschließender Flucht zunächst nach Norwegen. Dort schloss er sich der Wollweberligan an und beteiligte sich an Sabotageaktionen. Im April/Mai 1940 flüchtete er zusammen mit Wollweber und Hagge nach Schweden. Dort wurde er 1942 verhaftet und zu sieben Jahren Zuchthaus verurteilt. Nach vorzeitiger Entlassung 1945 sollte er sich sofort auf den Weg nach Berlin machen, wurde aber in Lübeck von der britischen Besatzungsmacht bis zum Oktober festgehalten und ging zunächst nach Pforzheim. Dort half er mit beim Aufbau einer neuen KPD-Gruppe und wechselte 1952 in die DDR. Ab 1954 war er als Mitarbeiter im Zentralkomitee der SED in Berlin tätig. 1965 wurde er bei einem Aufenthalt in der Bundesrepublik verhaftet und war für sechs Monate im Gefängnis Stadelheim bei München inhaftiert. Danach ging er zurück in die DDR und lebte eher unauffällig. Sein Urnengrab befindet sich auf dem sogenannten Sozialistenfriedhof* des Zentralfriedhofs Friedrichsfelde in Berlin-Lichtenberg. Vom VGH ist er namentlich in den Akten 9J 9/43g und 1H 37/43 erfasst worden. (db.saur.de) Im Bundesarchiv befindet sich unter der Signatur BArch DY 30/IV 2/11/V,/4665 seine Kaderakte und im Landesarchiv Baden-Württemberg sind verschiedene Unterlagen (z. B. Wiedergutmachtung) archiviert. (S.a. Borgersrud und Scholz, *Erfahrungen*)

Karl Bargstädt, *1904 – □1974   **Z**
Decknamen: Jakob, Kuddel, Karl Weinberg

Als Sohn eines Lehrers in Hamburg aufgewachsen, der ohne berufliche Ausbildung als Arbeiter, Kochmaat und Schlosser tätig war. Lebte anfangs zeitweise in Oslo, kehrte 1927 nach Hamburg zurück und wurde Mitglied in der KPD. Bis 1930 arbeitete er auf der Werft Blohm & Voss, danach als hauptamtlicher Funktionär der KPD. Im September 1933 flüchteten er und seine Frau Erna (1901-1947) erst nach Kopenhagen und gingen dann nach Malmö, im März 1935 nach Oslo. Dort traf er mit Wollweber zusammen und wurde dessen technischer Berater. 1936/37 reiste er quer durch Europa in seiner Funktion als operativer Chef der Wollweber-Organisation mit gefälschtem (schwedischen?) Pass unter dem Namen Karl Weinberg. Außerdem hatte er die Aufgabe, in Antwerpen eine Sabotagegruppe mit Knüfken, Schaap* und anderen (wozu auch W. Pötzsch* gehörte) aufzubauen. Anfang 1937 sollte er von Oslo aus in Göteborg ebenfalls eine Sabotagegruppe aufbauen. Im Sommer 1939 hielt er sich kurz in Schweden auf und traf sich dort mit Josef Schaap. In der Folge war Bargstädt in Kopenhagen, Antwerpen und Göteborg an einigen Anschlägen beteiligt, gehörte aber nicht zum in Kiruna und Oxelösund tötigen Kreis. Nach der deutschen Besetzung flüchtete das Ehepaar Bargstädt 1940 von Oslo nach Göteborg und wurde wohl zusammen zunächst in Långmora interniert. Nach ihrer Freilassung 1941 gingen sie dann in die Sowjetunion. Dort wurde Karl wegen vermuteter Spionage verhaftet und u. a. in Kasachstan interniert, während Erna wohl weiterhin in Freiheit lebte, aber um 1947 verstorben sein soll. Im gleichen Jahr kehrte Karl mit einem Kriegsgefangenentransport zurück nach Deutschland in die SBZ und wurde Mitglied der SED. Im gleichen Jahr hielt er sich nochmals in Norwegen auf und kehrte 1948 nach Hamburg zurück. Vom VGH wurde er zweimal namentlich erfasst: 1937/38 als Bargstädt und 1943 als Bargstedt, aber nicht als Weinberg. (11J 341/39 und 9J 9/43g; db.saur.de) Im Landesarchiv Berlin befindet sich die Archivalie Re 118-01, Nr. 11930 und im Bundesarchiv die Akte R 58/3836. (S.a. Borgersrud, Flocken/Scholz und Scholz, *Erfahrungen*)

Max Barth, *1896 – □1970   **Z**
Pseudonyme Bufti und Mufti,

Aus Waldkirch im Schwarzwald stammender Lehrer und Journalist sowie freier Autor. Vor dem Ersten Weltkrieg gehörte er der Wandervogel-Bewegung an – »diese haftete ihm zeitlebens an, mochte er auch längst die Romantik abgestreift haben.« (Barth) Nach der Teilnahme am Krieg war er einige Jahre als Volksschullehrer tätig, dann ab 1924 journalistisch bei der *Sonntagszeitung* in Stuttgart. 1929 Heirat mit Charlotte Herz, deren Schwester Johanna mit Günter Dallmann verheiratet war. Als Mitglied des Bundes Revolutionärer Pazifisten und der KPD wurde er 1932 aus politischen Gründen entlassen. Daraufhin gründete er die Wochenzeitung *Die Richtung,* die aber 1933 beschlagnahmt wurde. Im März 1933 musste das Ehepaar in die Schweiz fliehen, womit für ihn ein lang andauerndes Exil: Schweiz,

Frankreich, Spanien, Österreich, ČSR, Polen, Lettland, Norwegen, Schweden, USA begann. In all diesen Ländern wartete er in den Zimmern auf den nächsten Ort, der eigentlich Waldkirch sein sollte.

Diese seine *Flucht in die Welt* begann 1933 mit Charlotte über Lörrach nach Basel, im letzten Moment. Der ihnen helfende Freund musste dann drei Monate in einem KZ zubringen. Das Paar lebte erst in Ascona, geplant war die Weiterfahrt nach Paris. Zuvor aber war ein Besuch bei Hermann Hesse angesagt, mit dem Barth schon seit Jahren in Briefkontakt stand. Der Besuch sollte für ihn der »eigentliche Abschied« sein. »Jetzt war der vertraute Kulturkreis abgetan, die Fremde fing an, das Exil, das was im frühen Deutsch das „Elend" hieß.« (*Flucht*) In Paris gingen Max und Charlotte zum Büro der Roten Hilfe, sie wurden weitergeschickt zum von Rothschild finanzierten Jüdischen Komitee. Obgleich sie keine Juden waren. Sie erhielten eine kleine triste Kammer zum Wohnen sowie Essensmarken. Barth wurde aus der KPD hinausgeworfen wegen fehlender Linientreue. In der Folge hielt er sich an die Sozialdemokratie, ist »aber nie wieder in eine Partei eingetreten«. In Paris schlug den Barths viel Kleinlichkeit entgegen, hier war es nicht mehr auszuhalten. MB war sich der Fremde bewusst, aber auch, dass das Nomadentum zur Selbstverständlichkeit werden sollte. Das nächste Land: Spanien, 1935, vor dem Bürgerkrieg. In Barcelona Verhaftung, Gefängnis, Abschiebung. Dann Wanderung durch die Pyrenäen nach Carcassonne. (Ebd.)

Die Barths schlugen sich als Illegale über Frankreich, Schweiz und Österreich durch bis in die ČSR nach Prag. 1937 kam es zur Trennung von Charlotte und Max. In Prag nahm er auf Empfehlung von Hesse den jungen Peter Weiß als Mitbewohner in seinem gemieteten Zimmer am Güterbahnhof auf: »An einem Sonntagmorgen lag ich in meinem Hotelchen im Bett und las Zeitungen. Es klopfte. Herein trat ein junger Mensch, nicht ganz zwanzig, groß, schlank, mit schwarzem Haar und leuchtenden dunklen Augen. »Guten Tag«, sagte er, »ich heiße Peter Weiß. Ich komme aus Montagnola; Hermann Hesse schickt mich.« Ich stand auf und wir gingen in die Stadt. Wir waren einander sofort nah und vertraut.« (Ebd.)

Nach dem deutschen Einmarsch 1938 konnte MB über Riga mit dem Schiff nach Stockholm fliehen. Die Ankunft dort schilderte er in seinen Erinnerungen so: »In Stockholm stand mein Exschwager Günter Dallmann am Kai. Ich hatte ihn seit 1934, in Paris, nicht mehr gesehen. Ich wurde durch den Zoll geschleust und wir fuhren zu seiner Wohnung. Ich blieb etwas über eine Woche in Stockholm«. Dann fuhr er mit dem Zug nach Norwegen, wo er dank eines Visums einreisen konnte. Doch 1940 ging es wieder zurück nach Schweden, wo er zunächst in Loka Brunn interniert war. Später in Stockholm wohnte er in der Pension Schedin in der Drottninggatan um auf sein für die USA beantragtes Visum zu warten. (Ebd.) Von der Flüchtlingshilfe Birkagården soll er eine wöchentliche Unterstützung erhalten haben. Zu diesem Zeitpunkt ließ er für Weiss ein Zimmer in der Pension reservieren. Beide hatten anfangs einen recht engen Kontakt. Infolge der von Barth so wahrgenommenen ›amoralischen‹ Lebensweise des Freundes kam es allerdings zu Konflikten zwischen ihnen.

Später skizzierte Weiss den älteren Freund in *Fluchtpunkt* u. a. so: auf dem Bett liegend, mit Zeitungspapier zugedeckt, die »Fingernägel waren angebissen und an den Nagelrändern war die Haut zerrupft«, wartend auf das Visum und von der Rückkehr in den Schwarzwald träumend. Tatsächlich war das nach MB eine sehr stilisierte Beschreibung: so hätte man ihn nicht antreffen können!

1941 reiste er über die UdSSR in die USA. Hinter sich ließ er eine unglücklich verlaufene Liebesbeziehung. In New York arbeitete er u. a. als Tellerwäscher, war verbittert. 1950 kehrte MB endlich zurück in die im Exil so ersehnte Landschaft des Schwarzwalds und lebte ab 1952 wieder in seinem Geburtsort Waldkirch. In einer Kellerwohnung. Er konnte sich aber nicht von seinem Exildasein befreien. Weiss vergleicht ihn in seinem zweiten Band der *Notizbücher 1960-1971* mit dem Fliegenden Holländer, für immer entwurzelt. In Waldkirch erinnert nicht nur ein Max-Barth-Weg an ihn.

Der Autor:

Zurück im Schwarzwald verfasste MB in der Folge einige literarische Arbeiten, so 1963 *Die Rubaijat des Omar Khaijam.* Anlässlich seines Todes erschien in *Die Sonntagszeitung* ein anrührender Artikel von Agathe Kunze. In Waldkirch wurde 1971 ihm zur Erinnerung *Spur im Ufersand. Eine Auswahl aus seinem Werk* herausgegeben. Das Buch enthält u. a. den Beitrag *Erinnerungen an Peter Weiss.* 1986 erschien posthum sein Erinnerungsbuch *Flucht in die Welt. Erinnerungen 1933-1950.* Anlässlich seines 100. Geburtstages gestaltete das Kulturamt Freiburg im Breisgau eine Ausstellung mit Katalog. Als alleinigen Erben hatte MB den Volksbund für Dichtung in Karlsruhe bestimmt. In diesem nachfolgenden, 1940 verfassten vierstrophigen Gedicht lobt Barth die Schönheit der Stadt Stockholm:

Oh, sie ist schön und hell und aufgeschlossen
in ihrem räumevollen Hause wohnen
und eingebaut im Blutstrom der Nationen,
die Boten aller Welt als Gastgenossen.

Herbert Bartholmes, *1923 – □1999 (Z)

Wurde 1941 als Marinesoldat in Norwegen eingesetzt und desertierte 1943 während eines Bahntransports nach Finnland durch Schweden. Zunächst war er in Umeå und Kalmar interniert und lebte nach seiner Freilassung in Stockholm. Hier trat er der Militärflüchtlingsgemeinschaft bei, hielt sich dann aber abseits der Gruppe. Er kehrte 1945 nach Neuwied zurück und gründete mit anderen die FDJ Rheinland-Pfalz. Bis 1946 blieb er in Kontakt mit M. Hodann. Von Sommer 1948 bis Mitte 1949 war er im Zentralrat der FDJ in Berlin-Ost tätig, kehrte aber enttäuscht von der dortigen Politik zurück in die BRD und studierte in Bonn Sprachwissenschaft. 1954 emigrierte er erneut nach Schweden, um an der Universität Göteborg zu promovieren. War dann als Oberstudienrat in Vänersborg tätig und korrespondierte z. B. mit Heinrich Böll. Bartholmes veröffentlichte u. a. 1964 *Das Wort Volk im Sprachgebrauch der SED.* Sein Nachlass befindet sich in der DNB, im ARAB (zuvor in der VSLB) die Sammlung Bartholmes. (S.a. Scholz, *Erfahrungen*)

Fritz Bauer, *1903 – □1968   Z

Geboren in Stuttgart und aus einer jüdischen Familie stammend, aber selbst säkularisiert. Als Jurist wurde er Mitglied der SPD sowie des Reichsbanners und 1930 jüngster Amtsrichter der Weimarer Republik. Wegen der Teilnahme an einem Generalstreik war er von 1933 bis 1936 im KZ Heuberg inhaftiert. Danach emigrierte er nach Dänemark, wo er bei Verwandten in Kopenhagen-Amager unterkam. Wie viele andere Exilierte wurde auch er vom Matteotti-Komitee* unterstützt. Nach der deutschen Besetzung kam es zu einer dreimonatigen Internierung in einem Lager. Dank der Intervention dänischer Freunde ließ man ihn frei. 1943 heiratete der homosexuelle FB formal die dänische Kindergärtnerin Anna M. Petersen. Im Oktober des gleichen Jahres konnte er mit einem Fischerboot nach Schweden entkommen.

FB war kurz im Lager Loka Brunn interniert, als Wohnort wurde ihm zunächst Kinna in Westgotland zugewiesen. Ende des gleichen Jahres erhielt er für Stockholm eine Arbeits- und Aufenthaltserlaubnis. Seine Wohnung lag in der Storgatan 16, angestellt war er beim Sozialwissenschaftlichen Institut. 1944 publizierte FB auf schwedisch das Buch *Krigsförbrytarna inför domstol*. Es erschien 1945 auf deutsch im Europa-Verlag unter dem Titel *Kriegsverbrecher vor Gericht*. Mit Willy Brandt u. a. gründete er Anfang 1945 die Exilzeitschrift *Sozialistische Tribüne**. Nach Ende der deutschen Besetzung in Dänemark ging er dorthin zurück. Auf Betreiben Kurt Schumachers entschloss er sich 1949, wieder in Deutschland zu leben.

Er war u. a. als Generalstaatsanwalt in Braunschweig tätig. Als hessischer Generalstaatsanwalt war FB maßgeblich an der Durchführung der sogenannten Auschwitz-Prozesse in Frankfurt/M beteiligt. Ebenso wurde auf seine Initiative hin Adolf Eichmann aus Argentinien nach Israel mit Hilfe des israelischen Geheimdienstes gebracht. FB starb im Juli 1968 unter ungeklärten Umständen. Nach kurzer Untersuchung und umgehender Kremierung ließen die in Skandinavien lebenden Angehörigen seine Urne auf dem Göteborger Örgryte gamla kyrkogård beisetzen. Seine zahlreichen Veröffentlichungen nach 1945 und viele Würdigungen sprechen für sich. 1995 wurde in Frankfurt/M das Fritz-Bauer-Institut als Studien- und Dokumentationszentrum zu Geschichte und Wirkung des Holocaust gegründet. In Stockholm befinden sich in der KB verschiedene Archivalien.

Agnes Behm-Barow, *1897 – □1974

In Berlin-Lichtenberg aufgewachsen. Von 1928 bis 1934 war sie als Lehrerin tätig, dann illegal für die SAPD aktiv. 1935 emigrierte sie nach Schweden. In Stockholm war sie aktives Mitglied in der Lehrergemeinschaft und dem FDKB. Im November 1944 stimme sie ebenfalls für einen Beitritt der SAP in die SoPaDe. 1945 gehörte sie dem Demokratiska hjälp kommittén för Tyskland an und half beim Verschicken der Hilfsgüter. 1948 heirateten sie und Ernst Behm, beide lebten zuletzt in Sollentuna.

Ernst Behm, *1902 – □1990

Volksschullehrer in Berlin. Er war ab 1928 Mitglied im Deutschen Freidenkerverband, ebenso der KPD, dann der KPO, ab 1931 der SAPD. Im Barkenhoff Worpswede* war er kurz als Lehrer bzw. Erzieher tätig. 1933 emigrierte er nach Dänemark und wurde 1935 aus politischen Gründen nach Schweden abgeschoben. In Stockholm trat er im gleichen Jahr der Emigrantengemeinschaft bei und ließ sich in den Vorstand wählen. Zudem war er einer der ersten Aktiven in der SAP sowie Mitglied der Lehrergemeinschaft und der Gewerkschaftsgruppe. Bei der Kleinen Internationalen gehörte er zum Ausschuss für kulturelle Fragen. 1944 unterstützte er ebenfalls den Beitritt der SAP in die SoPaDe und war Mitverfasser der SAP-Schrift *Zur Nachkriegspolitik deutscher Sozialisten.* Zudem war er aktives Mitglied im FDKB. Nach einer Umschulung zum Feinmechaniker 1937 arbeitete EB als solcher bis 1944, danach als Archivarbeiter*. Außerdem wies EB in diesen Jahren in zahlreichen Artikeln auf die schulpolitischen Veränderungen in Deutschland hin. 1945 leitete er einen Schulhelfer-kursus, in dem 43 Exilierte auf die Tätigkeit als Hilfslehrer in Deutschland vorbereitet wurden.

Wiederholte Rückkehrversuche nach 1945 scheiterten. 1946 gehörte er zu den beratenden Stimmen der noch existierenden SoPaDe. Vor allem aber rühmte er 1949 in seinem Buch *Die schwedische Schulreform* das Bildungswesen in seiner neuen Heimat. Beim Samarbetskommittén war er bis 1951 als Sekretär tätig und zuständig für die Ausbildung von Hilfslehrern. In dieser Funktion konnte er noch die Kopie eines Inhaltsverzeichnisses über bestimmte Aktivitäten der VSLB zur Verfügung stellen, heute im ARAB deponiert. (Alle anderen Unterlagen wurden eingelagert und blieben später unauffindbar.) 1951 gehörte er zu den Gründungsmitgliedern der Schwedisch-Deutschen Gesellschaft. Neben seiner Dozententätigkeit für Deutschlehrer, Journalisten und Sozialarbeiter verfasste er zahlreiche Artikel für den Deutschunterricht. So auch 1962 ein Bilderlexikon für den Deutschunterricht an technischen Schulen. Von ihm nachgelassene Materialien befinden sich beim Deutschen Institut für Erwachsenenbildung Bonn im Findbuch F. Mockrauer. Bei der Barkenhoff-Stiftung ist ein Schriftstück archiviert. Seine Exilgeschichte ist gekennzeichnet durch eine aktive Partizipation an der sich verändernden politischen Entwicklung und den gesellschaftlichen Verhältnissen. In mutmaßlich abgewandelter Form als Behn erfasste ihn der VGH unter 14J 1713/33 und 2H 20/34. Überdies wird er in *Emigrantenselbsthilfe* von Müssener/Scholz erwähnt.

(Erich) Arno Behrisch, *1913 – □1989   **Z**
Deckname: Harald Müller
Deckname von Hildegard Schotte-Behrisch: Erika Schüler

Ausgebildeter Typograf, Mitglied der SAJ und SPD sowie der Arbeitersportbewegung und der Naturfreunde. Später schloss er sich der SAPD an. 1933 emigrierte er in die ČSR und konnte 1938 über Polen und dem Baltikum nach Schweden entkommen. In Stockholm wurde er Mitglied der Gewerkschaftsgruppe und dann der SoPaDe, wo er mutmaßlich seine spätere Ehefrau Hildegard Schotte kennenlernte. Für die schwedische Gewerkschaftsdruckerei stellte er im Auftrag der Londoner ITF illegale Schriften für Deutschland her. Zwar gehörte er zum Umfeld von H. Knüfken und kannte wohl auch Charles Lindley*, soll aber wenig Interesse an einer von dem Ehepaar Enderle ausgehenden ITF-Arbeit in Stockholm gezeigt haben, so Nelles (*Widerstand*). 1940 wurde er wegen Vorbereitung von Spengstoffanschlägen auf schwedische Erztransporte nach Deutschland zu drei Jahren Gefängnis und daran anschließender Zwangsarbeit verurteilt, wie auch im Abschnitt Widerstand beschrieben. Vom Gericht wurde allerdings festgestellt, Behrisch hätte von Großbritannien über den Agenten Rickman* 10 000 Kronen erhalten, aber lediglich 6000 für die Aktion verbraucht und wohl 4000 für sich behalten. (Spiegel, 8/1961) Er war einmal im Gefängnis Långholmen inhaftiert, wo H. Wehner sein Zellennachbar war, sowie in verschiedenen Lagern interniert. In einer späteren Aussge gab er an, sich selbst an Fimmen gewandt zu haben, um die Erzverschiffung zu stoppen, und zwar mit der Gestaltung der Operation Oxelösund. Erst danach kam auch Rickman hinzu, der eigentlich nur eine »technische Rolle« gespielt habe. Was aber später von der Forschung widerlegt wurde. (Borgeruds)

Nach seiner Freilassung heirateten er und Hildegard Schotte, beide lebten in Hagalund. 1944 wurde er Mitglied der SoPaDe und Mitarbeiter der *Sozialistischen Tribüne*. Weiterhin war er im exilantischen Widerstand tätig und sollte im Januar 1945 illegal nach Deutschland gebracht werden. Er kam aber nur bis Dänemark. Mit britischer Hilfe konnte das Ehepaar dann im Mai 1945 nach Deutschland weiterreisen. Er selbst wurde 1946 stellvertretender Vorsitzender der SPD Bayern und saß bis 1949 im Bayerischen Landtag, bis 1961 im Bundestag. Gleichzeitig war er Chefredakteur der *Oberfränkischen Volkszeitung* in Hof. 1961 wurde ein Parteiverfahren gegen ihn wegen seiner illegalen Aktivitäten in Schweden eingeleitet. AB verließ die SPD und wurde 1968 Mitglied der Deutschen Friedens-Union. In dieser Funktion übernahm er den Landesvorsitz in Nordrhein-Westfalen und wurde Geschäftsführer des Westdeutschen Verlags in Dortmund. AB lebte zuletzt in Großkönigsdorf bei Köln. Materialien befinden sich als Sammlung Behrisch im ARAB. Außerdem wurde er 1937 dreinal vom VGH erfasst, u. a. unter 14J 303/37g und 2H 37/37 sowie unter seinem Decknamen 14JJ 570/37g. (db.saur.de) Sein Nachlass befindet sich in privater Hand im oberpfälzischen Weiden. (S.a. Scholz, *faror för staten*)

Walter Arthur Berendsohn, *1884 – □1984
Pseudonym 1908-1910: Bernhard Florian

Er stammte aus einer assimilierten jüdischen Familie des Hamburger Bürgertums. Nach Besuch der Realschule absolvierte er eine kaufmännische Lehre mit anschließendem Abitur.

Studierte anschließend Germanistik, klassische Philologie und Philosophie in Berlin. 1911 wurde er in Kiel promoviert. Von 1914 bis 1918 war er als Offizier im Ersten Weltkrieg mit Auszeichnungen aktiv. 1918 heiratete er Dorothea Eggert (1889-1979), die aus einer Hamburger Kaufmannsfamilie stammte und als Protestantin Mitglied der Gralsgemeinde war. 1920 habilitierte WB in Hamburg, danach war er als Dozent tätig. Ebenso schloss er sich der Freireligiösen Gemeinde und der Freimaurerloge Zur Aufgehenden Sonne an. Im gleichen Jahr wurde die Tochter Annelie geboren, sechs Jahre später Karin. Zwischen 1924 und 1926 unternahm er mehrere Studienreisen nach Schweden, 1926 wurde er Mitglied der SPD.

1933 entließ ihn die Universität Hamburg aus rassistischen Gründen. Im Oktober emigrierte er mit seiner Frau und den Töchtern nach Dänemark. Die Ausbürgerung erfolgte laut Liste 6 mit den Nummern 30 bis 33. Im dänischen Exil lebte die Familie in ziemlicher Armut. WB selbst erhielt für zwei Jahre ein Stipendium. Hier in Dänemark nahm er erste Forschungen zur deutschsprachigen Exilliteratur auf. 1943 konnte er in letzter Minute auf einem Fischerboot entkommen. Seine Frau Dorothea und die Tochter Karin blieben vorerst in Dänemark und kamen wohl um 1945 nach Schweden, während Annelie inzwischen nach Palästina emigriert war. Im Stockholmer Exil wurde WB Mitglied der Emigrantenselbsthilfe, mit der er bereits in Kopenhagen in Kontakt stand. Ebenfalls engagierte er sich in der SoPaDe, im FDKB und in anderen Organisationen, wie z. B im Samarbetskommittén. Bis zur endgültigen Auflösung 1973 war er darüber hinaus im Philosophischen Diskussionskreis bzw. Sonntagskreis aktiv. In diesem Kreis und in der Freimaurerbewegung war WBs eigentliche Heimat. (Aussage H. Müssener) Zudem gehörte er dem Pen-Club im Exil an. Doch engagierte er sich auch in der Emigrantenselbsthilfe (so Müssener/Scholz).

Noch 1950 war er als einfacher Archivarbeiter mit wissenschaftlicher Tätigkeit im Strindberg-Archiv der Kungliga biblioteket tätig. Später konnte er als Gastprofessor an der Universität Stockholm arbeiten. Mit seinem zweiteiligen Werk *Die humanistische Front*, entstanden zwischen 1933 und 1953, wurde er zum Begründer der deutschen Exilliteraturforschung. 1954 erhielt er von der Hamburger Universität die venia legendi zurück, sollte davon aber in Hamburg keinen Gebrauch machen. Zwei Jahre später beantragte er trotzdem die Wiedereinsetzung als beamteter außerordentlicher Professor an der Hamburger Universität, was die Philosophische Fakultät aber ablehnte. In dieser Zeit besuchte er mit seiner Frau Dorothea die Töchter in Israel. Dabei hielten sie sich im Kibbuz Nezer Sereni nahe Rehovot auf und besuchten die dort lebende Eva Unger-Warburg. 1969 gründete er mit Helmut Müssener die Stockholmer Koordinationsstelle zur Erforschung der deutschsprachigen Exil-Literatur. Erst 1982/83 erhielt er die Ehrendoktorwürde von der Hamburger Universität zuerkannt. Alles in allem nahm WB in der Stockholmer Emigrantengesellschaft einen wichtigen Platz ein, sowohl kulturell als auch politisch. Nicht nur war er an der Verleihung des Literatur-Nobelpreises an Nelly Sachs beteiligt, sondern ebenso am Friedens-Nobelpreis für Willy Brandt.

Trotz seiner freidenkerischen Orientierung blieb er bis zum Ende seines Lebens dem Judentum als kulturelle und soziale Einheit verbunden. Sein Verdienst und seine Bedeutung sind eng mit der Erforschung der deutschsprachigen Exilliteratur verbunden. Daraus ist 1970/71 an der Hamburger Universität die Forschungsstelle für deutsche Exilliteratur* entstanden, die inzwischen nach ihm benannt wurde. Von Bedeutung ist ebenfalls seine Nelly-Sachs-Sammlung im Nelly-Sachs-Archiv der Stadt Dortmund. Er veröffentlichte zahlreiche forschungsbezogene Publikationen sowie autobiografische Schriften. Außerdem wurden ihm vielfache Ehrungen zuteil. So z. B. 1954 das Bundesverdienstkreuz und 1964 das Große Verdienstkreuz der Bundesrepublik. Posthum eröffnete 2000 die Hebräische Universität Jerusalem das Walter-Arthur-Berendsohn-Dokumentationszentrum. Der Nachlass befindet sich zum Teil in der DNB als Sammlung Berendsohn und in der KB Stockholm als Walter Berendsohn arkiv L139:1-10. In Kalliope/ Staatsbibliothek Berlin ist die in der Hamburger Forschungsstelle vorhandene Korrespondenz verzeichnet.

Viel Rückhalt erhielt WB von seiner Familie, vor allem von seiner Frau Dorothea. Auch sie engagierte sich im Exil, so z. B. im Demokratiska hjälpkommittén. Er selbst fühlte sich Israel zwar immer verbunden, war aber kein Zionist. Mehrfach reiste WB nach Israel und hielt z. B. 1959 im oben genannten Kibbuz einen Vortrag über Nell Sachs. (Lt. Cordula Greinert, WAB-Forschungsstelle) Demnach dürften die Berendsohns gute Kontakte zum inzwischen dort lebenden Ehepaar Anna und Fritz Warburg gehabt haben. In Stockholm lebten sie im Stadtteil Bromma, zuletzt in einem Altersheim der Svenska Kyrkan/Diakonistiftelsen in Sköndal. (Müssener/Scholz, *Emigrantenselbsthilfe*).

Die beiden Töchter fanden in Palästina bzw. Israel eine neue Heimat:

Annelie (Anna Elisabeth), (1920-1972), verh. Dwora Romm. Sie schloss sich noch vor dem dänischen Exil der Hechaluz an und emigrierte 1938 von Dänemark aus nach Palästina. Sie konvertierte zum Judentum, heiratete und bekam drei Kinder. Im Walter Berendsohn arkiv der KB befindet sich unter L139:93 ein Brief an ihren Vater (1949-1951).

Karin Ilse (*1926-?) ging in der zweiten Hälfte der 1940er Jahre ebenfalls nach Palästina. Sie konvertierte zum Judentum und heiratete den aus Köln stammenden Walter Braun. Er war als Hebräisch-Lehrer in verschiedenen Kibbuzim tätig, so auch im Kibbuz Ma'ayan Tzvi am Karmel bei Haifa, wo Karin lange lebte. Das Paar hatte drei Kinder.

Greta Berges-Herthel, *1895 – □1957

In Hamburg geborene und aufgewachsene Journalistin und Kinderbuchautorin. Sie war verheiratet mit Wilhelm Herthel und bekam 1921 die Tochter Anna. Nach der Scheidung lebte sie wieder bei den Eltern und veröffentlichte 1932 das Anna gewidmete Buch *Liselott diktiert den Frieden*. Aus rassistischen Gründen emigrierten beide 1936 zunächst nach Kopenhagen und bemühten sich vergeblich um eine Einreise in die USA. Doch zunächst folgten sie einer Einladung Selma Lagerlöfs nach Schweden, mussten aber wieder nach Dänemark zurück-

kehren. Da sie von Ausweisung bedroht waren und wegen der Nütnberger Gesetze*
versuchten sie bei einem nochmaligen Besuch im April 1937 in Mårbacka mit Hilfe der
Lagerlöf erneut, in Schweden als Exilierte aufgenommen zu werden. Dank der Unterstützung
des Internationalen Foyers konnte sie im gleichen Jahr mit ihrer Tochter nach Stockholm
reisen und dort in der Västerlånggatan 40 wohnen. Auch ihre Eltern flüchteten nach der
Pogromnacht im November 1938 nach Schweden und kamen in Malmö unter. Nach dem Tod
des Vaters 1939 zog die Mutter nach Stockholm und lebte bis zu ihrem Tod 1951 zusammen
mit Tochter und Enkelin in einem Haushalt.

Ihren Lebensunterhalt verdiente Greta B. als freie Autorin z. B. für Zeitungen,
Journalistin, Übersetzerin und Literaturagentin. Zudem war sie für die New Yorker
Emigrantenzeitung *Aufbau* tätig. Sie wurde anfangs aber auch von Lagerlöf finanziell
unterstützt. 1946 erschien in zweiter Auflage *Lisselott diktiert den Frieden* auf Schwedisch
(*Britta ordnar gänget*). Die Anfänge ihres Lebens in der trotz aller Widrigkeiten neuen Heimat
Schweden hielt sie in *Mårbacka och övralid* fest. Sie war Mitglied in der
Interessengemeinschaft deutscher Emigranten, aber nicht im FDKB, da sie sich aus der
deutschen Kulturarbeit ausgestoßen fühlte. Trotzdem aber verstand sie sich als
Kulturvermittlerin, die sich mit ihren Übersetzungen profilieren konnte. Die Erfahrung der
Fluchtmigration machte ihr klar, »daß ich in meinem eigenen Heimatland eine Fremde und
Ausgestoßene war (…) Das Leben überfiel mich wie ein gespenstischer Alptraum«. Das traf
sie »tödlich mitten ins Herz«.

Ab 1946 lebten die Drei im Bokbindarvägen 51 in Aspudden und erhielten gleichzeitig die schwedische Staatsangehörigkeit. Ihre persönliche Situation wurde dadurch erschwert, dass die Tochter aus gesundheitlichen Gründen sich nicht selbst versorgen konnte und
von der Mutter abhängig blieb. 1953 erkannte sie nach einem Besuch Hamburgs: »Die Geister
der Vergangenheit lassen sich nicht völlig bannen«, was ihr eine Rückkehr unmöglich machte.
Die 1956 beantragte Wiedergutmachung wurde abgelehnt, wieder ein Minuspunkt. Es war ein
sehr mühseliges Leben, wie GBH letztendlich feststellte, wobei die Literatur immer ihr
Lebenselement war. Sie starb 1957 nach einem schweren Krebsleiden. (Vgl. Berges-Herthel,
Der Weg zurück ist mir unmöglich. PDF, Exil-Archiv)

Josef Bergmann, *1913 – □2005   **Z**
Jupp und Sepp genannt

Sohn eines reformierten Berliner Rabbiners. Von Beruf Buchdrucker und Typograf, der sich
früh politisch engagierte und Mitglied der KPO wurde. Nach 1933 war er illegal aktiv und
emigrierte 1939 nach Schweden. Dort gehörte er weiterhin zur KPO und war mutmaßlich Mitherausgeber ihrer Publikationen. Ansonsten hielt er sich in dieser Splitterpartei zurück. Vor
allem war JB in der Gewerkschaftsgruppe aktiv. Nach der Rückkehr 1946 wurde er wohl
infolge einer Denunziation zunächst in Neuengamme als Kriegsverbrecher interniert. Auf
Druck der britischen Labour-Party kam er wieder frei und ging nach Hamburg. Hier schloss er

sich der KPD an, die ihn aber 1949 ausschloss. Zeitlebens war er eine politisch dominante Persönlichkeit und gewerkschaftlich stark engagiert. Sein Bruder

Theodor Bergmann, *1916 – ☐2017   **Z**

war ebenfalls Mitglied der KPO. 1927 trat er dem Jungspartakusbund und dem Sozialistischen Schülerbund bei. Außerdem war er Mitglied in einem Arbeitersportverein und stark beeinflusst durch den Politiker Arthur Rosenberg. Er emigrierte im März 1933 über Saarbrücken nach Palästina, wo er u. a. als Tagelöhner in der Landwirtschaft arbeitete. Dorthin folgten ihm 1934 die Eltern. Er selbst studierte dann von 1936 bis 1938 in der ČSR Agrarwissenschaft und flüchtete über Norwegen nach Schweden. Dort arbeitete er wiederum in der Landwirtschaft. Später lebte er in Stockholm. Um 1941/42 wurde er vom VGH in Berlin in der Akte 5J 45/41 und 2H 27/42 erfasst (db.saur.de). Weiterhin war er Mitglied der KPO und der Bewegung Freies Deutschland sowie in der Gewerkschaftsgruppe aktiv. Nach der Rückkehr 1945 führte er in Bonn sein Studium der Agrarwissenschaften fort. Danach bildete er in der Landwirtschaftskammer Hannover Landarbeiter aus. Später promovierte TB an der Universität Stuttgart-Hohenheim, an der er von 1965 bis 1973 tätig war, zuletzt als Professor. Er veröffentlichte zahlreiche Werke zur Geschichte der Arbeiterbewegung. Von sich selbst sagte er als Hundertjähriger: »Ich bin Jude und Kommunist, zwei große Nachteile in meinem Leben!« Doch stand er der DDR immer kritisch gegenüber. Er war verheiratet mit der Buchhalterin Gretel-Maria Steinhilber (1919-1994), einer überzeugten und kritischen Kommunistin.

38 *das Ehepaar Berendsohn unterwegs auf Lidingö*

39 *Immanuel Birnbaum*

40 *Henny +Willy Bicks Grab Zentralfriedhof B.-Lichtenberg*

Gottfried Berman Fischer, *1897 – ☐1995   **Z**

Von Beruf war Gottfried Bermann eigentlich Chirurg und ein großer Musikliebhaber. Auf diese Weise lernte er in Berlin seine Ehefrau, die Verlegertochter Brigitte Fischer (1905-1991), kennen. 1924 holte ihn der künftige Schwiegervater Samuel Fischer in den Verlag, da er seiner

Tochter, einer gelernten Setzerin und Kalligraphin, als Frau die Verlagsarbeit nicht zutraute. Zwei Jahre später heirateten Brigitte und Gottfried und bekamen drei Töchter. Als Samuel F. 1934 starb, kam es nach Verhandlungen u. a. mit der Reichssschrifttumskammer zur Teilung des S. Fischer-Verlags. Peter Suhrkamp erhielt einen Teil, einen anderen GBF, musste aber auf den Verlagsnamen S. Fischer verzichten. (Inzwischen liegen wichtige, bisher nicht bekannte Einzelheiten zu diesem Vorgang vor) Anfang 1936 versuchte GBF, seinen Verlag in Zürich zu etablieren, was aber an dem Schweizer Verleger- und Buchhändlerverband scheiterte. Daraufhin gründete er im Wiener Exil den Bermann-Fischer-Verlag und konnte dorthin wohl 700 000 verfemte Bücher transferieren. Nach dem Anschluss Österreichs wurde der Verlag zwangsweise aufgelöst. Trotzdem war GBF in der literarischen Emigrantenszene umstritten und galt als Schutzjude von Goebbels Gnaden.

Über Italien und die Schweiz emigrierten die Bermann Fischers dann nach Schweden, und zwar mit Hilfe des Bonnier-Verlags, an dem er mit 49 Prozent beteiligt war. Mit Hilfe des Bonnier Verlags gründete er in Stockholm den Exilverlag* Berman Fischer. Zudem gehörte er auch dem Penclub im Exil an. Im Frühjahr 1940 wurde er in Zusammenhang mit einem geplanten Sabotageakt (vgl. Widerstand) verhaftet und zu einer Schutzhaft im Kronobergs-Gefängnis verurteilt. Tatsächlich hatte er sich 1939/40 mit dem britischen Geheimdienstler A. F. Rickman getroffen und soll auch Kontakt zu H. Knüfken gehabt haben. Nach seiner Freilassung wurde er wegen antideutscher Betätigung ausgewiesen, hatte sich aber bereits vorher mit Hilfe von I. Birnbaum um ein Visum für die USA bemüht. Mit seiner Familie und mit Hilfe der Quäker konnte er dann per Flugzeug nach Moskau und weiter mit der Transsibirischen Eisenbahn über Japan in die USA emigrieren und von dort den Verlag weiterführen.Bei der Beschaffung des für die Reise durch die Sowjetunion notwendigen Transitvisums war ihm ebenfalls Birnbaum behilflich. Von 1945 bis 1963 leitete er ihn von Amsterdam und Wien aus in Zusammenarbeit mit dem Querido-Verlag. 1964 iwurde sein Buch *Wanderer durch die Jahrhunderte* veröffentlicht, 1967 sind seine Erinnerungen unter dem Titel *Bedroht–Bewahrt. Der Weg eines Verlags* erschienen. Zuletzt lebte er mit seiner Frau Brigitte in der Toskana, die gemeinsame Grabstelle befindet sich im Familiengrab der Fischers auf dem Jüdischen Friedhof Berlin-Weißensee.

Wilhelm (Willi) Bick, *1903 – □1980   **Z**

Geboren in Essen und dort zum Kaufmann ausgebildet. 1926 Eintritt in die KPD mit Funktionärstätigkeit. Bis 1931 war er zweiter Geschäftsführer des *Ruhr-Echo*. 1930 reiste er in die UdSSR, danach lebte er in Saarbrücken, wo er von 1933 bis 1935 illegal politisch aktiv war. Ab 1936 war er bei Verlagen in Frankreich, Schweiz und Belgien tätig und kämpfte dann in Spanien im Thälmann-Bataillon. 1938 ging er nach Dänemark, wo er von 1940 bis 1943 erneut im Untergrund aktiv war. Er musste dann nach Schweden flüchten und war bis Februar 1944 im Lager Smedsbo interniert. Anschließend stellte er in Alingsås kunstgewerbliche

Artikel her. 1945 ging er zunächst nach Kopenhagen und war im Flüchtlingslager Oksbøl in Westjütland tätig.

Ende 1945 kehrte er nach Deutschland bzw. in die SBZ zurück. In der DDR war er in seiner Funktion als SED-Mitglied zeitweise als Innenminister in Mecklenlurg-Vorpommern, dann als Diplomat in Rumänien und später als Abgeordneter in der Volkskammer tätig. Von 1963 bis 1965 hatte er die Leitung der Abt. Nordeuropa im Ministerium für Auswärtige Angelegenheiten inne. Noch während seiner Zeit in Schweden hatte er eine Beziehung mit Helma/Henny Bick begonnen, und beide heirateten später. Das gemeinsame Grab der Bicks befindet sich auf dem sogenannten Sozialistenfriedhof* in Berlin-Lichtenberg.

Henny Bick, *1910 – □1993   **Z**
geb. Helma Wilhelmine Wunderlich, verw. Welter; Rufname Henny

Sie stammte wie Jacob Welter aus Dudweiler und war Verkäuferin in einer Metzgerei. Ihr offizieller Vorname lautete zwar Helma, sie selbst nannte sich aber Henny. Über Bekannte lernte sie Jakob Welter kennen und heiratete ihn 1931. 1935 wurde das einzige Kind, der Sohn Manfred, geboren. Politisch war sie nicht so exponiert wie Jacob, stand ihm aber immer zu Seite. So folgte sie ihm mit dem Sohn Manfred ins schwedische Exil zunächst nach Göteborg. Da auch sie zum Lebensunterhalt beitragen musste, ergaben sich große Schwierigkeiten in der Betreuung des ungefähr fünf/sechs Jahre alten Sohnes. Daher übergaben sie ihn der Familie eines Arbeitskollegen von Jacob zur Betreuung, wo er über Jahre hinweg als Pflegekind lebte. Später in Stockholm lernte sie den ebenfalls aus dem Saarland geflüchteten Wilhelm Bick näher kennen und beide wurden spätestens nach der Hinrichtung von Jacob Welter ein Paar. Nach dem Krieg folgte sie ihm als Helma Welter 1946 in die SBZ, wo sie heirateten. Beider Grabstelle befindet sich im Bereich des Pergolenwegs auf dem Zentralfriedhofs Friedrichsfelde in Berlin-Lichtenberg. Anläßlich ihres Ablebens wurde ihrer mit einem Nachruf und Kondolenzen gedacht, die unter dem Aktenzeichen NY 4072/204 im Bundesarchiv archiviert sind. Auch wird in bestimmten zeitlichen Abständen am Tag ihrer Geburt am 2. Dezember an sie als Verfolgte des Nationalsozialismus gedacht.

Immanuel Birnbaum, *1894 – □1982   **Z**
Deckname: Kant

Sohn des jüdischen Oberkantors Eduard Birnbaum, der auch als Komponist und Musikhistoriker tätig war. Er heiratete eine Protestantin und konvertierte zum Protestantismus. Politisch stand er der SPD nahe. Immanuel selbst wuchs in Königsberg auf und ging 1912 zum Studium nach München. Von 1912 bis 1918 übte er verschiedene Tätigkeiten aus und nahm am Ersten Weltkrieg teil. 1917 trat er der SPD bei und konvertierte 1920 zum Protestantismus, verortete sich aber in der Folge als sogenannter Halbjude. Der Zeitraum um 1918/19 war der Beginn seiner journalistischen Laufbahn, so war er 1920 kurz als Redakteur beim *Bremer Volksblatt* tätig.

1923 heiratete er Lucia Richter (1900-1945), mit der er zwei Söhne hatte: Karl E. und Henrik. Zu dieser Zeit lebte die Familie in Breslau, ab 1927 in Warschau, wo Immanuel als Korrespondent für deutsche Zeitungen arbeitete. 1939 flüchtete die Familie über Lettland (oder Litauen) und Finnland nach Schweden und lebte ab 1940 in Stockholm, wo er u. a. als Lektor im Berman-Fischer-Verlag tätig war. Da sein Pass nicht den Vermerk J enthielt, wurde er bei der Einreise in Schweden auch nicht als Jude geführt. Anfangs bewohnte er mit seiner Familie drei Zimmer in einer wesentlich größeren Wohnung eines Bekannten. Als Gegner des Nationalsozialismus und Mitglied der SoPaDe war er in Schweden auch in einem bestimmten Bereich im Widerstand tätig. So stand er 1940 in Kontakt mit dem oben genannten Rickmann und laut Nelles (*Widerstand*) auch mit dem hier ebenfalls dargestellten Hermann Knüfken. Außerdem gab es eine Verbindung zum Verleger Gottfried Bermann Fischer und dem aus Rostock stammenden Psychologen David Katz.

Im Frühjahr 1940 wurde er wegen Nachrichtenübermittlung nach Deutschland verhaftet und bis 1943 in Smedsbo interniert, was weiter unten im Abschnitt Widerstand dargestellt wird. Vor allem aber beschreibt Immanuel Birnbaums Enkel Daniel das gesamte Geschehen ausführlich in seinem Roman *Dr. B.* (Birnbaum) Nach seiner Freilassung 1943 engagierte Birnbaum sich im FDKB, war aber politisch nicht weiter aktiv. 1945 ist seine erste Ehefrau Lucia verstorben, so remigrierte er 1946 allein nach Polen, wo er in Warschau als Presseattaché tätig war. 1949 heiratete er Lidia Orszanowska, aus dieser Ehe gingen eine Tochter und ein Sohn hervor. Im gleichen Jahr wurde er ausgewiesen und ging mit der Familie zunächst als Korrespondent nach Wien. Ab 1953 lebte er in München und war bis 1976 bei der *Süddeutschen Zeitung* tätig. Er gilt als Vordenker einer Neuen Ostpolitik. Im Jahr seines Todes ist sein Buch *80 Jahre dabei gewesen. Erinnerungen eines Journalisten* erschienen.

Für seine Verdienste und sein Schaffen wurde er mit vielen Auszeichnungen geehrt, so 1971 mit dem Bayerischen Verdienstorden und 1972 mit dem Königlichen Wasa-Orden in Schweden. Von seinen zahlreichen Publikationen sollen hier *Entzweite Nachbarn* und *Achtzig Jahre dabei gewesen* erwähnt werden. Sein Nachlass, der neben Persönlichem Unterlagen zum Prozess und verschiedene von ihm verfasste Schriften sowie Korrespondenzen enthält, befindet sich im Institut für Zeitungsforschung der Stadt Dortmund unter der Signatur *Findbuch. Nachlass Immanuel Birnbaum (2005)*. Weitere Informationen liefert das Buch *Dr. B.* vom Enkel Daniel Birnbaum.

Karl E. Birnbaum, *1924 – ☐2012

wurde in Breslau geboren und wuchs in Warschau auf. Zusammen mit Eltern und Bruder flüchtete er 1939 über Lettland und Finnland nach Schweden. Er studierte an der Universität Stockholm Geschichte und promovierte 1958. KB war vor allem als Politikwissenschaftler tätig: 1951/52 am Institut für Internationale Angelegenheiten, von 1958 bis 1960 Professor an der Universität Stockholm, von 1960 bis 1970 Leiter des Außenpolitischen Instituts. Von 1979 bis 1982 war er Direktor des Österreichischen Instituts für Internationale Politik in Wien, von

1988 bis 1993 Leiter des Europäischen Universitätszentrum für Friedensstudien, ebenfalls in Wien. Birnbaum lebte später wieder in Stockholm bis zu seinem Tod. Er veröffentlichte u. a. 1973 *Ost- und Westdeutschland: ein Modus Vivendi.* Im KB-A befindet sich eine Sammlung aus den Jahren 1958 und 1975.

Sein 1963 in Stockholm geborener Sohn Daniel Birnbaum veröffentlichte 2018 den Roman *Dr. B.* im Stockholmer Verlag Bonniers Förlag (auf Deutsch 2021 beim Piper Verlag in München erschienen). Darin thematisiert er die Verhaftung und einiges aus dem Leben seines Großvaters Immanuel. Die entsprechenden Unterlagen hat er zuvor in einer Kiste gefunden und nach Sichtung bearbeitet. Von Beruf ist Daniel B. anerkannter Kunsthistoriker und war oft in leitender Funktion tätig. Seit 2015 lebt er wieder in Stockholm nach Jahren des Unterwegsseins.

Henrik Birnbaum, *1925 – □2002

Ist in Warschau geboren und aufgewachsen. Nach der Flucht nach Schweden studierte er in Stockholm Slawistik, Germanistik, Skandinavistik und vergleichende Literaturwissenschaft. Von 1958 bis 1961 war er Dozent an der Universität Stockholm und ging dann in die USA, wo er in Los Angeles als Professor seine wissenschaftliche Karriere mit zahlreichen Veröffentlichungen fortsetzte. Für seine Forschungen wurde er mehrfach ausgezeichnet.

Charlotte Bischoff, *1901 – □1994   Z
geb. Wielepp
Decknamen: Lotte, Anna Hoffmann, Irmgard Schäfer

Gelernte Kontoristin. Sie heiratete 1923 den Kommunisten Fritz Bischoff* und war seitdem aktives Mitglied der KPD. 1934 ging sie nach Moskau und wurde 1938 von der Partei illegal nach Stockholm geschickt, die Tochter blieb in Moskau. CB wurde 1939 verhaftet, da sie ihren Aufenthalt in Stockholm legalisieren ließ und somit aktenkundig wurde. Sie sollte zwar nach Nazi-Deutschland ausgewiesen werden, man ließ sie aber wieder frei. CB lebte dann in Aspudden im Hägerstensvägen zusammen mit der KP-Genossin Gerda Lindner in einer kleinen Wohnung. Für die Rote Hilfe betreute sie in Stockholm deutsche Kommunisten und war auch als Hausangestellte tätig. 1941 wurde sie von H. Wehner als Instrukteurin illegal nach Deutschland geschickt. Als Mann verkleidet, kam sie mit einem schwedischen Schiff nach Deutschland bzw. Bremen und war dann bis 1945 im Berliner Untergrund im Widerstand tätig. In diesem Zeitraum erfasste der VGH unter 10(a)J 571/43 und 2H 52/44 eine Frau Bischoff, doch wurde sie selbst nicht verhaftet. Nach 1945 übte sie unterschiedliche Tätigkeiten aus: als Sekretärin der sowjetischen Besatzungsmacht sowie beim Amtsgericht Charlottenburg und dem Berliner Rundfunk, später im sozialen Bereich Groß- Berlin.

In seiner *Ästhetik* setzte Weiss auch ihr ein literarisch-politisches Denkmal und schildert dichterisch-frei ihre erste Zeit in Stockholm:

> *Ende Dezember war sie in Stockholm eingetroffen, hatte sich sogleich bei der Roten Hilfe am Mälartorget gemeldet und war bei einem schwedischen Genossen einquartiert*

worden. Sie war illegal auf Umwegen aus der Sowjetunion nach Schweden gelangt und wollte von hier aus wieder zur Arbeit im deutschen Untergrund zurückkehren. Sie wußte, daß bei einer Legalisierung ihrer Anwesenheit im Land als politischer Flüchtling ihre Personalien an die deutschen Instanzen gelangen würden.

Während ihrer Inhaftierung in der Bergsgatan durfte sie anscheinend einmal mit ihrer Aufseherin einen Freigang unternehmen, wie von Weiss in *Ästhetik* beschrieben: Ende Dezember 1939 bewunderten beide von Kungsholmen aus die Aussicht nach Riddarholmen. »Es war schön durch die Straßen zu gehen, in die Schaufenster zu blicken, gestreift zu werden von anderen Menschen«. Unterwegs tranken sie einen Kaffee, fuhren bei Slussen mit dem Fahrstuhl hoch. Unten waren das Verkehrsrondell, links die Bögen der Västerbron, rechts die (noch) bewaldeten Hügel von Hammarbyhöjden, weiter fort sogar Lidingö zu sehen.

Im Juni 1972 besuchte Weiss sie in der DDR, um ihre illegale Reise mit dem Schiff nach Nazi-Deutschland zu besprechen. Er schilderte sie als »unauffällige Erscheinung« und stand noch einige Jahre mit ihr in brieflichem Kontakt. Sie war aber sehr verschwiegen und gab auch ihm gegenüber nicht ihre konspirative Haltung auf und Zeitgenossen preis. Selbstverständlich war sie Mitglied der SED und trat nach 1989 der PDS bei. Ihr Nachlass befindet sich im Bundesarchiv unter der Signatur NY 4232, im PWA die Korrespondenz mit Peter Weiss. (S.a. Scholz, *Erfahrungen*)

Peter Blachstein, *1911 – □1977   **Z**
Decknamen: Fritz Sander (Spanien), Hans Petersen (Oslo)

Er wuchs in Dresden als Sohn eines jüdischen Textilkaufmanns auf und besuchte dort das Gymnasium, aber ohne Abschluss. Eine anschließende Buchhändlerlehre beendete er ebenfalls vorzeitig. Zu dieser Zeit war er Mitglied im Bund Kreis, dann im Bund Werkleute, beide hervorgegangen aus dem Verband Kameraden, deutsch-jüdischer Wanderbund. Den ursprünglichen Wunsch, Schauspieler zu werden, setzte er nicht um. Nach dem Studium der Germanstik und der Wirtschaftswissenschaften 1929-1933 arbeitete er als Journalist in Dresden und Breslau. Außerdem nahm er ein Gaststudium im Fach Schauspiel auf. Politisch war er anfangs in der SAPD aktiv, für die er das Kabarett *Die Nebelspalter* aufbaute. 1933 wurde er verhaftet und im KZ Hohnstein in Sachsen festgehalten. Anlässlich der Amnestie zu Hindenburgs Tod wurde er begnadigt, doch wurde seine Verlobte von den Nazis umgebracht. Nach der Freilassung 1934 arbeitete er im Untergrund, musste aber 1935 in die ČSR flüchten. Von dort ging er nach Oslo zu H. Frahm bzw. W. Brandt. 1936 nahm PB am Spanischen Bürgerkrieg teil, wurde in Barcelona von der SAP ausgeschlossen und blieb bis 1938 in kommunistischer Haft, in der er schwer gefoltert wurde. Konnte dann über Frankreich nach Oslo zurückkehren, wo er erneut mit Brandt zusammenarbeitete. Beide waren für die Jugendorganisation des Londoner Büros tätig, einem Zusammenschluss internationaler linkssozialistischer Parteien. Weiter gehörte er mit zu der 1937 gegründeten Gruppierung Neuer Weg*.

Nach der deutschen Besetzung Norwegens ging er 1943 ins schwedische Exil und war als Archivarbeiter am Rassenbiologischen Institut der Universität Uppsala beschäftigt. Seine Wohnung befand sich in der Svartbäcksgatan. Zu dieser Zeit lernte er auch G. Wiesholler kennen, so dessen Aussage. Im März 1945 war er an der Uraufführung von Brechts *Der gute Mensch von Sezuan* beteiligt. Ebenso war er häufiger Gast im Mosaiska pojkhemmet in Uppsala, wo er eine Theatergruppe initiierte. 1947 kehrte er nach Deutschland zurück und engagierte sich in Hamburg für die SPD. Ab 1953 war PB für als Abgeordneter im Bundestag tätig. 1968 legte er sein Mandat nieder und gab ebenfalls den kurz zuvor von W. Brandt erhaltenen Botschafterposten in Belgrad auf. In Hamburg galt er als das linke Gewissen der SPD und besaß zudem für viele Jusos eine Art Vorbildfunktion. Zumal er sich sehr für politische Flüchtlinge aus Spanien und Chile einsetzte. Im ARAB befindet sich die Sammlung Blachstein. Mutmaßlich ist er identisch mit einem Blackstein, der vom VGH unter 17J 91/36 und 2H 30/37 erfasst wurde.

Leo Blech, *1871 – □1958   **Z**

In Aachen als Sohn eines Kaufmanns geboren, der bereits als Siebenjähriger Klavierkonzerte gab. Nach einer zunächst vom Vater erzwungenen kaufmännischen Ausbildung studierte er Musik und Komposition. Seine Laufbahn als Dirigent führte ihn nach Prag und Berlin. 1913 wurde er Preußischer Generalmusikdirektor. Mit Erlaubnis Hermann Görings durfte er als Jude noch bis 1937 an der Staatsoper Unter den Linden tätig sein. Er und seine Frau emigrierten im gleichen Jahr erst nach Riga und 1941 heimlich über Sassnitz nach Schweden. Die Kinder waren bereits vorher in die USA und Schweden emigriert. In Stockholm konnte er an seine Karriere mit der Ernennung zum Hofkapellmeister an der Königlichen Oper anknüpfen. LB gehörte zum Gründungsausschuss des FDKB und war in der Bewegung Freies Deutschland aktiv. Seit 1949 lebte und wirkte er wieder als Dirigent in Berlin-West. 1952 erhielt er das Bundesverdienstkreuz. In der Mommsenstraße in Berlin-Charlottenburg erinnert eine Gedenktafel an ihn. Sein Grab befindet sich auf dem Friedhof der Jüdischen Gemeinde an der Heerstraße in Berlin.

Willy Brandt, *1913 – □1992   **Z**
geboren als Herbert Ernst Karl Frahm
Decknamen und Pseudonyme: Felix Franke, FF, Frahn, Willi Braun, Martin, -t.
Deutscher Bundeskanzler von 1969 bis 1972.

Schon in der Kindheit wurde er sozialistisch geprägt und wurde 1929 Mitglied in der Sozialistischen Arbeiter-Jugend (SAJ)*. Dort vertrat er mit Julius Leber einen radikalen Kurs. Ebenso gehörte er der Naturfreundejugend an. 1930 wurde er Mitglied der SPD, ein Jahr später wechselte er zur SAPD. Nach deren Verbot 1933 nahm er in Absprache mit der Partei auf dem illegalen Parteitag in Dresden im März den Decknamen Willy Brandt an. Im gleichen Jahr emigrierte er nach Norwegen, wohin ihm auch seine damalige Gefährtin Gertrud Meyer-

(Danielsen)* folgte. Sie und HF waren bis 1939 eng liiert und vor allem politisch verbunden. In Oslo stand er u. a. in Kontakt mit Max Hodann und war Mitglied im Jugendverband der norwegischen Arbeiterpartei. Um nicht der Fremdenpolizei aufzufallen, schrieb er sich an der Osloer Universität als Student ein, da eine politische Betätigung nicht erlaubt war.

1934/35 unternahm er mehrere Reisen nach Paris, wo er sich u. a. mit Leuten vom Lutetia-Kreis* traf. Unter dem Namen Gunnar Gaasland, (damaliger Schein-Ehemann von Gertrud M.) hielt er sich 1936 mit norwegischem Pass in Berlin auf, um die Untergrundarbeit der SAP in Deutschland und im Ausland zu koordinieren. Unter dem Decknamen Martin trat er als ein nur mäßig an Politik interessierter Student auf. Nach Aussage von Walter Pöppel war dieser Einsatz ein Himmelfahrtskommando. (*Spiegel* 27.8.1984) Aus Sicherheitsgründen musste er sich an eine strikt zurückgezogene Lebensführung halten. Da Gertrud M. befürchtete, er würde »die Grundregeln der Untergrundarbeit nicht genügend« beachten, veranlasste sie seine Abberufung Ende 1936. Von Berlin aus reiste er dann in die ČSR nach Brünn, wo er Bruno Kreisky traf. Gertrud M. hielt sich ebenfalls dort auf, beide traten Anfang 1937 während einer Tagung in Mährisch-Ostrau als norwegisches Ehepaar Gaasland auf. Über Prag ging es mit der Bahn durch Polen und dann per Schiff nach Kopenhagen, von dort weiter nach Oslo. Da 1936 sein Reisepass abgelaufen war, erhielt er einen norwegischen Fremdenpass und ab 1937 eine permanente Aufenthaltserlaubnis.

1937 berichtete HF als Journalist vom Spanischen Bürgerkrieg. Im Juni reiste er resigniert über Paris zurück nach Oslo. Während eines erneuten Aufenthalts in Paris traf er mit Richard Löwenthal von Neu Beginnen* zusammen. 1938 verlor er seine deutsche Staatsangehörigkeit, daraufhin beantragte er die norwegische. Was aber vom Justizministerium nicht sofort bearbeitet, sondern liegengelassen wurde. Ab Mitte 1939 lebten Gertrud und Willy räumlich getrennt, aber weiterhin in politischer Gemeinsamkeit. Nach ihrer Emigration nach New York lernte er seine erste Ehefrau Carlota Thorkildsen kennen. Später plante er zusammen mit der inzwischen schwangeren Carlota und mit Hilfe von Gertrud M. eine Emigration nach New York. Neben P. Bromme und seiner Lebensgefährtin H. Beuthner sowie W. Sager gehörte er zur Gruppe des sogenannten Lübecker Exils. Zu diesem Zeitpunkt stand Brandt auch im Fokus der Gestapo, wie aus der Akte 10J 36/41 (Stefan Szende) des VGH hervorgeht. Demnach wurde er als »Hauptverbindungsmann« der Osloer Exil-Gruppe nach Deutschland bezeichnet. Ebenso wurde er auch unter Az. 10J 36/41 und 2H 30/37 erfasst. (db.saur.de)

Infolge der deutschen Besetzung Norwegens musste der Plan einer Emigration in die USA fallengelassen werden. WB flüchtete zunächst ins Landesinnere mit der Uniform seines Freundes Paul René Gauguin. Als norwegischer Soldat geriet er in deutsche Gefangenschaft und wurde kurz im Kriegsgefangenenlager Dovre interniert. Vier Wochen später wurde er unerkannt entlassen. Er versteckte sich in einem Sommerhaus am Oslofjord und flüchtete am 30. Juni 1940 nach Schweden, wo er sich im Grenzort Skillingmark den Behörden unter dem

Namen Willy Brandt stellte. Man brachte ihn zunächst nach Charlottenberg in ein bewachtes Heim für Asylbewerber. Trotz der Verhöre schob man ihn nicht als politischen Flüchtling ab, internierte ihn aber für kurze Zeit. Bei Befragungen in Stockholm gab er an, in die USA weiterreisen zu wollen, wo Gertrud Meyer sich für ihn einsetzte. Mit dieser Begründung erhoffte WB sich eine Art Bleiberecht in Schweden und so einer Auslieferung nach Nazi-Deutschland zu entgehen. Auf Intervention eines ihm aus dem Spanischen Bürgerkrieg bekannten schwedischen Reichstagsabgeordneten ließ man ihn zur Regelung seiner Angelegenheiten frei. Er soll sich allerdings auch im Lager Baggå aufgehalten haben. Noch 1940 erhielt er von der norwegischen Exilregierung in Stockholm endlich die norwegische Staatsbürgerschaft, aber als Herbert Frahm. Im gleichen Jahr wurde im Oktober die gemeinsame Tochter von HF und Carlota T., Ninja, in Oslo geboren. Seinen eigentlichen Plan, nach London oder New York zu gehen, ließ er fallen. Er verstand sich vielmehr als Teil des norwegischen Exils in Schweden.

WB kehrte noch einmal kurz nach Norwegen zurück und blieb ab 1941 in Stockholm. Als er nach dieser Kurzreise seine Aufenthaltserlaubnis verlängern lassen musste, wurde aus dem Routinebesuch »ein stundenlanges Verhör, an dessen Ende ich festgehalten wurde.« Im zweiten Verhör drohte man ihm mit einer Abschiebung nach Deutschland. Er ahnte nicht, »wie eng ein Teil der schwedischen Sicherheitsbehörde mit der Gestapo zusammenarbeitete.« (*Links*) Doch wie aus einem Verfahren des VGH gegen das SAPD-Mitglied Ernst Schröder 1941 hervorgeht, wurde auch Willy Brandt namentlich genannt, aber noch in Oslo verortet. (Az. 10J 36/41 und 2H 91/41, db.saur.de) Im Mai 1941 heirateten er und Carlota, die mit Tochter Ninja (Frahm) inzwischen ebenfalls in Stockholm lebte. 1942 bezog er mit Carlota und Ninja eine Wohnung im Finn Malmgrens väg 23 im Stockholmer Ortsteil Hammarbyhöjden. Hier lebte die Familie zwar in bescheidenen, aber gesicherten Verhältnissen. Doch Anfang 1943 verließ Carlota Frahm mit der Tochter die Wohnung und ging eigene Wege.

In Schweden konnte WB als Journalist frei arbeiten und gründete 1942 mit schwedischen Kollegen ein schwedisch-norwegisches Pressebüro. Als Journalist sammelte er Informationen, die er auch den alliierten Geheimdiensten und dem NKDW zur Verfügung stellte. Er war aber kein Agent, wie ihm häufig unterstellt wurde. Immer wieder warnte er in Schweden vor einer einseitig-freundlichen Beurteilung Deutschlands, womit er lange auf Ablehnung stieß. Von kommunistischer Seite ordnete man ihn als Deutschen mit zweifelhafter Vergangenheit und als Handlanger von Trotzkisten und der Gestapo ein. Während der Zeit in Schweden kehrte WB allmählich zur Sozialdemokratie zurück und war im März 1943 an der Formulierung der *Friedensziele der demokratischen Sozialisten* beteiligt, zusammen mit F. Bauer, B. Kreisky, E. Paul, F. Tarnow u. a. Zudem gehörte er der Kleinen Internationalen* als ihr maßgeblicher Architekt an, später der SoPaDe und dem FDKB. WB nahm allmählich eine wichtige Position ein mit Kontakten zu Vertretern der Alliierten und des Widerstands, so zum sogenannten Kreisauer Kreis*. Zu diesem gehörten u. a. sein früherer Mentor Julius Leber* und Adam von Trott zu Solz*. Letzterer besuchte ihn im Juni 1944 in seiner Stockholmer Wohnung. Es wurde u. a. besprochen, inwieweit er der geplanten neuen Regierung zur Verfügung stehen sollte. Auch zur Komintern bestanden Kontakte, für deren Zeitung *Die Welt* er unter dem Namen Lindström schrieb. Im Oktober 1944 trat die Stockholmer SAP-Gruppe geschlossen der Exil-SPD bei, für WB ein endgültig bleibender Schritt. S.a. seine Erwähnung in *Emigrantenselbsthilfe* von Müssener/Scholz.

WB entwickelte sich zu einer zentralen Gestalt der norwegischen und schwedischen Emigration. Laut Kreisky war er »der Inbegriff des politischen Verstandes in dieser Zeit und darüber hinaus eine politische Führungskapazität«. Neben Kreisky war er mit F. Bauer, dem Ehepaar Enderle, S. Szende und vielen anderen in Freundschaft verbunden. Zusammen mit Bauer gründete er die Exilzeitschrift *Sozialistische Tribüne*. Ebenfalls war er an der Einwerbung des Friedens-Nobelpreises für Carl von Ossietzky beteiligt, und zwar als Vertreter der SAP. Einige Jahre später ordnete er diese Partei allerdings als veraltet ein und warb für eine Hinwendung zur internationalen Sozialdemokratie. Noch als SAP-Mitglied verfasste er zusammen mit anderen Genossen die anonym vorgelegte Schrift *Zur Nachkriegspolitik deutscher Sozialisten*. In anderen kleinen von ihm verfassten Schriften beschäftigte er sich mit der Frage, wie Europa nach dem Krieg aussehen sollte (und könnte).

Von Mai bis August 1945 pendelte Brandt zwischen Stockholm und Oslo hin und her. Von Oslo aus kehrte er dann als norwegischer Journalist sechs Monate nach Kriegsende nach Deutschland zurück, über Bremen. Dort musste er sich erst einmal bei den Amerikanern melden. Er kam in eine Stadt, die »ein ausgebranntes Kraterfeld« war: die Weserbrücken zerstört, der Hafen ein Ruinenfeld. In diesem Umfeld traf er sich mit den Enderles beim Weser-Kurier, auch mit Adolf Ehlers* und Bürgermeister Wilhelm Kaisen. Ihm wurde geraten, mit der politischen Arbeit erst einmal abzuwarten, da die Verhältnisse schwierig und eng waren. (*Links*) Doch gab er sich keinen Illusionen hin, musste er sich doch später in den 1960er Jahren den aus der eigenen Partei erfolgten massiven Angriffen stellen. Noch in Stockholm hatte K. Heinig heftig gegen ihn polemisiert, als WB in Berlin das Sekretariat der SPD übernehmen sollte. Die Nürnberger Prozesse begleitete er als Korrespondent norwegischer Zeitungen.

1948 erhielt er die deutsche Staatsangehörigkeit zurück und nannte sich fortan offiziell Willy Brandt. Zuvor musste er Anfang November 1947 schweren Herzens die norwegische Staatsangehörigkeit aufgeben. (*Ebd.*) Ein Jahr später heiratete er die seit 1944 mit ihm bekannte Norwegerin Ruth Bergaust. Sein Leben lang war WB Mitglied der Gewerkschaft gewesen: Im Exil beim Norwegischen Seemannsverband, in der BRD bei der IG Druck und Papier. Indirekte, nichtöffentliche Unterstützung soll WB am Anfang seiner politischen Laufbahn in der Bundesrepublik auch durch Mitglieder der Widerstandsgruppe Neu Beginnen bekommen haben. 1971 erhielt WB den Friedens-Nobel-Preis. Nach seiner eigenen Aussage hat er in Skandinavien einiges »von den Werten einer freiheitlichen und sozialen Demokratie und von der Chance der Weltoffenheit in mich aufgenommen.« Diese Erfahrung brachte er auch in seine Politik ein, ebenso wird das Zeitgeschehen in den von ihm verfassten Büchern dargestellt. Doch ist darauf hinzuweisen, dass bestimmte mit ihm im Widerstand verbundene Personen kaum eine nementliche Erwähnung fanden. Materialien zu Willy Brandt befinden sich im ARAB sowie Verschiedenes im KB-A. In einer Außenstelle des RA befinden sich drei Ordner mit der Nummer P 1738, die Aufschluss geben über seine bis 1971 andauernde Bespitzelung durch den schwedischen Geheimdienst. Brandt selbst hat seine Erfahrungen in den *Erinnerungen* festgehalten – doch warum wurden die damals zu seinem Kreis gehörenden Gertrud Meyer und Anna Mosler namentlich nicht erwähnt?

41 *Willy Brandt*
Buch/Bildzitat

42 Buch/Bildzitat
Bertolt Brecht

Robert Braun, *1896 – □1972
Pseudonym: Robert Montis

In Wien geboren und Halbbruder der Schriftsteller Felix Braun und Käthe Braun-Prager. Nach einem Chemie-Studium war er Soldat im Ersten Weltkrieg. 1917 konvertierte der gebürtige Jude zum Katholizismus. Zunächst arbeitete er als Lebensmittelchemiker in der Industrie, ab 1925 freiberuflich für Rundfunk und Zeitungen sowie als Schriftsteller. 1928 erhielt er den Emil-Reich-Preis für Lyrik. RB war verheiratet mit Ottilie Wegscheider. 1938 konnte das Ehepaar mit Tochter Hilde Elisabeth nach Schweden emigrieren und zunächst im Landschulheim Viggbyholm unterkommen. Dort arbeitete er ab Herbst 1939 einige Zeit als Landarbeiter. Ab 1942 lebte die Familie in Uppsala, von 1943 bis 1965 war er Archivarbeiter bzw. Bibliothekar am Kunsthistorischen Institut der dortigen Universität. 1954 wurde er Mitglied des PEN. Im Mai 1963 erhielt er die österreichische Professorenwürde. RB veröffentlichte u. a. 1961 den Schlüsselroman *Die Mutter der Flüchtlinge* über das Land-schulheim Viggbyholm. Die Rechte an seinen Werken liegen bei der in Godvik/Norwegen lebenden Tochter H. E. Björnsen Alvsaker und ihren Kindern. Nachlassmaterialien befinden sich in Wien, im ARAB sowie in Godvik/Norwegen.

Bertolt Brecht, *1898 – □1956   **Z**

Brecht folgte 1933 Helene Weigel (→), den Kindern Stefan und Barbara sowie Maria Lazar ins dänische Exil, einen Tag nach dem Reichstagsbrand. Der Fluchtweg führte ihn über Prag, Wien und die Schweiz nach Dänemark. Im Dezember 1933 stieß auch Grete Steffin zu ihnen. Der Aufenthalt nahe Svendborg stellte eine wichtige Zeit in seinem Schaffen dar. Im April 1939 reiste Brecht zu einem Vortrag nach Stockholm und nutzte die Gelegenheit, dort zu bleiben. Später folgten ihm zunächst Helene, dann Ruth Berlau und Grete mit den beiden Kindern. Sie alle fühlten sich in Dänemark nicht mehr sicher. Lazar war schon vorher nach Schweden gegangen. Die Übersiedlung nach Schweden kam auf Anraten Curt Treptes durch das Zentrale Spanien-Komitee Stockholm zustande, und zwar mit Hilfe einer Einladung durch den Reichsverband der Amateurtheater. Anfangs lebten die Brechts im Hotel Pallas, fühlten sich dort aber wegen der bordellhaften Atmosphäre nicht wohl.

Sie konnten dann im Lövstigen 1 auf Lidingö ein dunkelrotes Holzhaus beziehen, das der schwedischen Bildhauerin Ninnan Santesson gehörte, was BB als ideal bezeichnete. M. Steffin hingegen lebte allein ganz in der Nähe im Tulevägen 11. Es war geplant, den Sohn Stefan, genannt Steff, in der Viggbyholmsskolan unterzubringen, was dann aber zu teuer war und Freiplätze nicht zur Verfügung standen. BB bildete auf Lidingö den Mittelpunkt eines Kreises von Emigranten und auch einiger politisch interessierter Schweden. Zu diesem Kreis gehörten u. a. das Ehepaar Enderle, W. Goldschmidt, M. Hodann, H. Martens, C. Trepte und P. Verner, weitere Kontakte gab es zu H. Greid und W. Steinitz. Ein wichtiger Freund für ihn wurde der Maler H. Tombrock bis zu seinem Tod. An seiner Arbeit partizipierte in hohem Maße Steffin, Trepte fertigte 1939 ein Porträtfoto von Brecht. Ein anderes Foto von Ruth Berlau zeigt ihn an der Schreibmaschine arbeitend. Neben den hier Genannten war BB im Lövstigen von vielen anderen Freunden umgeben, wie Elsa Björkman-Goldschmidt in ihren Erinnerungen schildert. Sie alle verlebten dort »gemeinsam viele lustige Abende«, Weigel kümmerte sich als sogenannte Mutter Courage um alle: Kinder, Gäste, die Frauen um BB und ihn selbst. Vom Aufenthalt auf Lidingö hielt Brecht diese Sentenz fest:

Ich befinde mich auf dem Inselchen Lidingö
Aber neulich nachts
Träumte ich schwer und träumte, ich war in einer Stadt
Und entdeckte, die Beschriftung der Straßen
waren deutsch. In Schweiß gebadet
Erwachte ich, und mit Erleichterung
Sah ich die nachtschwarze Föhre vor dem Fenster und wußte:
Ich war in der Fremde.

In aller Eile räumten die Brechts im April 1940 wegen verstärkter Rechtstendenzen in Schweden und drohenden deutschen Einmarsches diese Bleibe. Auf Einladung der estnisch-finnischen Schriftstellerin Hella Wuolijoki konnten sie in Finnland einreisen und dort auf die beantragten Visa für die USA warten. Der Aufbruch wurde von zwei schwedischen Polizisten beaufsichtigt, die vor allem nach politischem Material auch in den Büchern suchten, so P. Weiss. In Laubhaufen und Pfützen blieben dabei Haufen von Krimis liegen. Beim Aufbruch nach Finnland erhielt der gegenüber wohnende Klempner Andersson einen Teil der politischen Literatur und brachte alles in seinem Keller unter. Restbestände wurden von Ninnan Santesson und einem in der Nähe lebenden Arzt verwahrt. Es war ein Sammelsurium von Menschen, Hausrat und Büchern, Büchern, Büchern… (*Ästhetik*) Aktuell befinden sich 98 Exemplare der zurückgelassenen Bücher in der Brechtschen Nachlassbibliothek. Einen Teil der Möbel erhielt Max Hodann für seine neue Wohnung. Zu diesem Zeitpunkt hielt Berlau sich gerade in Dänemark auf und stieß später in Finnland wieder zur Gruppe. Lazar hingegen blieb in Schweden.

Am 17. April 1940 verließen die Brechts Stockholm in Richtung Finnland, und zwar in Begleitung von Greid. Ende 1940 kamen die alternativ für Mexiko beantragten Visa an, im Mai 1941 die mehrfach beantragten für die USA. Endlich ging die Reise los nach Leningrad und weiter nach Moskau. Dort brach Steffin zusammen und musste in ein Sanatorium eingeliefert werden. Mit dem Sibirienexpress reisten die Brechts weiter nach Wladiwostok. Unterwegs wechselte BB ständig mit Steffin Telegramme. Von ihrem Tod erfuhr er am vierten Juni abends zehn Uhr »jenseits des baikalsees«. (*Arbeitsjournal 1*) Ab Wladiwostok ging es weiter mit dem Schiff nach Kalifornien. Weiter erinnert Weiss in *Notizbücher 1960-1971* an den Aufbruch: »Bei der Verstauung von Brechts Bibliothek wurde es klar, wie ungeheuer dominiert sein Leben ist von Literatur.« An den Aufenthalt im Lövstigen 1 auf Lidingö erinnert heute eine Gedenktafel am Rand des inzwischen unbebauten Grundstücks.

Nach Kriegsende hielten sich Brecht und Weigel nach ihrer Rückkehr aus den USA zunächst in Zürich auf, um die politische Entwicklung abzuwarten. Erst 1948 kamen beide auf Einladung des späteren Kulturbundes der DDR über Prag nach Berlin. In Westdeutschland durften sie nicht einreisen. Ein Jahr später bemühten sie sich um einen festen Wohnsitz in Zürich, was aber von der Schweiz abgelehnt wurde – Berlin war also nicht die eigentliche Wahl gewesen. Trotzdem passte er sich dem System in der DDR an. 1949 konnte unter dem Namen Helene-Weigel-Ensemble eine eigene Theatertruppe aufgebaut werden. Die seit seiner Kindheit bestehenden Herzbeschwerden u. a. m. führten am 14. August 1956 zu einem Herzversagen. Im RA befindet sich eine dreibändige Sammlung der Jahre 1939/1940. Sein Nachlass wird im BBA der AdK Berlin betreut.

Der Autor

In seinem schwedischen Exil schrieb Brecht »für Skandinavien« und hoffte, dadurch die schwedische Politik gegenüber Nazi-Deutschland zu beeinflussen. Ein Versuch, sein Stück *Galilei* dem Dramatischen Theater in Stockholm zur Aufführung zu geben, scheiterte: Es sei zu religiös – da man es mit dem biblischen Galiläa in Verbindung brachte! Brecht reagierte mit Empörung und Erbitterung auf die seiner Meinung nach vorherrschende »Einebnung des Denkens«, so Weiss in *Ästhetik*. Das 1937 in Dänemark fertiggestellte Stück *Die Gewehre der Frau Carrar* wurde in Paris im gleichen Jahr uraufgeführt. In Schweden 1938 am Odeontheater (→ Greid), in Västerås 1939 im Arbeitertheater (→ Trepte). Das Aufnahmeland Schweden hinterließ im Brechtschen Werk selbstverständlich Spuren. In den vor allem in Finnland entstandenen *Flüchtlingsgesprächen* skizzierte er eine bestimmte Begebenheit um den anonym bleibenden Hodann und setzte ihm damit ein literarisches Denkmal. Brecht nannte Schweden ein Land, wo die Liebe zu den Menschen stark entwickelt ist, und auch die Liebe zum Beruf in einer höheren Bedeutung (in Konkurrenz) stand. Einige seiner Arbeiten wurden nach der Abreise in *Socialdemokraten,* dem Parteiorgan der schwedischen Sozialdemokratie, veröffentlicht.

Unter den Brechtschen Exil-Arbeiten sollen hier *Mutter Courage* und *Flüchtlingsgespräche* besondere Erwähnung finden. Noch zu erwähnen ist, dass er an einem Stück über den schwedischen Reichshauptmann Engelbrekt Engelbrektsson aus dem 15. Jahrhundert arbeitete, das Thema aber wieder fallenließ. Weiss beschreibt in *Ästhetik* ausführlich, wie sein Protagonist Brecht bei der fiktiven Hintergrundforschung behilflich ist. Tatsächlich bezog er viele seiner Ideen aus den Gesprächen mit anderen Emigranten. So erhielt er von Greid Anregungen zu *Me-Ti Buch der Wandlungen*.

Mutter Courage und ihre Kinder

wurde zwar in Schweden fertiggestellt, Vorarbeiten leistete Brecht jedoch im dänischen Exil. Es ist stark beeinflusst durch die Figur der schwedischen Marketenderin Lotta Svärd aus dem Gedicht *Fähnrich Stahl* des schwedisch-finnischen Dichters Runeberg und durch Grimmelshausens *Simplicissimus*. Deutlich erkennbar ist der politische Charakter: gegen Nationalismus, Rassismus und Imperialismus. Unter dem Namen Anna Fierling zieht die Protagonistin mit ihren drei Kindern zwischen 1624 und 1636 im Gefolge der schwedischen Armee von Dalarna durch Deutschland bis zum Fichtelgebirge. Sie verliert ein Kind nach dem anderen und zieht zum Schluss allein weiter. Und so stellt sich die Mutter Courage dem Feldhauptmann Oxenstierna in Dalarna vor:

Ihr Hauptleut, laßt die Trommel ruhen *Mutter Courage, die kommt mit Schuhen*
Und laßt eur Fußvolk halten an: *in denen es besser laufen kann.*

In seiner *Ästhetik* greift Weiss dieses Thema ebenfalls auf. In fiktiven Gesprächen mit Brecht wird der historische Hintergrund dargestellt, so als ob Weiss tatsächlich ein Gesprächspartner war. Das Stück selbst wurde 1941 in Zürich uraufgeführt mit der unvergesslichen Therese Giehse als Mutter Courage.

In dem von Brecht und seiner sogenannten Großfamilie bewohnten Haus auf Lidingö war auch der Arzt Waldemar Goldschmidt mit seiner Frau Elsa Björkman ein häufiger Gast. Brecht hörte ihm aufmerksam zu, wenn er nicht nur von seiner Tätigkeit im Karolinska-

Krankenhaus erzählte, während Steffin das Gehörte notierte. Darüber berichtete er z. B. im *Arbeitsjournal 1* am 7. November 1939.

Einiges davon ist in die in Finnland fertig gestellten

Flüchtlingsgespräche

eingeflossen, (Abb. 40) und zwar als Dialog zwischen Ziffel und Kalle [Hodann/-Goldschmidt]:

Ziffel*:*
Er hauste in einem sehr kleinen Zimmer im Hinterhaus, und der Stuhl, auf den ich gesunken war, war der einzige, den es gab, so daß er stehen mußte. Gelehnt an eine wacklige Kommode, auf der die Reste einer kümmerlichen Abendmahlzeit standen – ich hatte ihm am Essen unterbrochen –, begann er mich auszufragen. (...) Er wollte sich nicht meines physischen Zustands, sondern meines Charakters versichern, sagte er mir, genau wie ich selbst hatte er, um Aufenthaltserlaubnis zu bekommen, unterschrieben, daß er seinen Beruf nicht ausüben würde. Wenn er mich ärztlich behandelte, riskierte er, aus dem Land verwiesen zu werden. (...)
Kalle*:*
Sie sind sicherer in einem Lande, wos keine Nächstenliebe braucht, damit sie kuriert werden.
Ziffel*:*
Wenn Sie zahlen können, sind Sie nirgends auf Nächstenliebe angewiesen.

Nicht vergessen werden darf die *Steffinische Sammlung.* Unter diesem Namen gab Brecht 1941 zu Ehren der verstorbenen Margarete Steffin eine Reihe von Exil-Gedichten heraus. Diese hatte sie selbst ab 1937 in Dänemark, Schweden und Finnland gesammelt. Hans Eisler vertonte einen Teil der Gedichte 1942 im US-Exil, ebenso Hans Holewa in Stockholm.

Stefan Brecht, *1924 – □2009
blieb in den USA. Dort zog man ihn 1944 zwar zum Militärdienst ein, ließ ihn aber nicht am Krieg teilzunehmen. Er studierte dann in Kalifornien und Harvard, promovierte in Philosophie und wurde US-Bürger. SB war zunächst als Dozent in Paris und auch an der University of Miami tätig. Er veröffentlichte einige von der Qualität her mäßige Gedichtbände u. a. m. SB war zweimal verheiratet und lebte zuletzt in New York in Greenwich Village. Nach dem Tod von Helene Weigel 1971 war er Erbenbevollmächtigter, vor allem im englischsprachigen Raum. In einem Nachruf bezeichnete der Berliner *tagesspiegel* ihn als »Bertolt Brechts ferne[n] Sohn«.

Barbara Brecht-Schall, *1930 – □2015   **Z**
kehrte mit den Eltern zurück nach Berlin. Als Schauspielerin und Kostümbildnerin gehörte sie lange dem Berliner Ensemble an und war verheiratet mit dem Schauspieler Ekkehard Schall. Sie war die Haupterbin von BB und nach dem Tod ihres Bruders Stefan Verwalterin der

Brecht-Erben GmbH. Immer wieder kam es zu Auseinandersetzungen mit ihr als strenger Nachlassverwalterin.

Paul Bromme, *1906 – ◻1975   **Z**
Pseudonym: Grant

Journalist und Politiker aus Lübeck. Mitglied in der SPD, zudem engagiert im RSD*. Ging 1933 in den Widerstand und musste noch im gleichen Jahr in die ČSR flüchten. Über Dänemark gelangten er und seine Lebensgefährtin Hedwig Anni Beutner (1909-?) 1935 nach Schweden. Ab 1938 lebten sie in Norwegen, wo sie mit W. Brandt zusammenarbeiteten. Beide gehörten zur Gruppe des sogenannten Lübecker Exils. 1940 flüchtete das Paar erneut nach Schweden und war zunächst in Loka Brunn interniert. In Stockholm wurde PB Mitglied der Emigrantengemeinschaft und der SoPaDe. Von 1941 bis 1947 lebte er in Örebro und war als Redakteur beim *Örebro-Kuriren* tätig. Journalistisch arbeitete er auch unter seinem Pseudonym. 1946 erschien von ihm *Ett år efer sammarsbrottet* (Ein Jahr nach dem Zusammenbruch). PB kehrte 1948 nach Lübeck zurück, nachdem er zum Vorsitzenden der dortigen SPD gewählt worden war. Er gehörte bis 1974 zur Lübecker Bürgerschaft und war als Senator tätig. Mehr zu seinem Exil und danach in Thomas Pusch, *Politisches Exil*.

Hellmut Citron (Lemon), *1896 – ◻1967

In Danzig ansässiger Arzt. Er konnte mit dem ersten Kontingent Danziger Juden im März 1939 nach Schweden entkommen, wobei das Schiff weiter nach Palästina fuhr. In Stockholm durfte er zwar eine eigene Praxis eröffnen, aber nur Emigranten behandeln. HC stand der Freien Vereinigung emigrierter deutscher Ärzte in Schweden nahe und gehörte auch zum Philosophischen Diskussionskreis. Auch wird er von Müssener/Scholz in *Emigrangten-Selbsthilfe* erwähnt. (Abb. 110) Er kehrte nicht zurück und nannte sich später Hellmut Lemon.

Herbert Connor, *1907 – ◻1983

Ist in Berlin aufgewachsen, Studium am Sternschen Konservatorium. Als Journalist, Musikkritiker und Pädagoge tätig. 1935 emigrierte er aus rassistischen Gründen nach Dänemark, verheiratet war er mit Elsbeth Kempf. 1937 konnten beide nach Schweden gehen, festgehalten in amtlichen Unterlagen. HC studierte zunächst in Stockholm Klavier und Musiktheorie. Danach war er u. a. an der Stockholmer Jugendmusikschule und beim Schwedischen Rundfunk tätig. Ab 1944 erschienen von ihm Theaterstücke, kleine Schriften und Kompositionen. Er kehrte nicht zurück.

Von 1945 bis 1953 gab HC die Zeitschrift *Musiklivet Vår sång* heraus und war von 1948 bis 1951 Sekretär im Komitee für musikalische Bildung. Als Lyriker vertrat er religiöse Themen ohne Exilbezug. Er gründete um 1975 den Verlag Kooperativa bokgillet. Zwischen 1944 und 1980 veröffentlichte er zahlreiche Bücher, u. a. 1946 *Mäster Eckehart* und 1980 *Sanningshuset*. HC war zudem Herausgeber und Mitverfasser musikwissenschaftlicher Arbeiten. Er lebte im Stockholmer Stadtteil Hägersten. Anlässlich seines Todes erschien *im*

Svenska dagbladet ein Nachruf. In seinem Buch *Från tysk höst till tysk vår* würdigt Henrik Rosengren Connors Verdienste als Musikwissenschaftler in Schweden; ebenso wird er in Müssener/Scholz, *Emigranten-Selbsthilfe* erwähnt. Einige Werke sind bei YouTube verzeichnet und im RA lagert ein Dossier der SU.

Fritz Croner, *1896 – □1979
geboren als F. Kroner

Gebürtig aus Berlin. Studium und Promotion im Fach Soziologie sowie Mitglied der SPD. In seinen Arbeiten sprach er nicht von gesellschaftlichen Klassen, sondern von sozialen Schichten. 1934 ging er nach Schweden, doch war dort das Fach Soziologie noch eine unbekannte wissenschaftliche Größe. Dank der Förderung von Gunnar Myrdal u. a. konnte er aber seine Karriere in Lund neu beginnen. So gründete er 1935 das Soziologische Institut an der dortigen Universität, dessen Leitung er bis 1939 innehatte. Anschließend ging FC nach Stockholm und war dort bis 1944 an der Universität tätig. Weiter arbeitete er für Arbeitnehmerorganisationen und verfasste viele Schriften zu Arbeitnehmerfragen und -positionen. 1944 wurde er schwedischer Staatsbürger. Verheiratet war er mit Elise Lotte (Lieselotte) X. (1903-1985). Der Sohn Claes wurde 1938 geboren und starb 1998. Der Sohn Stefan lebte von 1944 bis 2007. FC und die Söhne sind getrennt auf dem Råcksta begravningsplatsen beerdigt, Elise L. im Bereich Minneslunden*.

Sein Hauptwerk *Soziologie der Angestellten* erschien 1962 auf Deutsch und ein Jahr später auf Schwedisch, 1966 in Stockholm seine Autobiografie *Ett liv vår tid* (Ein Leben in unserer Zeit). Materialien befinden sich in Kalliope der Staatsbibliothek Berlin, im Deutschen Literaturarchiv Marbach und im Deutschen Kunstarchiv vom Germanischen Museum Nürnberg sowie in der KB in Stockholm. Im Riksarkiv ist ein Dossier der Ausländerbehörde archiviert, außerdem ist er im dortigen Archiv der TAM-Gruppe verzeichnet. S.a. Scholz, *Emigrantenselbsthilfe*.

In der Abteilung *Kvinnor* (Frauen) des ARAB befinden sich Materialien betreffend Liselott C. und der Verwandten

Nelly Croner, *1894 – □1978
Ebenso wie Fritz C. war sie an wirtschaftspolitischen Fragen interessiert und veröffentlichte 1926 die kleine Schrift *Ist die Wirtschaftskrise überwunden?* im Vorwärts-Verlag. Nach ihrer Teilnahme am Spanischen Bürgerkrieg lebte sie während der Kriegsjahre im schwedischen Exil. Sie hat in verschiedenen schwedischen Zeitungen und Zeitschriften publiziert. In der KB wurde der Artikel *Judarnas de i Amerikas upptächt* archiviert, erschienen in der *Judisk tidskrift 16/1943*. Im ARAB befinden sich vier Bände gesammelter Materialien zu ihrer Person sowie einzelne Manuskripte und Notizen betr. Spanien für den Zeitraum bis 1960, außerdem die Schrift *Marx und die Gewerkschaften*.

Cohn-Peters, Hans-Jürgen
siehe unter Peters

Günt(h)er Dallmann, *1911 – □2009
Pseudonyme: Lot Anker u. a.

Als Mitarbeiter bei verschiedenen Zeitungen tätig sowie Mitglied der Roten Studentengruppe*
und von 1931 bis 1933 der KPD. Er emigrierte 1933 nach Frankreich und 1934 nach Schweden mit Hilfe persönlicher Kontakte. War verheiratet mit Johanna Herz (1910-2000), der
Schwester von Charlotte Herz-Barth. 1938 traf er sich im Stockholmer Hafen mit dem aus
Riga angekommenen Exschwager M. Barth. Im Exil war er Mitglied der SAP, der
Lehrergemeinschaft und im FDKB sowie 1944 Gründungsmitglied des Arbeitskreises demokratischer Deutscher. Er und seine Frau Johanna kehrten nicht zurück, selbst stand er aber
immer in Kontakt zu deutschen Medien. GD war u. a. als Journalist und Übersetzer tätig und
wurde auch als Lyriker bekannt. Bis zu seinem Lebensende blieb er seinen sozialistischen
Idealen treu. Sein Grab befindet sich auf dem Skogskyrkogården.

Der Autor

Dieser inzwischen weniger bekannte Schriftsteller publizierte unter mehreren Pseudonymen
wie Lot Anker, Sven Haegner, Karl Mörne, H. P. Schlicht. Unter den genannten Pseudonymen, vor allem Lot Anker, verfasste er in mindestens 25 schwedischen Zeitungen und
etlichen deutschen Artikel und auch Lyrisches. Mit seinen Gedichten wollte er vor allem seine
Erfahrungen ausdrücken, wie in diesem:

Der Weg war weit den wir durchschritten
und unser Lebenslicht brennt nicht mehr lichterloh.
Wir schliffen uns an fremder Länder Sitten
und möchten nicht um gutes Wetter bitten.

In den Jahren nach 1945 war er in Deutschland und in Schweden aktiv: Von 1953 bis 1955 als
Korrespondent der schwedischen Nachrichtenagentur TT in Berlin-West. Von 1949 bis 1973
als Mitarbeiter beim Berliner Tagesspiegel. Ab 1969 war GD Mitglied bei Sveriges Arbetares
Centralorganisation, 1973 erhielt er den Arbetaren-Preis. *Weiter veröffentlichte die Weltbühne*
1992 von ihm den Artikel *Denker im Giftschrank*. Auch in der Zeitschrift *Moderna Språk*
publizierte er einige literarische Beiträge, so z. B. über Peter Weiss. 1992 erschien in Berlin
Das Vierte Reich? Es enthält Gespräche mit Lech Walesa, Jürgen Kuczynski und Gerhard
Zwerenz. 1995 wurde ein Teil seiner Gedichte beim Londoner A. W. Mytzes Verlag publiziert.
Zu seinem 95. Geburtstag 2006 gab Andreas W. Mytze als Verleger in London ein entspre-
chendes Buch heraus: *Der neue Faschismus?: Günter Dallmann zum 95. Geburtstag; zum*
Tode von Tilo Medek.

Lars Tomas Dencik, *1941

Im schwedischen Borås als Sohn 1939 zugewanderter tschechoslowakischer Eltern geboren unter dem Namen Lars Deutsch. Dieser Name wurde nach Gesprächen im Familienkreis dann umgewandelt in Dencik. Zuvor hatte sich während der deutschen Okkupation den Partisanen angeschlossen und aus Sicherheitsgründen den Namen Deutsch umgewandelt in Dencik. 1946 erfuhren die Eltrn von Lars, dass nur sehr wenige Familienmitlgieder den Holocaust überlebt hatten. Das bewog sie, nicht zurückzukehren und 1948 die schwedische Staatsangehörigkeit zu beantragen. Da der Vater vor dem Exil als Unternehmer in der Möbelbranche tätig gewesen war, gründete er in Lerum bei Borås zunächst eine kleine Polsterei, die allmählich das Format einer Fabrik unter dem Namen ARDEBO annahm und vor allem andere Exilierte beschäftigte. Politisch blieb der Vater allerdings weiter sozialdemokratischen Vorstellungen verhaftet. Lars selbst durchlief das schwedische Schulsystem, setzte sich aber auch mit dem Exil als problematischer Lebensform auseinander, studierte infolgedessen von 1963 bis 1971 in Lund das Fach Sozialpsychologie und war in Roskilde als Professor tätig. Von 1972 bis 1974 lebte er in Konstanz und ging dann zurück nach Roskilde mit weiterhin als zwiespältig empfundenen Kontakten nach Deutschland.

Als Sozialpsychologe setzte er sich u. a. mit einer produktiven Konfliktforschung auseinander und diskutierte die Frage nach der Bedeutung von Gewalt. So forschte er zum Thema des Identitätserlebnisses im Zusammenhang mit den jeweiligen Familienmustern. Dadurch kan er zu der Erkenntnis einer doppelten Sozialisation*, der von ihm so genannten dobbeltsocialiserin. Was kurz gesagt bedeutet: Die Sozialisation findet einmal zu Hause statt und dann außerhalb im institutionellen Bereich in den gleichen Lebensabschnitten statt und beides ist als gleichwertig anzusehen. Das brachte er auch in Zusammenhang mit den Biografien anderer Exilierter wie z. B. Peter Weiss, Josef Frank und Harry Schein. Darüber hinaus waren für ihn die Erfahrungen der Juden mit Antisemitismus nicht nur in Schweden von Bedeutung. Überhaupt hatte er sich schon früh aus persönlichen Gründen mit dem »Dilemma der Exil-Existenz« hinsichtlich des Beziehungsgeflechts zwischen Mensch und Gesellschaft beschäftigt. (In: Glöckner) Aktuell lebt Lars Dencik in Stockholm und ist hier verortet.

Henry Dittmer, *1905 – □1985

In Altona geboren. Anfangs war er Meierei-Arbeiter, konnte aber nach verschiedenen VHS-Kursen Angestellter werden. Er war Mitglied der SPD, der Gewerkschaft und des Arbeiter-abstinentenbundes. 1933 emigrierte er über Dänemark nach Schweden. Dort wurde er Mit-glied der Emigrantengemeinschaft, der SoPaDe, der Gewerkschaftsgruppe, der Kleinen Inter-nationalen und des FDKB. Zudem engagierte er sich bei den Internationalen sozialistischen Alkoholgegnern und den Naturfreunden. HD kehrte nicht zurück. Im ARAB befindet sich die Sammlung Dittmer.

Geboren in Furth am Wald in der Oberpfalz und dort als städtischer Angestellter tätig. 1914 heiratete er Rosa Blobner (1892-1962) mit der er die zwei Töchter Anna und Gisela hatte. Nach dem Ersten Weltkrieg und seiner Teilnahme daran wurde er Mitglied der SAJ und dann der SPD, für die er auch politisch tätig war. 1933 wurde er mehrfach in Schutzhaft genommen und war kurz im KZ Dachau inhaftiert. 1934 flüchtete die Familie in die ČSR und wurde gleichzeitig ausgebürgert. Seine KZ-Erfahrungen hielt er im Pamphlet *Die Hölle von Dachau* fest. 1938 konnte er mit sudetendeutschen Sozialdemokraten nach Schweden entkommen. In Stockholm war er in der Exil-SPD aktiv. Er leitete die von ihm 1942 gegründete Kameradschaftsvereinigung ehemaliger politischer Gefangener und gab deren Mitteilungsblatt *Das graue Korps* bis 1945 heraus. In einem im August 1943 vorgelegten Manifest ging er scharf gegen diejenigen vor, die den KZ-Berichten keinen Glauben schenkten. Politisch gehörte er zum rechten Flügel der Sozialdemokraten und war Mitglied der (SPD-)Ortsgruppe Stockholm-Vororte. Nach Konflikten mit K. Heinig schloss er sich dem linken Flügel an und wurde Mitglied in der (SPD-)Ortsgruppe Stockholm. Anfang 1946 kam er mit einem Repatriantentransport nach Lübeck und ging zurück in die Oberpfalz nach Weiden. Hier setzte ihn die amerikanische Verwaltung als Leiter des Arbeitsamtes ein mit dem Status eines Regierungsrats. Im ARAB befinden sich Materialien zu seiner Person.

43 *Lars Dencik 2016*

44 *Emsheimer (li) + W. Steinitz, 1962*

Ernst Isidor Emsheimer, *1904 – ▢1989
Mia Emsheimer, *1908 – ▢1984
geb. Merzbach

E. Emsheimer stammte aus einer bürgerlich-jüdischen Familie in Frankfurt am Main. Er erhielt schon früh Klavierunterricht (zusammen mit Theodor Adorno). Nach dem Studium der Musikwissenschaft und Geschichte mit abschließender Promotion wurde die historische

Instrumentenkunde sein Thema. Über die Orgelbewegung kam es zum Kontakt mit Willibald Gurlitt. Im Gegensatz zu seinem Vater, der die Wahl Hitlers zum Reichskanzler begrüßte, war EE klar antinationalsozialistisch eingestellt. Sein sozialistisches Weltbild festigte sich schon in frühen Jahren: Er hatte Kontakt zur sozialdemokratischen Jugendbewegung und war von 1929 bis 1932 Mitglied der SPD. Wodurch auch sein weiteres musikalisches Schaffen geprägt wurde. Als Jude und Mitglied der SPD war er sich durchaus der von den Nationalsozialisten ausgehenden Gefahr bewusst. In diesen Jahren lernte er seine Frau Mia Merzbach kennen. Sie war eine vom Bauhaus inspirierte Teppich- und Textildesignerin sowie Buchbinderin und ebenfalls linksorientiert. Sogar stärker als Ernst.

1932 gingen beide aus politischem Idealismus, verbunden mit der Neugier auf das dortige Gesellschaftssystem, in die UdSSR – wie so viele andere am Kommunismus Interessierte. Nach ihrer Ankunft in Leningrad heiratete das Paar, aber nicht nach jüdischem Ritus. EE war von 1932 bis 1934 Mitarbeiter der Staatlichen Akademie der Musikwissenschaft in Leningrad und am Ethnographischen Museum tätig. Er gehörte zu den Musikwissenschaftlern, an denen in der UdSSR großes Interesse bestand. Zu dieser Zeit begegnete er mutmaßlich Wolfgang Steinitz, mit dem ihn eine langanhaltende Freundschaft verbinden sollte. 1936 nahm das Ehepaar an einer musikethnologischen Expedition in den Kaukasus teil. Im gleichen Jahr musste Ernst Emsheimers deutscher Pass verlängert werden, was aus politischen Gründen nicht möglich war. Eine Option war die Annahme der sowjetischen Staatsangehörigkeit. Doch wurde die Situation in der UdSSR immer bedrohlicher. Mia und Ernst E. reisten zunächst 1936 nach Palästina, wo die Schwester von Mia lebte.

Während Mia noch in Palästina blieb und etwas später direkt nach Stockholm ging, kehrte Ernst nach Leningrad zurück und nahm dann in Finnland an einem Forschungsauftrag teil. Am 20. Dezember migrierte er von dort »strax efter sin husfru Mia« nach Schweden, so Rosengren. Da den Emsheimers die deutsche Staatsbürgerschaft inzwischen aberkannt worden war, galten sie als mit einem Fremdenpass lebende Staatenlose. Dank seines bereits bestehenden Kontakts zum schwedischen Musikwissenschaftler Carl Moberg war eine wenn auch schwache Grundlage für eine weiterführende wissenschaftliche Arbeit gegeben. Zudem stand er in Verbindung zum Verleger G. Berman-Fischer. Für das 1939 in seinem Verlag erschienene Buch *Gedichte aus dreißig Jahren* von Franz Werfel gestaltete ME den Einband. Zusammen mit anderen exilierten Juden gründete EE 1938 die Emigrantenselbsthilfe. Zu seinem Bekanntenkreis gehörten neben Steinitz auch B. Brecht und später P. Weiss.

Da die berufliche Situation und das Leben selbst in der Emigration bis 1945 alles andere als zufriedenstellend war, gab es Pläne für eine Emigration weg aus Schweden. So bewarb er sich 1940 an der Hebräischen Universität Jerusalem für eine ausgeschriebene Stelle als Wissenschaftler, aber ohne Erfolg. Was damit zusammenhing, dass er einmal zum Kommunismus tendierte und dann kein aktives Mitglied der Jüdischen Gemeinde war, lediglich ein passives. Im gleichen Jahr wurde die Tochter Anja geboren. Im Herbst 1941 versuchten die Emsheimers, in die USA zu reisen. Was aber nicht gelang, da sie nicht unmittelbar als Exilierte in Schweden gefährdet waren. Obwohl sie sich auch hier bedroht fühlten. Nach Aussage der Kinder bemühten sich die Eltern 1942 um eine Einreise nach Kanada, der Plan musste aber wegen einer Erkrankung der Tochter aufgegeben werden.

Berufsmäßig konnte er zunächst nur als Archivarbeiter beim Etnografiska museet unterkommen und musste zusätzlich Musikunterricht geben. Nach Aussage seines Habilitanden Jan 1 Ling war er im Museum für 12 Jahre als »underpaid archival galley slave« tätig. In dieser Zeit beschäftigte er sich vor allem mit den Materialien der zuvor von Sven Hedin geleiteten China-Expedition. 1943 veröffentlichte Emsheimer dessen Forschungsergebnisse über mongolische Musik und Musikinstrumente, wozu ihn Hedin persönlich beauftragt hatte. Er selbst verstand sich als Kulturrelativist und war in diesem Sinne tätig. Darin beeinflusst vom US-amerikanischen und aus Deutschland stammenden Kulturanthropologen Franz Boas. Mit dem er auch in brieflichem Kontakt stand, wie aus dem Nachlass von Ernst E. hervorgeht und von Rosengren dargestellt wird.

Ebenfalls 1943 überreichte EE anlässlich eines Konzerts der Berliner Philharmoniker dem Dirigenten Wilhelm Furtwängler als Repräsentant Deutschlands ein Schriftstück, worin auf die Diskrepanz zwischen der Neunten Symphonie von Beethoven und dem Hitlerregime hingewiesen wurde. In seiner Antwort erklärte Furtwängler, dass schon diese Begegnung für ihn gefährlich wäre. Etwas später unterzeichnete EE den *Aufruf zur Sammlung der Deutschen in Schweden,* worauf in der *Politischen Information** im November 1943 hingewiesen wurde. Er galt als Linksintellektueller und gehörte zu den Gründungsmitgliedern des FDKB. 1944 übernahm er die Vorstandsaufgaben von F. Bauer, der nach Dänemark zurückgehen wollte. Ebenso war er in der Bewegung Freies Deutschland aktiv, aber nicht in der Exil-KPD.

Gab es Rückkehrpläne nach dem Ende des Zweiten Weltkriegs? Kaum. Denn die Flucht aus Deutschland, aus dessen Sprache und Kultur stellte auch für die Emsheimers eine erhebliche Zäsur und Beschädigung dar. Zudem war Deutschland ein zerstörtes Land, in dem immer noch Nazis lebten. Sowieso wuchsen die Tochter Anja und der 1945 geborene Sohn Peter in die Kultur des Aufnahmelandes hinein. Während die Eltern mit ihnen Deutsch sprachen, antworteten diese auf Schwedisch. 1949 erhielt das Ehepaar Emsheimer nach mehrfachen Bemühungen die schwedische Staatsbürgerschaft. 1950 konnte die Familie endlich eine größere Wohnung beziehen. Bisher lebten alle Vier in einer von Emsheimer selbst als Sardinenbüchse bezeichneten Einzimmerwohnung mit Küchennische, was aber damals in Schweden nicht unüblich war.

Ab diesem Jahr verbesserte sich die Situation der Emsheimers deutlich. Ernst E. erhielt mit Hilfe seines Mentors Carl-Allan Moberg eine halbe Stelle als Kurator im Musikhistoriska museet, später eine volle als Direktor bis zu seiner Pensionierung 1973. An diesem Ort konnte er das verwirklichen, was seinen Vorstellungen entsprach. Er brachte das Museum sozusagen »auf Vordermann«, trotz des Desinteresses der Mitarbeiter, so Rosengren. Weiter organisierte er musikethnologische Expeditionen und Forschungsreisen, veröffentlichte zahlreiche musikwissenschaftliche Arbeiten und hielt ab 1950 Vorträge in beiden Teilen Deutschlands. An der Universität Uppsala war er zudem als Dozent tätig. Hier erhielt er auch 1960 die Ehrendoktorwürde und wurde Mitglied in der Musikalischen Akademie. Auch Ingmar Bergman konnte 1957 bei der Produktion seines Films *Das siebente Siegel* von Emsheimers Mitarbeit profitieren. Zu seinen Hauptwerken zählen das *Handbuch der europäischen Volksmusikinstrumente* in Zusammenarbeit mit dem Musikethnologen Erich Stockmann sowie *Studia ethnomusicologica eurasiatica*. Ein Großteil seiner Aufsätze erschien zwischen 1941 und 1961 in *Ethnos*. Zu Ehren des 70. Geburtstages von Emsheimer gab das Museum 1974 eine Festschrift heraus. Sehr zugetan war ihm sein 2013 verstorbener Habilitand und Kollege Jan Ling, der einiges über ihn veröffentlichte. Im gleichen Jahr ist von Henrik Rosengren *Från tysk höst till tysk vår* erschienen mit einem ausführlicher Beitrag über Emsheimer. Auch Müssener/Scholz erwähnen ihn im Buch über die *jüdische Selbsthilfe.*

Lange stand Emsheimer aus politischen Gründen unter Beschattung der Säpo, die von 1938 bis 1967 ein entsprechendes (SUK)-Dossier angelegt hatte. Doch hielt er sich wie auch Steinitz in der Öffentlichkeit politisch zurück. Ebenso verdächtigte man ihn der Zusammenarbeit mit R. Stahlmann, doch konnte die Säpo keine Verbindung nachweisen. 1949 verdächtigte man ihn der Spionagetätigkeit für die Sowjetunion vor und während des Krieges. Er wurde aber endlich 1967 entlastet. Vor allem aus Solidarität und Interesse für die russische Kultur stand Emsheimer dem Förbundet Sverige-Sovjetunion nahe. Nicht nur nach außen und gegenüber seinem Gönner Moberg wollte Emsheimer nicht als Kommunist gelten. Auch vor den Kindern verbarg er derartige Tendenzen, wohl um sie zu schützen. Das kann als eine Art Minderheitenverhalten eingeordnet werden, zumal es eine starke antikommunistische Propaganda gab. Nach Aussage Rosengrens war er vor allem eine der Wissenschaft verpflichtete Persönlichkeit, weniger eine politische. Mia E. hingegen engagierte sich z. B. offen in der Vietnam-Solidaritäts-Bewegung und war deutlich die politisch Aktivere. Auffällig ist in diesem Kontext die Mitgliedschaft der Emsheimers in der Jüdischen Gemeinde Stockholm, obwohl sie sich als säkularisierte Juden verstanden. Allerdings sorgten sie in einem nicht zu großen Umfang für eine religiöse Erziehung der Kinder. Erst ab 1951, nach der Einführung der Religionsfreiheit* in Schweden, löste sich die Familie Emsheimer von der Jüdischen Gemeinde. (Aussage Anja und Peter Emsheimer) Mehr zur Person Ernst Emsheimers in Rosengren, *Fünf Musiker im Schwedischen Exil.*

Mia Emsheimer starb 1984 im Alter von 74 Jahren. In einem Nachruf wurde sie als politische Persönlichkeit gewürdigt. Ernst konnte 1989 noch seinen 85. Geburtstag mit Familie und Freunden feiern. Nach einer Reise auf die Malediven erlitt er mehrere Schlaganfälle, die er nicht überlebte. Die Grabstätte von ihm und Mia befindet sich auf dem Skogskyrkogården im Bereich Minneslunden. Die Kinder der Emsheimers leben in Stockholm, Anja war als Lehrerin tätig, Peter als Professor für Pädagogik. Nachgelassenes befindet sich in der Sächsischen Landesbibliothek Dresden (Briefe), ebenso im Emsheimer arkiv des Musikhistoriska museet. Die KB hat in ihrem Archiv Schriften von 1961-1973 hin.

August Enderle,*1887–□1959   Z
Decknamen: Antonius, zusammen mit Irmgard: Kleanto

Aus Feldstetten bei Laichingen stammender Dreher. 1904 trat er der SPD und dem Deutschen Metallarbeiter-Verband bei, 1917 der USPD und 1919 der KPD, zu deren rechtem Flügel er gehörte. 1922/23 war er deutscher Vertreter im Vorstand der Roten Gewerkschafts-Internationale (RGI) in Moskau. In dieser Zeit publizierte er in der *Internationalen* und im Komintern-Organ *Inprekorr.* Ebenso entwickelte sich die Freundschaft mit Edo Fimmen von der Internationalen Transportarbeiter-Föderation* (ITF), die lange anhalten sollte. Nach dem Ausschluss aus der linkslastig-stalinistischen KPD wurde auch seine Tätigkeit als Mitarbeiter im KPD-Zentralkomitee beendet. Mit anderen Betroffenen gründete er 1928 die KPO. 1929 heiratete er die Gesinnungsgenossin Irmgard Rasch. Beide schlossen sich 1932 der SAPD an. Er selbst war dann Redakteur der *Sozialistischen Arbeiter-Zeitung.* 1933 leitete er kurz illegal in Breslau die dortige SAPD-Gruppe.

1934 emigrierten August und Irmgard E. über die Niederlande und Belgien nach Schweden. Das Ehepaar erhielt den Auftrag, in Stockholm eine Exilgruppe der SAP aufzubauen und stand in enger Verbindung zu Adolf Ehlers in Bremen. 1936 erschien von ihm die Schrift *Moskvaprocessen* (Moskauer Prozesse) sowie in der Folge weitere kleine Schriften. Ebenso engagierte sich das Paar ab 1935 in der ITF und beteiligte sich 1936-38 an der Volksfront-Bewegung. Im schwedischen Exil arbeitete er wieder als Dreher und war Mitglied der dortigen Metallarbeitergewerkschaft. Von einer Begegnung mit ihm hielt B. Brecht im Januar 1940 fest, dass Enderle in »seinem schwäbischen Akzent« feststellte, die Arbeiterbewegung »sei ein teil des kapitalismus«. (*Arbeitsjournal 1*) 1942 gehörte AE zu den Gründern der Landesgruppe deutscher Gewerkschaftsgruppen in Schweden. In *Anarchisten gegen Hitler* (Hrsg. Andreas G. Graf) wird auf den Beitrag der Enderles im Widerstand hingewiesen, ebenso in *Erinnerungen* von Willy Brandt sowie in *Antifaschismus* von Peter Brandt.

Ebenso wie W. Brandt, seinem langjährigen Freund, befürwortete er eine Wiederannäherung der Exil-SAP an die SPD. Dank der langjährigen Kontakte zu Adolf Ehlers in Bremen und zur ITF (sowie zum US-Geheimdienst) gehörten die Enderles zu den ersten Rückkehrern. Laut einem Gespräch von Peter Brandt mit Adolf Ehlers kehrten die Enderles als allererste nach

Bremen im Juni 1945 zurück. »Sie kamen von Schweden mit einem Flugzeug der amerikanischen Militärregierung. Sie waren vorher nicht in Bremen gewesen. Aber sie haben gesagt, sie hätten hier einen Anhaltspunkt, sie kannten uns. Ihr Kommen war für uns eine ganz große Hilfe: in Irmgard und August Leute zu haben,die das nun alles von draußen miterlebt hatten«. (StAB 7,144-19) Zusammen mit ihnen remigrierte auch Josef Wagner (und vielleicht auch Helene Dannat). In Bremen trat AE formell der SPD bei und beteiligte sich beim Aufbau der Bremer Gewerkschaften und der dortigen Kampfgemeinschaft gegen den Faschismus. Beruflich konnte er als Redakteur beim *Weser-Kurier* tätig sein. Von Seiten der KPD gab es Versuche, ihn wieder zu gewinnen. Ab 1947 lebte er in Köln und war Chefredakteur der Gewerkschaftszeitung *Bund*. Materialien und Korrespondenzen befinden sich im Bestand der AdsD, in Warwick im The Library.Modern Records Centre die Korrespondenz zwischen ihm und Edo Fimmen 1935-1945. Namentlich erwähnt wird er auch bei Müssener/Scholz, *Emigranten-Selbsthilfe.*Außerdem kam es 1933/34/36 mehrfach zu einer Erfassung durch den VGH, so z. B. mit den Aktenzeichen 8J 1865/33 und 1H 1/34. (db.saur.de)

Irmgard Enderle, *1895 – □1985   **Z**
geb. Rasch
Deckname und Pseudonym: Kleopatra und J. Reele
zusammen mit August: Kleanto

War anfangs Mitglied des Wandervogels und der Freideutschen Jugend. Studierte Pädagogik und Volkswirtschaft. 1918 trat sie dem Spartakus-Bund und dann der KPD bei. Dort war sie bis 1924 hauptamtlich im Parteiapparat tätig, danach Gewerkschaftsredakteurin bei der KPD. Da sie zum rechten Flügel um Heinrich Brandler gehörte, wurde sie wie viele andere aus der KDP 1929 ausgeschlossen. Sie trat dann der neugegründeten KPO bei, wo sie August Enderle kennenlernte und im gleichen Jahr heiratete. Im gleichen Jahr schloss auch sie sich der SAPD an. 1933 wurde sie kurzzeitig inhaftiert und flüchtete dann mit ihrem Mann in die Niederlande, die beide wieder verlassen mussten. Das Ehepaar ging zunächst nach Belgien und 1934 nach Stockholm. IE war weiterhin in der SAP aktiv und unterstützte norddeutsche Widerstandsgruppen. Sie schloss sich ebenfalls der Gewerkschaftsgruppe und kurz der Bewegung für eine Volksfront an.

Im Gegensatz zu AE stand sie 1937/38 der Gruppierung Neuer Weg um Peter Blachstein u. a. nahe. 1941 unterstützten beide intensiv die Untergrundtätigkeit der ITF mit engen Kontakten zum Verbindungsmann Adolf Ehlers in Bremen mit Hilfe gleichgesinnter Seeleute, wie von Nelles ausführlich dargestellt. (*Widerstand*) Ebenso gehörten sie zum engeren Kreis um B. Brecht. IE schrieb u. a. für die gewerkschaftliche Presse und war neben AE Verfasserin der Schrift *Zur Nachkriegspolitik deutscher Sozialisten.* 1944 unterstützte sie ebenfalls die Wiederannäherung an die SPD. (W. Brandt, *Erinnerungen*; P. Brandt, *Antifaschismus*) Nach ihrer Rückkehr gehörte sie zu den Gründern des *Weser-Kurier* in Bremen. Unter dem Namen Rasch-Enderle verfasste sie regelmäßig Artikel über frauenbezogene Themen und war Gründungsmitglied des Bremer Frauenausschusses, außerdem kurz

Mitglied der Bremischen Bürgerschaft. Doch machte sie mit ihrem Mann die Erfahrung, dass für sie als Remigranten die Möglichkeiten, am Wiederaufbau mitzuwirken, recht begrenzt waren. Denn wie Einhart Lorenz ausführt, stießen sie auf eine »dumpfe und gehorsame Parteimasse«. (*Ich arbeite dafür, zwei Vaterländer wiederzugewinnen.* PDF) 1947 ging IE ebenfalls nach Köln. Dort arbeitete sie u. a. für *Bund* und *Welt der Arbeit* und engagierte sich in verschiedenen Organisationen. Im ARAB und im AdsD befinden sich einige Unterlagen.

Richard Engländer, *1889 – □1966
Bernhard Wilhelm Otto Richard E.

In Leipzig geborener und aufgewachsener Musikhistoriker. Er entstammte einer jüdischen, 1880 zum Protestantismus konvertierten Familie, die verwandt war mit Katja Pringsheim-Mann und Max Liebermann. Nach dem Besuch der Thomasschule studierte er am Konservatorium in Leipzig. 1935 musste RE seine Dozentur in Dresden aus rassistischen Gründen aufgeben. Er wurde zwischen 1937 und 1939 mehrfach verhört und einmal verhaftet. In dieser Zeit arbeitete er als Korrepetitor. 1939 flüchtete er im Mai mit dem Schiff von Sassnitz nach Trelleborg. In Schweden stand er unter Beobachtung der Säpo. Dank der Hilfe von Freunden konnte er seinen Lebensunterhalt zunächst freiberuflich sichern. So gab er oft Klavierunterricht gegen Mahlzeiten zum Sattessen (!). Mit Unterstützung von Carl-Allan Moberg war er ab 1948 als Musikdozent an der Universität Uppsala tätig. 1955 erhielt RE die Ehrendoktorwürde der Universität Uppsala, 1965 den Professorentitel. In dieser Zeit verfasste er auch einige Kompositionen. Bis zu seinem Tod lebte er in Uppsala. In einem Nachruf würdigte man seine Verdienste als Deutscher für Schweden:

> *Schweden, das Fach Musikwissenschaft besonders in Uppsala, die musikalische Praxis im ganzen Land, in Stockholm und in Drottningholm vor allem, hat viel mit ihm verloren. Kräftige Impulse sind von ihm ausgegangen. Für Schweden war er zugleich unermüdlicher Repräsentant der großen deutschen Musik und Bildungstradition.*

Henrik Rosengren widmet Engländer einen ausführlichen Beitrag in seinem Buch *Fünf Musiker*; ebenso erwähnen ihn Müssener/Scholz in *Emigrantenselbsthilfe*. Sein umfangreicher Nachlass befindet sich in der Universität Uppsala.

Adolf Folkman, *1907 – □1977
In Lemberg (Lwiw) geborener und aufgewachsener kaufmännischer Angestellter. Nach dem Einmarsch der deutschen Wehrmacht im Juli 1941 wurden seine Frau und er aus ihrer Wohnung vertrieben und getrennt. Er selbst musste seit November im bereits zwei Jahre zuvor eingerichteten jüdischen Ghetto leben, 1943 sollte er in das Lemberger Janowska-Arbeitslager überführt werden, konnte aber auf dem Weg dorthin fliehen. Sein Fluchtweg führte ihn über Lodz nach Warschau, während seine Frau Elza im nahe gelegenen Radomsko untergekommen war. Sie hat den Holocaust nicht überlebt und ist mutmaßlich in Treblinka ermordet worden. In Warschau fand er dank gefälschter Unterlagen als sogenannter Volksdeutscher Arbeit bei der paramilitärischen Organisation Todt. Diese schickte ihn und andere Arbeiter im Sommer 1943

nach Nordnorwegen, um dort beim Bau der Nordland-Bahn eingesetzt zu werden. Von dort konnte er im Oktober nach Schweden flüchten und lebte dann in Stockholm. Dort lernte er Stefan Szende kennen, dem er seine Überlebensgeschichte erzählte und der sie 1944 unter dem Titel *Den siste joden från Polen* (Der letzte Jude aus Polen) veröffentlichte und 1945 auch in deutscher Übersetzung vorlag. In Stockholm baute Folkman sich ein neues Leben auf und heiratete erneut. Das Grab von ihm und seiner Frau Eva befindet sich auf dem Södra Judiska Begravningsplatsen.

Fred Forbát, *1897 – □1972
geboren als Alfred Füchsl

Deutsch-ungarischer Architekt, der sich ab 1915 Forbát nannte. Studium der Architektur in Budapest und München, anschließend 1922 Assistent bei Walter Gropius in Weimar. Im gleichen Jahr Heirat mit Hedwig Rücker. Anschließend war er technischer Leiter bei der DEHATEGE und Chefarchitekt der AHAG in Berlin. 1929/30 war er Mitglied der Sachverständigenkommission der Kommunalen Wohnungsfürsorge in Berlin, 1930/31 Dozent für Stadtplanung und Wohnungswesen. FF war intensiv an Planung und Bau der Reichsforschungssiedlung Haselhorst und der Großsiedlung Siemensstadt in Berlin beteiligt. Daran erinnert eine Infotafel in Berlin-Siemensstadt im Geißlerpfad 11. 1932/33 war er als Stadtplaner in Moskau tätig, danach kurz in Athen. Als Mitglied der SPD und Jude emigrierte er 1933 über die UdSSR nach Pécs in Ungarn, seinem Geburtsort. Dort schuf er als freier Architekt verschiedene Einfamilien- und Miethäuser.

1938 verlor er die 1928 erworbene deutsche Staatsangehörigkeit und wurde im gleichen Jahr nach Schweden als Stadtplaner in Lund eingeladen. Danach war er in Stockholm im Stadtplanungministerium sowie für die Baugenossenschaft HSB tätig. Von 1942 bis 1945 arbeitete er als privater Architekt im Stadtplanungsministerium. Als Chefplaner zeichnete er für die Siedlungsentwicklung in Reimersholme und Gröndal verantwortlich. Zusammen mit W. Taesler gründete er in Stockholm die Vereinigung Internationale Architektengruppe. Im Oktober 1944 organisierten beide eine Tagung über Wiederaufbauprobleme im zerstörten Deutschland am Sozialinstitut der Stockholmer Hochschule mit entsprechenden Vorträgen. Kontakte gab es u. a. zu M. Hodann und M. Krebs. Im gleichen Monat wurden zwei von ihm und W. Taesler gehaltene Vorträge als Broschüre veröffentlicht und gelangten über den britischen Nachrichtendienst nach Deutschland.

Im Zeitraum von 1945 bis 1968 war er z. B. Leiter des Instituts für Raumplanung ab 1950 und Mitglied im Stadtplanungskomitee. Es entstanden die Nachbarschaften Hökarängen und Bandhagen. In dieser Zeit bemühte FF sich sehr um die Wiederherstellung deutschschwedischer Kontakte. Dadurch wurde Schweden in den 1950er Jahren zu einem Zielort westdeutscher Städteplaner. 1951 wurde er korrespondierendes Mitglied der Deutschen Akademie für Städtebau und Landesplanung in Köln und beteiligte sich 1957 an der Interbau in Berlin-West (Hansaviertel). 1959/60 hatte er eine Professur an der TH Stockholm inne. 1969 wurde FF zum Mitglied der Akademie der Künste in Berlin-West ernannt. (S.a. Müssener/Scholz, *Emigrantenselbsthilfe*)

Er verfasste u. a. 1949 eine *Entwicklungsprognose für Skövde* und 1967 einen *Generalplan för Linköping*. Damit bezeugte er die Relevanz einer von ihm konzipierten grundlegenden Stadtplanung. Laut *Svenskt Byggnads-Lexikon* gilt er als hervorragender Klassiker, der Grundlegendes in der »Methodik der Generalplanung« schuf. (Müssener, *Exil*) FF verfasste verschiedene Beiträge zur Architektur und 1970 das Buch *Arkitektur och Stadsplanering. Tyskland, UdSSR, Ungarn och Sverige*. Im Baukunstarchiv der AdK Berlin befindet sich ein Teil seines Nachlasses aus den frühen 1930er Jahren, im Stockholmer Arkitektur museet der schwedische Teil, im Archiv der KB sind Materialien von 1956 bis 1960 einsehbar. 1971 erhielt er den Berliner Kunstpreis (Baukunst). Zuletzt lebte er in Vällingby, seine letzte Ruhestätte liegt im Bereich Minneslunden im Skogskyrkogården.

Fred (Alfred) Forchheimer, *1918 – □1986

Geboren und aufgewachsen in Bamberg. Er emigrierte 1939 nach Dänemark, mutmaßlich mit seiner ersten Frau Ruth Visser-(Wächter →), die er in Frankfurt am Main kennengelernt hatte. Wohl um 1941/42 trennte sich das Paar. Er selbst war teilweise illegal für die Hechaluz tätig und stand deswegen unter Beobachtung der Polizei. 1943 gelang ihm die Flucht nach Schweden, wo er in Göteborg ein Ingenieurstudium absolvierte, In zweiter Ehe war er mit der aus Polen stammenden Wissenschaftlerin Sylvia Cecilia X. (1916-1991) verheiratet. 1948 wurde der Sohn Robert geboren, zuletzt Professor in Linköping. Beruflich war FF zunächst in Forschungseinrichtungen tätig. Anfang der 1960er Jahre ging die Familie nach Stockholm, wo er weiter zu seinem Schwerpunktthema Orthopädie und Prosthetik studierte und forschte. Nach seinem Tod 1986 wurde die Stiftelsen Sylvia und Fred Forchheimer gegründet, verbunden mit einer Preisvergabe. Sylvia und er sind auf dem Södra Judiska Begravningsplatsen Sköndal begraben. (Mehr zu seinem Leben in *Arbeitspapiere der Willy-Aron-Gesellschaft Bamberg. 1/2020*) An Angehörige der Familie Forchheimer erinnern mehrere Stolpersteine, während Sylvia in *Emigrantenselbsthilfe* von Müssener/Scholz erwähnt wird.

Josef Frank, *1885 – □1967

Seine Eltern waren aus Ungarn nach Wien zugewanderte Juden, wo er nach dem Abitur von 1903 bis 1908 Architektur an der Technischen Hochschule studierte und 1910 promovierte. Zwei Jahre später heiratete er in Köln die lutherische Schwedin Anna Sebenius (Musikpädagogin, 1880-1957). Von 1912 bis 1918 war er Leutnant der Reserve und dann bis 1925 als Professor tätig. Bis 1932 arbeitete er als freier Architekt. JF war Mitbegründer der Wiener Schule der Architektur und leitete 1932 den Bau der Werkbundsiedlung in Wien. Vorher hatte er 1931 das Buch *Architektur als Symbol. Elemente neuen deutschen Bauens* veröffentlicht, das 1981 neu aufgelegt wurde. Bedeutung erlangte er zunächst im sozialen Wohnungsbau und in der Schaffung von Siedlungseinheiten. Beispiele seines Schaffens sind z. B. die Stuttgarter Weißenhofsiedlung sowie einige Villen in Wien und auch im schwedischen Falsterbo.

1933 emigrierte er nach Schweden und wurde 1939 schwedischer Staatsbürger, war aber zeitweilig noch in Wien tätig. In Schweden entwarf er als renommiertester Designer der Firma Svenskt Tenn zahlreiche Einrichtungsgegenstände, die auch in der Weltausstellung 1939 in New York vertreten waren. Dort lebte er für zwei Jahre bis 1941 und erneut 1942/43 als Gastdozent. Erst 1946 kehrte er nach Schweden zurück, trotz Wiener Rückholversuche. Nach Annas Tod lebte er mit einer ihrer Cousinen zusammen. 1946 erhielt er den *Großen Österreichischen Staatspreis für Architektur*. In diesen Jahren verfasste er einige Artikel in *Baukunst, Baumeister und Form*. Das gemeinsame Grab von Anna und Josef Frank befindet sich auf dem Norra begravningsplatsen in Solna.

Die Kritik rühmt ihn vor allem als einen Gegner des orthodoxen Designs. Insbesondere soll er die schwedische Architektur so beeinflusst haben, dass sie als Maßstab des leichten, lichten Wohnens gilt. Im Frühsommer 2016 zeigte das Österreichische Museum für angewandte Kunst in der Ausstellung *Against Design* Teile seines Werkes, im Spätherbst widmete die *Süddeutsche Zeitung* ihm einen ganzseitigen Artikel. In der KB ist in 15 Bänden Verschiedenes archiviert. In der Stadt selbst wird seiner mit dem Josef-Frank-Plats in Östermalm gedacht. Dieser befindet sich in einem Neubaugebiet jenseits vom Valhallavägen und zeichnet sich durch die Präsentation zweier von Frank entworfener Stühle, den sogenannten Bronsesstollaren, aus.

Heinrich/Hai Frankl, *1920 – □2016

Geboren in Schlesien und aufgewachsen in Wiesbaden. Als Neun zehn jähriger musste er die Schule beenden und absolvierte eine Gärtnerausbildung in einem jüdischen Betrieb. Dort war er in einer Gruppe des Wiesbadener Nerother Wandervogels aktiv. Mit Hilfe einer schwedischen Quäkerin und der Nerother erhielt er zunächst ein Visum für Schweden und dann ein Affidavit* für die USA. Drei Tage vor Ausbruch des Zweiten Weltkriegs emigrierte er nach Schweden. Anfangs lebte er in Lahäll nahe Stockholm und arbeitete für einige Zeit in einer Gärtnerei. Er ging dann nach Stockholm und lernte als Nerother über H. J. Schoeps P. Leser kennen, ebenso H. Goldstein. Alle drei schlossen sich dem von Schoeps geleiteten Deutschen Vortrupp im Exil an. Leider gelang es ihm nicht, die Eltern trotz der Hilfe von Seiten der Quäker nachzuholen. Sie überlebten den Holocaust nicht und starben in einem Lager. Frankl selbst wandte sich der Musik zu: Zusammen mit Heinz Goldstein trat er unter dem Namen *Las Guitarras* auf; Goldstein mit Balalaika, er selbst mit Gitarre. Beide traten u. a. in Volkparks auf und waren in einem Lokal fest angestellt. Mit der Berufstätigkeit von Goldstein löste sich das Duo auf.

1940 konnte Hai, so sein Künstlername, wiederum mit Unterstützung der Quäker an der Stockholmer Kunstfachschule Malerei studieren, wo er seine Frau Gunnel Wahlström kennenlernte. Beide bildeten später das Duo Hai & Topsy, das von 1959 bis 2000 zahlreiche

Musikaufnahmen herausgab. Zuvor war er 1952 schwedischer Staatsbürger geworden. Zwischen 1964 und 1966 trat das Duo zusammen mit Franz Josef Degenhardt, Dieter Süverkrüp, Hannes Wader u. a. bei Konzerten auf Burg Waldeck auf. Nach einem Israel-Besuch nahm das Duo zusätzlich jüdische Lieder in sein Repertoire auf. Aber auch als Maler wurde Frankl durch Ausstellungen in Stockholm und in Wiesbaden bekannt. Bis zu seinem Tod kurz vor dem 96. Geburtstag lebte er zusammen mit Gunnel im Stockholmer Vorort Stocksund. Zu seiner Familie gehörten eine Tochter und ein Sohn sowie Enkelkinder.

Fritz Fricke, *1894 – □1961   Z

Er war Mitarbeiter der Gewerkschaftsschule in Berlin und Mitglied der SPD. Er emigrierte 1934 in die ČSR und 1938 nach Schweden. Dort wurde er Mitglied der Gewerkschaftsgruppe und war zeitweilig im Vorstand. Weiter war er Mitglied der SoPaDe und des FDKB. Ab 1943 war er als Archivarbeiter tätig, u. a. bei Gunnar Myrdal. Später arbeitete er als Redakteur und Kursleiter beim Samarbetskommittén. Um 1944/45 war er mit der Erstellung einer Übersicht über die Wirtschaftsstruktur des nationalsozialistischen Deutschland beschäftigt. FF kehrte 1945 nach Düsseldorf zurück und war später im DGB-Bundesvorstand für gewerkschaftliche Bildung zuständig.

45 Buch/Bildzitat
Adolf Folkman

46 *Fred Forbat am Zeichentisch*

47 *Hai Frankl in Aktion*

Otto Friedländer, *1897 – □1954
Pseudonyme: Otto Fridén, Otto Friedén

Berliner Wirtschaftsjournalist. Mitglied der SPD und des Sozialistischen und Republikanischen Studentenbundes Deutschland. War von 1924 bis 1929 dessen Vorsitzender, von 1926 bis 1932 Sekretär der Sozialistischen Studenteninternationale sowie Obmann der Deutschen Liga für den Völkerbund*. Er emigrierte 1933 in die ČSR, wahrscheinlich über Barcelona und Paris. In Prag gehörte OF zu den Mitbegründern der RSD*. Infolge seiner

Aktivitäten erfasst der VGH mehrfach wohl auch ihn. Flüchtete 1938 nach Norwegen und 1940 nach Schweden, wo er anfangs in Loka Brunn interniert war. Ab 1943 war er als Archivarbeiter, Journalist und Schriftsteller tätig. Unter seinem Pseudonym Fridén veröffentlichte er von 1940 bis 1943 einige Schriften, 1944 erschien bei Bonnier *Tyskland efter Hitler* (Deutschland nach Hitler). Er war Mitglied der SoPaDe und des FDKB sowie Redakteur der *Sozialistischen Tribüne*. Ebenso war er auch im Samarbetskommittén aktiv.

Nach 1945 war OF u. a. Mitarbeiter der deutschsprachigen Presse. Nach 15-jähriger Emigration unternahm OF 1948 eine Reise durch Westdeutschland. Auch um herauszufinden, ob eine Rückkehr für ihn möglich wäre. Doch er begegnete einem zerstörten Land, das, was ihn früher mit Deutschland verbunden hatte, war nicht mehr da. Zudem fand er kaum Spuren eines erneuerten Landes, wo es einen Platz für ihn gegeben hätte. 1950 hielt er in seinen Erinnerungen diese Sentenz fest:

> *Mein Deutschland – In diesem Deutschland war ich Bürger und wollte es sein (...) Es gab keine andere Geborgenheit. Hier gehörst Du hin, hier wächst Du wie der Baum auf dem Felde.*

Stockholm blieb also seine neue Heimat. Hier hatte G. Wiesholler Kontakt zu ihm aufgenommen und ihn im Sabbatsberg-Pflegeheim besucht, wo er nach Wieshollers und Pöppels Aussage vereinsamt starb. Sein Nachlass befindet sich im ARAB, ebenso das autobiografische Manuskript *Zwischen den Zeiten. Lebensaufzeichnungen von Otto Friedländer*. Außerdem wird er in *Emigrantenselbsthilfe* von Müssener/Scholz erwähnt.

48 Buch/Bildzitat
Otto Friedländer

49 *Ankündigung eines Konzerts von Werner Wolf Glaser*

August Gallinger, *1871 – □1959   **Z**

Geboren in Worms. Er studierte zunächst Medizin und danach Philosophie mit konservativer Orientierung. Nach seiner Habilitation war er an der Universität München als Professor tätig und wurde 1936 aus rassistischen Gründen entlassen. Er emigrierte 1939 allein nach Schweden und war aktives Mitglied des Philosophischen Diskussionskreises. Als Wissenschaftler verhielt sich Gallinger im Exil eher unauffällig, stand aber der Freien Vereinigung emigrierter deutscher Ärzte nahe und war Mitglied im FDKB. Er gilt auch als

Mitbegründer der Deutschen Vereinigung 1945 und war zunächst deren erster Vorsitzender. 1947 rief ihn die Universität München zurück, wo er bis 1952 lehrte und wieder mit seiner Frau zusammenlebte. Auch Gallinger wird in der *Emigrantenselbsthilfe* von Müssener/Scholz erwähnt .

Werner Wolf Glaser, *1910– □2006

Studium der Musik, u. a. bei Paul Hindemith, und der Psychologie in Köln und Bonn. Von 1931 bis 1933 arbeitete er als Chorleiter an der Kölner Oper. Als Jude emigrierte er 1933 nach Belgien, dann nach Frankreich, 1934 nach Dänemark. In Kopenhagen konnte er als Dozent an der Frederiksbergs Volksmusikhochschule tätig sein. 1943 flüchtete er nach Schweden und war ab 1944 als Musikpädagoge tätig. WG verfasste außerdem Gedichte und musikwissenschaftliche Schriften. Bis 1975 leitete er die Västerås Musikskola. Als Komponist hinterließ er ein umfangreiches Werk mit zahlreichen, von der Hindemithschen Tonsprache beeinflussten Kompositionen. In der Reihe Würzburger Hefte zur Musikpädagogik ist 2014 ein Buch über *Werner Wolf Glaser – Exilkomponist und Musikpädagoge* erschienen; ebenso erwähnen ihn Müssener/Scholz in *Emigrantenselbsthilfe*, Einzelne Kompositionen sind bei YouTube verzeichnet. Im KB-Archiv befinden sich Briefe unter Allmänna-Brevsamlingen.

Erich Glückauf, *1903 – □1977   Z

Mitglied der USPD und der KPD. 1925 Heirat mit der Genossin Gertrud Meier, 1927 Geburt des Sohnes Rolf. Von 1927 bis 1932 war er Chefredakteur der Zeitschrift *Freiheit*. Emigrierte 1933 über das Saarland nach Frankreich, ging 1936 nach Spanien und berichtete beim Sender der Spanischen Volksfront über den Bürgerkrieg und das Dritte Reich. Dann ging er über Frankreich nach Norwegen und flüchtete 1940 nach Schweden. Hier war er in Loka Brunn und Långmora bis 1943 interniert. Danach war er als Mitarbeiter bei der *Politischen Information* und in der Bewegung Freies Deutschland aktiv.

EG konnte bereits im Herbst 1945 zusammen mit K. Mewis und H. Warnke in die SBZ zurückkehren. 1947 ließ sich das Ehepaar scheiden, EG heiratete die Genossin Edith Jordan. In der DDR war er weiterhin politisch tätig. 1974 begann er mit der Aufzeichnung seiner Memoiren, die bei der SED aber auf heftigen Widerstand stießen. Die nach seinem Tod 1977 von Edith G. beim Verlag Neues Leben veröffentlichten *Erinnerungen eines Revolutionärs* wurden kurz nach Erscheinen eingestampft.

Gertrud und Rolf G. überlebten in der UdSSR, wo Rolf 1942/43 der Roten Armee beitrat. Später kehrten sie zurück in die SBZ/DDR. (S. a. Scholz, *Erfahrungen*)

Ferdinand Götze/Goetze, *1907 – □1985
genannt Nante

Modelltischler aus Leipzig. Ebenso wie seine Mutter Anna Götze (1875-1958) war auch er bei der Syndikalistisch-Anarchistischen Jugend Deutschlands aktiv. Später wurde er Mitglied der

Freien Arbeiter-Union Deutschland* (FAUD) und 1933 kurz inhaftiert. 1934 flüchtete er in die ČSR und ging dann nach Spanien. Dort Teilnahme am Spanischen Bürgerkrieg unter falschem Namen. In Barcelona hielten sich ebenfalls seine Frau Elly und die 1924 geborene Tochter Annemarie sowie die Schwester Irma G. (1912-1980). Wobei Elly 1937 von den Kommunisten kurz inhaftiert wurde. Über Frankreich kam die Familie 1938/39 nach Oslo und flüchtete1940 nach Schweden, aber Annemarie getrennt von den Eltern. FG war kurz in Loka Brunn interniert und arbeitete als Waldarbeiter und Möbeltischler. Zu FAUD-Exilgruppen gab es enge Kontakte, ebenso zur schwedischen SAC*. Die Götzes kehrten nicht zurück und nahmen in der SAC eine aktive Position ein. Zuletzt lebten sie in Stockholm-Sundbyberg, wo sich auch ihr Urnengrab auf dem Sundbybergs begravningsplatsen befindet. (GDW; Aussage M. Erikson) Zwischen 1935 und 1938 wurde Ferdinand Götze mehrfach aktenmäßig vom VGH erfasst, so 1938 unter Az. 5J 54/38 und 16J 474/37. (db.saur.de) 2001 wurde seiner in einer Arbeit über Anarchisten gegen Hitler gedacht.

Annemarie Goetze-Dagerman, *1924 – □2017

Sie hat nicht nur sehr bewusst die Zeit in Spanien erlebt, sondern ist dank der Sozialisation durch die Großmutter Anna Götze und die Eltern in den syndikalistischen Widerstand hineingewachsen. Während der Flucht von Norwegen nach Schweden wurde sie von den Eltern getrennt und kam allein in Karlstad an. Über die SAC wurde sie in Stockholm bei einer Familie untergebracht und fand auch bald die Eltern wieder. Erneut im Exil lebend, wurde sie Teil der syndikalistischen Jugend- und Frauenbewegung in Schweden. So lernte sie auch über die SAC den Schriftsteller und Journalisten Stig Dagerman* kennen, der ihre große Liebe wurde. Beide heirateten 1943 auf seinen Wunsch hin, wofür eine amtliche Erlaubnis eingeholt werden musste, da Annemarie noch nicht volljährig war. Das Paar bekam zwei Söhne, René und Rainer. 1950 kam es zur Trennung, vier Jahre später starb Stig D. durch Suizid. Annemarie G.-D. war in diversen Berufen tätig, so auch als Lehrerin, und verwaltete engagiert den Nachlass ihres Mannes. Nach seinem Tod war sie wieder politisch aktiv.

Waldemar Goldschmidt, *1886 – □1947

Er stammte aus Bukarest und war vor seiner Emigration als Chefarzt für Chirurgie am Wiener Rothschild-Krankenhaus tätig. 1938 ging er mit seiner schwedischen Frau Elsa Björkman nach Stockholm. Dort arbeitete er am Karolinska Institutet, allerdings in untergeordneter Position mit sehr geringem Verdienst. Er war zudem gezwungen, seine medizinischen Prüfungen zu wiederholen. Weiss erwähnt ihn in seiner *Ästhetik*, Brecht verarbeitete von ihm erhaltene Informationen in den *Flüchtlingsgesprächen*. 1941 erkrankte Goldschmidt schwer, was den bisherigen Umgang mit anderen Emigranten deutlich reduzierte.

Elsa Björkman hielt vieles vom Zusammensein mit Brecht und aus dieser Zeit in ihrem Erinnerungsbuch *Es geschah in Wien* fest. Und Weiss notierte in den *Notizbüchern 1*, dass bei einem Besuch G. Steffin eine der Flüchtlingsgeschichten vorlas, die Brecht nach

Gesprächen mit Goldschmidt aufgezeichnet hatte. Es war ein Blick »in ein bodenloses Loch: das Loch der fehlenden schwedischen Aufnahmefähigkeit, des Fremdenhasses«. Brecht hörte Goldschmidt gern zu, »denn er äußerte nichts über das Elend der Emigranten, brachte lieber groteske, burleske Erinnerungen zur Sprache.«

Familie Goldstein, Berlin
siehe weiter unten: Fallbeispiel einer Familie

Heinz Goldstein, *1920 – □1997
In Hamburg geboren und aufgewachsen. Der in der Jüdischen Gemeinde engagierte Vater Harry G. war Kaufmann und mit einer zum Judentum konvertierten Christin verheiratet. 1941 musste er anhand der Deportationslisten die Betroffenen informieren. Dabei gelang es ihm, einige von ihnen zu retten. 1956 erhielt er den Bundesverdienstorden Erster Klasse. HG selbst konnte 1939 noch vor Kriegsausbruch nach Schweden emigrieren. Dort schloss er sich als Bündischer der Gruppe um H.-J. Schoeps an und lernte Hai Frankl kennen. Beide traten zusammen als Musiker auf. HG spielte Balalaika, Frankl Gitarre. Unter dem Namen *Las Guitarras* traten sie u. a. in Volksparks auf und waren in einer Art Szenelokal fest angestellt. Zur gleichen Zeit begann er ein Studium der Wärmetechnik und konnte anschließend als Ingenieur arbeiten. Dadurch entfernte er sich allmählich von der Musik als Broterwerb und das Duo löste sich auf. HG kehrte nicht zurück und war 1949 schwedischer Staatsbürger geworden. In den Jahren bis 1993 übte er als Ingenieur verschiedene Tätigkeiten aus. Zusammen mit seiner Frau Miriam hatte er eine Tochter und einen Sohn. Im RA ist er im Dossier der SUK verzeichnet, und Müssener/Scholz erwähnen ihn in *Emigrantenselbsthilfe.*

Hermann Marcus Greid, *1892 – □1975
geboren als H. Grabscheid
Pseudonym: Hans Dirk

Ursprünglich Versicherungskaufmann in Wien, später Schauspieler und Regisseur. Leitete von 1929 bis 1931 die Theatergruppe *Truppe im Westen*. 1933 flüchtete er als Kommunist und Jude in die UdSSR und war 1935/36 für zehn Monate mit der Gruppe *Deutsches Theater Kolonne Links* in Moskau und der Ukraine unterwegs. Da das Ensemble intensiver politischer Verfolgung ausgesetzt war, ging HG nach Schweden ins nächste Exil. Er war verheiratet mit Bertha Aschberg (1883-1968), der Schwester des bekannten Bankiers Olof A. 1938 wurde er schwedischer Staatsbürger und Leiter des Sprechchores *Unga Röster.*

In Stockholm engagierte HG sich in der Emigrantenselbsthilfe und war u. a. als Regisseur tätig. So inszenierte er 1938 im Auftrag des Spanien-Komitees am Odeon-Theater als schwedische Erstaufführung das Brecht-Stück *Die Gewehre der Frau Carrar,* in dem er auch mitspielte. Ab Mai 1939 arbeitete er mit B. Brecht zusammen und schrieb selbst einige Stücke. Im Austausch mit Brecht erhielt auch dieser einige Anregungen, so zu *Me-Ti Buch der Wendungen.* 1940 verfasste er ein Traktat über *Marxistische Ethik,* das Brecht als »äußerst dilettantisch, in dem bekannten Vokabular«, im *Arbeitsjournal 1* beschrieb. In diesem Jahr konvertierte HG zum Protestantismus, was seine Arbeit sehr beeinflussen sollte.

Zusammen mit den Brechts reiste er 1940 nach Finnland und blieb dort bis 1941. Nach seiner Rückkehr veröffentlichte er in Stockholm eine Reihe kleiner Schriften. Er wurde Mitglied beim FDKB und der Freien Bühne und war als Mitarbeiter bei verschiedenen Zeitungen und Zeitschriften tätig. Vor allem aber wurde HG zum »Vater des Kirchenspiels in Schweden«: 1943 hatte er in der Stockholmer Johannis-Gemeinde die Föreningen för Kyrklik Dramatik gegründet. Für ihn waren »Kirchenspiele Predigten in dramatischer Form«. (Müssener, *Exil*) Selbst schrieb er etwa 15 Kirchenstücke und war weiterhin als Regisseur tätig. Ebenso engagierte er sich als Gründungsmitglied in der schwedischen Friedensbewegung.

Zwischen 1947 und 1957 wirkte HG bei mehreren schwedischen Filmen mit, darunter zwei von Ingmar Bergman. 1974 erschien von ihm *Der Mensch Brecht wie ich ihn erlebt habe*, veröffentlicht von der damaligen Koordinationsstelle zur Erforschung der deutschsprachigen Exil-Literatur an der Stockholmer Universität. Er und seine schwerkranke Frau lebten zuletzt in Johanneshov. Ihre Ehe blieb kinderlos. Teilnachlässe befinden sich in der AdK Berlin und in Kalliope/Staatsbibliothek Berlin sowie im ARAB die Sammlung Greid; s.a. Müssener/Scholz, *Emigrantenselbsthilfe*. Er und seine Frau Bertha sind auf dem Skogskyrkogården beerdigt.

Walter Gross, *1899 – □1967

Aus Danzig stammender promovierter Bibliothekar. Als Juden emigrierten seine Frau Ruth und er bereits 1933 nach Schweden. Sie lebten in Stockholm, wo auch die Tochter Anneli zur Welt kam. WG wurde Mitglied bei der SoPaDe und dem FDKB. Die Familie kehrte nicht zurück, er selbst war in Stockholm als Sprachlehrer und Journalist tätig. Hingegen entschied Anneli Gross sich für ein Leben in Rostock und unterstützte mit vielen Erinnerungsstücken wie Tagebücher, Rundfunkaufzeichnungen und Fotos die im November 2014 dort gezeigte Ausstellung *Jüdisches Exil in Schweden – Licht und Schatten der Emigration 1933-1945*. Der Nachlass der Familie befindet sich im Max-Samuel-Haus in Rostock.

Gustav Gundelach, *1888 – □1962   Z
Decknamen: Rosenberg, Bruno Stahn

Metallarbeiter in Kiel. Nacheinander Mitglied der SPD, der USPD und der KPD. Von 1924 bis 1933 Mitglied der Hamburger Bürgerschaft. 1934 emigrierte er nach Kopenhagen und war dort für die Internationale Rote Hilfe in Österreich und Norwegen tätig, ab 1935 in Zürich für die in Rumänien und Schweiz. Er wurde 1936 verhaftet und nach Frankreich ausgewiesen. Nahm am Spanischen Bürgerkrieg als Leiter des Sanitätsdienstes teil. Anschließend ging Gundelach über Frankreich und Dänemark nach Schweden, wo er für die Gesellschaft der Freunde der Sowjetunion tätig war. Er wurde im Herbst 1939 verhaftet und war bis Sommer

1940 in Smedsbo interniert. Danach reiste er zu Schulungszwecken in die Sowjetunion und kehrte 1945 mit der sogenannten Ulbricht-Gruppe in die SBZ zurück. GG wurde 1946 nach Hamburg entsandt, wo er in den nachfolgenden Jahren politisch tätig war, auch nach dem KPD-Verbot. (S. a. Scholz, *Erfahrungen*)

<u>Rolf</u> (Rudolf) Konrad Hagge, *1909 − ◻1978   Z
Decknamen: Arne, Ole Hansen

Er stammte aus Langenfelde-Eimsbüttel im Hamburger Raum, war in seiner Jugend Mitglied des KJVD und von Beruf Schlosser und Seemann. 1930 trat er der KPD bei. m April 1934 flüchtete er nach Dänemark, wurde dort aber als Seeleute-Streik-Beteiligter ausgewiesen und reiste dann weiter in die Sowjetunion. Hier wurde er als nunmehr sojetischer Staatsbürger und Freiwilliger für die Partisanenarbeit von Stahlmann ausgebildet und im in Spanien eingesetzt. Im März 1939 ist er über Frankreich und Antwerpen nach Oslo gekommen, wo er zum Kader um Wollweber gehörte. Mit einem Schweizer Pass reiste er nach Dänemark und von dort dreimal nach Halle in Deutschland, um die nahe gelegenen Leuna-Werke zwecks Sabotage auszuspähen. Über den Seeweg ging es dann von Antwerpen aus wieder zurück nach Oslo. Von dort aus kam er zunächst nach Nordschweden, um eigentlich in Finnland eingesetzt zu werden. Stattdessen kehrte er nach Oslo zurück und flüchtete im April 1940 mit Wollweber, Baier und Bargstädt nach Schweden, wo er in Stockholm illegal untergebracht, aber dennoch verhaftet und zu einer mehrjährigen Arbeitsstrafe verurteilt wurde.

Im Oktober 1945 konnte er aus dem Gefängnis fliehen, lebte illegal in Stockholm und kehrte zusammen mit etlichen anderen Rückkehrern über Bornholm nach Deutschand in die SBZ zurück. Da er wegen seiner Flucht aus dem Gefängnis keine Papiere mehr hatte, war er sozusagen als Illegaler unterwegs. Er wurde Mitglied der SED und lebte seitdem als Polizeibediensteter in Mecklenburg, ab 1957 in Bad Doberan. Dort war er als höherer Polizeioffizier tätig. Eine ausführliche Biografie ließ 1979 die SED-Kreisleitung Bad Doberan erstellen. (Vgl. Hermann Langer, *Rolf Hagge. Kommunist, Revolutionär, Antifaschist*) . Doch soll er als sogenannter Westemigrant unter den Verdacht der Spionage geraten sein. Zusätzliche Informationen finden sich unter ArBibo, Signatur 03192 Rolf Hagge. (S.a. Scholz, *Erfahrungen*)

Edgar William Hahnewald, *1884 − ◻1961
Schriftsteller, Redakteur und Illustrator. Er arbeitete 1908 in Gera als Redakteur der *Reußischen Tribüne,* trat dann der SPD bei und war von 1912 bis 1933 bei der *Dresdener Volkszeitung* tätig. Daneben engagierte er sich bei der Volksbühne, der VHS und dem Arbeiterbildungsausschuss. Ging 1933 in die ČSR und war in Prag u. a. Redakteur beim *Sozialdemokrat*. 1938 emigrierte er nach Schweden. In Stockholm wurde er in den Vorstand der Exil-SPD gewählt, die er aber wegen Kontakten zur SAP wieder verließ. Später wurde er Mitglied der SoPaDe und war zeitweilig im Vorstand, schloss sich aber auch der

rechtsgerichteten (SPD-)Ortsgruppe Stockholmer Vororte an. Hahnewald gehörte 1944 zu den Künstlern, die sich an der Gemeinschaftsausstellung *Konstnärer i landsfllykt** beteiligten. Er kehrte nicht nach Dresden zurück, weil es »das Wiedersehen mit einer verstümmelten Liebe« wäre. In Schweden war er als Illustrator tätig und lebte zuletzt in Solna.

Richard Hansen, *1887 – □1976   Z

Aufgewachsen in Kiel. Sozialdemokrat und 1924 Mitbegründer des Reichsbanners. Als Preußischer Staatsrat in der Weimarer Republik tätig. Er emigrierte 1933 mit seiner Frau Luise Meitmann nach Dänemark, wo er Geschäftsführer des Matteotti-Komitees* in Kopenhagen wurde. Als solcher stand er auch in Kontakt mit dem dänischen Sozialdemokraten und späteren Ministerpräsidenten Hans Hedtoft (1903-1955). Ebenso gab es Treffen mit anderen politischen Exilierten. Zudem baute er für die SoPaDe das Grenzsekretariat Nord auf und versorgte Teile Norddeutschlands mit Materialien. Wodurch es zu einer Erfassung durch den VGH in 10J 204/40 und 2H 17/41 kam. (db.saur.de) Ebenso war er in Zusammenarbeit mit der ITF für den Britischen Nachrichtendienst tätig. Das Ehepaar Hansen musste 1940 nach Schweden fliehen und ging 1941 in die USA. Es kehrte 1947 zurück und Hansen selbst war u. a. als SPD-Fraktionssekretär im Schleswig-Holsteiner Landtag tätig.

50 *Richard Hansen*

51 Titelseite 1897 mit
Theodor Heines Bulldogge

Ernst Harthern, *1884 – □1969

geboren als Ernst Ludwig Jacobson; Pseudonym: Niels Hoyer

In Stade geborener Journalist und Schriftsteller sowie Übersetzer. Hielt sich seit 1910 oft in Skandinavien auf und lebte seit 1924 in Kopenhagen. Dort war er als Übersetzer und Korrespondent der *Frankfurter Zeitung* tätig. In dieser Zeit schrieb er auch unter Pseudonym. Zwischendurch lebte er wieder in Deutschland, bis er 1933 wegen seiner jüdischen Herkunft vom deutschnationalen Verlag Scherl entlassen wurde. Sein erstes Exil war Dänemark, 1943 Schweden sein zweites und letztes. Zuletzt wohnte er in Sigtuna. Harthern war als Schriftsteller schon früh aktiv, ebenso als Übersetzer skandinavischer Literatur. Unter dem

Namen Niels Hoyer erschien 1936 z. B. sein Buch *Heimwärts,* in Schweden unter dem Namen *Hemåt* bekannt. Überhaupt war das Thema Heimat sein Hauptmotiv. Sein letzter Roman *Endlich zu Hause* ist nur in dänischer, englischer und schwedischer Übersetzung publiziert worden. Heute ist er als Schriftsteller nahezu vergessen. Das Stadtarchiv Stade hat 2008 eine Auswahl seiner Werke herausgegeben. Hier ist man bemüht, die Erinnerung an Ernst Harthern wachzuhalten. Sein umfangreicher Nachlass, Manuskripte und über 3500 Briefe, befindet sich im ARAB.

Anna Hasche *1915 – □ 2010
geb. Mosler
Decknamen: Ruth (Berlin), Irma Schuster (Oslo)
norwegischer Passname: Anna Vennesland/Wennesland
Identität in Schweden: Anna/Irma Hasche

In Berlin geborene und aufgewachsene kaufmännische Angestellte. Als junge Frau war sie aktives Mitglied in der SAP und nach 1933 im Untergrund tätig. Im Spätsommer 1935 besuchte sie den mit ihr eng befreundeten Walter Michaelis* im Osloer Exil, kehrte aber wieder nach Berlin zurück. Dort fungierte sie als Verbindungsfrau zwischen der Berliner SAP-Bezirksleitung und dem Abschnitt Berlin-Nord, wie aus einer Akte des VGH hervorgeht (Az. 17J 91/36 und 2H 30/37, db.saur.de). Anfang Februar 1936 ging sie ebenfalls ins Osloer Exil. Zusammen mit Michaelis gehörte sie zum Kreis um Willy Brandt und Gertrud Meyer und war neben der dortigen organisatorischen Arbeit auch als Kurierin unterwegs, aber nicht als Instrukteurin. Etwa im Sommer 1938 kam es zur Trennung von Michaelis, da beide wohl neue Beziehungen eingegangen waren. 1939/40 ging sie eine Scheinehe mit einem norwegischen Genossen namens Wennesland ein, wodurch sie die norwegische Staatsangehörigkeit erhielt. Im Sommer 1940 flüchtete sie mit ihrem Lebensgefährten und Verlobten Paul Hasche nach Schweden. Wohl ab diesem Zeitpunkt nannte sie sich Irma Hasche, offiziell aber weiterhin Anna Wennesland. Während Paul als Deutscher zunächst im Lager Baggå Herrgård untergebracht war, konnte sie als Norwegerin bald eine Wohnung in Solna am Rosstigen 7 beziehen. Da nach dem Krieg eine eigentlich geplante Rückkehr nach Berlin nicht gelang, richteten sich beide auf ein Leben in Schweden ein. Nach der formellen Beendigugng ihrer ersten Ehe konnten sie 1959 heiraten und bezogen danach eine Wohnung im Vibergsvägen. Doch waren sie politisch nicht mehr aktiv, standen aber in Kontakt zu anderen Exilierten wie z. B. Stefan Szende. Außßrdem blieb sie noch lange Gertrud Meyer freundschaftlich verbunden, doch bestand anscheinend kein Kontakt mehr zu Willy Brandt. (Archivalien befinden sich beim AdsD und dem dortigen SAP-Archiv. Siehe auch Bundesarchiv RY 13/7c)

Paul Hasche, *1912 – □1986
Deckname: Paul Heetsch

Er stammte aus einer sozialistischen Familie in Berlin-Köpenick und war von Beruf Elektriker bzw. Metallarbeiter. Politisch engagierte er sich in der SPD und im Reichsbanner, wodurch er 1933 zu den Verfolgten und Gefährdeten gehörte. Zusammen mit einem Freund flüchtete er in die ČSR und war dort unter dem Decknamen Paul Heetsch im politischen Untergrund tätig. Als solcher wurde er auch 1937/38 vom VGH in der Akte 15J 942/37 und 2H 34/38 erfasst (db.saur.de), und zwar als Mitarbeiter des Grenzsekretariats der SAPD im Riesengebirge. 1937 wurde er ausgewiesen und ging nach Oslo, wo er dann mit Anna Mosler zusammenlebte. Von dort mussten beide 1940 nach Schweden flüchten, er selbst wurde zunächst in Loka Brunn interniert und war dann im Lager Baggå Herrgård untergebracht. Ab Herbst 1940 lebte das Paar wieder zusammen in Stockholm-Solna. Nach Kriegsende bemühten sich beide vergeblich um die Rückkehr nach Berlin. Denn da sie aus dem Ostteil Berlins, der zur sowjetischen Besatzungszone gehörte, stammten, stand die dortige Behörde einer Rückkehr wohl ablehnend gegenüber. Das bedeutete auch, sie heirateten (nach ihrer jeweiligen Scheidung) und blieben in Schweden. Im Bundesarchiv Berlin befinden sich eine Akte zu der von ihm beantragten Wiedergutmacnungsleistung sowie Archivarien unter RY 13/7c. Ebenso sind verschiedenene Unterlagen (z.B. Briefe) beim AdsD archiviert.

Peter Haß/Hass, *1903 – □1975   **(Z)**

Metallarbeiter und Sozialdemokrat aus Flensburg. War 1933 kurz Mitglied der Hamburger Bürgerschaft und dann illegal politisch tätig. Er emigrierte 1936 mit seinem Bruder Otto nach Dänemark, 1940 nach Schweden, wo er in Loka Brunn interniert war. PH war Mitglied der SoPaDe, des FDKB und der Gewerkschaftsgruppe. Nach Kriegsende engagierte er sich in der Demokratiska hjälp und im Arbeiterwohlfahrt-Landesausschuss Schweden. Er war verheiratet mit Mary Ratbrock. 1946 kehrte er nach Hamburg zurück und war zunächst Mitglied der ersten Bürgerschaft nach Kriegsende sowie Sekretär der AWO. Ab 1948 lebte PH wieder in Stockholm bzw. Nacka. Im Zeitraum 1937/1938 wurde er mehrfach in Akten des VGH genannt. (db.saur.de)

Thomas Theodor Heine, *1867 – □1948
geboren als David Theodor Heine

Karikaturist und Zeichner aus Leipzig. Akademiestudium in Düsseldorf und München 1885 bis 1888. Ab 1889 lebte er als Maler in München mit Aufenthalten in Dachau. 1892 war er kurz Mitglied der nicht lange bestehenden Münchener Secession. Damit begann seine karikaturistische Zeit. Er war liiert mit Magdalena Kirsch (1875-1939), 1896 wurde die gemeinsame Tochter Johanna geboren. Das Paar heiratete 1906. Um 1919 wurde er Mitglied der Neuen Münchener Secession, 1922 Ordentliches Mitglied der Preußischen Akademie der Künste Berlin. Er schuf u. a. Illustrationen für die Berliner Secession* und *Wälsungenblut* von Thomas Mann. Zudem war Heine vor allem Mitherausgeber des *Simplicissimus*, für den er ein Glücksfall war. Als sein Markenzeichen gilt die 1897 gefertigte Karikatur einer Bulldogge. Auch ist ihm die erste Brecht-Karikatur zu verdanken.

Im April 1933 wurde die Zeitschrift ›gleichgeschaltet‹, TH als Jude auf üble Weise verdrängt. Da er auf der Verhaftungsliste der Gestapo stand, versteckte er sich zunächst in seinem Atelier und flüchtete dann nach Berlin, wo ihn das Ehepaar Hans und Mathilde Purrmann für einige Wochen aufnahm. Weiter ging die Flucht nach Prag, ab 1936 lebte er in Brünn. Magdalena und Johanna H. blieben bis 1939 in Diessen am Ammersee und wurden dort von einem engen Freund Johannas unterstützt. 1939 wurden sie aus dem Haus vertrieben und lebten dann in München. Heine konnte 1938 mit Unterstützung der Nansen-Hilfe nach Norwegen entkommen. Magdalena folgte ihm anscheinend 1939 nach Oslo, starb dort aber im gleichen Jahr. Er selbst war u. a. als Zeichner beim Osloer *Dagbladet* tätig und freundete sich in Oslo mit Max Tau an. Nach Aussage von Tau trafen sich viele Flüchtlinge einmal in der Woche bei Heine, dessen Zeichnungen er sehr bewunderte. (*Flüchtling*) Nach der deutschen Besetzung Südnorwegens war TH kurz in deutscher Haft und wurde mit Berufsverbot belegt. Trotz der zunehmend schärfer bewachten Grenze konnte er 1942 nach Schweden fliehen. Kurz vor ihrer geplanten Ausreise nach Schweden starb die Tochter Johanna H. in München.

Auf Anraten von Max Tau begann Heine noch im norwegischen Exil seinen sich autobiografisch verstehenden Roman *Ich warte auf Wunder* zu schreiben, den er in Stockholm fertigstellte. Er erschien 1944 unter dem schwedischen Titel *Jag väntar på under* im Ljus-Förlaget und als deutschsprachige Ausgabe im Neuen Verlag. Hingegen verlegte 1947 Gebers Förlaget den Märchenband *Sällsamt händer.* Die deutsche Fassung *Seltsames geschieht* erschien im gleichen Jahr in einem Braunschweiger Verlag. Früher von ihm illustrierte Märchen wurden im Querido Verlag publiziert. Auch in den USA erschienen Bücher von ihm. Gelegentlich arbeitete er als Karikaturist für schwedische Zeitungen. Leider konnte er nicht wie anvisiert als Stoffdesigner für eine Stockholmer Firma tätig sein.

Nach 1945 besuchte er kurz Oslo und traf sich dort mit vielen alten Bekannten. Doch die angebotene norwegische Staatsangehörigkeit lehnte er ab und nahm die schwedische an. 1947 veranstaltete das Nationalmuseum in Stockholm für TH eine Jubiläumsausstellung mit Katalog Nr. 129 anlässlich seines 80. Geburtstags. Bis zu seinem Tod lebte er in Stockholm am Norr Mälarstrand 76 im vierten Stock. Beerdigt ist er auf dem Norra begravningsplatsen in Solna. In der BRD gedachte man seiner erstmals 2000 mit einer größeren Ausstellung im Lenbach-Haus in München.

Cäcilie Heinig, *1882 – □1951
geb. Oswald

Sie wurde 1882 in Koschmin bei Posen als älteste Tochter eines jüdischen Kantors geboren. Mit ihrem nichtjüdischen Mann Kurt Heinig hatte sie drei Kinder. Die Familie emigrierte 1933 nach Kopenhagen, 1940 nach Stockholm. Ebenso wie KH war sie in der Deutschen Vereinigung 1945 engagiert. 1946 begann sie mit der Übersetzung der *Pippi-Langstrumpf*-Bände von Astrid Lindgren. Dank der Freundschaft ihres Mannes mit dem Verleger Friedrich Oetinger konnten die Bücher in dessen 1946 gegründeten Verlag erscheinen. Zuvor hatte der

Verleger mit Erlaubnis der britischen Militärregierung in Hamburg nach Stockholm reisen dürfen, um die Verlagsrechte mit Astrid Lindgren zu besprechen. Sie und Kurt Heinig sind auf dem Skogskyrkogården beerdigt.

Kurt Heinig, *1886 – □1956

Lithograf, Politiker und Journalist aus Leipzig. War von 1927 bis 1933 Mitglied der SPD-Fraktion im Deutschen Reichstag, vor allem als Finanzexperte. 1933 flüchtete er mit der Familie nach Dänemark, wo alle 1940 für ein Visum für die USA erhielten, die deutsche Besatzungsbehörde aber eine Ausreise dorthin verhinderte (was einige Genossen bedauert haben sollen). Es folgte die Flucht nach Schweden, 1941 wurde Heinig ausgebürgert. In Stockholm veröffentlichte er 1942 *Vardagens nationalekonomi* (Nationalökonomie des Alltags). Er war Mitglied in der SoPaDe und ab 1943 deren Sekretär, 1944 gehörte er zur rechtsgerichteten (SPD-)Ortsgruppe Stockholmer Vororte, die in Opposition zur Stockholmer Hauptgruppe stand. 1945 war er Mitbegründer und eigentlicher Initiator der Deutschen Vereinigung 1945 und bis zu seinem Tod deren Vorsitzender. In den politischen Auseinandersetzungen konnte er oft unangenehm polemisieren und war dadurch sozial isoliert. Nicht umsonst bezeichnete man ihn als Gauleiter. Vor allem warf man ihm ein autoritäres und intrigantes Verhalten vor, gegen das selbst Mitglieder der Gruppe Stockholmer Vororte energisch protestierten. Sein einziger Freund soll H. Reinowski gewesen sein. Nach Aussage von Brandt, soll er mit seiner Rechthaberei und Streitsucht nur Schaden angerichtet haben.

Nach 1945 war KH in der Vereinigung deutscher Sozialdemokraten in Schweden aktiv sowie als Beauftragter des SPD-Vorstands für Schweden. In dieser Funktion stand er in enger Verbindung zu Kurt Schumacher und stellte sich ihm gegenüber als ein Intimfeind W. Brandts dar. In mehreren Briefen denunzierte er diesen und Fritz Bauer sowie andere Exilierte als Kommunisten und Bolschewisten. So sei Brandt ein »hundertzwanzigprozentiger Kommunist und ein Lump«. Auch Bauer wurde ähnlich bezeichnet, der aber »außerdem noch eine solche Nase« habe. (Müssener, *Abschiedsrede*) Von der Rockefeller-Foundation erhielt er einen Forschungsauftrag und war danach ab 1948 als Archivarbeiter tätig sowie Mitarbeiter bei schwedischen und westdeutschen Zeitungen. In einem Hamburger Verlag publizierte er 1947 *Der schwedische Mittelweg*. 1955 erhielt er die Ehrendoktorwürde der Universität Stockholm. Im ARAB befindet sich die Sammlung Heinig, ebenso die autobiografische Novelle *Die Schale* mit der Beschreibung seines heruntergekommenen Wohnraums. Im RA ist er im Dossier der SUK aufgeführt sowie im dortigen Arkiv Stockholms högskola (1960). Zudem erfasste ihn der VGH 1939 unter den Aktenzeichen 8J 402/39 und 2H 41/39 (db.saur.de), und Müssener/Scholz erwähnen ihn in *Emigrantenselbsthilfe*.

Günter Heinrich, *1924 – □2015

In Breslau geboren und aufgewachsen. 1938 kam er mit einem Kindertransport nach Schweden. Ab 1939 lebte er im Kibbuz BaDerech in Falun, verließ ihn aber 1944. Anfang der 1940er Jahre erhielt er noch Post von seinem Vater per Adresse Korsnäs in Falun. Mutmaßlich lebte er später in Stockholm bis zu seinem Tod. 2009 war er in beratender Funktion an der Herstellung eines Films von Sveriges Television (SVT2) über den Kibbuz Falun beteiligt. Sein Grab befindet sich auf dem Skogskyrkogården im Bereich Minneslund.

Karl Helbig, *1897 – □1951

Aus Bayreuth stammender Silberschmied, Bildhauer und Maler. Bis zur Emigration 1933 war er Mitglied der Berliner Secession und im Linkskartell deutscher Geistesarbeiter*. U. a. war er Mitgestalter eines Kamins im Stil des Art-Déco in einer Berliner Privatwohnung. Als politisch Verfolgter emigrierte er 1933 nach Dänemark, wo er im Untergrund aktiv war. 1935 konnte er dank persönlicher Kontakte in Schweden einreisen. Seit 1936 lebte er in Stockholm in der Varvsgatan 2, ab 1949 in der Simrishamngatan. Für P. Weiss wurde KH zu einer nicht unwichtigen Kontaktperson. Verheiratet war er mit der Schwedin Vera Lindforss. Infolge starker psychischer Belastung musste er im Herbst 1942 einige Zeit in der geschlossenen Psychiatrie zubringen. »Sein Betragen, als er zurückkam: wie nach einem Schlaganfall. Mühsames Gehn, langsame Bewegungen. Gesicht entstellt«, so beschreibt ihn Weiss in *Notizbücher 1971-1980 1.*

1944 engagierte er sich im FDKB und gehörte auch zu den Teilnehmern der Ausstellung *Konstnärer i landsflykt.* Nach dem Tod von M. Hodann 1946 nahm KH diesem die Totenmaske ab. Beruflich war es für den mit Holz arbeitenden Bildhauer schwer, Fuß zu fassen. Im Herbst 1949 begann er als Lehrer für Holzskulptur an der Akademie in Stockholm zu arbeiten, erhielt er aber auch ein Gehalt dafür? Ein Jahr später wurde er in die SBZ als Lehrer an einer Kunsthochschule eingeladen – er aber »wagte die Umsiedlung nicht mehr«, wollte aber auch nicht nach Westdeutschland gehen. Auch nicht nach Berlin-West, wo er sein ehemaliges Atelier in der Offenbacher Straße wieder hätte beziehen können. 1949 hatte er im Stockholmer Salon *De Unga* eine Ausstellung. In diesem Jahr kam es zur Auflösung der Ehe mit einem nachfolgenden Zusammenbruch. 1950 studierte die Oldenburger Bildhauerin Anna Maria Strackerjan kurz bei ihm. 1951 beging Helbig Selbstmord in Tyresö nahe Stockholm. Seine letzte Ruhestätte fand er auf dem Skogskyrkogården in Stockholm. Der schriftliche Nachlass befindet sich in der AdK Berlin, der künstlerische im Bayreuther Stadtmuseum. Im Arosparken Västerås ist er mit einer 1939 gefertigten Büste des Parkgründers C. F. Thelander vertreten.   Im Riksarkivet ist er in den Biografiesamlingen aufgeführt. Auch wird er in *Emigrantenselbsthilfe* von Müssener/Scholz erwähnt .

Wilhelm Henze, *1908 – □1996

Schlosserausbildung in Hildesheim, später als Journalist tätig. Er war Mitglied der SPD, des Allgemeinen Deutschen Gewerkschaftsbundes und der Naturfreunde. Als selbsternannter Arbeiterdichter war er wenig erfolgreich. 1933 schloss er sich einer Widerstandsgruppe an, wurde verhaftet und kam in das Lager Emsland Brual-Rhede. WH flüchtete nach der Freilassung 1936 mit seiner Frau Martha Feller per Fahrrad in die Niederlande. Mit Hilfe des

Amsterdamer Flüchtlingskomitees konnten sie nach Norwegen emigrieren und im gleichen Jahr nach Schweden. Dort wurde 1937 die Tochter Gunvor geboren. Anscheinend wurde er Ende 1939 verhaftet, kam aber drei Monate später wieder frei. (RA Komm.Nr. 984) Nach 1939 fand er in einer Fabrik eine reguläre Arbeit. Er trat der Gewerkschaftsgruppe und der SoPaDe bei. Rückkehrbemühungen waren vergeblich. In Schweden baute Henze in den 1950er Jahren ein Puppentheater auf und gründete mit anderen 1970 die Puppentheatervereinigung *Dockteaterföreningen*. Er lebte zuletzt in Södertälje. In Papenburg erschien 2001 *Gefangen in der Weite. Emslandlager (1933-45)* mit Texten von ihm. Sein Nachlass befindet sich im Archiv des Dokumentations- und Informationszentrums Emslandlager.

Ulrich Herz, *1913 – □1996

Als Student war er Mitglied der Deutschen Friedensgesellschaft*. Aus politischen Gründen emigrierte er 1934 nach Schweden. Als Radikalpazifist war er von 1940 bis 1942 in Smedsbo interniert. Nach der Freilassung war er in der Bildungsarbeit tätig, u. a. im Landschulheim Viggbyholm. Ebenso engagierte er sich bei der Flüchtlingshilfe der Stiftelsen Birkagården. Beruflich arbeitete er als Journalist und Hochschullehrer sowie als Übersetzer und Autor. Wurde 1944 Mitglied im FDKB. UH kehrte nicht zurück. Er erhielt 1955 die Ehrendoktorwürde der Univertät Stockholm und publizierte u. a. 1972 *Blick auf Schweden*. Im RA ist im Sveriges fredsråd seine dortige Mitgliedschaft dokumentiert.

52 *Karl Helbig: Thelander-Büste*

53 *Max Hodann*
Buch/Bildzitat

Max Julius Hodann, *1894 – □1946

Jüdischer Sozialmediziner und in seinem Denken sehr vom Sexualreformer Magnus Hirschfeld beeinflusst. Von 1922 bis 1933 war er Leiter des Gesundheitsamtes in Berlin-Reinickendorf sowie Mitglied im Verein sozialistischer Ärzte und im 1928 gegründeten Bund der Freunde der Sowjetunion. Er stand kurz in Kontakt mit Wilhelm Reich und war mit Bertolt

Brecht und Alfred Döblin befreundet. 1932 lernte er in Lübeck anlässlich eines Vortrags Herbert Frahm (Willy Brandt) kennen. 1933 wurde er aus dem Dienst entlassen und kurz verhaftet. MH emigrierte in die Schweiz, trennte sich 1934 von seiner zweiten Frau Gertrud (Traute) und ging mit seiner neuen Lebenspartnerin Lise Lindbäck nach Oslo. (Gertrud H. lebte dann mit der gemeinsamen Tochter Sonja in Kopenhagen und ging 1939 in die USA.) In Oslo gründete Hodann eine der ersten Mütterberatungsstellen. Während des Spanischen Bürgerkriegs war er als Arzt bei den Internationalen Brigaden tätig. Über Paris und England kam er 1939 wieder nach Oslo. Als die Deutschen 1940 Norwegen besetzten, war er dienstlich in Schweden unterwegs und blieb dort. Aus diesem sehr anstrengenden Leben als nahezu permanent Exilierter resultierte wohl sein Asthma, so Heinzelmann (*Sozialhygiene als Gesundheitswissenschaft*).

In Stockholm wohnte er mit seiner aus Prag stammenden dritten Ehefrau Ručena (Rosa) und Sohn Jan (*1940) zunächst im Keller eines Bürogebäudes am Sveavägen, Ecke Kungsgatan. Dort befand sich das von Elise Ottesen-Jensen* geleitete Institut für sexuelle Aufklärung* (RFSU). Dessen Arbeit konnte MH informell unterstützen und auch in der Patientenberatung tätig sein. Doch ging die Hälfte seines schmalen Einkommens für die Miete drauf. Es war ein karges Leben, und nach Aussage des Sohnes Jan landeten oft die im Labor zur Schwangerschaftsuntersuchung anfallenden Kaninchen im Hodannschen Kochtopf. Der Raum selbst war eng und stickig, wie Weiss beschreibt: Bei einem Besuch von Anonymus lag Max

> *auf einem mit Wachstuch bezogenen Sofa, die Hände unterm Kopf verschränkt. Bis zu den Rohren, die an der Decke entlangliefen, erhoben sich die Regale voller Akten und medizinischer Präparate, eine Wand war angefüllt mit kleinen Gitterkäfigen, in denen Kaninchen schnüffelten und scharrten. Am Waschbecken bereitete eine Frau Kaffee zu, mit Laboratoriumsgeräten, auf elektrischem Kocher. Die Genehmigung, als Arzt in Schweden zu arbeiten, hatte er nicht erhalten.*

Etwa ab 1941 lebte die Familie am Lidnersplan in Kristineberg nahe der Tranebergsbron. Die notwendigen Möbel stammten aus dem aufgegebenen Haushalt der nach Finnland migrierten Brecht-Familie. Ab 1944 wohnten die Hodanns im Stenshällsvägen 9 auf Stora Essingen. Zu dieser Zeit beantragte MH bei der norwegischen Exilregierung in Stockholm die norwegische Staatsbürgerschaft, auch weil er gute Beziehungen zur norwegischen Arbeiterpartei besaß. Wegen der politischen Rechtslastigkeit Schwedens plante er zudem, nach England zu gehen.

Von 1944 bis Juli 1945 war er als politischer Berater bei der Britischen Gesandtschaft angestellt. (Allerdings unterstellte man ihm auch eine Tätigkeit für den sowjetischen Geheimdienst.) Nach langer Zeit ohne ein festes und geregeltes Einkommen war das die erste einigermaßen sichere Anstellung. Das verdankte er auch seinen Kontakten zu deutschen Emigrantenorganisationen und zu Militärflüchtlingsgemeinschaft. Für diese gab er die *Mitteilungen deutscher Militärflüchtlinge* heraus. Neben anderen Emigranten engagierte er sich in der Bewegung Freies Deutschland. Außerdem gehörte er zu den Gründungsmitgliedern des FDKB und war dessen Vorsitzender, schied aber nach kurzer Zeit wegen politischer Differenzen aus. Sowieso stand er politisch infolge seiner kritischer gewordenen Haltung gegenüber dem Kommunismus unter Beschuss: Wer als Sozialist den Sozialismus kritisierte, konnte nur ein feindlicher Agent sein. Besonders H. Warnke griff Hodann massiv an: »Eine Flut von Geldern sei von den Engländern auf mich zugekommen. Da habe ich den lieben Leuten die Sache hingeschmissen u bin aus dem Vorstand des Kulturbundes ausgetreten«, so der Eintrag in seinen Tagebüchern am 1.12.1944. Er vertrat die Meinung, dass eine Redemokratisierung Deutschlands nur mit Hilfe der Alliierten möglich sei. (Weiss, *Notizbücher II*)

Heinzelmann beurteilt die Situation von Hodann so: Eigentlich hätte er eine erfüllte Emigrantenexistenz führen können, auch als Gewinn für sein letztes Gastland Schweden. Doch haftete an ihm das »Odium des Scheiterns«. (*Sozialhygiene*) Neben Weiss hat auch Brecht ihm ein literarisches Denkmal in den *Flüchtlingsgesprächen* gesetzt. In der *Ästhetik* beschreibt ihn Weiss u. a. so: Wie »in der Sanitätsstation bei Denia [Spanien] war Hodann auch in seiner Stockholmer Katakombe bereit, Kümmernisse und Depressionen durch Aktivität zu überwinden.« Später bezeichnete Weiss ihn als euphorisch. Bei einem Aufenthalt in der Schweiz, wo MH u. a. einen Vortrag in Rorschach hielt, versuchte er neue, die Existenz sichernde Beziehungen zu knüpfen, er freute sich über seinen Sohn und glaubte, es würde alles gut werden, er würde »aufbauen können«. Zugleich erinnerte er sich an den früheren Besuch in Rorschach mit seiner Frau Traute und der Tochter Sonja. (Ebd.) Doch kamen ihm gleichzeitig andere Bedenken: Die Stellung in der Britischen Botschaft war beendet, die Archivarbeit im Psychologischen Institut der Hochschule gekündigt, eine eventuelle Rückkehr nach Berlin zu schwierig.

Er starb »allein in seiner Wohnung, am 17. Dezember 1946 im Status asthmaticus. Neben ihm lag, ungenutzt, die spritzfertig aufgezogene Ampulle Adrenalin.« (Heinzelmann) Suizid? Weiss hatte ihn noch kurz vorher getroffen und fand ihn sehr geschwächt durch eine gerade überstandene Lungenentzündung. (*Ästhetik*) Der gemeinsame Freund K. Helbig nahm Hodann die Totenmaske ab, begraben ist er auf dem Norra begravningsplatsen. Ein Teil des Nachlasses befindet sich im ARAB, weitere Materialien sind in der RFSU und im Familienbesitz, die Korrespondenz ist weit gestreut. 1993 würdigte W. Wolff ihn in seinem Buch *Max Hodann (1894-1946) Sozialist und Sexualreformer.* Auch Müssener/Scholz erwähnen ihn in *Emigrantenselbsthilfe.* Des Weiteren wurde er 1935 und 1936 in Akten des VGH erfasst. (db.saur.de) An seinem ehemaligen Wirkungsort in Alt-Reinickendorf wurde zur Erinnerung an ihn und sein Wirken eine entsprechende Tafel angebracht.

Martin Ludwig Hörz, *1909 – □1983

Studium in Heidelberg und Berlin. Vorsitzender der Sozialistischen Studentengruppe. 1931 Eintritt in die KPD und Vorsitzender des Roten Studentenbunds* in Berlin. 1932 war MH politischer Leiter der Kommunistischen Studentenfraktion, von der er 1933 als Trotzkist ausgeschlossen wurde. 1934 kam es zur Verhaftung und Verurteilung durch die Nazis. Nach der Freilassung 1936 war MH zunächst illegal in trotzkistischen Gruppen tätig, wurde aber 1935 und 1937 in Akten des VGH genannt. (db.saur.de) Er emigrierte 1939 nach Dänemark, 1940 nach Schweden. Hier war er in verschiedenen Berufen tätig, so als Waldarbeiter und Bergmann. Er kehrte nicht zurück und lebte zuletzt als Bibliothekar in Enköping, wo aktuell der 1944 geborene Sohn Tomas Hörz wohnt.

Hans (Seine) Holewa, *1905 – □1991

Zur Zeit seiner Geburt in Wien nannte sich die Familie noch Holevy und änderte ihn wenig später in Holewa um. Das dürfte mit dem Umzug nach Berlin zusammenhängen, wo die Familie bis 1917 lebte und dann nach Wien zurückkehrte. Dort studierte er Rechtswissenschaften und danach Musik. ewegung wie auch seine zukünftige Ehefrau Alice Kapellner (1907-2003). Nach einem achtjährigen Aufenthalt der Familie in Berlin besuchte er ab 1917/18 das Neue Wiener Konservatorium. Er verstand sich als Komponist und Musikpädagoge. In Wien war er Korrepetitor an der Wiener Volksoper und musikalischer Leiter des *Theaters für 49*. In der Musik und in seiner Kompositionstechnik vertrat er eine radikale, an die Zwölftontechnik angelehnte Position.

1937 nutzte das Ehepaar Kontakte nach Schweden und emigrierte zunächst nach Göteborg. Um 1938 lebten die Holewas als Sommergäste im Internat Viggbyholm, wo Hans Karin Boye* kennenlernte. Zwischen beiden entwickelte sich eine tiefgehende, wenn auch kurze Freundschaft. In Viggbyholm fand er Zugang zu radikalen Künstlern und Persönlichkeiten. Zu dieser Zeit begann sich die Säpo für ihn zu interessieren. Nicht nur wegen seiner Linksorientierung, auch die von ihm vertretene Musik und sein Judentum machten ihn verdächtig. Daher lebten die Holewas in ständiger Sorge vor einer möglichen Ausweisung. Im Herbst 1938 wohnten sie kurz bei Kurt Singer, dann am Kungsholmstorg, wo ihn sein Bruder kurz lebte. In der Folge lebte er in Traneberg und zuletzt imPfarrbezirk Högalid.

Er engagierte sich in der Emigrantenselbsthilfe und trat dort bei Veranstaltungen auf. Während der Kriegsjahre war er auch in österreichischen Exilorganisationen aktiv. Seinen Lebensunterhalt bestritt er bis 1949 als Klavierlehrer, Notenschreiber, Arrangeur und Repetitor. Überhaupt waren die 1940er Jahre für ihn eine schwere Zeit, auch weil er von Wien her eine wesentlich anspruchvollere Musikkultur gewöhnt war. Trotzdem blieben die Holewas nach 1945 in Schweden, denn inzwischen hatte das Paar zwei Kinder. Auch das Land und seine Volksmusik hatten sie besser kennen und schätzen gelernt. 1949 erhielt er eine feste Anstellung beim Rundfunk und war auch kompositorisch aktiver. 1952/53 arbeitete er in Göteborg als Chorleiter und Dirigent. Holewa wurde jetzt zwar als Komponist bekannter, doch galt seine Musik auch in Schweden als entartet. Bis in die 1960er Jahre blieb er daher in der schwedischen Musikszene ein Außenseiter und musste oft genug seine theoretisch-orthodoxe Haltung zur Zwölftonmusik verteidigen. Ebenso bewunderte er die Musik in der Sowjetunion und vor allem Schostakowitsch. Nicht nur die ihn lange überwachende Säpo ordnete ihn als »Modernist, verdächtiger Kommunist und Jude« ein. (S.a. in Rosengren und Müssener/Scholz, *Emigrantenselbsthilfe*)

Obwohl Alice und Hans H. jüdisch-gläubig sozialisiert waren, entwickelten sie sich früh zu Atheisten. Sie mussten aber, um 1948 schwedische Staatsbürger zu werden, Mitglied der Jüdischen Gemeinde sein, die sie um 1951 wieder verlassen haben sollen. Doch befindet sich ihre Grabstelle auf dem Södra Judiska Begravningsplatsen Sköndal. Zuletzt lebten die Holewas in Södermalm-Högalid. Als einen von fünf deutschsprachigen Musikern würdigt ihn Henrik Rosengren in *Från tysk höst till tysk vår*. Werke von HH als Arrangeur und Komponist sind z. B. bei YouTube zu finden. Im Archiv der Stockholmer Musikbiblioteket befinden sich 20 Bände zu seiner Person und seiner Musik. Er galt und gilt zwar als Avantgardist, doch verortete er sich selbst als von Gustav Mahler und Alban Berg beeinflusster Komponist.

Der 1937 illegal nach Schweden geflüchtete Bruder **Erich** (1896-1942) wurde im September 1938 abgeschoben. In Deutschland deportierte man ihn 1942 nach Auschwitz, wo er umgebracht wurde. An ihn erinnert am Kungsholmstorg 6 auf Kungsholmen, dem zeitweiligen Wohnsitz seines Bruder Hans, ein Stolperstein. Auch die Schwester Betty und der Vater Leopold waren nach Holewas Aussage »der sogenannten „Endlösung" zum Opfer gefallen«. (Dorothea Muthesius, „*Schade um all die Stimmen*")

Friedrich (Fritz) Salomon Hollander, *1915 – □2004

In Hamburg-Altona aufgewachsen und ab 1931 im Handelsunternehmen seines Vaters Julius H. tätig. 1933 emigrierte er nach Schweden und wurde in Stockholm Direktor der F. Hollander Leder- und Häutehandlung sowie Aufsichtsratmitglied in verschiedenen Hollander-Filialen. 1938 heiratete er Camilla Ettinger, mit der er vier Kinder hatte. Im gleichen Jahr beteiligte FH sich an der Gründung der Emigrantenselbsthilfe und engagierte sich dort in der Jugendarbeit. Gute Kontakte besaß er seit einem Moskau-Besuch zum KPD-Mitglied K. Mewis und auch zu W. Steinitz. Ebenso unterstützte er die Exil-KPP mit finanziellen Zuwendungen für die Untergrundarbeit. Daher reiste er 1940 in die USA, um Spenden einzuwerben. Sowieso konnte er sich als Geschäftsmann in Dänemark und Deutschland (noch) frei bewegen. Obwohl sich die Säpo für FH interessierte, erhielt er 1942 die schwedische Staatsbürgerschaft. (Vgl. Michael F. Scholz, *Herbert Wehner in Schweden*) Nach 1945 erhielt er mehrfache schwedische Auszeichnungen, darunter 1949 eine Ehrung des schwedischen Roten Kreuzes. 1962 war er in führender Position in der Judiska församlingen aktiv, 1968 wurde er Präsident des Schwedischen Zionistischen Bundes. Im RA befinden sich im Archiv der Judiska (Mosaiska) församlingen mehrere Bände mit Materialien zu ihm. Auch Müssener/Scholz würdigen in *Emigrantenselbsthilfe* sein Wirken.

Joachim Israel, *1920 – □2001

Soziologe und Sozialpsychologe. Obwohl er zur Hechaluz gehörte, zog er 1938 die Emigration nach Schweden vor. Dort war er fünf Jahre als Landarbeiter tätig, bis er in Stockholm studieren konnte. 1952 wurde er promoviert, 1956 habilitiert. JI lehrte dann an den Universitäten von Uppsala, Kopenhagen, Lund und Roskilde. In Skandinavien galt er derzeit als umstrittener Vertreter der Soziologie, da er eine philosophisch fundierte Linie vertrat. Er war als Gastprofessor u. a. in Israel und Australien tätig, 1989 in Kassel. Zudem engagierte er sich auch in Sachen Palästina. Ebenso war er Mitglied des Untersuchungsausschusses zum Tod von Ulrike Meinhof. Er veröffentlichte zahlreiche Werke auf Deutsch und Schwedisch, so *Handling och samspel* (Handlung und Interaktion). Im RA wird auf ihn u. a. in den Kammarkollegiet Ämnessamligar hingewiesen.

Wolf S. Jacobson, *1894 – □1977

Der gelernte Kaufmann studierte am Berliner Rabbinerseminar und schloss 1934 seine Ausbildung als orthodoxer Rabbiner ab. Im gleichen Jahr emigrierte er nach Dänemark, 1943 flüchtete er nach Schweden. In Stockholm gehörte er zur oben genannten Gemeinde Adat Jeschurun in Norrmalm, die unter seiner Ägide zu einem lebendigen Treffpunkt dänischer, norwegischer und finnischer Flüchtlinge wurde. Nach 1945 betreute er mit viel Einsatz Holocaust-Überlebende, für die er wie ein Vater war. Auf Lidingö leitete er zudem ein Zentrum zur Rettung jüdischer Mädchen. 1949 ließ er sich in Israel nieder. Aktuell wird er von Müssener/Scholz in *Emigrantenselbsthilfe* erwähnt.

Gerhard Jacoby (*1925)

Die Eltern Erich und Eugenie Jacoby lebten in Chemnitz. Während die Kinder rechtzeitig nach Schweden flüchten konnten, wurden sie im Sommer 1942 deportiert. Es ist geplant, zu ihrer Erinnerung Stolpersteine zu verlegen.

Gerhard kam 1939 zusammen mit seiner Schwester **Marion** per Kindertransport nach Schweden und fand im Pojkhemmet in Uppsala Zuflucht und vielleicht auch Möglichkeiten des Ankommens und Weitergehens. (S.a. Maier-Wolthausen)

Per Robert Jacoby (*1966)

Per J. wurde 1966 in Stockholm geboren. Beruflich war er zunächst als Jurist und Wirtschaftswissenschaftler tätig und ist aktuell an der Universität Stockholm in den Fachbereichen Didaktik und Pädagogik beschäftigt.

Erich Hellmuth Jacoby, *1903 – □1979

Erich J. wurde in Berlin als Sohn des jüdischen Mediziners Samuel J. geboren und ist im bürgerlichen Tiergartenviertel aufgewachsen. Politisch prägte ihn eine Rede von Karl Liebknecht im November 1918. Danach orientierte er sich am Sozialismus. Doch stand er zunächst der KPD näher, wandte sich aber später der SPD und besonders arbeitsrechtlichen

Themen zu. Weiter gehörte er um 1933 zum Kreis der Juristen der Deutschen Arbeitsfront. Zu seinen Verwandten zählte auch der um 1848 aktive Radikaldemokrat Johann G. Jacoby. Während der Weimarer Zeit war Erich als Syndikus der Eisenbahnergewerkschaft tätig und lebte zu dieser Zeit im Osten Berlins. 1933 flüchtete er nach Dänemark und hielt sich als nunmehr Staatenloser auf den Philippinen und in Rom auf. Im dänischen Exil heiratete er Lotte Friediger, Tochter des damaligen dänischen Oberrabiners. Nach der deutschen Besetzung flüchteten beide ins schwedische Exil. Unterstützung erhielt er seinerzeit vor allem von Edo Fimmen*. Im April 1940 flüchtete das Ehepaar nach Schweden. Da die zuständige Behörde seinen Aufenthaltsstatus nicht legalisieren wollte, reiste das Ehepaar über die Sowjetunion auf die Philippinen und dann nach Japan. Dank der dort erhaltenen Eindrücke galt sein Interesse vor allem der Ausbeutung von Menschen und deren absoluter Rechtlosigkeit. Erst ab 1942, nach der Befreiung durch die US-Amerikaner, konnten die Jacobys bessere Möglichkeiten nutzen. Sie kehrten zurück nach Dänemark. In der Folge pendelten die Jacobys zwischen Dänemark und Manila, bevor sie sich in Schweden niederließen. Erich J. war als Wissenschaftler u.a. für die FAO in Rom und später in Stockholm tätig. 1956 konnte er die schwedische Staatsbürgerschaft erwerben. Diesen Teil seines Lebens hat er ausführlich in *Mensch–Land–Gerechtigkeit* beschrieben. Zudem war er verwandt mit dem Radikaldemokraten Johann Jacoby aus der Zeit um 1848.

Die 1949 in Schweden geborene Tochter **Ruth Evelyn J.** studierte Wirtschaftswissenschaft, Geschichte und Philosophie an der Universität Uppsala. Ab 1972 war sie im diplomatischen Dienst tätig und bis 1998 in Positionen des schwedischen Außenministeriums tätig. Dazu gehörte auch ihre Tätigkeit als Botschafterin in Berlin von 2006 bis 2010.

Richard Janus, *1891 – □1972

Gelernter Metallarbeiter und Mitglied in der KPD. In den 1920er Jahren zeitweilig Redakteur bei der *Süddeutschen Arbeiterzeitung*. Wurde als ›Rechter‹ 1928 aus der KPD ausgeschlossen und ging dann zur KPO. Redigierte die *Rote Einheit* und die *Arbeitertribüne*. Er emigrierte 1933 in die Schweiz, musste diese 1937 verlassen und ging nach Schweden. Dort war er Mitglied der Gewerkschaftsgruppe und Leiter der Stockholmer KPO-Gruppe. RJ kehrte nicht zurück und lebte zuletzt in Solna.

Hannelore (Anne) Josias-Bertolino, *1924 – □2010
Ingeborg (Inge) Josias-(Daysie) Isaacs, *1927 – □2010

Die beiden Schwestern sind in Hamburg geboren und von der Mutter Hertha Henriette Josias, geb. Selig (1900–1944) nach dem Tod des Vaters allein großgezogen worden. Nach dem 9. November 1938 meldete sie beide mit Hilfe von Eva Warburg für einen Kindertransport nach Schweden an. Am 13. April 1939 wurden sie am Zug von der Mutter verabschiedet und erreichten noch am gleichen Tag Göteborg. Die Verteilung der Kinder auf Pflegefamilien erfolgte durch die Vermittlung des Hilfskomitees für jüdische Flüchtlinge in Göteborg. Sie wurden dann getrennt in Mellerud in der Provinz Dalsland nördlich von Göteborg untergebracht: Hannelore kam in die Kaufmannsfamilie Johansson, Ingeborg in einen Schlachterei-Haushalt.

Während Ingeborg 1941 nach Göteborg ging, wechselte Hannelore im gleichen Jahr nach einer hauswirtschaftlichen Kurzausbildung zur Familie Israelsson und dann zu den Holmströms in Bollnäs. Während dieser Zeit stand vor allem Hannelore in engem Briefkontakt zur Mutter in Hamburg. Dann führte ihr Weg sie nach Stockholm, wo sie u. a. in einer Fabrik für Regenmäntel arbeitete. Als Teil der jüdischen Community traf sie in Stockholm ihr aus Hamburg bekannte gleichaltrige Frauen und konnte bei einer von ihnen unterkommen. Ungefähr 1942 heiratete sie Kurt Adolf Elias (mutmaßlich ebenfalls mit einem Kindertransport nach Schweden gekommen) und bekam eine Tochter mit Namen Reneé. 1945 wanderte die junge Familie in die USA aus, Hannelore nannte sich nunmehr Anne, heiratete später erneut und trug um 2008 den Familiennamen Bertolino.

Ingeborg emigrierte ebenfalls in die USA und wurde 1952 eingebürgert. 1954 heiratete sie einen US-Amerikaner, mit dem sie zwei Töchter hatte. Anscheinend ist sie im gleichen Jahr wie ihre Schwester gestorben. Die Mutter Hertha wurde 1942 nach Theresienstadt deportiert und 1944 in Auschwitz ermordet. An sie erinnert das 1987 in Göteborg erschienene und von Ingrid Lomfors herausgegebene Buch *Breven från Hertha*. Auszüge daraus finden sich auch unter *archive.org* in schwedischer und englischer Übersetzung.

In Hamburg selbst erinnert ein Stolperstein an die Mutter Hertha Josias.

54 Cover zu *Piano works*

55 Buch/Bildzitat
Hildegard Kaeser

Kurt Juster, *1908 – □1992

Schauspieler und Dramaturg. 1938 emigrierte er mit der Familie über Holland und Frankreich nach Schweden. Mitglied des FDKB und Mitbegründer der Schwedischen Vereinigung für Körperbehinderte. In der *Göteborgs-Posten* veröffentlichte er zahlreiche Artikel über deutsche

Kultur und Literatur. Zudem erstellte er als erster eine Übersicht über die deutsche Exilliteratur. 1951 veröffentlichte er *Orolig natt och andra tyska efterkrigsnovellen* (Unruhige Nacht und andere deutsche Nachkriegsnovellen). Juster kehrte 1955 zurück in die Bundesrepublik, lebte aber ab 1976 wieder in Schweden und starb in Göteborg. Im ARAB befindet sich die Sammlung Juster.

Hildegard Johanna Kaeser, *1904 – □1965
geb. Zander / Pseudonym: Hillevi Hill

Jüdische Journalistin und Publizistin. Seit 1930 mit dem Nichtjuden Walter Kaeser verheiratet. Bis 1933 war sie im Berliner Ullstein-Verlag tätig. Von 1933 bis 1935 lebten beide in Frankreich und Dänemark, danach in Schweden. Ab 1938 wohnten sie in Stockholm, später in Norrviken bei Sollentuna. Sie kehrten nicht zurück. Walter K. starb 1965, vier Tage nach seinem Tod auch Hildegard K. durch Suizid. Im Exil veröffentlichte sie neben Kinderbüchern zahlreiche belletristische Werke in deutscher und schwedischer Sprache. So 1964 *Geliebte Frauen: acht Lebensgeschichten,* in denen sich ihre eigene Liebes- und Lebensgeschichte wohl widerspiegeln sollte. Journalistische Artikel erschienen oft unter ihrem Pseudonym. Sie verfasste zudem als Jugendbuchautorin mehrere Biografien mit großer Resonanz. Als Übersetzerin übertrug Kaeser u. a. zehn Romane von Dagmar Enquist ins Deutsche. 1971 erschien von Inger Lundmark die Biografie *Hildegard Johanna Kaeser – eine Autorin im Exil.*

Vic(k)tor Kafka, *1881 – □1955
Aus Karlsbad stammender Neuropsychologe und Bakteriologe. Lebte und arbeitete ab 1911 in Hamburg. 1924 erhielt er eine außerordentliche Professur an der Universität Hamburg. Bis zu seinem Exil veröffentlichte er zahlreiche wissenschaftliche Arbeiten. Nach 1933 wurde er aus rassistischen Gründen aus dem Dienst entlassen. Er emigrierte 1939 nach Norwegen, 1942 nach Schweden. War in Stockholm Mitglied des FDKB und der Interessengemeinschaft deutscher Emigranten. Trotz seiner internationalen Reputation konnte VK in Schweden bis 1952 lediglich als Archivarbeiter in der Nervenklinik Långbro arbeiten. Danach erhielt er ein Stipendium und durfte auch wieder als Arzt praktizieren. In Hamburg selbst wurde zur Erinnerung an ihn im Stadtteil Eppendorf ein Stolperstein gesetzt

David Katz, *1884 – □1953
Rosa Katz, *1885 – □1976
geb. Heine

David Katz war Experimental-Psychologe und an Universitäten in Hannover, Göttingen, Rostock, Mannheim sowie in Maine/USA tätig. Rosa Heine stammte aus Odessa und war zunächst seine Schülerin. Sie promovierte später im Fach Psychologie in Göttingen. Das Ehepaar hatte zwei Söhne: Theodor und Gregor. Da DK 1933 aus rassistischen Gründen beurlaubt wurde, emigrierte die Familie zunächst nach Großbritannien. 1937 wurde er an die Hochschule Stockholm berufen. Beide engagierten sich in der Emigrantenselbsthilfe und in

der Jüdischen Gemeinde, standen aber auch in Kontakt mit I. Birnbaum. Ebenso veröffentlichten sie einige Schriften, z. B. 1942 das Buch *Gestaltpsychologie*. 1952 erhielt er
einen Ruf an die Universität Stockholm. Seit den 1960er Jahren stand RK mit Psychologen
der Universität Rostock in Verbindung. 1964 erhielt sie die Ehrenmitgliedschaft der Deutschen Gesellschaft für Psychologie. Das Leben des Ehepaares Katz wurde im November 2014
in der Rostocker Ausstellung *Jüdisches Exil in Schweden–Licht und Schatten der Emigration
1933-1945* dargestellt. Im RA wird David K. im Archiv der Judiska församlingen geführt;
außerdem erwähnen Müssener/Scholz ihn in *Emigrantenselbsthilfe*.

Simon Katzenstein, *1868 – □1945

Bruder der Frauenrechtlerin Henriette Fürth. Trat 1889 der SPD bei und wurde 1892 aus politischen Gründen aus dem Staatsdienst entlassen. Fortan war er als Journalist, Schriftsteller und
Lehrer an Arbeiterbildungs- und Parteischulen tätig. Von 1915 bis 1919 war er Stadtver-
ordneter in Berlin-Charlottenburg, 1919/20 Mitglied der Weimarer Nationalversammlung, wo
er mit an der Weimarer Verfassung arbeitete. Er emigrierte 1933 in das Saarland und 1935
nach Schweden. Dort war er Mitglied der SoPaDe. des FDKB und engagierte sich in der
jüdischen Emigrantenselbsthilfe (Müssener/Scholz) Zuletzt lebte er in Solna und starb kurz
vor Ende des Zweiten Weltkriegs.

Hans Simon Kaufmann, *1925 – □2016

Er wuchs in Münster in einer Rechtsanwaltsfamilie auf. 1933 verlor der Vater Ludwig K.
Ludwig K. seine Zulassung. Er, seine Frau Lucie und die Tochter Grete waren Mitglieder in
der Zionistischen Vereinigung für Deutschland und wollten eigentlich nach Palästina aus-
wandern. Doch es fehlten die finanziellen Mittel für alle. So wurde beschlossen, dass Grete
und eine Cousine allein nach Palästina reisten. Hans wurde dagegen 1939 von den Eltern mit
einem Kindertransport nach Dänemark geschickt. Von Berlin aus, wohin ihn die Mutter
persönlich brachte. Weiter ging es über Warnemünde per Schiff nach Gedser und dann zur
Vorbereitung auf Palästina zum Hof Dyrehøjgärd in Kalundborg. Er war zwar der einzige Jude
auf dem Hof der sehr freundlichen Familie Nielsen, traf sich aber regelmäßig mit anderen
jüdischen Jugendlichen. Es wurde viel diskutiert sowie Englisch und Ifrit/Hebräisch gelernt.
Bis zum Herbst 1943 arbeiteten alle in der Landwirtschaft, mussten aber am 5. Oktober 1943
mit insgesamt 186 Juden von Gilleleje nach Schweden über den Sund flüchten.

In Höganäs übernachteten er und drei Freunde erst einmal zusammen mit weiteren
Flüchtlingen in einer Turnhalle. In einem Hotel wurden sie mit Essen versorgt, wobei sie in
der Küche bei der Zubereitung mithalfen. Am nächsten Tag erzählten Vertreter der Hechaluz
ihnen vom Kibbuz BaDerech in Falun, wovon die vier Freunde begeistert waren und noch am
gleichen Tag über Helsinborg mit dem Nachtzug nach Stockholm fuhren. Dort kamen sie am
10. Oktober an, am höchsten jüdischen Fest Jom Kippur. Mutmaßlich wurden sie von Eva
Warburg am Centralbahnhof begrüßt und zur Mosaiska församlingen in der Wahren-

dorffsgatan gebracht. Dort versorgte man sie mit entsprechender Kleidung für die Jom-Kippur-Feierlichkeiten in der Synagoge. In der Nacht schliefen sie auf einem Matratzenlager im Keller des Hauses Strandvägen 41, wo die Warburgs lebten. Einen Tag später wurde die Reise fortgesetzt nach Falun bzw. Hälsinggården. (Interneteintrag *Hechaluz Helsingborg*)

Hier war Kaufmann in der Waldwirtschaft tätig und lernte mit dem Material Holz umzugehen. So arbeitete er auch in der dem Kibbuz angeschlossenen kleinen Spielzeugfabrik Pluha. Während eines von der Jüdischen Gemeinde in Stockholm organisierten Aufenthalts lernte er seine spätere Ehefrau Anna-Britt kennen. Nach der Auflösung des Kibbuz 1946 arbeitete er als Tischler in Stockholm und wurde zum begeisterten Segler. In den 1950er Jahren gründete er in Bromma auf dem neu erschlossenen Blackeberg ein Unternehmen. 1955 heirateten er und Anna-Britt und bekamen die beiden Söhne Dan und Michael. Einige Zeit lebte das Paar in Spånga nahe Stockholm und engagierte sich u. a. im Judiska museet Stockholm. Dort befinden sich auch Materialien zu seiner Person, so z. B. seine Tagebücher. Zusammen mit Ann-Britt verbrachte er die letzten Lebensjahre im Stockholmer Stadtteil Johanneshov in einer Senioreneinrichtung am Tidaholmsplan. Des Öfteren besuchte HK mit seiner Frau Münster und führte als Zeitzeuge viele Gespräche nicht nur mit Jugendlichen. In einem Nachruf anlässlich seines Todes am 24. November 2016 gedachte die Stadt Münster auch seiner Eltern. (www.muenster.de)

Mit seinen Eltern hatte Kaufmann bis 1941 in einem regen Briefkontakt gestanden. Im Dezember 1941 wurden sie nach Riga deportiert. Der Vater kam 1943 in das KZ Kaiserwald bei Riga und wurde mutmaßlich wenig später nach Auschwitz deportiert und dort umgebracht. Die Mutter überlebte das KZ Stutthof bei Danzig und sollte mit anderen Häftlingen noch kurz vor Kriegsende zu Fuß nach Neustadt in Schleswig-Holstein laufen. Der Marsch endete im Auffanglager Fuhlsbüttel, sie selbst kehrte im Oktober 1945 nach Münster zurück. 1948 hielt sie sich kurze Zeit in Palästina bei der Tochter Grete auf und zog nach ihrer Rückkehr 1949 zu ihrem Sohn Hans nach Stockholm. Dort starb sie 1951 an Krebs. Er selbst stand 2008/2009 in Briefkontakt mit Eva Unger-Warburg und berichtete ihr vom Schicksal seiner Familie. Der Briefwechsel sowie ein Tagebuch befinden sich im Archiv Yad Vashem in den Digital Collections. An den ermordeten Vater erinnert in Münster ein Stolperstein.

Karl Kautsky jr., *1892 – □1978 (Z)

Ältester Sohn von Luise und Karl Kautsky. War 1917/18 Militärarzt in der österreichischen Armee, ab 1919 als Arzt in der Gesundheitsfürsoge tätig. Nach dem Anschluss Österreichs an Nazi-Deutschland 1938 verlor er seine Praxis und kam in sechsmonatige Schutzhaft. Anfang 1939 emigrierte er mit seiner Frau Charlotte Kubel und den beiden Töchtern nach Schweden. Dort kamen sie zunächst im Landschulheim Viggbyholm unter, Kautsky erhielt aber keine Arbeitserlaubnis. Im gleichen Jahr konnte die Familie in die USA reisen. Er war sowohl mit B. Brecht als auch mit M. Hodann befreundet, mit letzterem seit seiner Schulzeit.

Knüfken, Hermann, *1893 – □1976   **(Z)**

Decknamen: Karl; Carl Knudsen (Dänemark); Fredag (Schweden)

Der in Düsseldorf geborene Seemann schloss sich früh der KPD an und wurde 1914 zur Marine eingezogen. 1917 desertierte er, wurde verhaftet und ein Jahr später im November 1918 von revolutionären Matrosen befreit. Danach schloss er sich zunächst der Volksmarinedivision an. Im April 1919 entführte er mit Gleichgesinnten einen Fischdampfer in die Sowjetunion, nach seiner Rückkehr im Oktober wurde er in Stettin verhaftet und in Hamburg wegen schwerer Meuterei zu fünf Jahren Zuchthaus verurteilt. Nach seiner vorzeitigen Entlassung 1923 ging er wieder in die Sowjetunion, leitete in Leningrad den Internationalen Seemannsklub (Interklub) und war als Delegierter der ITF tätig. In dieser Zeit erhielt er auch den von Lenin erdachten Beinamen Genosse Pirat. 1932 kehrte er nach Deutschland bzw. Hamburg zusammen mit seiner Frau Sonia zurück und leitete dort die skandinavische Sektion des Interklubs. 1933 begannen für ihn Jahre des Exils. Über Kopenhagen ging es zunächst nach Rotterdam und Antwerpen. Hier gehörte er zu einer ITF-Gruppe, die u. a. mit Hilfe von Vertrauensleuten illegale Literatur und Materialien an Seeleute in deutschen Seehäfen verteilte. Ebenso war er in Rotterdam als Leiter der dortigen ITF-Gruppe aktiv. (Nelles, *Knüfken* und *Widerstand;* Az. 210/40, db.saur.de) Weiter kam es laut einem Akteneintrag des VGH zum   Ausschluss Knüfkens   aus der KPD, weil er Kontakte zum britischen Nachrichtendienst unterhielt. (Az. 9J 51/44)

Im September 1939 hielt sich das Ehepaar Knüfken in London auf, wenig später reiste Hermann nach Schweden, wo er weiterhin für die ITF arbeitete und Material für den britischen Secret Intelligence Service (SIS) sammelte. Wobei es über die britische Botschaft auch zu Kontakten zum norwegischen Widerstand kam. Darüber hinaus gab es Kontakte zu den Anarchosyndikalisten mit entsprechenden Abmachungen. Doch kam es infolge eines Hinweises zu seiner Verhaftung durch die Stockholmer Polizei mit nachfolgender jahrelanger Internierung, was im Kapitel Widerstand in seinem Fallbeispiel ausführlicher dargestellt wird. Im Oktober 1944 konnte er nach Großbritannien ausreisen, wo er weiterhin für den SIS tätig war mit Kontakten zu bestimmten Leuten in der 1945 entstandenen SBZ. 1946 konnte er endlich wieder nach Deutschland zurückkehren, wo ihn die Briten in Hamburg als Mitarbeiter der Entnazifizierungskommission für deutsche Seeleute einsetzten. Ebenso schloss er sich der neu aufgestellten Gewerkschaftsbewegung an, geriet aber in Konflikt mit der späteren ÖTV, die ihn daraufhin ausschloss. Daraufhin ging er um 1950 wieder nach Großbritannien, wo er in London beim britischen Außenministerium arbeitete und 1948 in der Zwischenzeit der Sohn Alan geboren wurde. Doch betätigte er sich nicht mehr politisch, war aber als britischer Staatsbürger für das britische Außenministerium im Londoner Hafenbereich tätig. Später, d. h. nach einem 1965 erlittenen Schlaganfall lebte er bis zu seinem Tod im Seebad Brighton sozusagen als Privatier.

Die sich nach 1945 formierte Familie umfasste ihn, seine Frau Sonia mit zwei leiblichen Kindern und eine sogenannte Stieftochter. Mit der endgültigen Niederlassung in Großbritannien hatte für Hermann ein wesentlich ruhigerer Lebensabschnitt begonnen wie Sonia später in einer kurzen Darstellung seines Lebens festhielt. Gestorben ist er in London, seine Asche wurde in Kopenhagen in der Nähe des Denkmals der Meerjungfau ins Meer gestreut. In erster Ehe war er verheiratet mit der aus Riga stammenden Rosa Doniach, in zweiter seit 1930/31 mit der Schwester (?) Sonia. (Nelles, *Knüfken* und *Widerstand*) Seine Autobiografie *Von Kiel bis Leningrad* ist posthum 2008 bei Basisdruck in Potsdam erschienen. Nach Einschätzung von Nelles war Hermann Knüfken eine »herausragende Figur der ITF-Gruppe« per se. (*Widerstand*) Das gilt auch für die von ihm geleistete Widerstandsarbeit, die ihn für die Gestapo zu einer bekannten Figur machte. So wurde er auch mehrfach in Akten des VGH genannt (mehr dazu im Abschnitt Widerstand), aber nicht angeklagt. Außerdem befinden sich Archivalien zu seiner Verhaftung im BArch unter R 58, Nr. 31102 sowie im Stockholmer Reichsarchiv, Utrikes Departement, Akte Knüfken. (S.a. Scholz, *faror för staten*)

Knyphausen, Anton Graf zu, *1906 – □1997   **Z**
geboren als Anton Franz Friedrich Unico Graf von Innhausen und Knyphausen
Journalist und Auslandskorrespondent. Er war verheiratet mit Brita Ysabel Gustavsson und hatte mit ihr vier Kinder. Bereits vor 1933 sympathisierte er mit den Nationalsozialisten und stand in Kontakt zur NSDAP-Gauleitung Württemberg-Hohenzollern. (Landesarchiv Baden-Württemberg) Später soll er während seiner Korrespondententätigkeit in Rumänien und dann in Finnland auf Distanz zum Dritten Reich gegangen sein. So meldete die *Neue Zürcher Zeitung* am 23. April 1944, dass zwei deutsche Journalisten in Helsingfors, Anton von Knyphausen und Edzard Schaper, laut *Stockholms Tidningen* ihre Beziehungen zum NS-Regime abgebrochen hätten. Im Oktober flüchtete er (mit Familie?) mit einem finnischen Fremdenpass nach Schweden, zumal er vom deutschen Volksgerichtshof in Abwesenheit zum Tode verurteilt worden war.

In Stockholm nahm er Kontakt auf zu linksgerichteten Kreisen wie dem Nationalkomitee Freies Deutschland und gab der *Politischen Information* ein Interview. Tatsächlich wird er aber weiterhin nationalkonservativ orientiert gewesen sein. So wurde er nach der Gründung der Deutschen Vereinigung 1945 deren erster Sekretär. Im gleichen Zeitraum verfasste er auf Schwedisch ein Buch über das andere Deutschland: *Tysk mot Tysk. Ett bidrag till debatten om et andra Tyskland*. Später ging er mit seiner Familie in die BRD zurück und lebte zuletzt im Raum Stuttgart. U. a. ist von ihm *Finnlands Freiheitskampf* erschienen, weiter hat er *Zeichen am Weg* von Dag Hammarsköld übersetzt.

Egon Koetting (Börgerhoff), *1914 – □1987   **Z**
Pseudonyme: Germanicus, Martin Carlsson u. a.

Als Jugendlicher gehörte er ab 1927 zur Bündischen Bewegung* und wurde dann Mitglied der Schwarzen Front*. 1934 emigrierte er in die ČSR, 1935 nach Dänemark und 1941 nach Schweden. In Stockholm setzte er sein Germanistikstudium fort und wurde 1942 Mitglied der SoPaDe-Ortsgruppe Stockholm. Ebenso trat er dem FDKB bei, 1945 der Deutschen Vereinigung 1945. EK galt als politischer Einzelgänger und war als Journalist, Übersetzer und Schriftsteller tätig. Zu seinen Freunden gehörte der schwedische Schriftsteller Ragnar Thoursie. Zusammen mit diesem publizierte er 1948 *Kulissbygget–Tyskland mellan Molotov och Marshall*. EK war verheiratet mit Margarethe Jörgensen und kehrte 1950 nach Westdeutschland zurück. Ab 1953 war er als Gründer und Leiter des Skandinavien-Kreises am Institut für Auslandsbeziehungen Dortmund tätig. Um 1957 initiierte er mit anderen die Stiftung des Nelly-Sachs-Preises. EK verfasste einige landeskundliche Bücher über Schweden und machte sich einen Namen mit Artikeln über Skandinavien. Er veröffentlichte u. a. 1963 *Västmanland und Örebro: Unsere Freunde in Schweden*. Zuletzt lebte er in Herdecke.

56 Buch/Bildzitat
   Hermann Knüfken

57 *Hermann Leiser*
   Buch/Bildzitat

Werner Arthur Korinth, *1904 – □1982

Er war u. a. als gewerkschaftlicher Redakteur tätig und verschiedenen linken Gruppen angehörend. 1933 wurde er kurz inhaftiert, emigrierte dann in die Niederlande und 1934 nach Schweden. Dort wurde 1936 die Tochter Hannah geboren. Er arbeitete als Setzer und blieb ab 1948 endgültig in Schweden. WK veröffentlichte einige Artikel in schwedischen Zeitungen und Zeitschriften. Sein Grab befindet sich auf dem Norra begravninggsplatsen im Bereich Minneslunden.

Hedda Korsch, *1890 – □1982   (Z)
   geb. Gagliardi

Enkelin der Frauenrechtlerin Hedwig Dohm und promovierte sozialistische Reformpädagogin. Seit 1913 verheiratet mit dem Sozialphilosophen Karl Korsch, mit dem sie zwei Töchter hatte. Das Ehepaar Korsch nahm 1923 an der Marxistischen Arbeitswoche* teil. 1924
arbeitete HK bei der Sowjetischen Handelsmission in Berlin, wurde aber wegen ihrer
Beziehung zu Karl K. entlassen. Von 1926 bis 1933 war sie als Lehrerin an der vom
Reformpädagogen Fritz Karsen initiierten Karl-Marx-Schule in Berlin-Neukölln tätig. 1933
emigrierte sie nach Schweden und arbeitete im Reform-Landschulheim Viggbyholm. 1936
ging HK in die USA und lehrte als Dozentin bis 1956 am Wheaton College. Karl K.
emigrierte 1933 nach Dänemark, 1936 ebenfalls in die USA.

Friedrich Wilhelm Koslowski (y), *1907 – □ 1979
Rufname Fritz

Er stammte aus Essen, ist aber in Polen geboren und soll von Beruf Lokomotivführer gewesen
sein, der sich gewerkschaftlich in der ITF und im Deutschen Metallarbeiter-Verband
engagierte. In dieser Funktion kam es 1933 zur Anklage durch den Oberreichsanwalt beim
Reichsgericht wegen Vorbereitung zum Hochverrat, was unter dem Aktenzeichen 9J 1016/33
im Bundesarchiv unter R 3003/5578 archiviert worden ist. Es wurde ihm vorgeworfen, in der
KPD mitgearbeitet und Flugschriften verteilt zu haben. Das Oberlandesgericht Hamburg
wertete den Vorgang als politische Strafsache und stellte das Verfahren im Juni 1934 ein.
Dazu ist zu bemerken, dass in der entsprechenden Archivalie als Geburtsjahr 1903 angegeben
wurde. Zudem wurde in Essen am 2. Mai 1933 ein Fritz Koslowski in seiner Funktion als
Geschäftsführer der Einheitsgewerkschaft der Eisenbahner Deutschlands verhaftet. Doch
wurde er in der Folge in Akten des VGH anscheinend nicht erfasst, obwohl der Name
Koslowski nicht gerade unbekannt war (so lebte in Bochum ein Erich K., der Mitglied im
Rotfrontkämpferbund war).

Im Oktober 1934 flüchtete er über Holland nach Schweden, wo er anfangs von der
Roten Hilfe umterstützt wurde, wie aus einem Dossier im Riksarkivet mit der Komm-Nr. 984
hervorgeht. Zunächst fand er Arbeit in einem holzverarbeitenden Betrieb in Kramfors in der
Provinz Västernorrland am Bottnischen Meerbusen. Hier sollte er zudem ab September 1937
den Schiffsverkehr einschließlich der Holzverschiffung beobachten und an deutsche
Schiffsbesatzungen Informationsmaterial verteilen. Bis 1938 lebte er im nahen Gudmundrå,
wo er auch seine spätere Frau Maria Josefina Gustafsson (1907-1994) kennenlernte. Dann
wurde er nach einem Treffen mit Knüfken und Lindley im Oktober im lebhafteren Hafen von
Oxelösund südöstlich von Nyköping eingesetzt. Seine konspirative Aufgabe bestand dort
ebenfalls darin, die Schiffsbewegungen zu beobachten und Propagandamaterial an deutsche
Seeleute zu verteilen. Er stand in Kontakt mit Hermann Knüfken, Alfred Rickman, Herbert
Warnke sowie Heinrich Sommer. und auch Charles Lindley von der ITF, wobei die Kor-
respondenz über die mit ihm verlobte Maria Gustafsson lief. Jeweils an den Montagen fuhr
Koslowski nach Stockholm, um sich mit den Kontaktpersonen zu treffen. Da er im Fokus

polizeilicher Beobachtung stand, konnte diese einen Brief an Heinrich Sommer abfangen und aus dem Inhalt folgern, dass »sie es mit einem umfassenden Spionagenetz in schwedischen Hafenstädten zu tun hatte, welches über die ITF mit dem SIS verbunden war.« (Wie auch z. B. in Dänemark, wo Waldemar Pötzsch aktiv war). Nach Warnkes Verhaftung im Sommer 1939 wurde auch Koslowski unter dem Verdacht der Spionage und doppelten Agententätigkeit verhaftet und in den Lagern Långmora und Smedsbo bis 1942 interniert. Bei der Durchsuchung seiner Wohnung konnte die schwedische Polizei anhand der vorgefundenen Unterlagen ein umfassendes Beziehungsnetzwerk in schwedischen Hafenstädten ausmachen. Ebenso fanden sie einen Zettel mit dem Namen Knudsen, einem Decknamen von Hermann Knüfken, der kurz zuvor verhaftet worden war. Außerdem brachte man Koslowski in Verbindung mit einem in Oxelösund auf Grund gesetzten Schiff.

Nach seiner Freilassung und nach Kriegsende 1945 blieb er in Schweden. 1947 heirateten er und Maria Josefina in Gudmundrå, wo sie zunächst lebten und in der Folge zwei Kinder bekamen. Im Übrigen wurde sein Fall im Juni 1946 in der Presse im Zusammenhang mit bestimmten Ereignissen dargestellt und die Feststellung getroffen: »Tysk provokateur var polisens spion«. (RA Komm.Nr. 984) Im März 1955 kam es seitens der Polizeibehörde zu einer nochmaligen Überprüfung seiner Person, die aber positiv bewertet wurde. Über seinen weiteren Lebensweg, der ihn und die Familie wieder nach Stockholm führte, gelangten keine Daten an die Öffentlichkeit. Auch die erwähnten Unterlagen beschränken sich auf sachliche Informationen, doch geben Borgersrud und Nelles seinem politischen Einsatz mehr Raum. Die letzte Ruhestätte fand Maria Koslowski (und auch wohl Fritz) im Bereich Minneslunden des Friedhofs Skogskyrkogården im Stockholmer Stadtteil Enskede.

Martin Krebs, *1892 – □1971/72   **Z**
Pseudonym: Albin Berg

Stammte aus Triebel in der Niederlausitz. Von Beruf Glastechniker und Mitglied der SPD, ab 1930 Sekretär des Internationalen Glasarbeiterverbandes. Nach Verhaftung und illegaler politischer Arbeit emigrierte er 1934 in die ČSR und 1938 nach Schweden. In Stockholm war er Mitglied der Gewerkschaftsgruppe, der SoPaDe und des FDKB. Als Journalist nutzte er sein Pseudonym. Nach 1945 half er wie viele andere Emigranten bei der Betreuung nach Schweden geretteter KZ-Opfer. 1946 konnte er sich einem Rückkehrertransport anschließen, wurde aber zunächst in einem britischen Internierungslager festgehalten. Er bekam die Möglichkeit, in Eckernförde bei der Kreisverwaltung zu arbeiten. In seiner neuen Funktion half MK bei der Versorgung von Notleidenden mit Hilfsgütern aus Schweden. Vom VGH wurde Krebs zweimal mit den Aktenzeichen 15J 86/33 und 8J 228/35 erfasst.   (db.saur.de) Mehr zu seinem Exil und danach in Thomas Pusch, *Politisches Exil*, s.a. Müssener/Scholz, *Emigranten- selbsthilfe* .

Bruno Kreisky, *1911 – □1990
Österreichischer Bundeskanzler von 1970 bis 1983

Er engagierte sich früh in der SPÖ und in der SAJ. War 1934 Mitbegründer der illegalen Revolutionären Sozialistischen Jugend und Mitglied bei den Naturfreunden. 1936 wurde er kurz inhaftiert, konnte aber 1938 noch sein Jurastudium mit Promotion beenden. Nach erneuter kurzer Verhaftung flüchtete Kreisky unverzüglich nach Dänemark, wo ihn die Polizei wieder zurückschicken wollte. Er durfte dann aber bleiben, um seine weitere Fluchtmigration zu organisieren. Auf Einladung der schwedischen Jungsozialisten konnte er sich in Stockholm niederlassen. Dort wurde er Mitglied und Obmann des Klubs österreichischer Sozialisten und der Österreichischen Vereinigung in Schweden. Kreisly arbeitete zudem als Sekretär in der Stockholmer Konsumgenossenschaft und war auch als Journalist tätig. Ebenso setzte er hier seine 1936 in Brünn begonnene Freundschaft mit Willy Brandt fort. Ein besonderes Anliegen war ihm die Anerkennung österreichischer Militärflüchtlinge.

1942 Heirat mit Vera Fürth (1916–1988). Im März 1944 wurde der Sohn Peter geboren. BK unternahm im Sommer 1946 den Versuch einer Rückkehr und hielt sich für drei Monate in Wien auf. Doch war er noch nicht willkommen und ging zurück nach Stockholm. Er half mit, die Österreichische Gesandtschaft aufzubauen und erhielt den Status eines Legationsrates. Ende 1950 wurde er endlich nach Österreich zurückgerufen – ein 12-jähriges Exil ging zu Ende. Im Buch *Emigrantenselbsthilfe* von Müssener/Scholz wird er ebenfalls erwähnt.

Franz Krejči, *1888 – □1973
Von Beruf Maurer, Maler, Journalist. 1935 wurde er zum Abgeordneten der Sudetendeutschen Sozialdemokraten im Parlament der ČSR gewählt. Er war verheiratet mit Josefine Zepfner. 1939 emigrierten sie nach Schweden, wo er Mitglied der Treuegemeinschaft und später Mitbegründer der Arbeitsgemeinschaft tschechoslowakischer Sozialisten war. Zusammen mit J. Ladig und E. Paul untertützte er die ČSR-Exilregierung in London. Im Zeitraum 1942/43 wurde er mehrfach in Akten des VGH erfasst. 1943 veröffentlichte er die kleine Schrift *Sudetendeutsche oder čechoslovakische Politik*. Franz K. arbeitete als Archivarbeiter in Stockholm und kehrte nicht zurück. Er ist begraben auf dem Norra begravningsplatsen.

Emil Kronheim, * 1890 – □1971
Aus Guttstadt (Dobre Miasto) in Ostpreußen stammend. Studium an der Lehranstalt für die Wissenschaft des Judentums sowie Geschichte, Klassische Sprachen und Philosophie an der Universität Berlin. Teilnahme am Ersten Weltkrieg als Feldrabbiner. Lebte mit seiner Frau Ruth (1892-1976) von 1919 bis 1923 als Rabbiner in Dortmund, dann von 1925-1926 als Religionslehrer in Frankfurt/Main. Anschließend ging er mit Ruth und der Tochter Monica Esther nach Stockholm, wo er bis 1963 wieder als Rabbiner tätig war. Im Januar 1939 nahmen die Kronheims in ihrer sehr kleinen Wohnung für kurze Zeit die aus Gelsenkirchen mit einem

Kindertransport gekommenen Geschwister Back auf. Sein Grab und das seiner Frau liegen auf dem Norra Judiska Begravningsplatsen. Ein von ihm 1928 erschienener Artikel in der *Judisk tidskrift* über Juden in Berlin befindet sich im Archiv Judiska (Mosaiska) församlingen vom RA. Ebenso erwähnen ihn Müssener und Scholz in *Emigrantenselbsthilfe* sowie Maier-Wolthausen in *Zukunft*.

Alfred Krüger, *1887 – □1953

Leipziger Jurist und Journalist. Er emigrierte aus rassistischen Gründen 1938 nach Schweden. Wurde dort Korrespondent der *Basler Nationalzeitung* und arbeitete für weitere Schweizer Zeitungen. AK war auch als Lyriker bekannt, doch reflektieren seine Gedichte nicht die Erfahrungen des Exils. Er kehrte nicht zurück.

Erna Künast, *1921 – □1972

Mitglied der Sudetendeutschen Sozialdemokraten. Sie ging 1938 in die Rest-ČSR und emigrierte 1939 über Dänemark nach Schweden. War u. a. als Archivarbeiterin tätig. Nach 1945 kehrte sie nicht zurück. Neben anderen kleinen Publikationen erschien 1967 in München ihr Gedichtband *Stille Stunde*, als Herausgeber zeichnete die Seliger-Gemeinde der sudetendeutschen Sozialdemokraten.

Josef Ladig, *1895 – □1953

Aus Böhmen stammender Metallarbeiter und Funktionär, der eine große Rolle in der sudetendeutschen Gewerkschaftsbewegung spielte. Zusammen mit seiner Frau Aloisia hatte er einen Sohn namens Kurt. Bevor er und die Familie Ende 1938 nach Schweden emigrierten, war er neben anderen Posten Zentralsekretär des Internationalen Metallarbeiter-Verbands in Komotau (Chomutov). In Schweden war er von 1939 bis 1946 Angestellter des schwedischen Metallarbeiter-Verbands, zudem Vorsitzender der Auslandsvertretung sudetendeutscher Gewerkschaftler. Mit anderen protestierte er 1939 gegen eine Loyalitätsbekundung leitender Gewerkschaftsfunktionäre im Exil an den ČSR-Präsidenten Eduard Beneš in London. Ebenso protestierte er zusammen mit F. Krejči gegen die autonomistische Politik anderer Sudetendeutscher. Wie dieser unterstützten E. Paul und er eigentlich die Politik der Exilregierung. Bis 1946 fungierte er auch als Vorsitzender der Landesgruppe vereinigter tschechoslowakischer Gewerkschaften in Schweden. Ebenso war er Vorsitzender der Arbeitsgemeinschaft čechoslovakischer Sozialisten. Zusammen mit Krejči gab er das Organ *Weg und Ziel* heraus. Beide waren auch Mitglieder im Einheitsausschuss der deutschen Antifaschisten aus der ČSR in Schweden. Nach Kriegsende reiste er im März in die ČSR, kehrte aber nach kurzer Zeit desillusioniert nach Schweden zurück. Bis zu seinem Tod war er Mitarbeiter bei ARAB. Im RA befindet sich ein Dossier der SUK; und vom VGH wurde er 1940/41 in der Akte 6J 52/4g erfasst (db.saur.de).

Alfred Lange, *1908 – □1964   **Z**

Er war seit 1925 Mitglied der Gewerkschaft und seit November 1932 der Görlitzer SPD-Gruppe. 1933 flüchtete er in die ČSR, 1934 nach Schweden. Inzwischen stand er der Exil-KPD nahe und war im Askania-Kreis aktiv. Eine geplante Weiterreise in die UdSSR gelang ihm nicht. Er wurde Mitglied der Emigrantengemeinschaft und gehörte zum sogenannten Fünferkreis, wo er als Spiritus rector galt. Nach deren Auflösung trat er zusammen mit diesem Kreis der SoPaDe bei, die er zuvor abgelehnt hatte und in der er eine üble Rolle gespielt haben soll. (Aussage H. Müssener) Im April 1940 wurde AL kurz verhaftet, wenige Tage später aus der SoPaDe ausgeschlossen. Im Juni kam es zur Internierung in Långmora, später in Smedsbo bis 1943. Soll dann Mitglied der KPD geworden sein. Doch gibt es laut Müssener über seine Parteizugehörigkeiten widersprüchliche Aussagen. AL wurde nach der Freilassung Mitarbeiter der *Politischen Tribüne* sowie Mitglied der Gewerkschaftsgruppe und des FDKB, soll aber auch für den sowjetischen Geheimdienst gearbeitet haben. 1945 ging er zurück in die SBZ. Dort war er u. a. von 1946 bis 1951 Mitarbeiter des Freien Deutschen Gewerkschaftsbundes, von 1952 bis 1964 Mitarbeiter des Gewerkschaftsverlags Tribüne. Vom VGH ist er 1937 in der Akte 14J 570/37g erfasst worden. (db.saur.de; s.a. Scholz, *Erfahrungen*)

(Karl) Willy Langrock, *1889 – □1962   **Z**

Schriftsetzer aus Leipzig und zunächst Mitglied der SPD, dann der USPD, zuletzt der KPD. Er war als politisch Tätiger auch Mitarbeiter der Komintern, seine Lebensgefährtin und spätere Ehefrau Martha Scholz, geb. Schramm war Sekretärin bei der Internationalen Kontrollkommission der Komintern. Beide waren ab 1933 politisch illegal tätig und reisten durch verschiedene europäische Länder. was vielleicht auch zur Erfassung seines Namens in der VGH-Akte 16J 324/34 und 2H 45/35 führte. (db.saur.de) 1935 kam es zur Verhaftung in der Schweiz mit Ausweisung nach Frankreich. Hier klagte man Langrock wegen Spionage an, ebenso wurde er später in Österreich verhaftet. 1937 hielten sich beide in Moskau auf, dort soll ihn Herbert Wehner als der Gestapo nahestehend denunziert haben. 1938 lebten die Langrocks in der ČSR, von dort konnten sie mit Unterstützung der Nansen-Hilfe 1939 nach Norwegen entkommen. 1941 flüchteten beide nach Schweden und wurden zunächst interniert. Ab 1942 arbeitete er als Schriftsetzer in Stockholm und wurde Leiter der dortigen KPD-Gruppe, obwohl Martha und er eigentlich erneut in die UdSSR reisen wollten. 1946 gingen sie in die SBZ, wo er im Verlagswesen tätig war. (S.a. Scholz, *Erfahrungen*)

Werner Neander Lansburgh, *1912 – □1990   **(Z)**
Pseudonym: Ferdinand Brisson

In Berlin geboren und aufgewachsen. War bereits als Gymnasiast Mitarbeiter beim *Berliner Tageblatt*, danach Journalist. Aus rassistischen Gründen verließ er 1933 Deutschland und ging zunächst in die Schweiz, 1934 nach Spanien, 1936 nach Italien und 1937 wieder in die Schweiz. Während eines Besuchs in Schweden wurde er vom Kriegsausbruch überrascht und blieb dort. Er begann ein Studium und arbeitete als Korrektor und Angestellter bei der britischen und der US-amerikanischen Gesandtschaft. 1943 veröffentlichte er das Buch *Blod och bläd* (Blut und Tinte). Nach 1945 versuchte Lansburgh vergeblich, in der BRD Fuß zu fassen. Zurück in Schweden, arbeitete er in Uppsala als Korrektor bei der Universitäts-Druckerei. 1977 gelang ihm der literarische Durchbruch mit den *Dossie*-Büchern. Er selbst lebte dann abwechselnd in Hamburg und Uppsala. Noch vor seinem Tod ist seine Autobiografie *Feuer kann man nicht verbrennen* erschienen.

Lotte Laserstein, *1898 – □1993

In Preußisch-Holland bei Königsberg geboren. Studium an der Kunstakademie Berlin. Die gegenständlich schaffende Malerin wurde als ›leuchtendes Talent‹ gerühmt und stand in Berlin der Neuen Sachlichkeit nahe. 1933 hatte sie ihre erste Ausstellung in der Galerie Gurlitt in Berlin, wurde aber im gleichen Jahr von den Nationalsozialisten zur Dreivierteljüdin erklärt. 1937 reiste sie nach Stockholm zur Eröffnung einer Ausstellung ihrer Werke in der Galerie Modern. Sie kehrte nicht nach Deutschland zurück und engagierte sich in der Emigrantenselbsthilfe. Ihren Lebensunterhalt bestritt sie zunächst als Porträtmalerin, darin sehr unterstützt durch die schwedische Familie Trolle. U. a. porträtierte sie 1941 Walter Lindenthal einmal unter dem Titel *Der Emigrant*, dann als Besucher einer Bibliothek. 1944 gehörte sie zu den Ausstellenden in *Konstnärer i landsflykt* in Stockholm. Lotte L lebte zuletzt in Kalmar als nahezu vergessene Künstlerin.

In Schweden gab es etwa 30 Ausstellungen ihrer Werke. Internationale Anerkennung erhielt sie erst 1987 durch eine Ausstellung in London. Heute bewertet man Lasrstein als Meisterin der akademischen Malerei. 2003 gestaltete das Verborgene Museum in Berlin-Charlottenburg eine erste große Retrospektive mit ihren Werken. Anna-Carola Krausse verfasste dazu den Katalog *Lotte Laserstein. My only reality – meine einzige Wirklichkeit*. Auch im Frankfurter Städel Museum wurde Lotte Laserstein in einer Ausstellung gewürdigt, worüber z. B. die Frankfurter Rundschau im Oktober 2918 und ein Jahr später berichtete. Ein Teilnachlass befindet sich seit 2009 im Lotte-Laserstein-Archiv in der Berlinischen Galerie des Museums für Moderne Kunst: Werkfotografien, Skizzenbücher, Korrespondenzen, Ausstellungs-Unterlagen, Bücher aus ihrer Bibliothek. Teile ihres Gesamtwerks wurden 2020 in einer Ausstellung der Berlinischen Galerie im Museum für moderne Kunst unter dem Titel *Von Angesicht zu Angesicht* gezeigt. Ende Januar 2019 hat der oben dargestellte Lars Dencik im Frankfurter Städel-Museum einen Vortrag zu dieser dort ebenfalls gezeigten Ausstellung gehalten,

In Schweden blieb die Sammlung Familie Trolle. Berlin würdigte sie außerdem mit der Benennung einer Straße in Schöneberg nach ihrem Namen. Im Haus Jenaer Straße 3 in Wilmersdorf wurde zur Erinnerung eine Gedenktafel sowie ein Stolperstein für die Mutter Meta Laserstein (1867-1943) angebracht. Außerdem erinnert ein Studenten-Apartment-Haus in Berlin-Karlshorst unter dem Namen Lotte-Laserstein-Haus an die Künstlerin. Siehe auch

Elke-Vera Kotowski, *Lotte Laserstein: Die Porträtistin der Neuen Sachlichkeit*. Außerdem
wird sie von Müssener/Scholz in *Emigrantenselbsthilfe* erwähnt.

Maria Franziska Lazar-Strindberg, *1895 – ◻1948
Pseudonym: Esther Grenen

In einer Wiener jüdischen Familie aufgewachsen. War mit Persönlichkeiten wie Elias Canetti
und Egon Friedell bekannt. Oskar Kokoschka porträtierte sie 1916 als *Dame mit Papagei*.
Anfangs arbeitete sie als Lehrerin, versuchte sich aber auch als Schriftstellerin. 1923 heiratete
sie Friedrich Strindberg, wodurch sie die schwedische Staatsangehörigkeit erhielt. 1924 wurde
die Tochter Judith (Lutti) geboren, 1927 trennte sich das Paar. Ab 1930 schrieb sie unter ihrem
Pseudonym mit mäßigem Erfolg. 1933 ging sie mit B. Brecht und H. Weigel nach Dänemark
ins Exil. Es erschienen weitere Romane, so 1934 *Leben verboten*.

1939 emigrierte sie mit Judith nach Schweden, wo beide im Stockholmer Stadtteil
Essingen lebten. Zu den Brechts bestand weiterhin Kontakt, bis zu deren Abreise nach Finn-
land. Anlässlich der Räumung empörte sie sich laut Weiss (*Ästhetik*) darüber, dass den
bewachenden Polizeibeamten nichts über sie bekannt war: »mit einem Sohn Strindbergs und
Frieda Uhls war ich verheiratet!« Unter ihrem Pseudonym veröffentlichte Maria L. 1943 die
Satire *Det tyska ansiktet* (Das deutsche Antlitz) über nationalsozialistische Machthaber.
Politisch soll sie der SoPaDe nahegestanden haben, beruflich war sie als Journalistin tätig.
Maria Lazar beendete 1948 ihr Leben durch Suizid, Judith Lazar-Strindberg lebt aktuell in
Großbritannien. Dort befindet sich ein Teil des Nachlasses, weitere Teilnachlässe sind in der
Kungliga Biblioteket Stockholm und in Det Kongelige Bibliotek Kopenhagen archiviert.

Erwin Leiser, *1923 – ◻1996   Z

In Berlin-Hohenschönhausen geboren und in der früheren Berliner Straße 118 (Berliner Adressbuch) aufgewachsen. Der Vater Hermann, von Beruf Rechtsanwalt und Notar, verlor 1933 sein
Notariat und starb 1937 an einem Venenleiden. Die nichtjüdische Mutter engagierte sich in der
Deutschen Liga der Menschenrechte. Nach dem 9. November 1938 konnte Leiser im Rahmen
der Jugend-Alijah mit einem Kindertransport im Februar 1939 nach Schweden entkommen.
Der Mutter gelang es, nach Großbritannien zu emigrieren, wo sie in London lebte. Der 15-
jährige EL besuchte in Schweden das Internat *Kristinehov* in Västraby bei Löberöd und schrieb
als Zwanzigjähriger Rezensionen für die *Judisk Tidskrift*. Später studierte er in Lund.

1950 ging er nach Stockholm und war bis 1958 Feuilletonredakteur der sozialdemokratischen Tageszeitung *Morgon-Tidningen*. Er arbeitete außerdem als Übersetzer, u. a. von
Brecht, Celan, Dürrenmatt, Kafka, Werfel, Zuckmayer und vor allem von Nelly Sachs, die er
sehr unterstützte und förderte. Zudem publizierte er zwischen 1951 und 1969 Verschiedenes in
schwedischer Sprache. Nach seiner Hinwendung zum Medium Film um 1960 übersiedelten er
und seine Frau Vera 1961 nach Zürich, wo beide sich als Dokumentaristen einen Namen

machten. Sein erster Film *Mein Kampf* brachte ihm internationale Anerkennung. Zwei Jahre später ist von ihm das Buch *Wähle das Leben* erschienen, analog zum gleichnamigen Film.

Ab 1966 war er künstlerischer Direktor der neu gegründeten Deutschen Film- und Fernsehakademie in Berlin. An der Eröffnung im September konnte er nicht persönlich teilnehmen, seine Antrittsrede hielt Vera L. In den nachfolgenden Jahren kam es allerdings zu Unruhen und Unstimmigkeiten zwischen ihm und den Studierenden, was 1966 zur beiderseitigen Auflösung des Vertrags führte.1991 erhielt er die Ehrendoktorwürde der Universität Stockholm. EL wurde vor allem bekannt durch zahlreiche Dokumentarfilme wie z. B. 1993 mit *Pimpf war jeder.* Drei Jahre nach seinem Tod starb auch Vera in Zürich. Seine Lebenserinnerungen hat er festgehalten in *Gott hat kein Kleingeld.* Im RA befindet sich zu seiner Person ein Dossier der Ausländerbehörde sowie eine Datensammlung der Judiska församlingen von 1939 bis 1946 und von 1959 bis 1996. Archivalien zu seinem Schaffen sind in der AdK einsehbar. (S. a. Müssener/Scholz und Maier-Wolthausen)

Wolfgang Leonhard, *1921–□2014   **Z**

Geboren in Wien als Wladimir L. Seine Mutter Susanne Leonhard, geb. Köhler (1895-1984), war eine enge Freundin von Karl Liebknecht und Rosa Luxemburg und kurz mit Rudolf Leonhard verheiratet. Nach der Scheidung 1919 wurde 1921 Wladimir geboren, als mutmaßlicher Vater gilt RL. Ab 1931 lebten Wladimir und seine Mutter zunächst in Berlin in der Künstlerkolonie, wo er Mitglied der Jungen Pioniere wurde. Aus Sicherheitsgründen brachte Susanne L. ihren Sohn 1933 im schwedischen Internat Viggbyholm unter. Zu seinem dortigen Aufenthalt äußerte sich WL später so: Die Mutter besuchte ihn dort 1935, »und während der Zeit flog ihre Gruppe [im Berliner Untergrund] auf. Sie konnte nicht mehr zurück.« Ihr Asylantrag wurde abgelehnt, beide mussten Schweden verlassen.

Wohin? Es war Wladimirs Entscheidung, nach Moskau zu gehen. Dort kam er in ein Kinderheim, wurde 1941 nach Kasachstan zwangsevakuiert und studierte ab 1942 in einer baschkirischen Kominternschule. Zuvor war seine Mutter 1936 in das Arbeitslager Workuta und später nach Sibirien deportiert worden. Er selbst kehrte 1945 mit der sogenannten Ulbricht-Gruppe nach Berlin zurück. Auf sein Betreiben hin durfte seine Mutter das Lager in Sibirien 1948 verlassen und ging ein Jahr später als überzeugte Antistalinistin in die BRD. Wolfgang Leonhard, wie er sich jetzt nannte, brach 1949 mit dem Kommunismus und flüchtete über Prag nach Belgrad.

1950 übersiedelte er in die Bundesrepublik und gründete mit anderen die nur kurz bestehende Unabhängige Arbeiterpartei Deutschlands. Er war Mitglied bei Amnesty International und im PEN-Club. 1955 veröffentlichte er sein wichtigstes Buch *Die Revolution entläßt ihre Kinder.* Lehrte als Historiker u. a. an der Yale University und lebte zuletzt in der Eifel. WL träumte nie von familiärer Geborgenheit – er kannte sie einfach nicht. Stattdessen »durchlebte« er die »großen Wendungen der Zeitgeschichte«, wie er selbst sagte.

Paul Leser, *1899 – ☐1984 **(Z)**

Er gehörte als aktives Mitglied zum Orden der Piraten im Nerother Wandervogel-Bund. Der promovierte und habilitierte Ethnologe und Anthropologe lehrte als Privatdozent lehrte in Darmstadt, wo er 1933 aus rassistischen Gründen entlassen wurde. 1936 flüchtete er über Dänemark nach Schweden und lebte zunächst in Stockholm. Dort gehörte PL zum Deutschen Vortrupp im Exil um H-J. Schoeps. Weiter engagierte er sich in der jüdischen Emigrantenselbsthilfe, wo er eine Arbeitsgemeinschaft für Rassenforschung leitete. 1942 emigrierte er über Göteborg und Barcelona in die USA. (Nach H. Frankls Darstellung reiste er 1943 über die UdSSR in die USA ein.) Dort war er zeitweilig bei der US Army tätig und lehrte an verschiedenen Universitäten, u. a. Harvard. PL kehrte nicht zurück, war aber z. B. 1958 als Gastprofessor an der Universität Köln tätig, 1966/67 an der Universität Wien. In Hartford, Conn. verbrachte er seine letzten Lebensjahre. U. a. hat er 1931 *Entstehung und Verbreitung des Pfluges* veröffentlicht. Ein Teilnachlass befindet sich in der DNB: Lebensdokumente, Veröffentlichungen. Außerdem erwähnen ihn auch Müssener/Scholz in *Emigrantenselbsthilfe*.

Hilde Levi, *1909 – ☐2003

In Frankfurt/M geboren. Sie absolvierte an der Berliner Humboldt-Universität ein Chemie- und Physikstudium und promovierte 1934. Im gleichen Jahr ging sie nach Kopenhagen an das Niels-Bohr-Institut und stand im wissenschaftlichen Kontakt mit Lise Meitner. 1943 musste sie nach Schweden flüchten, wo sie in Stockholm am Wenner-Gren-Institut der Universität Arbeit fand. 1945 kehrte sie nach Kopenhagen zurück und forschte mit anderen Wissenschaftlern im Bereich Radiobiochemie. So entwickelte sie in Zusammenarbeit mit dem dänischen Nationalmuseum einen Apparat zur Bestimmung des Alters archäologischer Funde mit der Isotop-Carbon-14-Methode. Auch war sie an der Publikation zahlreicher wissenschaftlicher Arbeiten beteiligt.

Kurt Tsadek Lewin (Levin), *1918–☐2008

Aus Berlin stammender jüdischer Musiker. Als junger Mann betreute er 1937 und 1938 ehrenamtlich im Auftrag der Jüdischen Gemeinde Berlin im südschwedischen Internat Kristinehov (→ Kindertransporte) eine Gruppe Jugendlicher, die dort ihre Sommerferien verbrachten. Nach Beendigung seines Studiums schaffte er es Weihnachten 1942, bei eiskalten Temperaturen mit Freunden in einem Güterwaggon über Sassnitz nach Malmö zu flüchten. 1943 war er zeitlich befristet als Bratschist beim Orchester Norrköping engagiert. Ab Sommer 1944 lebte er in Karlstad und lernte dort seine schwedische Ehefrau kennen. Das Paar bekam zwei Kinder: Susanne und Thomas, ließ sich aber später scheiden.

Als gefeierter Bratschist lebte er dann in Uppsala, wo er auch als Professor tätig war. Außerdem war er dort zeitweise Leiter eins Orchesters. Von 1952 bis 1969 spielte er im berühmten Kyndelquartett, mit dem er auch auf Tournee ging. Zuletzt lebte er in einer kleinen

Wohnung im Stockholmer Stadtteil Johanneshov. Sein Grab befindet sich in Uppsala auf dem Berthåga Kyrkogård im Bereich Minneslund. 2013 wurde sein Leben nachgezeichnet von Lars Bessel in *Der Bratschist beschreibt sein Leben – die außergewöhnliche Flucht des Kurt Lewin*. Doch ist er nicht der Lewin, der auf einem Stolperstein in Berlin-Schlachtensee verzeichnet sein soll.

Ludwig (Lutz) Lewy, *1894 – □1972   Z
Pseudonym: Weyl

Er war als promovierter Jurist zunächst Bankbeamter in Berlin und später Journalist. Von 1933 bis 1935 war er als illegaler Korrespondent linkssozialistischer Auslandsgruppen tätig. Dank seiner Verbindungen nach Schweden konnte er 1935 dorthin emigrieren. War 1938/39 als Sekretär der Emigrantenselbsthilfe aktiv, ebenso in der Fünfergruppe der Emigrantengemeinschaft. Lewy wurde Mitglied der SoPaDe und gehörte außerdem zum RSD. 1936 veröffentlichte er *Das braune Netz über dem Norden*. Weiter stand er in Verbindung zu Edo Fimmen* vom ITF , den er mit Berichten über Militärisches in Deutschland versorgte, was zu seiner Verhaftung in Schweden im April 1940 führte. Bis 1942 war er dann in Smedsbo wegen vermuteter Spionagetätigkeit inhaftiert. (Nelles) Später konnte er u. a. als Archivar am Kunsthistorischen Institut der Universität Uppsala arbeiten. Zudem war er unter Pseudonym als Journalist für die schwedische Presse tätig. 1944 schloss er sich dem FDKB an. Er kehrte 1946 zurück und arbeitete journalistisch z. B. für die Deutsche Nachrichten-Agentur. 1947 musste er wegen eventueller kommunistischer Nachrichtentätigkeit ausscheiden und emigrierte nach Palästina. Archivalien befinden sich im Deutschen Exil-Archiv; s.a. Müssener/Scholz, *Emigrantenselbsthilfe*.

Walter Lindenthal, *1886 – □1975
Dr. jur., preußischer Beamter in Berlin. War u. a. mit Christian Morgenstern befreundet. Er emigrierte 1939 nach Schweden und wurde Mitglied der SoPaDe, später auch des FDKB. In Stockholm arbeitete er als Lektor und Übersetzer beim Berman-Fischer-Verlag und für den Neuen Verlag. 1941 porträtierte ihn die Malerin Lotte Laserstein unter dem Titel *Der Emigrant*. Eine weiteres Bild von Laserstein zeigt ihn mit Hut in einer Bibliothek. WL kehrte nicht zurück und war weiterhin in Stockholm u. a. als wichtiger Übersetzer tätig, neben V. Arpe. Von ihm nach 1945 ins Deutsche übersetzte Bücher erschienen z.B. im Propyläen/Ullstein-Verlag, dem Claassen-Verlag und der Deutschen Verlagsanstalt. Vor allem übersetzte er Bücher des norwegischen Bischofs Eivind Berggrav, der eine wichtige Figur im Widerstand gegen die deutsche Besetzung war. Ebenso übersetzte er Werke des schwedischen Literatur-Nobelpreisträgers Eyvind Johnson. Einem Teil seiner Übersetzungen wurde das Prädikat ›besonders anschmiegsam‹ zugesprochen. Sein Exlibris zeigt auf dunkelblauem Hintergrund die Initialen WL, umrandet von Sternen in verschiedenen Größen. Im RA befindet sich ein Dossier der SUK. Außerdem erwähnen ihn Müssener/Scholz in *Emigrantenselbsthilfe*.

Von Beruf Kaufmann. Er war erst Mitglied der SAJ und dann der SPD. 1933 emigrierte er in die ČSR und 1939 nach Schweden. War Mitglied der SoPaDe und der Gewerkschaftsgruppe. Vom deutschen Reichssicherheitsamt wurde er Anfang 1940 auf eine Sonderfahndungsliste gesetzt, man vermutete ihn allerdings in Großbritannien. EL kehrte 1947 zurück und engagierte sich vor allem bei der SPD-Jugendorganisation Die Falken.

58 *Walter Lindenthal*
Gemälde von Lotte Laserstein

59 *Familie Meschke, Advent 1950*

Gert Löllbach, *1919 – □1997

In Elz/Westerwald geboren und zum Teil in Berlin aufgewachsen. Sein Vater war Besitzer einer dortigen Celluloidfabrik und kam 1932 bei einem Unfalltod zusammen mit der Mutter ums Leben. Danach lebte er bei einer Tante in Bad Kreuznach und wurde Mitglied der zionistischen Vereinigung Kadimah. Wegen seiner Hechaluz-Aktivitäten geriet er ins Visier der Gestapo und wollte schnell Deutschland verlassen und nach Palästina gehen. Doch wurde er am 9. November 1938 verhaftet und nach kurzer KZ-Haft entlassen. Als Chaluz* war es ihm möglich, zunächst nach Schweden zu migrieren. Im schwedischen Exil arbeitete er weiter aktiv in der Hechaluz-Bewegung und lebte in der Nähe von Helsingborg. Dort half er 1943 mit bei der Flucht der Jugend-Alijah von Dänemark nach Schweden.

Man delegierte ihn dann nach Stockholm, wo er ein Palästina-Büro bzw. ein Amt der Jewish Agency eröffnete mit Kontakt zu Eva Warburg. Er selbst emigrierte nach 1945 nicht nach Palästina, sondern blieb in Stockholm und wurde später vom Staat Israel für seine Verdienste ausgezeichnet. Verheiratet war er mit Marianne X., beider Tochter Monica Weinberger-Löllbach lebt aktuell in Stockholm. Vgl. Juliane Lepsius, *So haben sie es berichtet* sowie seine Memoiren im Leo-Baeck-Institut, New York.

Hans Mändl, *1898 – ▢1972

Österreichischer Jurist, Buchhändler und anthroposophischer Pädagoge. Er war Ende der 1920er Jahre Besitzer der Goetheanum-Bücherstube in Stuttgart, die er 1931 verkaufen musste. Danach Rückkehr nach Wien. Nach dem Anschluss Österreichs emigrierten er und seine Frau Ilsa sowie die drei Kinder nach Schweden, wohin er Kontakte besaß. HM gehörte zu den wichtigen Akteuren der Anthroposophie in Schweden. Von 1942 bis 1944 leitete er das Seminar für Volksseelenkunde in Stockholm. Er war auch als Lehrer an der dortigen Waldorf-Schule tätig. Daneben engagierte er sich im Samarbetskommittén und verfasste mehrere Artikel für schwedische Zeitungen und Zeitschriften. HM kehrte nicht zurück und war in zweiter Ehe mit Margit X. verheiratet. Sie war Redakteurin der Lehrerzeitschrift *Folksskolan,* in der er ebenfalls viele Artikel publizierte. Seit 1954 war er Redakteur von *Anthropos* und von 1958 bis 1963 im Vorstand der schwedischen Anthroposophischen Gesellschaft. Er ist gestorben im Württembergischen und hat u. a. das Buch *Der Geist des Nordens* veröffentlicht. Im RA befindet sich ein Dossier der SUK; außerdem erwähnen ihn Müssener/Scholz in *Emigranten-selbsthife.*

Emma (Emmi) Martens, *1909 – ▢1994
geb. Karger

Beruflich war sie als städtische Beamtin in Berlin tätig. Sie organisierte von 1934 bis 1936 als Mitglied der illegalen, 1933 in Prag gegründeten Hilfsorganisation Sozialdemokratische Flüchtlingsfürsorge Hilfsaktionen für Familien politisch Verfolgter. 1938 emigrierte sie nach Stockholm und heiratete dort Hans Martens. Das Ehepaar kehrte nicht zurück und lebte zuletzt in Solna/Hagalund. Im *Sverige Dödbok* des RA wird sie als Emma Rothe Martens geführt. Sie starb einige Monate nach ihrem Mann.

Hans Martens, *1908 – ▢1994

Er war von Beruf Sattler und Mitglied der SPD. Politisch stand er den Roten Kämpfern* nahe und war 1933 Mitglied im illegalen Roten Stoßtrupp*. Ende 1933 musste er in die ČSR fliehen. 1934/35 wurde er vom VGH in den Akten 15J 302/34 und 15J 107/35 erfasst. (db.saur.de) 1936 nahm er am Spanischen Bürgerkrieg im Thälmann-Bataillon teil. Von Spanien aus ging er 1939 nach Schweden und heiratete 1940 Emma Karger. Beide ließen sich später einbürgern. Als Vorstandsmitglied im 1946 gegründeten Arbeiterwohlfahrt-Landesausschuss Schweden engagierte er sich im Bereich der praktischen Hilfe für Deutschland. Von 1942 bis 1950 war er als Monteur, dann bis 1974 als Angestellter tätig. Ab 1950 war HM Mitglied der Vereinigung deutscher Sozialdemokraten in Schweden bis zu deren Auflösung 1974, zudem bei den Naturfreunden aktiv. Ebenso war er Mitglied der schwedischen Sozialdemokraten und der Konsumgenossenschaft Stockholm.

Rudolf Meidner, *1914 – □2005

Geboren und aufgewachsen in Breslau. Er emigrierte als Sozialist und Jude 1933 nach Schweden. In Stockholm studierte und promovierte er bei Gunnar Myrdal. 1943 wurde er schwedischer Staatsbürger. In Stockholm leitete er die wirtschaftswissenschaftliche Abteilung des schwedischen Gewerkschaftsbundes und war ebenfalls Leiter des schwedischen Instituts für Arbeitsmarktfragen. Mit Gösta Rehn entwickelte RM das sogenannte Rehn-Meidner-Modell zur schwedischen Arbeitsmarktpolitik, das von 1983 bis 1990 bestimmend war. Anlässlich seines 80. Geburtstages 1994 stiftete er den *Rudolf-Meidner-Preis für Forschungen in der Geschichte der Arbeiterbewegung* in Höhe von 25 000 Skr, der aktuell noch vergeben wird. HM gilt als Visionär der Wirtschaftsdemokratie. Bis zu seinem Tod lebte er auf Lidingö. Im RA befindet sich ein nach ihm und Gösta Rehn benanntes Archiv sowie Unterlagen in ARAB.

Lise (Elise) Meitner, *1878 – □1968   (Z)

Deutsch-österreichische Physikerin. Aus rassistischen Gründen musste sie 1938 über die Niederlande und Dänemark nach Schweden flüchten, wo sie zunächst in Kungälv nördlich von Göteborg lebte. Im diskursiven Austausch mit ihrem Neffen O. R. Frisch gelang ihr 1939 der physikalische Nachweis der Kernspaltung. Am vom Physiker K. M. Siegbahn geleiteten Nobelinstitut für Physik in Stockholm konnte sie in lediglich untergeordneter Position tätig sein. Zugleich bereicherte sie mit Vorträgen das kulturelle Angebot der Emigranten-gesellschaft. Bei der Verleihung des Nobelpreises für Chemie 1945 an Otto Hahn wurde sie trotz ihrer Verdienste übergangen. 1947 übernahm LM die Leitung der Kernphysikalischen Abteilung an der Technischen Universität Stockholm. Dazu befindet sich im RA unter Stockholms högskola ein Schriftstück von 1960. Als überzeugte Pazifistin hatte sie sich geweigert, in die USA zu gehen und an Forschungen zur Atombombe teilzunehmen. Ab 1960 lebte sie bei ihrem Neffen Frisch in Cambridge/GB.

Eva-Juliane Meschke, *1906 – □2006
geb. Anker

Als Tochter von Alfons Anker wurde sie als geborene Jüdin zusammen mit dem Vater in der Kindheit getauft. Nach dem Studium heiratete sie 1930 den evangelischen Pfarrer Kurt Meschke, mit dem sie vier Kinder hatte. 1939 emigrierte sie mit ihrer Familie nach Schweden, ebenso ihre Eltern. Das Ehepaar Meschke lebte lange Zeit im Internat Viggbyholm, bis 1945 im Hauptgebäude, später in einem Seitenflügel. Dort absolvierte EJM eine pädagogische Ausbildung und war als Lehrerin tätig, vor allem im Fach Französisch. Um 1941/42 bemühten sich die Meschkes vergeblich, einem Mitglied der Familie Klepper* die Einreise nach Schweden zu ermöglichen. Aus familiären Gründen kehrte die Familie nicht zurück, denn die Kinder waren bereits als Schweden sozialisiert, die Zukunft im zerstörten Deutschland zu ungewiss. Alle vier Kinder gehörten zur Schülerschaft der Viggbyholmsskolan. Sie selbst war

u. a. als Organistin an der Tyska Kyrka St. Gertrud tätig und promovierte 1960 in Greifswald und Uppsala zum Thema Jochen Klepper. Ebenso war sie Mitglied der Heinrich-Schütz-Gesellschaft und initiierte als solche Konzerte mit seinen Werken im Dom zu Uppsala. Ihr Ehemann

Kurt Meschke, *1901 – □1971

war von 1930 bis 1933 evangelischer Studenten- und Sozialpfarrer in Danzig. Zu diesem Zeitpunkt war er schon mit Eva-Juliane verheiratet und musste daher den Dienst quittieren. Bis Anfang 1939 war er als Pfarrer in Schillersdorf bei Stettin tätig und stand seit 1937 in Kontakt mit Per Sundberg von der Viggbyholmsskolan. Er emigrierte mit seiner Frau und drei Kindern nach Schweden, wo sie in Viggbyholm eine langjährige Bleibe fanden. KM war dort lange Jahre als Lehrer und Pastor tätig sowie als Hausvater verantwortlich.

In der Stockholmer Emigrantengesellschaft war er Mitglied im FDKB, in der Deutschen Vereinigung 1945 und im Samarbetskommittén. Nach Kriegsende halfen die Meschkes mit, den Versand von Solidaritätsgütern nach Deutschland zu organisieren. KM gehörte auch zum Vorstand der Demokratiska hjälp. Zusammen mit der Tyska Kyrka St. Gertrud initiierte er im April/Mai 1945 die Gründung des Tyska Kyrko Kontoret. Ebenso war er an dieser Kirche als Vertretungspastor tätig. Neben den deutschen Exilierten betreute er auch viele aus dem Baltikum Geflüchtete, darunter die Mutter des später ermordeten Olof Palme. Außerdem veröffentlichte er zahlreiche kleine Schriften auf Deutsch und Schwedisch sowie das Gemeindeblatt *Stecken und Stab*. 1966 erhielt er die Ehrenplakette *Viggbyholmsskolan* in Gold. Schriftstücke von ihm befinden sich in der Handschriftensammlung der KB (Ahlen-Arkiv 1950-1964), außerdem im RA Unterlagen betreffend Stiftelsen Viggbyholmsskolan 1947ff.

Eva-Juliane und Kurt Meschke waren nach Aussage des Viggbyholms-Schülers Sten Siegbahn »much loved as teachers in the school«. Sie unterrichteten dort bis in die 1960er Jahre. Beide sind begraben auf dem Friedhof der alten Täby Kyrka. Zur Familie Meschke gehörten neben Michael (*1931) die Kinder Johannes Christian (*1935 in Stettin); Monika (*1937 in Stettin); Esther Maria (*1945 in Täby). Da MM als Ältester die Emigration bewusster erlebte und sich den Anforderungen intensiver stellen musste, wird hier sein Lebensweg kurz nachgezeichnet:

Michael Meschke, *1931

wurde in Danzig geboren und wuchs in Schillersdorf auf. Mit den Eltern und zwei jüngeren Geschwistern emigrierte er 1939 nach Schweden. Im neuen Zuhause, dem Internat Viggbyholm, wurde er sehr gefördert und sein Interesse für das anspruchsvolle Puppenspiel geweckt. In der Nachkriegszeit trampte er durch Westeuropa, um Informationen zum Puppenspiel in Braunschweig, Paris, Avignon und Salzburg zu sammeln. Nach dem Abitur 1951 ließ er sich im Marionettentheater bei Harro Siegel in Braunschweig ausbilden. Wichtige Impulse erhielt er vor allem in Paris. In diesen Jahren schuf er auch die Figur des Baptiste (→Frontispiz), die eindrücklich seinen damaligen Zustand des Ungewissen reflektiert und auch eine Hommage an den Film *Kinder des Olymp* darstellt.

1953 kam für ihn endlich der Durchbruch mit der Gründung eines Marionettentheaters. Ab 1958 leitete er das von der Stadt Stockholm finanzierte Marionett teatern. Die nächsten Jahre war MM als Intendant, Regisseur, Autor, Lehrer und als Figurenbauer tätig. 1973 kam es zur Eröffnung des Marionett museet, das er bis 2009 leitete. Seit 2017 ist es als Scenkonstmuseet bekannt. Zu diesem seinem Thema publizierte er zahlreiche Schriften und Bücher wie z. B. 1996 *Grenzüberschreitungen. Zur Ästhetik des Puppenspiels.* Auch steht er in besonderem Kontakt zur asiatischen Tradition des Puppenspiels.

Karl Mewis, *1907 – □1987   **Z**
Decknamen: Karl Arndt, Erwin, Fritz, Meinhard, Paulsen

Gelernter Schlosser und Lokführer aus Hannoversch-Münden. Er war Mitglied der SAJ und ab 1924 der KPD. Im gleichen Jahr war er sechs Monate wegen Zersetzungsarbeit in der Reichswehr inhaftiert. Von 1932 bis 1934 besuchte er die Internationale Lenin-Schule in Moskau und war dann illegal in Deutschland politisch aktiv. 1936 emigrierte er über Dänemark nach Frankreich. 1937/38 kämpfte er in Spanien u. a. im Thälmann-Bataillon. Zudem war er im August 1937 als Kominternbevollmächtigter in Barcelona aktiv. Zu diesem Zeitpunkt traf er auch mit Willy Brandt zusammen, wie dieser in seinen *Erinnerungen* festhielt. Ein Jahr später hielt er sich in Prag auf, musste dann aber 1938 flüchten. Über Dänemark kam er nach Schweden und lebte dann in Stockholm. Im Herbst 1939 hielt er sich kurz in Moskau auf und war dann in Stockholm als Leiter der KPD-Abschnittsleitung Mitte und in Zusammenarbeit mit Herbert Wehner und Richard Stahlmann illegal politisch tätig. In einem Prozess des VGH gegen den Genossen Heinrich Wiatrek sagte dieser aus, er hätte 1940 »von Mewis 900 schwedische Kronen und 100 Dollar für die illegale Arbeit« erhalten. Zudem soll Mewis seine illegale Arbeit in Berlin fortgesetzt haben. Kurz darauf hätte Mewis den angeklagten Genossen zu einem Besuch in Stockholm eingeladen und ihn um Ostern 1941 aufgefordert, »die bisherige Arbeit einzustellen.« Vom VGH wurde dann festgestellt, dass der Angeklagte »seine hochverräterische Feindbegünstigung« vom Ausland her im Inland begangen hätte. (10J 2/43g; db.saur.de) Im August 1942 wurde er (mit G. Henke, M. Seydewitz und H. Wehner) verhaftet und war bis 1943 in Smedsbo interniert. In den Jahren darauf wohnte er in der Disponentgatan 4 in Lilla Essingen.

Doch steht er unter Verdacht, die ebenfalls im Untergrund politisch tätigen W. Sager, J. Wagner und J. Welter an die schwedische Sicherheitspolizei verraten zu haben. Die wiederum informierte z. B. die Gestapo über den illegalen Aufenthalt von Welter (→) im Reich, woraufhin es zu dessen Verhaftung gekommen ist. Oder hat er sich whrend der Verhöre nur verplappert? Sein hauptsächlicher Gegenspieler war Wehner, den er bekämpfte und den er bei seiner Verhaftung stark belastete, ebenso Stahlmann. Er selbst stellte sich im Verhör als harmloses Mitglied der Exil-KPD dar und entging so einer Anklage mit nachfolgender Verurteilung. Für KM war es wichtig, nach Wehners Verhaftung allein politisch bestimmend zu sein ohne den Rivalen. Als Vertreter des ZK Moskau leitete er die Sektion der KPD in Schweden und vertrat stramm die in der Sowjetunion vorgegebene Parteilinie. Zudem war er Mitarbeiter der *Politischen Information*. Zu seinen Freunden gehörte u. a. auch Georg Wiesholler, mit dem er auch nach 1945 noch in Briefkontakt stand. In den Jahren 1941 bis 1944 wurde er mehrfach in Akten des VGH erfasst, so unter der oben aufgeführten Akte. (db.saur.de) Zudem war er von September 1942 bis Januar 1943 inhaftiert gewesen. (RA, Kmm.Nr, 984, F2:8)

Nach Kriegsende stand die Frage der Rückkehr an. Entsprechend seiner Position in der KPD konnte KM als Erster in die SBZ remigrieren und bestimmen, wer ihn begleitete. Für ihn war es wichtig, schnell nach Berlin zu kommen, um sich einen Platz in den neuen Machtverhältnissen zu verschaffen. Zusammen mit H. Warnke und E. Glückauf machte er sich im Spätherbst 1945 auf den Weg: über Dänemark und das nunmehr polnisch verwaltete Pommern. Später war KM u. a. Mitglied des ZK der SED. Im Parteiapparat nahm er verschiedene Ämter ein, musste aber auch Rügen hinnehmen. Außerdem war er als Botschafter in Polen tätig. Im Bundesarchiv Berlin befinden sich verschiedene Archivalien sowie Schriften in der DNB. (S.a. Scholz, *Erfahrungen* u. Müssener/Scholz, *Emigrantenselbsthilfe*).

Horst-Heinz Meyer, *1914 – □2006   Z

In Berlin geboren und aufgewachsen, wo er 1931-33 Mitglied im Sozialistischen Schülerbund Berlin war. 1933 Studium in Genf, lebte dann in Basel und wurde 1935 Mitglied der KPD und Sekretär des Internationalen Verbandes der jüdischen Studenten. Er ging 1939 nach Oslo und heiratete die Norwegerin Andrea Ording. Lernte dort u. a. W. Brandt kennen. Das Paar emigrierte 1940 nach Schweden, HM studierte in Uppsala Nordische Geschichte und Russisch. Später war er dort als Dozent tätig. Zudem war er Mitarbeiter bei *Die Welt* und der *Politischen Information*. Er gehörte zu den Mitbegründern des FDKB und engagierte sich in der Jugendarbeit der Exil-KPD.

1947 versuchte er, in die damalige SBZ zurückzugehen, was aber nicht sofort gelang. 1949 wurde er in Stockholm Referent des SED-Pressedienstes und erhielt im gleichen Jahr die Erlaubnis zur Rückkehr. 1955 arbeitete er in der ZK-Abteilung für Internationale Verbindungen, später als Redakteur beim *Neuen Deutschland*. Ihm lag daran, die Erfahrungen der sogenannten Westemigranten in den Aufbau der DDR einzubinden. 2001 erschien sein Buch *Wir hatten noch Zeit an die Liebe zu denken...* mit Lyrik und Prosa zur Emigration 1937 bis 1949. S.a. Scholz, *Erfahrungen*.

Otto Friedrich Meyer, *1906 – □1992   Z

Dr. jur. Seit 1928 Mitglied der SPD, ab 1932 der SAPD. War nach 1933 illegal politisch tätig und wurde insofern ebenfalls vom VGH erfasst. (db.saur.de) Er emigrierte 1937 nach Norwegen und nahm die norwegische Staatsbürgerschaft an. 1940 musste Otto Meyer nach

Schweden fliehen, wo er u. a. als Journalist arbeitete. Er kehrte 1945 zurück und gehörte dem Diplomatischen Dienst der Bundesrepublik an.

Elsa Meyring, *1883 – ☐1967

In Stettin aufgewachsen und Mitglied der Jüdischen Gemeinde. Von 1919 bis 1929 war sie als Stadträtin tätig und wurde 1933 aus dem Öffentlichen Dienst entlassen. Danach engagierte sie sich in jüdischen Selbsthilfeorganisationen, wie z. B. in der Winterhilfe, und war ab 1936 Leiterin der jüdischen Auswandererberatung. Während dieser Zeit besorgte sie zwar schwedische Visa für sich und ihren Mann, wurde aber zusammen mit ihm und vielen anderen Stettiner Juden noch vor der geplanten Ausreise 1940 nach Lublin in ein Ghetto deportiert. Von dort konnten die Meyrings dank der Visa nach Schweden flüchten. In Stockholm wurde sie aktives Mitglied der Emigrantenselbsthilfe. Bereits 1942 hatte EM ein Manuskript ihrer Biografie mit dem Titel *Aus dem Leben einer Deutschen Nichtarierin im Zwanzigsten Jahrhundert* verfasst und als Privatdruck vorgelegt. Eine Kopie befindet sich im ARAB. Seit 2015 liegt eine überarbeitete Buchfassung von Müssener/Wilhelmus unter dem Titel *Stettin-Lublin-Stockholm* vor. Weiter wird sie auch in *Emigrantenselbsthilfe* von Müssener/Scholz erwähnt sowie in *Zuflucht im Norden* von Maier-Wolthausen.

Sophie und Wilhelm Michaeli
siehe weiter unten Fallbeispiel Familie Goldstein

Josef (Sepp) Miller, *1883 – ☐1964/65   Z

Aus einer schwäbischen Kleinbauernfamilie stammender Schlosser und SPD-Mitglied. Nach einigen Jahren der Wanderschaft arbeitete er in Bremen bei verschiedenen Werften, so bei der AG „Weser". Er heiratete Wilhelmine M. Ruth, mit der er zwei Kinder hatte. 1918 trat er in Bremen der KPD bei und war von 1919 bis 1923 in politisch aktiv, danach als Funktionär in Hannover tätig. Im Juli 1933 ging er nach England und hielt sich 1933/34 kurz in Wien auf, danach drei Monate in den Niederlanden. Anschließend war er ab 1935 als Leiter der Roten Hilfe in Paris und vor allem Prag tätig. Dort arbeitete er eng mit seiner Nichte und zweiten Ehefrau Charlotte (1910-2005) zusammen. Beide flüchteten 1938 nach Norwegen, 1940 nach Schweden. Miller wurde für etwa sieben Monate interniert und durfte dann bis 1942 in einem offenen Lager im südschwedischen Lenhovda nahe Kalmar leben. Anschließend ging er nach Stockholm, wo er Mitglied der Gewerkschaftsgruppe, der Exil-KPD und des FDKB war. Im Januar 1946 kehrte er in die spätere DDR zurück und war u. a. im Parteivorstand der SED tätig. Auch Charlotte kehrte mit ihm zurück und war danach als Sekretärin und Sachbearbeiterin in der SED tätig. Ebenso wie sein Parteifreund Hans Sommer wurde er im Januar 1952 aus dem Parteiapparat der SED ausgeschlossen.

Der Sohn Lorenz (1918-1939) ist bald nach Ausbruch des Krieges in einem Lazarett gestorben. Die Tochter Hanna (1908-1994) lebte mit ihrem Mann Kurt Elling in Hannover, dann in Erfurt, zusammen mit der Mutter. 1933/34 wurde sie im KZ Moringen inhaftiert. Nach 1945 war sie langjährige Mitarbeiterin bei der VVN in Niedersachsen und veröffentlichte 1978 das Buch *Frauen im deutschen Widerstand. 1933-45*. Ihr Nachlass befindet sich im Studienkreis Deutscher Widerstand, Frankfurt am Main. Sepp Miller selbst wurde 1933 und 1935 in Akten des VGH erwähnt. (db.saur.de) S.a. Scholz, *Erfahrungen*.

Franz Mockrauer, *1889 – □1962

Philosoph und Pädadoge. Leiter der VHS Dresden und Mitwirkender an der Prerower Formel als Zusammenfassung realistischer Ziele in der VHS-Arbeit. Er beteiligte sich auch an der Diskussion zur Volksbildungsarbeit in der Weimarer Republik. 1933 emigrierten er und seine Frau Johanna Bähr (1887-1980) nach Dänemark und 1937 nach Schweden. Dort arbeitete er als VHS-Lehrer und war Mitglied im Arbeitskreis demokratischer Deutscher. FM war auch mit der Lehrergemeinschaft und dem Philosophischen Arbeitskreis verbunden sowie dem Samarbetskommittén. Ebenso wurde er Mitglied der Deutschen Vereinigung 1945.

Er und seine Frau kehrten nicht zurück. Denn laut seinem Nachlass gehörten beide »innerlichst« zum Norden, »der uns und meine Mutter physisch und seelisch gerettet hat«. Sein Bestreben nach 1945 war, das schwedische Modell der Erwachsenenbildung als Orientierung und das Mitbürger-Konzept als Bildungsbegriff nach Deutschland zu vermitteln. Tatsächlich erwarb er sich große Verdienste in diesem Bildungszweig und im Volkshochschulwesen. 1947/48 wies er auf die positiven Seiten des schwedischen Bildungswesens in seinem 1950 veröffentlichten Buch *Die schwedische Volkshochschule der Gegenwart* hin. Als Pädagoge nahm er in Schweden eine herausragende Position ein. »Er war einer der besten Vertreter der aus dem Herzen kommenden Menschenbildung«, so der Nachruf in einer Zeitschrift.

Das Grab von Johanna und Franz M. ist auf dem Skogskyrkogården in Stockholm zu finden. Der Nachlass (1944-1961) wird im Deutschen Institut für Erwachsenenbildung in Bonn verwahrt. Er enthält Briefe von E. Behm, M. Hodann und W. Strzelewicz sowie Manuskripte und Materialien zu deutschen Emigrantenorganisationen in Stockholm u. a. m. Auch im ARAB befinden sich Unterlagen. Ein Verdienst Mockrauers ist, die Propagandaarbeit des s Pädagogen und Schriftstellers Werner Picht für die deutsche Wehrmacht aufgedeckt zu haben.

Anna Mosler
siehe unter Hasche

Elisabeth und Dieter Müller-Winter
siehe unter Fallbeispiel Familie Goldstein

Hans Mugrauer, *1899 – □1975   Z

Stammte aus dem Böhmerwald und ging als 19-jähriger Bergmann ins Ruhrgebiet. Dort besuchte er weiterbildende Einrichtungen und war auch politisch aktiv. Er musste 1933 mit seiner Familie in die ČSR fliehen, 1938 nach Schweden. HM war Gründungsmitglied der Gewerkschaftsgruppe und Vorstandsmitglied der SoPaDe in Stockholm. Zudem fungierte er als Vertrauensmann der Gewerkschaftsgruppe gegenüber der Gruppe Weg ins Leben. Von 1944 bis 1945 war er Vorsitzender vom Arbeitsausschuss deutscher antinazistischer Organisationen in Schweden, 1945 Geschäftsführer der Demokratiska hjälp. Nach vielen Bemühungen konnte die Familie 1948 zunächst nach Frankfurt/M zurückkehren, späterer Wohnort war Recklinghausen. HM war Mitbegründer der Hans-Böckler-Stiftung und der Freunde der Ruhrfestspiele Recklinghausen. Er ist gestorben in Minden, seinen Nachlass übergab Gertrud M. dem DGB. Unter der Signatur 1/HMAH befindet er sich aktuell im AdsD. Ebenso ist ein Teilnachlass im ARAB als Sammlung Mugrauer zu finden. Außerdem wurde er 1937 unter Az 14J 522/37 und 1940 unter 5J 142/40 vom VGH erfasst (db.saur.de).

Paul Neumann, *1893 – □1986

Schriftsetzer und Mitglied der Danziger Sozialdemokraten. Er emigrierte 1936 nach Polen, 1939 nach Schweden. Dort war er Mitglied der SoPaDe, der Gewerkschaftsgruppe, des FDKB und der Naturfreunde. Neumann kehrte nicht zurück und lebte weiterhin in Stockholm. Unterlagen befinden sich im ARAB.

Rosalinde von Ossietzky-Palm, *1919 – □2000

Sie war die Tochter von Carl von Ossietzky und der Britin Maud Lichfield-Woods. Zum Schutz vor den Nationalsozialisten kam sie mit Hilfe der Quäker 1933 nach England in das Internat Dartington Hall in Devon und wollte sich dort zur Tänzerin ausbilden lassen. Was aus finanziellen Gründen allerdings nicht möglich war. In dieser Situation nahm Ernst Toller sich ihrer an. Über Kurt Singer in Stockholm kam es zu Kontakten mit dem dortigen Carl-von-Ossietzky-Committee. Dieses und auch eiige Quäker ermöglichten ihr 1936 eine Übersiedlung nach Schweden. Als ein Mitbegründer des Committees sorgte Singer für ihre Aufnahme im Viggbyholm-Internat. Dessen Rektor Per Sundberg lud sie formal ein und übernahm auch ihre Vormundschaft. Anfangs arbeitete sie als Wäscherin in Viggbyholm und in Enerbyberg als Haushaltshilfe. Von den Schülern wurde sie laut Michael Meschke *Ossie* genannt. Eigentlich hatte RO geplant, die in England begonnene Schauspielausbildung an Håkonssons Theaterschule in Stockholm fortzusetzen. Doch wies die Leiterin sie ab, da sie Ausländerin war! Später ließ sie sich zur Sozialarbeiterin ausbilden.

  1936 nahm RO den an ihren Vater verliehenen Friedens-Nobelpreis entgegen, was P. Weiss in dichterischer Freiheit in *Ästhetik* darstellte. Im Herbst 1938 kümmerte sich auch der zu Besuch weilende Ernst Toller um sie (er selbst beging 1939 in New York Selbstmord). Weiss berichtete weiter von einem Krankenhausaufenthalt nach einem Selbstmordversuch; vorher hatte sie Anonymus gegenüber erwähnt, es bliebe ihr wohl nichts anderes übrig, als dem Beispiel Tollers zu folgen. Laut Weiss hatte man im Schuldorf wenig Verständnis für ihre Probleme – sie selbst träumte sich in die Welt ihrer indischen Vorfahren mütterlicherseits. Ihr derzeitiges Leben umriss sie kurz: Sie sei seit fast drei Jahren »in diesem Land, und sie habe bisher nur die Mühe erfahren, die es kostete, um überleben zu können.« Um 1941/42 heiratete sie einen Lehrer der Viggbyholmsskolan namens Viredéus. Dadurch war sie nach Aussage Weiss' anscheinend »über ihre Entwurzelung, ihre Nichtzugehörigkeit« hinweggekommen. 1943 wurde der Sohn Ebbe geboren.

1944 trat RO dem FDKB bei, spielte aber ansonsten keine herausragende Rolle in der deutschen Emigrantengesellschaft. Später (nach 1974) war sie in zweiter Ehe mit dem Journalisten Björn Palm verheiratet. Der Sohn Ebbe wurde von ihm adoptiert und erhielt den Namen Palm. Als Ehrenbürgerin der Universität Oldenburg trug sie maßgeblich zu deren Namensgebung nach ihrem Vater bei. Überhaupt betrieb sie Zeit ihres Lebens aktiv die Rehabilitierung ihres Vaters. Darüber hinaus erhielt auch ihre Mutter eine entsprechende Würdigung. In der *Ästhetik* erhielt sie selbst ebenfalls einen Platz zugewiesen, zumal Peter Weiss ihr einmal sehr zugetan war. Der Sohn Ebbe von Ossietzky-Palm schlug eine künstlerische Laufbahn ein, doch sind seine Bilder außerhalb Schwedens wenig bekannt. 1990 gab es eine Ausstellung seiner Bilder in Bremen. (*Ossietzky* 20/2005) Bis zu seinem Tod 2018 lebte er in der Wohnung seiner Mutter am Lindvallsplan 4.

Franz Osterroth, *1900 – □1986   Z
Pseudonym: Jörg Willenbacher

Bergarbeiter und Parteifunktionär der SPD, u. a. auch Jugendsekretär des Deutschen Bergarbeiterverbandes. Ab 1928 war er in Magdeburg in der Redaktion von *Das Reichsbanner* tätig sowie in der SPD und in der Jugendarbeit. Um 1931/32 leitete er ein Kabarett, war zudem im Vorstand der SPD Magdeburg und Bundesjugendleiter des Reichsbanners. 1934 flüchtete er mit seiner Familie nach Prag und arbeitete für den Exil-Vorstand der SoPaDe. FO publizierte unter Pseudonym u. a. das Buch *Deutsche Flüsterwitze*. Weiter ging die Flucht 1938 nach Schweden. In Stockholm arbeitete er als Zahnradfräser und gehörte der SoPaDe und der Gewerkschaftsgruppe an. Er wirkte mit am 1946 in London herausgegebenem *Weißbuch der deutschen Opposition gegen die Hitlerdiktatur.* 1948 kehrte Osterroth zunächst nach Kiel zurück und lebte zuletzt in Lübeck. Er veröffentlichte zahlreiche Schriften, so 1952 *Das Erbe der Arbeiterdichtung.* 1960 erschien von ihm in Hannover *Biographisches Lexikon des Sozialismus. Bd. 1, Verstorbene Persönlichkeiten.* Mehr zu seinem Exil in Thomas Pusch, *Politisches Exil.*

Peggy Parnass, *1927   Z
geboren als Ruth Sophie P.

Die in Hamburg lebenden jüdischen Eltern schickten sie und ihren 1934 geborenen Bruder Gady (Gerd Hans Ludwig) 1939 mit einem Kindertransport nach Stockholm. Sie selbst wurden 1942 in Treblinka umgebracht. Die ersten fünf Jahre in der unfreiwilligen Emigration verbrachten die Geschwister getrennt in wechselnden Pflegefamilien. Noch vor Kriegsende

1945 kamen sie zu einem Bruder ihres Vaters nach London. In Großbritannien lebte die sich inzwischen Peggy Nennende etwa drei Jahre und ging dann nach Stockholm zurück. Sie wurde schwedische Staatsbürgerin, bekam einen Sohn und pendelte in der Folge zwischen Hamburg und Stockholm. Hingegen blieb Gady in Großbritannien, heiratete dort und emigrierte nach Israel, um in einem Kibbuz zu leben.

Schon früh verdiente PP sich ihren Lebensunterhalt als Sprachlehrerin, Übersetzerin und Kolumnistin. Außerdem absolvierte sie ein Studium in Russisch, Psychologie und Gestalttherapie in Hamburg, Stockholm und Paris. Ebenso war sie als Schauspielerin und Journalistin sowie als Gerichtsreporterin tätig. Sie wirkte in Filmen wie Bürgerkrieg in Rußland (1967) und Keiner liebt mich (1994) mit. An Schriften von Peggy P. wurde z. B. 1983 Unter die Haut und 1993 Mut und Leidenschaft veröffentlicht. Neben dem Fritz-Bauer-Preis (1980) und dem Verdienstorden der Bundesrepublik Deutschland (2008) erhielt sie weitere Preise. Stationen ihres Lebens sind festgehalten in Mut und Leidenschaft. In Hamburg erinnern zwei Stolpersteine an die im KZ Treblinka ermordeten Eltern Hertha und Simon Parnass.

Ernst Paul, *1897 – □1978   **Z**

Schriftsetzer und Funktionär der sudetendeutschen Sozialdemokraten sowie Gewerkschaftssekretär. Von 1923 bis 1932 war er Mitglied der 1907 in Stuttgart gegründeten Sozialistischen Jugendinternationale, zudem Leiter der tschechoslowakischen Republikanischen Wehr. Er emigrierte 1939 mit seiner Frau Gisela nach Schweden und leitete in Stockholm als Mitglied der Treuegemeinschaft die sudetendeutsche Emigration. In dieser Funktion flog er 1940 mehrmals nach London zur Unterstützung der tschechoslowakischen Exilregierung. Doch wurde dieses nicht belohnt: Vielmehr sollten die sudetendeutschen Emigranten die ČSR-Staatsangehörigkeit aufgeben und schwedische Fremdenpässe beantragen. Während seines kurzen Aufenthalts im Lager Baggå Herrgård 1940 führte er die dort internierte kleine Gruppe, festgehalten in der unveröffentlichten Schrift *Wo sich die Füchse Gute Nacht sagen oder das Schloß mit den sieben Hütten.* Weitere von Paul gesammelte Materialien über das Lager (und andere Unterlagen) sind im ARAB einsehbar. Ebenso gab er die Zeitschrift *Sudeten-Freiheit* heraus und wurde 1942 aktives Mitglied bei der Kleinen Internationalen. Später engagierte er sich im Samarbetskommittén und organisierte zwischen 1945 und 1947 die Zuwanderung vertriebener Sudetendeutscher nach Schweden. 1946 nahm er die schwedische Staatsangehörigkeit an.

Die Pauls entschlossen sich 1948 zur Rückkehr, und zwar nach Mannheim. Gleichzeitig erhielt Ernst die deutsche Staatsangehörigkeit. Von 1949 bis 1969 war er Mitglied des Deutschen Bundestages für die SPD, von 1952 bis 1969 saß er im Europarat. 1969 erhielt er für seine Verdienste den Großen Bundesverdienstorden mit Stern. Auch Ernst P. brachte skandinavische Erfahrungen in die Politik ein, zeitweilig war er Vorsitzender der sudetendeutschen Seliger-Gemeinde. 1960 ist von ihm die Schrift *Die Kleine Internationale in*

Stockholm erschienen und 1972 *Was nicht in den Geschichtsbüchern steht. III. Teil. Das tragische Jahr 1938.* Er lebte zuletzt in Esslingen. Aus seinem Nachlass wurde die Ernst-und-Gisela-Paul-Stiftung gegründet, um Forschungsarbeiten zur sudetendeutschen Arbeiterbewegung zu unterstützen. 1937 wurde sein Name mehrfach in Akten des VGH genannt. (db.saur.de) Zudem stand er auf der Sonderfahndungsliste Großbritannien für Personen , die bei einer Besetzung Großbritanniens verhaftet werden sollten (lt. Ref. IV A 1).

Paul Peschke, *1890 – □1983   Z
Deckname: Emil

Geboren in Berlin und gelernter Maschinenschlosser. Ab 1912 Mitglied der SPD, 1916 der USPD, 1920 der KPD, für die er im Preußischen Landtag saß. Zudem war er als Funktionär in der Revolutionären Gewerkschafts-Opposition* aktiv. Ab Januar 1933 war er in Moskau Mitarbeiter der Roten Gewerkschafts-Internationalen (RGI) und Mitglied der KPdSU. 1934/35 wurde er von der RGI mit illegalen Aufgaben in Österreich, Frankreich und der Schweiz betraut. 1936/37 arbeitete er in Prag als Redakteur der *Deutschen Volkszeitung*. Peschke wurde im August 1938 von den deutschen Besatzern verhaftet und ausgebürgert. Er konnte 1939 nach Schweden flüchten, wo er bis 1943 in Loka Brunn und in Långmora interniert war. (RA, Komm.Nr.984, F2;8) Doch wurde er von 1940/1941 in Akten des VGH mehrfach erfasst (db.saur.de). Ab Sommer 1943 konnte er als Werkzeugmacher arbeiten. Er gehörte zu den Mitbegründern des FDKB. Mit anderen Genossen soll er zur Demontage H. Wehners beigetragen haben. Paul P. ging 1946 zurück in die SBZ, wo er als Direktor der Sozialversicherung arbeitete, aber 1953 wegen »unsensiblen Verhaltens« gegenüber der Ärzteschaft abberufen wurde. (S.a. Scholz, *Erfahrungen*)

Hans-Jürgen Peters-Cohn, *1905 – □ 1982   Z

In Königsberg aufgewachsener promovierter Physiker. 1926 lernte er seine spätere Frau Ruth Steinitz (1903-1984) kennen, Schwester von W. Steinitz.. Sie war von Beruf Sozialpflegerin und Mitglied der KPD. 1931 wurde er Mitglied der Roten Hilfe, 1932 der KPD. Ebenfalls 1932 wurde der Sohn Jan geboren. Es folgten 1933/34 Aufenthalte in der Schweiz und in Italien, danach war er 1934 illegal in Berlin aktiv. Von 1935 bis 1938 arbeitete er in Charkow als Physiker am Physikalisch-Technischen Institut. 1937 wurde die Tochter Monica geboren, 1938 kam es zur Abschiebung nach Schweden. Im gleichen Jahr Heirat mit Ruth Steinitz. Im schwedischen Exil arbeitete er zunächst als Heizer und Gärtner, später als wissenschaftlicher Assistent an der Technischen Hochschule Stockholm. Zwischen 1940 und 1945 war er in Deutschland im Untergrund tätig. Anfang 1946 kehrte HJP zurück in die SBZ. Ruth folgte ein Jahr später mit Tochter Monica und wohl auch den Kindern der Steinitz, während Jan noch in Stockholm blieb, um dort die Schule zu beenden. Er selbst engagierte sich laut Müssener/Scholz im sozialen Bereich (*Emigrantenselbsthilfe*)

Jan Peters, *1932 – ☐2011   **Z**

Promovierter Historiker. Seine Eltern emigrierten mit ihm 1935 in die UdSSR. Ein Jahr später musste die Familie weiter nach Schweden ziehen. Seine Schwester und er wurden im Exil sozialisiert, 1947 kehrte die Mutter ohne Jan zurück nach Berlin. In Stockholm fand er bis zur Erlangung der Hochschulreife ein Unterkommen bei der Familie Fritz Hollander von der Jüdischen Gemeinde in Stockholm. Was er aber nach der Rückkehr in die DDR bis 1989 nicht öffentlich machte. Nach Jahren der Tätigkeit in medialen Einrichtungen war er von 1967 bis 1970 Leiter des DDR-Kulturzentrums in Stockholm und verwaltete u. a. den Nachlass von Max Hodann, den er allerdings negativ beurteilte. 1971 publizierte er in der *Weltbühne* am 22. Juni den Artikel *Erlebnisse mit Heinrich Mann im schwedischen Exil.* 1972 kam es zu einem Treffen mit Peter Weiss, dem er den Hodann-Nachlass zur Einsicht vorlegte. 1975 habilitierte er mit der Arbeit *Exilland Schweden*, veröffentlicht 1984. In seinem 2011 publizierten Buch *Menschen und Möglichkeiten* berichtet er u. a. ausführlich über das Leben von Inge und Wolfgang Steinitz. Sowieso stand er als sein Neffe zu ihm in einer besonderen Beziehung. S.a. Scholz, *Erfahrungen* sowie Müssener/Scholz, *Emigrantenselbsthilfe* mit weiteren Familienmitgliedern.

Rudolf Petri, *1915 – ☐1980   **(Z)**
    weitere Namen: Aglo und Amruddh

In Bonn geboren und Mitglied der dortigen Pfadfinderbewegung unter dem Esperanto-Namen *Aglo* (Igel). 1933 schloss er sich als überzeugter Nazi-Gegner der französischen Fremdenlegion an. Er wurde in Marokko verwundet und lebte dann in Frankreich. Nach der deutschen Besetzung wurde er im KZ Dachau inhaftiert. Er flüchtete nach der Freilassung 1943 nach Schweden, wo er zunächst in Långmora und Smedsbo interniert wurde. Lebte dann in Stockholm und gehörte der Vereinigung Weg ins Leben bzw. der Militärflüchtlingsgemeinschaft an, wo er einer der sieben Vertrauensleute war. Nach Kriegsende heiratete er, seine Frau starb aber nach einem Jahr Ehe im Wochenbett. Daraufhin ging Petri nach Indien, konvertierte zum Buddhismus und erhielt den Namen Amruddh. Als Schüler des Meisters Govinda war er in Indien und Süd-Vietnam tätig. Dann hielt er sich kurz in der BRD auf und emigrierte in die USA. Hier widmete er sich der Betreuung aus Vietnam geflüchteter buddhistischer Mönche. Er ist als sogenannter Geisterseher auf Neukaledonien gestorben.

Alfred Peyser, *1870 – ☐1955

Als HNO-Spezialist war er Leiter des Seminars für Soziale Medizin in Berlin im Rang eines Sanitätsrats. Verheiratet war er mit Sofie Fraenkel, mit der er vier Kinder hatte. Die Tochter Dora (1904-1970) z. B. emigrierte 1934 nach Australien. Er selbst gehörte als führendes Mitglied zur Jüdischen Reformgemeinde in Berlin. Zudem war er einer der Mitbegründer des Verbands nationaldeutscher Juden*. Peyser emigrierte 1938 mit seiner Frau nach Schweden und arbeitete ab 1939 für ein pharmazeutisches Unternehmen in Stockholm. Ab 1944 übersetzte er wissenschaftliche Referate ins Schwedische. Er war Mitglied des FDKB und stand der Bewegung Freies Deutschland nahe. Zudem war er Vorsitzender der Freien Vereinigung emigrierter deutscher Ärzte sowie Mitglied der Deutschen Vereinigung 1945. Ebenso engagierte er sich in der Demokratiska hjälp. Das Ehepaar kehrte nicht zurück. 1950 veröffentlichte er *Pars pro toto, breviarium medicum internationale*. Gestorben ist er während eines Aufenthalts in Baden-Baden. (S.a. Müssener/Scholz, *Emigrantenselbsthilfe)*

60 Buch/Bildzitat
Rosalinde von Ossietzky

61 *Peggy Parnass*
Buch/Bildzitat

Ernst Pfleging, *1913 – □1980
Pseudonym: Commentator

Noch als Student schloss er sich der SAPD an. Von 1933 bis 1937 hielt er sich in verschiedenen Ländern auf und kam 1937 nach Norwegen. Von dort musste er 1940 nach Schweden fliehen und war zunächst in Loka Brunn interniert. In Stockholm wurde er Mitglied der SoPaDe und der Gewerkschaftsgruppe. Pfleging führte gegenüber H. Müssener an, K. Heinig und A. Gallinger zusammengeführt zu haben zur Gründung der Deutschen Vereinigung 1945, der er auch den Namen gab. Er war als Journalist tätig und veröffentlichte 1943 das Buch *Det tyska storrummet* (Der deutsche Großraum). Ebenso war er Mitarbeiter der Zeitung *Trots allt*. Ernst P. kehrte nicht zurück und verfasste u. a. diese Kleinschriften: *Die rote Fahne im Wandel der Zeiten* (1954) und *Djihad–Islams Helige Krig* (1948). Zuletzt lebte er in Stockholm, wo sich im ARAB Materialien zu seiner Person befinden.

Otto Piehl, *1906 – □1999   **Z**

Aus Hamburg-Bergedorf stammender Maschinenschlosser. Wurde Mitglied bei der SAJ, die ihn 1925 wegen einer Reise in die UdSSR ausschloss. 1933 wurde er in Flensburg verhaftet und schwer gefoltert, 1934 konnte er nach Dänemark fliehen. In Kopenhagen leitete er von 1936 bis 1938 das dortige Emigrantenheim. 1940 flüchtete er nach Schweden und war für einige Monate in Smedsbo interniert. Danach lebte er in Örebro und trat dem Metallarbeiter-

Verband und der Gewerkschaftsgruppe bei. Weiter gehörte er zu den Mitbegründern der dortigen Naturfreunde-Gruppe. Seinen Lebensunterhalt sicherte er als Maschinist und Werkmeister im Technischen Gymnasium Örebro. 1951 erhielt er mit der Rückkehr in die BRD wieder die deutsche Staatsbürgerschaft. Von 1954 bis 1972 war er als Referent und beim Bundesvorstand der IG Metall tätig. Ebenso engagierte er sich im ZDWV

Anton Plenikowski, *1899 – □1971   Z

Aus Zoppot stammender Lehrer. War Mitglied der SPD, dann der KPD. Heiratete 1923 die Lehrerin Anna Heidemann, 1924 wurde die Tochter geboren. Er war ab 1926 im Danziger Raum politisch tätig und wurde 1933 aus dem Schuldienst entlassen. Immer wieder versuchte man, ihm die NSDAP nahe zu bringen, daher emigrierte er 1937 nach Stockholm. 1940/41 war er in Smedsbo interniert und wurde nach Uppsala entlassen. In Deutschland selbst wurde er vom VGH in der Akte 10J 16/42g und 1H 247/42 namentlich erfasst. 1940/41 war er in Smedsbo interniert und wurde d´dann nach Uppsala entlassen. Danach war er ab 1943 in der Exil-KPD aktiv und leitete diese in den letzten Monaten des Exils in Stockholm. 1946 kehrten er und seine Frau in die SBZ zurück, wo Anton von 1950 bis 1967 Abgeordneter der Volkskammer war. (S.a. Scholz, *Erfahrungen*)

Walter E. F. Pöppel, *1904 – □1993
Deckname: Heinrich

In Stettin geborener Gärtner, der später als Fotojournalist tätig war. Mitglied der SAJ und der Naturfreunde sowie Mitbegründer der SAPD in Sachsen. Zudem leitete er in Dresden-Striesen die dortige SAPD-Ortsgruppe. 1933 emigrierte er mit seiner Ehefrau Jenny Klemm in die ČSR, wo er in Prag die Grenzstelle der SAP leitete und die Widerstandsarbeit mitorganisierte. Anfang 1935 organisierte er in Berlin illegal für sechs Monate die Untergrundarbeit der SAP und stand daher auch im Fokus der Gestapo. So wurde er zwischen 1935 und 1938 insgesamt achtmal in den Akten des VGH erfasst. (db.dsaur.de) 1938 emigrierten die Pöppels nach Stockholm. WP trat dort der Gewerkschaftsgruppe, der SoPaDe und dem FDKB bei. Er arbeitete als Metaller, Journalist und Fotograf. Als solcher gründete er die Fotoagentur Illustrationsfoto und veröffentliche u. a. landschaftsbezogene Fotoserien. Zudem baute er die seinerzeit umfangreichste Fotosammlung über Schweden auf. 1946 wurde er neben anderen in den Vorstand des noch existierenden FDKB gewählt. Das Ehepaar kehrte nicht zurück und lebte zuletzt im Stadtteil Bandhagen. Beim Verlag Författares Bokmaskin ist 1986 *Deutschlands verlorene Jahre 1933-1945. Betrachtungen aus der Emigration* erschienen, 1988 *Es war einmal. Eine Jugend in Deutschland.* Walter und seine Frau Jenny sind auf dem Skogskyrkogården beerdigt. Im ARAB befinden sich Unterlagen von ihm, außerdem im Åhlén & Åkerlungs bildarkiv der KB entsprechendes Material.

Mitglied der SPD seit 1900. Als Angestellter war er gewerkschaftlich stark engagiert und konnte in höhere Ämter aufsteigen. Er emigrierte 1934 über die Schweiz in die ČSR und 1938 nach Stockholm. Von 1940 bis 1943 war er Vorsitzender der SoPaDe und besaß in der Emigration eine wichtige Funktion. So erhob er 1943 die Forderung nach politischer Unabhängigkeit der Gewerkschaften. Pöppel gehörte sowohl zum Vorstand der Gewerkschaftsgruppe als auch zum Vorstand des FDKB. 1949 ging er nach Deutschland zurück und lebte zuletzt in Stuttgart. (S.a. Müssener/Scholz, *Emigrantenselbsthilfe*).

62 Buch/Bildzitat
Walter Pöppel

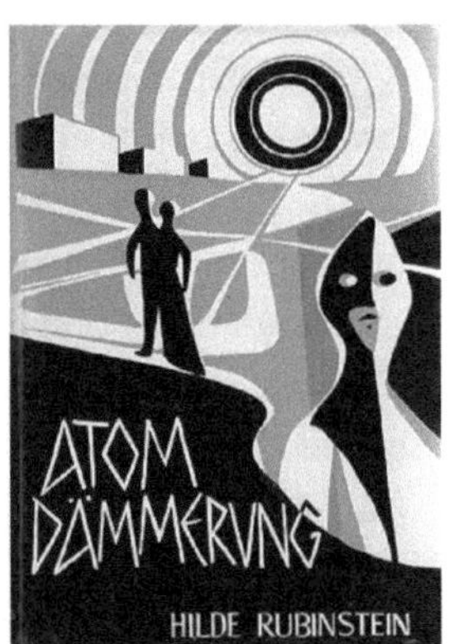

63 Buch/Bildzitat
Hilde Rubinstein

Miriam Pollin, *1926 – □ 2021
geboren als Thea Kurzbart

Ihre Familie stammte aus Oberschlesien und lebte im Hamburger Grindelviertel. Nach dem Pogrom 1938 beschloss die Mutter Else Kurzbart, ihre jüngste Tochter mit einem Kindertransport nach Schweden zu schicken. Der ältere Bruder lebte bereits in Palästina, die Schwester in den USA. Bei der Ankunft am Stockholmer Central-Bahnhof wurde Thea von einem Mann namens Isaac in Empfang genommen und lebte dann zunächst bei seiner Familie in Skarpnäck. Zwar konnte sie sich jetzt frei bewegen, doch spürte sie, dass Flüchtlinge aus Deutschland nicht viel wert waren. Später lebte sie im Kibbuz BaDerech zur Vorbereitung auf Palästina und war Teil der in der Holzspielzeug-Fabrikation tätigen Gruppe. Im Kibbuz lernte sie Oshi Pollin kennen. Dieser war von Berlin aus nach Dänemark geflohen und 1943 als blinder Passagier auf einem Schiff nach Luleå gekommen. Dort wurde er zunächst für einen Monat inhaftiert und lebte dann ebenfalls im Faluner Kibbuz. Thea und er heirateten 1945 und lebten vorerst in Sundborg, 14 Kilometer nordöstlich von Falun. Wohl zu dieser Zeit änderte Thea K. ihren Namen in Miriam bzw. Mirjam.

Im Januar 1947 verließ das Ehepaar Pollin Schweden, um mit einem illegalen Schiffstransport nach Palästina zu reisen. Doch wurde das Schiff im Mittelmeer von der britischen Mandatsmacht gestoppt und alle 700 Passagiere in einem Flüchtlingslager auf Zypern interniert. Zusammen mit anderen Insassen gruben Miriam und Oshi einen Fluchttunnel und konnten am 13. Januar 1948 nach Nord-Palästina fliehen. Zunächst lebten sie in einem Kibbuz, doch lag ihr späteres Zuhause und das der Kinder in der Nähe von Ma'alot (etwa 20 Kilometer östlich von Nahariya). In Ma'alot verbrachte Oshi P. die restlichen Jahre seines Lebens in einem Altersheim der Zedakah*. (*Dagen;* sydsvenska.se) Mirjam selbst lebt aktuell im nahen Kfar Vradim und war des Öfteren Gast der Zedakah in Bad Liebenzell. In Hamburg wurde zur Erinnerung an die 1943 in Minsk ermordete Mutter Else Kurzbart ein Stolperstein gesetzt.

Anneliese Raabke, *1909 – □2004   Z
geb. Grigoleit

Sie besuchte zunächst die Haushalts- und Handelsschule in Kiel und heiratete 1931 den Modelltischler Walter Raabke. Beide waren gewerkschaftlich und sozialdemokratisch aktiv. 1933 musste Walter R. nach Dänemark fliehen und wurde dort vom Matteotti-Komitee unterstützt. 1935 kam auch Anneliese R. nach Dänemark. Beide engagierten sich weiter politisch, aber nicht öffentlich. Ohne ihre zweijährige Tochter Gurli, die zunächst bei dänischen Freunden untergebracht wurde, flüchteten sie im April 1940 mit einem Ruderboot nach Schweden. Nach kurzem Aufenthalt in Helsingborg wurden sie im Lager Loka Brunn interniert. Später transportierte man das Ehepaar Raabke mit anderen nach Lottefors bei Bollnäs in Hälsing län, wo sie mit Hermann Fischer* in einem Haus zusammenlebten.

Ab 1941 konnten die Raabkes mit ihrer Tochter in einer kleinen Wohnung in Augustendal im Stockholmer Vorort Nacka wieder zusammenleben und sich Arbeit suchen. Sie engagierten sich in der SoPaDe, der Gewerkschaftsgruppe, im FDKB und wurden so Teil des exilantischen Netzwerks. Walter R. z. B. gehörte 1944 zu den Delegierten der SoPaDe anlässlich einer überregionalen Versammlung. Nach Kriegsende 1945 engagierten sie sich wie viele Emigranten in Hilfsorganisationen für Deutschland. Das Ehepaar entschied sich anfangs für ein Bleiben in Schweden, zumal Anneliese inzwischen die schwedische Staatsangehörigkeit besaß. Walter hingegen ging 1946 über Lübeck zurück und ist 1983 in Kiel gestorben. Ein Jahr nach seinem Tod remigrierte auch Anneliese, endgültig. Gurli R. hat ebenfalls Schweden verlassen und in Deutschland Zahnmedizin studiert. (Karl-Heinz Schunck, *Exil in Skandinavien;* s. a. Thomas Pusch, *Politisches Exil*)

Karl Raloff, *1899 – □1976
Pseudonym: Karl Ehrlich

War seit der Kindheit von der Sozialdemokratie geprägt und engagierte sich ebenfalls in der SPD. Nach einer kaufmännischen Ausbildung betätigte er sich früh journalistisch. Hielt sich

1921/22 in Dänemark auf und konnte dort lang anhaltende Beziehungen knüpfen. Nach der Rückkehr wurde er Mitglied im Reichsbanner. Bis 1933 war er politisch aktiv und lebte mit seiner Familie in Hannover. 1933 musste Raloff nach Dänemark fliehen, wohin ihm seine Familie bald folgte. Das erste Überleben sicherte eine Unterstützung durch das Matteotti-Komitee. Von 1936 bis 1940 sichtete er als Archivarbeiter den nach Kopenhagen gelangten Teil des Berliner SPD-Archivs, das später dem Amsterdamer Institut für Sozialgeschichte übergeben wurde. Veröffentlichungen erschienen nunmehr unter seinem Pseudonym. In Kopenhagen übernahm er außerdem die Betreuung deutscher Fluchtmigranten.

Im April 1940 flüchtete er zusammen mit H. Reinowski und F. Tarnow nach Schweden, ohne die Familie. Raloff war zunächst in Loka Brunn interniert und kam dann nach Kinna in Westgotland. Währenddessen wurde er in Deutschland in der Akte 8J 261/41g und 1H 237/42 namentlich vom VGH erfasst. (db.saur.de) Von 1942 bis 1944 lebte er auf Öland, wo er sich frei bewegen und oft in Stockholm aufhalten konnte. 1945 ging er zu seiner Familie nach Dänemark zurück, die sich dort inzwischen eingelebt hatte. 1947 war er in Kopenhagen als Vertreter der Deutschen Presse-Agentur tätig. 1951 erhielt Karl Raloff die deutsche Staatsangehörigkeit zurück, 1952 wurde er Presseattaché der Deutschen Botschaft. Nach seiner Pensionierung 1965 lebte er weiterhin in Dänemark, gestorben ist er in Travemünde. Der Nachlass befindet sich im AdsD.

Heinz Rauch, *1914 − □1962   Z

Als gelernter Bankkaufmann war er auch Mitglied der KPD und lebte im Raum Leipzig. Im Juli 1933 flüchtete er über Dänemark nach Schweden, wurde dort 1934 kurz verhaftet und arbeitete dann in Stockholm als Schlosser. Während des Spanischen Bürgerkriegs gehörte er zu den Internationalen Brigaden und ging 1938 zurück nach Schweden. Im deutschen Reich wurde 1940 gegen ihn wegen Wehrpflichtentziehung ermittelt (02.03.03.04.07.01.03.06. Sächs. Staatsarchiv) Zu diesem Zeitpunkt war er allerdings für kurze Zeit in Norwegen illegal politisch tätig, lebte dann aber wieder in Schweden. Es ist unklar, ob und inwieweit er in die Aktivitäten der Wollweberligan involviert war. Anfang 1946 ging er zusammen mit Franz Stephany über Danzig zurück in die damalige SBZ und brachte sich in der Folge in die DDR ein, so z. B. als Mitglied des dortigen Ministerrats von 1951-1962. Mit seiner aus Schweden stammenden Frau Märta Jansson (1919-1962) hatte er drei Söhne. 1962 kamen er, Märta und zwei der Söhne bei einem Flugzugabsturz nahe Warschau ums Leben. Im Bundesarchiv sind unter DY 30/88934 und DY 30/IV 2/11/V,/367 Unterlagen betr. seiner Person archiviert. (S.a. Scholz, *Erfahrungen*)

Eliza (Ilse/Else) Margareta Reifeisen(Reifenstein)-Hallin, *1926

Sie wuchs auf in Dorsten, wo die aus Polen gebürtige, aber staatenlose Familie gut integriert war. Sie selbst besuchte den Kindergarten und die Schule des Ursulinen-Ordens. Ende 1938 wurde die Familie nach Polen deportiert, konnte aber wieder nach Deutschland zurückkehren, um bestimmte Dinge zu ordnen. Gerne wären die Eltern mit der Tochter in die USA emigriert, was die finanzielle Situation aber nicht zuließ. Stattdessen kam Ilse Reifenstein noch mit dem letzten Kindertransport im Dezember 1939 nach Schweden. In Stockholm wurde sie in einem Kinderheim untergebracht und lebte dann in einet Pflegefamilie. Leider war es ihr nicht möglich, die Eltern nachzuholen, mit denen sie sie noch einige Jahre in Briefkontakt stand bis zu deren Deportation. Der Vater ist verschollen, die Mutter kam im KZ Stutthof ums Leben. Ilse blieb in Stockholm, heiratete, bekam einen Sohn und nannte sich fortan Elise Hallin. Zuletzt lebte sie im Stadtteil Vasastaden. (Cosanne-Schulte-Huxel, Elisabeth; *Mein liebes Ilsekind*) In Dorsten erinnert je ein Stolperstein an die Eltern Gertrud und Simon Reifeisen. (S.a. Maier-Wolthausen)

Hans J. Reinowski, *1900 – □1977   Z
Pseudonyme bw. Decknamen: Hans Reinow, Hannes Rastlos, Jochen Spatz
auch bekannt als roter Hans

Nach Besuch der Volksschule in Bernburg/Saale bildete er sich im Selbststudium weiter. 1914 wurde er Mitglied im Bildungsverein Jugendlicher Arbeiterinnen und Arbeiter, der späteren SAJ, und im Verband der Fabrikarbeiter Deutschlands. 1917 Eintritt in die USPD, 1922 in die SPD. Von 1914 bis 1918 war er Fabrik-, Munitions- und Bergarbeiter, Sägemüller und Soldat, danach Angestellter im Presseamt der Bezirksregierung Braunschweig mit Nebentätigkeit als Journalist. 1922 heiratete er Gertrud Genzen und wurde im gleichen Jahr Mitglied des Reichs- banners. Von 1923 bis 1933 war HR als Bezirkssekretär der SPD in Braunschweig tätig. 1933 Emigration nach Zürich, wo er die Reportage *Hakenkreuz-Terror in Braunschweig* veröffent- lichte.

Mit seiner Frau Gertrud und der Tochter Ursula emigrierte HR nach Dänemark und musste ohne diese 1940 nach Schweden fliehen, zusammen mit K. Raloff und F. Tarnow. Er war zunächst in Loka Brunn interniert. Danach lebte Reinowski anfangs von der Unter- stützung durch Hilfsorganisationen und fand bald eine Tätigkeit bei der SoPaDe. Er war auch als Übersetzer tätig und kam dadurch zur Literatur. 1940 erschien sein einziger Gedichtband *Lied am Grenzpfahl*. Als politischer Dichter erlangte er hohe Anerkennung. Ebenso wie Raloff wurde auch er vom VGH aktenmäßig unter 10J 204/40 und 2H 17/41 erfasst. (db.saur.de) 1945 ging er zurück nach Dänemark und gab im gleichen Jahr die Zeitung *Deutsche Nachrichten* heraus. Im Februar 1947 remigierte Hans R. nach Darmstadt und verließ 1954 die SPD. Er war als Herausgeber und Chefredakteur beim Darmstädter Echo bis 1970 tätig. Im ARAB befindet sich die Sammlung Reinowski. 1940/41 wurde sein Name auch in einer Akte des VGH genannt (db.saur.de). Weitere Archivalien sind im Institut für Zeitgeschichte zugänglich.

Georg Riedel, *1934
Der heutige Jazz-Bassist und Filmkomponist wurde in Karlsbad geboren und stammte aus einer sudetendeutschen Familie. Die Eltern emigrierten 1938 mit dem Vierjährigen nach

Schweden. Nach einem Studium des klassischen Cello wechselte er zum Jazz und gründete 1948 due Gruppe Boogie Dop Six. Neben der Jazzmusik komponierte er auch Ballett- und Filmmusik, so z. B. zu einigen verfilmten Büchern von Astrid Lindgren. Für sein Wirken wurde er mehrfach mit Preisen geehrt. Mehr Informationen siehe Wikipedia.

Wilhelm/Willi Otto Walter Rohde, *1908 – □1980

Gebürtig ist er aus Gehlsdorf bei Rostock und war von Beruf Schlosser und Werftarbeiter. Er lebte dann in Hamburg, wo er sich politisch als Sozialist engagierte und um 1929/30 Mitglied der KPD wurde. Ebenso war er als Instrukteur im gewerkschaftlichen Bereich tätig. Im Juli 1933 ging er nch Kopenhagen und Anfang 1934 nach Oslo, wo er bis 1934 illegal lebte. Danach war er Mitglied der KPD-Gruppenleitung in Oslo und stand in Kontakt mit Franz Stephany. Beide gehörten zur Wollweber-Gruppe und flüchteten im April 1940 nach Schweden, wo sie für einige Monate im Lager Långmora interniert waren. Nach der Freilassung arbeitete er im Gebiet um Kumla nahe Örebro als Waldarbeiter und lebte ab 1942 in Stockholm. Im Mai 1946 kehrte er zurück in die SBZ bzw. nach Rostock und war dort als Sekretär der Umsiedlerhilfe tätig. In den nachfolgenden Jahren hielt er sich mehrfach in Schweden im Auftrag der SED auf, kehrte aber 1948 nicht in die SBZ zurück. Vielmehr schuf er sich in Schweden eine neue Existenz und zwar nach mehreren kurzen Aufenthalten u. a. in Stockholm. Im gleichen Jahr heiratete er in Kumla die Schwedin Karin Andersson und verdiente dort in der holzverarbeitenden Industrie seinen Lebensunterhalt. 1948 wurde der erste der beiden Söhne geboren (Roland Georg) und 1952 der zweite (Arne Torbjörn). 1960 wurde er schwedischer Staatsbürger. (S.a. Scholz, *Erfahrungen*)

Jakob (Bobby) Rosner, *1890 – □1970   **Z**
Decknamen: Georg Hauser, Franz Lang

Österreichisch-ungarischer Journalist und Mitglied der Kommunistischen Partei in Ungarn. Lebte u. a. von 1936 bis 1939 in Moskau und arbeitete mit G. Dimitroff von der Komintern zusammen. Ab 1939 war er in Stockholm illegal tätig und gab die Komintern-Zeitschrift *Die Welt* heraus (die ihn als »geheimen Boten der Komintern« bezeichnete). U. a. war er beteiligt an der Untergrundaktion von W. Sager, J. Wagner und J. Welter. Er bewohnte ein Zimmer in einer Parteigenossen gehörenden Wohnung in der Upplandsgatan 77, wie P. Weiss z. B. erst um 1970 erfuhr. Rosner reiste 1944 mit dem Schiff nach Leningrad und weiter nach Moskau. 1945 kehrte er nach Österreich zurück. In der *Ästhetik* von Peter Weiss erhielt er eine besondere Bedeutung als sogenannter Politischer.

Hilde (Brunhilde) Rubinstein, *1904 – □1997
verh. Weinreich / Pseudonyme: Katarina Brendel u. a.

Im großbürgerlich-jüdischen Milieu in Augsburg, Hannover und Köln aufgewachsen. Als 18-Jährige schloss sie sich dem Zionistischen Jugendverband Blau-Weiß an. Es folgte ein Studium der Malerei in Köln, am Bauhaus und in Düsseldorf. 1927/28 lebte sie in Paris als

Kunststipendiatin. Sie heiratete 1929 den Physiker Otto Weinreich, die gemeinsame Tochter Anna-Barbara (Sjögren) wurde 1930 geboren. Nach kurzer Ehe kam es zur Trennung des Paares. Im gleichen Zeitraum wurde Hilde Mitglied der KPD und war zunächst als freischaffende Malerin tätig, wandte sich aber auch der Schriftstellerei zu. Im November 1933 verhaftete man sie aus politischen Gründen. Nach zehnmonatiger Untersuchungshaft und Verurteilung zu anderthalbjährigem Gefängnis kehrte sie nach der Freilassung 1935 zu ihrer Mutter und der bei ihr lebenden Tochter nach Köln zurück. Von dort emigrierte sie mit Barbara über Belgien und die Niederlande nach Stockholm. Doch wurde sie in Deutschland nochmals in einem Verfahren des VGH unter 8J 228/36 und 2H 15/37 namentlich erfasst. (db.saur.de)

1936 fuhr sie in die Sowjetunion, um ihren Bruder zu besuchen, die Tochter war im Landschulheim Viggbyholm untergebracht. In der Sowjetunion wurde sie erneut verhaftet und sollte nach Deutschland ausgeliefert werden. Sie konnte aber in Warschau entkommen und sich über Riga nach Schweden durchschlagen. Wieder in Stockholm hielt sie sich mit Gelegenheitsarbeiten über Wasser, u. a. als Wäscherin, Schreibhilfe, Zeichnerin und Gärtnereigehilfin. Dabei entwickelte sie sich zu einer bekannten Kinderporträtmalerin. Als solche war sie auch 1944 in der Ausstellung Konstnärer i landsflykt* in Stockholm vertreten. Vor allem aber war sie als Schriftstellerin tätig, wobei Bertolt Brecht von einer chaotischen Begabung sprach. In Stockholm engagierte sie sich darüber hinaus in der Emigrantenselbsthilfe, so Müssener/Scholz.

Der Erhalt der schwedischen Staatsbürgerschaft 1947 war eine klare Ansage für ein Bleiben im eigentlich nicht geliebten Aufnahmeland. So blieb auch Deutsch die Sprache ihres literarischen Schaffens. Ein wichtiges Thema war für sie die atomare Bedrohung, siehe ihr Buch *Atomdämmerung*. Ebenso thematisierte sie den Nationalsozialismus und die Shoah, aber nicht das Exil. Daneben schrieb sie Theaterstücke, Lyrik und Prosa. HR veröffentlichte in den 1970er Jahren u. a. im *Merkur*, den *Frankfurter Heften* sowie *Sinn und Form*. 1982 besuchte sie Berlin-West, lebte dort für einige Jahre und kehrte wieder nach Schweden zurück. Für sie war »Emigration eine Widrigkeit, die mehr ist als vorübergehende Flucht, nämlich endlos«. Da sie sich sozial isoliert und heimatlos fühlte, unternahm sie viele Reisen. Bis zu ihrem Tod lebte sie in sehr bescheidenen, wenn nicht ärmlichen Verhältnissen in Stockholm. Sie starb 1997 in Göteborg und wurde in Stockholm begraben. Ein Teilnachlass befindet sich in Berlin in der AdK, ein anderer in der DNB. Insgesamt sind 38 Publikationen von ihr verzeichnet. Im KB-Arkiv befindet sich: Literatur über sie, eine Handschriftensammlung, Korrespondenz mit der Judiska församlingen Stockholm und Texte der Vorträge im Göteborger Lyriska Teater.

Fritz (Friedrich) Rück, *1895 – □1959   **Z**
Pseudonyme: Peter Wedding, Leo Kipfer

In Stuttgart geborener Schriftsetzer und Schriftsteller. Mitglied der USPD und 1918 Vorsitzender des Arbeiter- und Soldatenrates. Wurde 1919 Mitglied der KPD, 1929 der SPD, 1931 der SAPD, die ihn aber bald ausschloss. Ebenso gehörte er zu den Naturfreunden. FR emigrierte 1933 in die Schweiz und nutzte 1937 seine Kontakte nach Schweden für eine Einreise. Hier war er als freier Mitarbeiter für schwedische und Schweizer Zeitungen und Zeitschriften tätig. 1942 erschien von ihm *Schweiz på vakt* (Die Schweiz hält Wache) als Aufforderung an Schweden, es der neutralen Schweiz politisch gleichzutun. Fritz R. wurde Mitglied der Gewerkschaftsgruppe und 1945 der SPD. Er kehrte 1950 mit seiner schwedischen Ehefrau Britta Sjögren nach Stuttgart zurück. Dort konnte er sich eine Existenz im Bereich der IG Druck und Papier aufbauen und war zeitweise Bundesvorsitzender der Naturfreunde. Sein Nachlass befindet sich im ARAB.

Helmut Rüdiger, *1903 – □1966   **Z**
Pseudonym: D. Rodriguez

Als gebürtiger Sachse stammte er aus einem liberalen Elternhaus. Er studierte Germanistik und Kunstgeschichte in Leipzig und München. War anfangs in der Wandervogel-Bewegung aktiv und schloss sich dann der Syndikalistisch-Anarchistischen Jugend Deutschlands an mit Kontakt zu F. Götze. Als Redakteur arbeitete er 1928 beim *Syndikalist* und wurde 1932 in die Leitung des FAUD gewählt. Im gleichen Jahr ging er nach Spanien, von wo er Kontakt zu den illegalen Faud-Gruppen in Deutschland hatte. Im August 1937 ging er nach Paris, um einen Kongress der Internationalen Arbeiter-Assoziation vorzubereiten. Im Frühjahr emigrierte er nach Schweden, wo er in Stockholm für die syndikalistische *Arbetaren* arbeitete. Nach 1945 engagierte er sich in der Bundesrepublik als überzeugter Antitotalitarist in der Föderation Freiheitlicher Sozialisten. Er starb 1966 während eines Aufenthalts in Madrid. Im ARAB befinden sich Materialien von ihm.

Karin Ruths-Hoffman, *1904 – □1986
Aufgewachsen in Schoppenitze in Oberschlesien. Der Vater stammte aus Schweden und war in der Seifenfabrik des Schwiegervaters tätig. Als 14-Jährige lebte sie kurze Zeit mit ihrer Familie in Stockholm. Später studierte sie in Breslau Pädagogik und lernte die Anthroposophie kennen. Ließ sich dann in Stuttgart zur Waldorf-Pädagogin ausbilden und heiratete den russischen Emigranten Michail Hoffmann. Ab 1933 unterrichtete sie an der Waldorf-Schule in Breslau, ging aber 1935 mit der Familie nach Schweden. Möglicherweise waren sie und Michail H. 1935 an der Gründung des heute noch bestehenden heilpädagogischen Mikaelgården in Järna beteiligt. Sicher auch mit Hilfe des Ehepaares Hoffman wurde 1936/37 der Örjansgården Rönninge/Järna gegründet, deren Leiter Michail H. für lange Jahre war. Zielsetzung war, in der Einrichtung ein Gleichgewicht von intellektueller und praktischer Tätigkeit herzustellen. Anfangs waren Lehrer und Schüler aus 24 Nationen involviert. 1937 veröffentlichte Karin H. in der Zeitschrift *Natur och Kultur* den Artikel *Örjansgården i Viggbyholm: program*. Etwas später kam es in Stockholm zur Gründung einer Waldorfschule. Diese musste aber mangels Interesse 1939 wieder schließen. Nach einer Fußnote in Schmolke schrieb P. Weiss aus Alingsås nach dem Tod von Karin Boye einen Brief an Karin Ruths-

Hoffmann in Viggbyholm. Beide Frauen waren miteinander befreundet und kannten sich aus der Zeit im Internat. Anscheinend lebte auch Karin mit ihrem Mann und Kindern für kurze Zeit dort.

Nach dem Zweiten Weltkrieg engagierten sich Karin und Michael H. bei der Inneren Mission in Småland. In Stockholm-Bromma konnte 1949 erneut eine Waldorfschule, die Kristofferskolan, eröffnet werden. Ebenso war Karin H. an der Gründung der Zeitschrift *På Väg* als Organ der Waldorfpädagogik beteiligt. In Järna nahe Södertälje half sie mit, diesen Ort zum Zentrum der schwedischen Anthroposophie zu machen mit vielen Einrichtungen und Unternehmen, teilweise getragen von anderen Emigranten. Ab 1964 war sie Mitarbeiterin des neugegründeten Rudolf-Steiner-Seminars. Zuletzt lebte die Mutter von fünf Kindern in Järna, wo sie in der dortigen Vidakliniken gestorben ist.

Nelly (Leonie) Sachs, *1895 – □1970

Seit August 1939 bemühte sich die in Berlin lebende Autorin darum, als Transmigrantin mit ihrer Mutter Margarethe Sachs-Karger (1871-1950) nach Schweden gehen zu können, um von dort in die USA weiterzureisen. In ihrer Not bat sie ihr literarisches Vorbild Selma Lagerlöf um Unterstützung. Aus Alters- und Krankheitsgründen war diese allerdings nicht dazu in der Lage. Hilfe erhielt sie dann von der langjährigen Berliner Freundin Gudrun Dähnert (geb. Harlan), die selbst nach Schweden reiste und über Prinz Eugen Bernadotte eine Einreise erwirken konnte. Im Mai 1940 flogen Margarethe und Nelly Sachs mit der letzten Maschine aus Berlin nach Stockholm – ein abgewetzter brauner Lederkoffer enthielt ihre ganze Habe.

Aus einem gutbürgerlich-jüdischen Umfeld stammend, mussten sie in Schweden in ärmlichen Verhältnissen leben. Zunächst kamen sie für zwei Monate in der Fleminggatan 45 in einem Heim der Jüdischen Gemeinde unter. Im Herbst 1941 vermittelte ihnen die Gemeinde eine kleine dunkle Wohnung am Bergsunds Strand 23 im westlichen Södermalm. 1948 konnten sie im gleichen Haus eine mit 41 Quadratmeter größere einräumige Wohnung beziehen, mit Schlaf- und Küchennische. Aus dem Fenster ging der Blick hinaus auf das Wasser des Liljeholmsviken hinüber nach Liljeholmen mit seiner Industrie. Im Keller der KB wurde später der Wohnraum als Ausstellungsobjekt installiert.

Harte Überlebensarbeit z. B. als Wäscherin sicherten Nelly und ihrer kranken Mutter die Existenz. Beide wurden teilweise von der Jüdischen Gemeinde unterstützt, auch dank der Hilfe durch W. Steinitz. Besonders die ersten Jahre im Exil waren durch Armut und Isolierung bestimmt. Zudem bedurfte die schwerkranke Mutter ständiger Pflege. 1944 beantragte Nelly Sachs eine dauerhafte Aufenthaltsgenehmigung, was mit der Begründung einer unzureichenden Selbstversorgung abgelehnt wurde. Nach dem Tod der Mutter 1950 war die inzwischen 60-Jährige erstmals allein und wohnte bis zu ihrem Tod in der Wohnung am Bergsunds Strand. Dem erneuten Gesuch von 1951 um eine Aufenthaltsgenehmigung war angemerkt: »früher Deutsche, jetzt staatenlos« und »jüdischer Herkunft«. Ein Jahr später erhielt sie endlich die schwedische Staatsangehörigkeit. Neben ihrer Dichtkunst wurde sie auch als Übersetzerin bekannt, z. B. von schwedischer Lyrik ins Deutsche. Durch das Studium der Schriften Martin Bubers bejahte die aus einem assimilierten Elternhaus stammende NS ihr religiöses Erbe, wurde aber keine dogmatische Gläubige.

Nelly S. konnte zwar dem Holocaust entkommen, nicht aber dem Wahn. Es blieben massive Gefühle der Bedrohung, der Angst. Wechselnde Aufenthalte zwischen ihrer Wohnung und der psychiatrischen Klinik Beckomberga bestimmten ihr Dasein. 1960 reiste sie zum ersten Mal wieder nach Deutschland, in die Bundesrepublik, anlässlich der Verleihung des Meersburger Droste-Preises. Zurück in Stockholm kam es zu einem massiven Zusammenbruch, wie überhaupt nach jedem für sie wichtigen Ereignis. Als Marcel Reich-Ranicki sie 1965 besuchte, traf er auf eine »kleine, zarte und zierliche Dame«, die ihn herzlich begrüßte. Aber auch ausschließlich von ihren Bedrängnissen erzählte und ihn nicht zu Wort kommen ließ! (*Mein Leben*)

Ihr hilfreich zur Seite stand z. B. Rosi (Rose) Wosk als Haushälterin und Sekretärin. Sie kam 1953 als Holocaust-Überlebende nach Stockholm und wohnte im gleichen Haus wie Nelly Sachs. Während einer Wahn-Attacke übergab Nelly ihr Fotos, Manuskripte und Briefe zur sicheren Verwahrung. Infolge einer schweren Krebserkrankung starb Nelly 1970 am Tag der Beerdigung des mit ihr befreundeten Paul Celan. Ihr Grab befindet sich auf dem Norra Judiska Begravningsplatsen in Solna. In Berlin erinnern mehrere Gedenktafeln an Nelly Sachs: an ihrem Geburtshaus in der Maaßenstr. 12 in Schöneberg, in der Lessingstr. 5 (früher 33) im Hansa-Viertel, wo sie ihre Kindheit verbrachte, und ein Stein im Nelly-Sachs-Park. Im RA befindet sich ein Dossier der Ausländerbehörde, in dem sie als Literatin und Journalistin bezeichnet wird.

Die Autorin

Im Stockholmer Exil entwickelte sich die Nelly Sachs eigene Poesie weg vom romantischen Stil. Später verfügte sie, dass keiner der vor der Flucht nach Schweden verfassten Texte publiziert werden durfte. Bedingt durch die schwere Erkrankung der Mutter war sie nur des Nachts fähig zu schreiben, so Helmut Müssener. Das und das Wissen um den Holocaust beeinflusste deutlich ihre Sprache. Die im Exil neu entstandenen Gedichte übergab sie 1944 M. Hodann, der sie an W. A. Berendsohn weiterleitete. Sie hoffte, einmal auf einem der Kulturabende des FDKB vorlesen zu können. M. Tau bezeichnete Nelly S. nach der ersten Begegnung im Jahr 1943 als eine bescheidene Frau, die »so gar nicht in unsere Zeit paßte«. Ihre Wärme nahm ihn sofort für sie ein: Er war »ganz gefangen von der geistigen Atmosphäre, die sie ausstrahlte.« Leider hatte der von Tau gegründete Neue Verlag nicht die Ausrichtung, die ihre Gedichte für eine Veröffentlichung benötigten. Ihre Aussage *»wir müssen dafür sorgen, daß die Verfolgten nicht zu Verfolgern werden«* war der erste Satz, den er bei seiner ersten Begegnung von ihr vernahm und wertschätzte. (*Flüchtling*)

Trotz großer literarischer Produktivität wurde sie in Deutschland erst zum Ende der 1950er Jahre beachtet. Zu dieser Zeit erweiterte sich ihr soziales Netzwerk, zu dem u. a.

Alfred Andersch, Ingeborg Bachmann, Paul Celan, Hans Magnus Enzensberger und Hilde Domin gehörten. Nicht vergessen werden sollte der Buchhändler und Vorsteher der Jüdischen Gemeinde in Stockholm, Gunnar Josephson. Ebenso bestanden Kontakte zu schwedischen Literaten wie Johannes Edfelt, Erik Lindegren, Artur Lundkvist und Harry Martinson. Enge Kontakte gab es zu dem Ehepaar Bengt und Margaretha Holmqvist. Nach 1960 veränderte sich ihr lyrischer Stil, wurde sparsamer, minimalistischer. W. A. Berendsohn setzte sich, neben deutschen Journalisten, besonders für Nelly Sachs ein, auch in der Bundesrepublik. Es folgten mehrfache Auszeichnungen:

1960 – *Meersburger Droste-Preis*
1961 – *Nelly-Sachs-Preis Dortmund*
1963 – *korrespondierendes Mitglied der Bayerischen Akademie der schönen Künste in München*
1965 – *Friedenspreis des Deutschen Buchhandels*
1966 – *Nobelpreis für Literatur mit Schmuel Josef Agnon*

Das Preisgeld ging als Gabe an Bedürftige und ein Teil an ihre langjährige Freundin Gudrun Dähnert-Harlan. Nelly Sachs zu Ehren wurde 1961 der Nelly-Sachs-Preis Dortmund gestiftet, dessen erste Preisträgerin sie selbst war. Tau z. B. erhielt ihn 1965 als Dritter.

Mit ihrem nach der Flucht aus Deutschland geschriebenem Mysterienspiel *Eli* setzte Sachs den Verfolgten ein Denkmal. Das lyrische Werk *In den Wohnungen des Todes* ist ihren »toten Brüdern und Schwestern« gewidmet. Mit Hilfe von C. Trepte erschien es 1947 im Aufbau-Verlag in der DDR. Laut Tau blieb für Nelly Sachs »die deutsche Sprache die Sprache ihres Herzens«. Nach vielen Bemühungen seinerseits konnte endlich ein Gedichtband von ihr in Schweden erscheinen, den sie ihm widmete. Ein Auszug aus dem Gedicht *Greise* in *Sternverdunkelung* lässt ihren tiefen Schmerz des durch das Exil gebrochenen Lebens erahnen:

Verwelkt ist der Abschied auf Erden.
Schon die Wurzel setzt die Sterbeblüte an.
Wo blieb Stiel, Stamm, der Weg, der Fluss
von der Quelle zum Meer? (...)
Niemand weiß mehr das leise Fallen der Blumenblätter
seit der schwer erdachte Tod aus der Luft fällt – (...)
Der Verlassene aber, wirft seine Sehnsucht in die Leere   Samen für rine neue Welt!

Das Buch selbst erschien erstmalig 1949 im Amsterdamer Berman-Fischer/Querido-Verlag. Es entstand in der von Nelly Sachs so genannten Kajüte, der Nische.

Dank der Sammelleidenschaft der ebenfalls aus Deutschland emigrierten Nachbarinnen Elisabeth und Margarethe Alsberg sind von 1947 bis 1984 diese Materialien zusammengekommen: Briefe, Manuskripte von Gedichten, Presseausschnitte u. a. m. Nachlässe befinden sich in der Kungliga bibliotek Stockholm: *Handschriftensammlung; Informationen über NS-Sammlungen,* sowie im Online-Katalog *Regina: Bestand NS;* die

Sammlung *Elisabeth und Margarete Alsberg* mit Signatur ACC1985_15, im Literaturarchiv Marbach: der von der Freundin und Vertrauten gesammelte *Rose Wosk–Nachlass* und im Nelly-Sachs-Archiv Dortmund *Sammlung W. A. Berendsohn*. Weiteres archivarisches Material siehe archivportal.de. Auch Müssener/Scholz erwähnen sie kurz in *Emigrantenselbsthilfe*. Ebenso wird ihrer im Roman *Kullarna* von Jan Winter gedacht. (S.a. Maier-Wolthausen)

Liselotte Sager, *1913 – □1978   Z
geb. Seemann

In Berlin aufgewachsen. 1922 wurde sie Mitglied des zionistischen Jung-Jüdischen Wanderbunds und später im Bund Schwarzer Haufen. Seit 1930 Mitglied der KPD, von 1931 bis 1935 Angestellte der Handelsvertretung der UdSSR. Nach 1933 war sie illegal für den Kommunistischen Jugendverband und die Rote Hilfe tätig. 1939 emigrierte sie nach Norwegen, wo sie als Stenotypistin für Max Seydewitz arbeitete. Ab 1940 lebte sie in Schweden und heiratete 1941 Werner Sager. Zum Lebensunterhalt trug sie als Hausangestellte und Industriearbeiterin bei. Im Juni 1946 kehrte sie mit ihrem Mann zurück in die SBZ. Im Dezember 1948 trennte sich das Ehepaar, sie selbst lebte und arbeitete u. a. in Luckenwalde. Im Januar 1966 schied sie aus dem ZK-Apparat der SED aus und war in einem Reisebüro tätig.

Werner Sager, *1915 – □1976   Z

Seit seiner Kindheit war er sozialistisch orientiert und frühzeitig illegal als KPD-Instrukteur aktiv. Er wurde bereits vor 1933 inhaftiert und emigrierte 1934 nach Kopenhagen. Von dort schickte ihn die Rote Hilfe nach Göteborg. 1935 inhaftierte man ihn für drei Monate in Stockholm, wobei er vom VGH namentlich in den Akte 15J 162/36 und 2H 15/37 genannt wurde. (db.saur.de) Nach seiner Teilnahme am Spanischen Bürgerkrieg delegierte ihn die KPD zur Auslandsarbeit erneut nach Schweden, er musste aber zunächst in Norwegen tätig sein. Hier gehörte er neben W. Brandt, P. Bromme und Hedwig Beutner zur Gruppe des sogenannten Lübecker Exils. 1940 flüchtete er nach Schweden und wurde in Långmora interniert. Im August 1941 gelang ihm die Flucht zusammen mit W. Wagner und J. Welter. Laut polizeilichem Protokoll sollte er »so schnell wie möglich unschädlich gemacht werden«. Alle drei Genannten gingen dann für kurze Zeit im Auftrag der KPD illegal nach Nazi-Deutschland, um im Untergrund zu arbeiten. Bei der Rückkehr nach Schweden mit einem Frachter von Lübeck nach Södertälje wurden er und Wagner im Oktober 1941 aufgegriffen und bis Februar 1942 inhaftiert. Danach war Sager Geschäftsführer der *Politischen Information*. 1946 kehrten er und seine Frau Liselotte in die SBZ zurück. Er war u. a. als Polizeipräsident in Merseburg tätig, wo es zur Trennung des Ehepaares kam. Sager geriet als sogenannter Westemigrant zwar zunehmend in politische Auseinandersetzungen, wurde aber nicht fallengelassen. (S.a. Scholz, *Erfahrungen*)

Gerhard Salten, *1913 – □1942 **(Z)**
geboren als Gert Lascheit

In Königsberg geboren und aufgewachsen. War musikalisch und künstlerisch begabt und entsprechend tätig. Er schloss sich in den 1920er Jahren der bündischen Deutschen Freischar an, wo er mit Liedkompositionen bekannt wurde. 1937 emigrierte er als Verfolgter der Gestapo nach Schweden, kam dort aber nur schwer zurecht. Als Bündischer gehörte er auch zum Deutschen Vortrupp* im Exil um H.-J. Schoeps. Zu diesem Zeitpunkt nannte er sich Gert Salten nach dem Geburtsort der Mutter. Sein Antrag auf Asyl in Schweden wurde 1940 abgelehnt, er selbst nach Deutschland abgeschoben. 1941 verhaftete ihn die Gestapo in Berlin und verurteilte ihn wegen Hochverrats bzw. bündischer Umtriebe. Er starb im Sommer 1942 im KZ Buchenwald angeblich an Tuberkulose bzw. einer Lungenentzündung.

Walter Sassnick, *1895 – □1955 **Z**
Pseudonyme: Walter Bonn, Spectator

Als Redakteur und Mitglied der SPD und des Reichsbanner wurde er 1933 wegen Hochverrats verfolgt und konnte in das Saarland fliehen. 1935 ging er in die Schweiz und dann nach Frankreich. 1938 emigrierte er nach Schweden und schloss sich der SoPaDe an. In Stockholm gab er die Emigrantenzeitschrift *Das Wort* von Mitte 1945 bis August 1946 heraus. Darin polemisierte er als Spectator in oft gehässiger Form gegen die Stockholmer Emigrantenszene. Sassnick kehrte 1946 zurück nach Westdeutschland und war Lizenzträger und Chefredakteur der Mittelbayerischen Zeitung in Regensburg. Zudem war er bei verschiedenen Zeitungen in München und Nürnberg tätig. Von 1949 bis 1955 war er für die SPD Mitglied des Deutschen Bundestages.

64 *Blick aus Nelly Sachs' Wohnung – eine Art Stilleben*

65 *Harry Schein , 1949*

Hans Louis Schäffer, *1886 – ☐1967

In Breslau als Sohn eines jüdischen Fabrikanten geboren. Studium der Rechts- und Staatswissenschaft sowie Geschichte mit abschließender Promotion. Verheiratet war er mit Eva Heilberg (1891-1977), mit der er vier Töchter hatte. Am Ersten Weltkrieg nahm er als Soldat teil. Ab 1918 war er als Geheimer Regierungsrat im Reichswirtschaftsministerium tätig, dann Ministerialdirektor und ab 1929 Staatssekretär im Reichsfinanzministerium. 1932 trat er von diesem Posten wegen Unstimmigkeiten zurück und ließ sich in den vorläufigen Ruhestand versetzen, übernahm aber die Leitung des Ullstein-Verlags in Berlin. Im März 1933 wurde Schäffer aus rassistischen Gründen entlassen, Kurz darauf holte ihn der schwedische Bankier Jacob Wallenberg nach Stockholm, um dort den bankrotten Zündholzkonzern Svenska Tändsticks AB (STAB) zu sanieren. 1936 folgte ihm seine Frau Eva mit einer Tochter oder zwei Töchtern. Im gleichen Jahr erhielt er die schwedische Staatsangehörigkeit. Zu seinem Freundeskreis gehörten neben Fritz Tarnow auch Sophie und Wilhelm Michaeli. In Stockholm engagierte er sich laut Müssener/Scholz in der jüdischen Emigrantenselbsthilfe. (S.a. Maier-Wolthausen)

Er und seine Frau kehrten nicht zurück, auch nahm er 1949 nicht den ihm von Konrad Adenauer angebotenen Posten eines Staatssekretärs im Bundeswirtschaftsministerium an. Bis 1962 war er Leitender Angestellter bei STAB und half mit bei dessen Sanierung. Außerdem war er Präsident des Council of Jews from Germany, während Eva Schäffer sich in der Flüchtlingshilfe engagierte. Ebenso war sie Delegierte des Schwedischen Frauenverbands für Frieden und Freiheit bei internationalen Tagungen. 1963 erhielt Schäffer das Große Bundesverdienstkreuz mit Stern, in Schweden das Kommandeurkreuz des Wasaordens. Zuletzt lebte das Ehepaar in Jönköping. Die gemeinsame Grabstelle befindet sich auf dem dortigen Dunkehalla Kyrkogård.

Edzard Schaper, *1908 – ☐1984   **(Z)**

Er ist nahe Posen geboren und aufgewachsen in Hannover. Von 1927 bis 1932 führte er ein unruhiges Leben u. a. als Gärtnergehilfe und Matrose und versuchte sich literarisch. 1932 heiratete er eine Deutschbaltin und lebte in den nächsten Jahren mit ihr und den zwei Töchtern in Reval. Hier war er als Journalist für die United Press und auch als Schriftsteller tätig. 1936 schloss ihn die Reichsschrifttumskammer aus. Von 1942 bis 1943 arbeitete er als Vertretungs-Korrespondent in Stockholm und lebte mit seiner Familie auf Lidingö. Während dieser Zeit kontaktierte er auch die beiden deutschen Exilverlage. Danach lebte er wieder in Estland und flüchtete nach der sowjetischen Besetzung nach Finnland. Dort arbeitete er u. a. als Kriegsberichterstatter und wurde 1944 finnischer Staatsbürger. Mit seiner Familie flüchtete er Anfang Oktober 1944 nach Gnarp in Schweden, da der VGH ihn als mutmaßlichen Sowjetspion im Visier hatte und er eine Auslieferung befürchtete, so seine Darstellung. Doch ist er im Aktenbestand des VGH nicht namentlich genannt worden. (db.saur.de) In Schweden sollte er in ein Lager bei Umeå eingewiesen und an die Sowjetunion ausgeliefert werden. Namhafte Schweden, darunter Gösta von Uexküll und Birger Forell, setzten sich für ihn ein, sahen in ihm ein Opfer der Nazis. In den nachfolgenden zwei Jahren war er als Waldarbeiter tätig und in der Flüchtlingshilfe von Forell aktiv, dabei immer von Auslieferung bedroht. 1947 verließ er Schweden und emigrierte in die Schweiz. Nach 1950 war er ein viel gelesener, zum Katholizismus konvertierter Autor mit stark konservativer Prägung, der für sein Werk mehrfach ausgezeichnet wurde.

Harry Leo Schein, *1924 – □2006

In Wien geboren und aus einer Oberschichtfamilie stammend. Anfang April 1939 schickte ihn die inzwischen verwitwete Mutter mit einem Kindertransport über Berlin, Sassnitz und Trelleborg nach Schweden. Zunächst brachte man ihn auf einem Bauernhof in Småland unter. Er wurde aber nach einem Jahr wegen seiner Romanze mit der Tochter des Bauern entlassen. Danach fand er Unterkunft in Uppsala im dortigen Judiska pojkhemmet, wo er aber nicht gerade glücklich war. Er arbeitete erneut in der Landwirtschaft, und zwar im Stall des nahe gelegenen Ultuna-Anwesens. Der Stallgeruch setzte sich so in seiner Arbeitskleidung fest, dass es die anderen im Heim störte. Ebenso war er als Laborgehilfe tätig und bildete sich schulisch weiter. 1940 ging er nach Stockholm und lebte vorübergehend im dortigen Judiska pojkhemmet in der Hornsgatan 75, um sich auf ein Chemiestudium an der Technischen Hochschule in Stockholm vorzubereiten. Doch war der Anfang in Stockholm und die damit verbundene Selbständigkeit schwer für ihn. So berichtete Sophie Michaeli, Leiterin des Heims in Uppsala, dass Harry zuviel arbeitete und zu wenig aß. Sie veranlasste, dass ihn die Judiska församlingen mehr unterstützte, auch in Form von Lebensmitteln.

1950 erhielt er die schwedische Staatsangehörigkeit. Ende der 1940er Jahre hatte er mit seiner journalistischen Tätigkeit begonnen und wandte sich dann dem Medium Film zu. Er gilt als Reformer der schwedischen Filmwirtschaft, stand Ingmar Bergman aber kritisch gegenüber. Politisch ordnete er sich den Sozialdemokraten zu und war z. B. mit Olof Palme befreundet. Von 1956 bis 1986 war er mit der Schauspielerin Ingrid Thulin verheiratet. Zuletzt lebte er im wohlhabenden Danderyd im Norden Stockholms. In der Kritik wird er dargestellt als charismatisch und witzig-frech, der als ein sogenanntes Nichts in Schweden ankam. Der sich anpassen musste und es schaffte, eine hohe gesellschaftliche Position zu erlangen. (*Uppsala Nya Tidning*) Im RA befinden sich Archivalien im Gösta Bohmanns arkiv III, Vol. 7, 1980-1990. Außerdem findet er auch im Buch *Kullarna* von Jan Winter Erwähnung.

Walter Schirren, *1889 – □1970

Promovierter VHS-Lehrer in Hamburg und Kiel. Er emigrierte 1934 nach zweimaliger Verhaftung nach Dänemark. Dort war er Dozent an der 1937 gegründeten Freien Volkshochschule Deutscher Emigranten. Das wertete die Gestapo als fortwährende deutschfeindliche Tätigkeit und erkannte ihm sowohl die deutsche Staatsbürgerschaft als auch den Doktorgrad ab. 1940 flüchteten er und seine erste Frau Minna Vroni (1895-1965) nach Schweden. Er nahm am

Philosophischen Diskussionskreis teil und wurde Mitglied der SoPaDe. 1945 wurde die Tochter Anne-Christine geboren (□1994). In Stockholm konnte Schirren sich zunächst eine Existenzgrundlage als Archivarbeiter, Übersetzer und Sprachlehrer schaffen.

Walter Schirren kehrte nicht zurück. Nach der Trennung von Minna V. war er ein weiteres Mal verheiratet und lebte zuletzt in einer erneuten Partnerschaft. Seine Grabstelle befindet sich auf dem Skogskyrkogården in Stockholm, ebenso das der Tochter. 1974 wurde in Wien seine Arbeit *Schlüsse ertasten die Welt – Die Grundprinzipien der synthetischen Schlüsse* posthum veröffentlicht. Ebenfalls posthum wurde ihm 2006 der Doktorgrad wieder zuerkannt.

Hans-Joachim Schoeps, *1909 – □1980   Z
Pseudonym: Joachim Frank

In Berlin im preußischen Geist aufgewachsener nationalkonservativer Geisteswissenschaftler, der sich als Schüler 1923 der bündischen Freideutschen Jugend anschloss. Während des Studiums wurde er u. a. von Jochen Klepper, Werner Sombart und Oswald Spengler beeinflusst. 1933 gründete er den rechtslastigen Verein Deutscher Vortrupp. Gefolgschaft deutscher Juden. Die Exilzeitung *Pariser Blatt* bezeichnete ihn daher 1936 als hitlertreu. Ihn selbst setzte die Gestapo mit mehrfachen Verhören stark unter Druck: Man verdächtigte ihn verschwörerischer Umtriebe im Auftrag einer vermeintlichen jüdischen Weltregierung. Mit Hilfe eines Mitarbeiters des Auswärtigen Amtes konnte er im August 1939 als Kurier getarnt nach Schweden fliehen, wo er Kontakt zu anderen geflüchteten Bündischen aufnahm und zu deren zentralen Figur sowie des von 1939 bis 1941 bestehenden Kreises Deutscher Vortrupp im Exil wurde. (→ Vernetzungen) In einem der Rundbriefe dieser Gruppe schilderte er die Umstände seiner Flucht. Danach stand er ebenfalls auf der von der Reichskanzlei aufgestellten Liste derjenigen, die niemals einen Pass bekommen sollten. In Schweden heiratete er 1941 die Kunsthistorikerin Dorothee Busch (1915-1996) aus der Familie Mendelssohn-Bartholdy. Aus dieser nur fünf Jahre dauernden Verbindung gingen die zwei Söhne Julius (*1942) und Manfred (*1944) hervor. Nach eigener Aussage war er als Bisexueller mehr zur Kameradschaft geschaffen als zur Ehe.

Er gehörte zu den Exilierten, die einen national-konservativen Standpunkt vertraten und in diesem Sinne ein neues Deutschland skizzierten. Wegen seiner eher antidemokratischen Gesinnung blieb er zumeist isoliert. Zu seinen Freunden gehörte u. a. angeblich Georg Wiesholler (nach dessen Aussage). Er erhielt ein kleines Stipendium und arbeitete im Archiv der Carolina rediviva in Uppsala, wo der größte Teil seiner im Exil geschriebenen Arbeiten entstand. Ebenso war er als Dozent tätig. 1944 veröffentlichte er u. a. *Vad skall de bli av tyskarna?* (Was soll aus den Deutschen werden?). 1945 gehörte er zu den Mitbegründern der Deutschen Vereinigung 1945. Er selbst kehrte 1947 zurück, 1948 die Familie. Schoeps lehrte dann an der Universität Erlangen Religionsgeschichte. Zu seinem 100. Geburtstag erschien im Februar 2009 in der *Neuen Rundschau* ein Artikel, der die Person H. J. Schoeps differenziert darstellt und beurteilt. Von sich selbst sagte er später: »Ich bin immer konservativ, Preuße und Jude gewesen.« In Berlin erinnern zwei Stolpersteine an die von den Nazis ermordeten Eltern Käte und Julius Schoeps. Ebenso findet er Erwähnung in Müssener/Scholz, *Emigrantenselbsthilfe* sowie in Maier-Wolthausen, *Zuflucht im Norden*.

Gerhard Scholz, *1903 – □1989   Z

Von Beruf Lehrer. Seit 1931 war er Mitglied der SAPD und engagierte sich ebenfalls in der SAJ, was zu einer Entlassung aus dem Schuldienst führte. In der Folge konnte er dann als Dozent in Breslau bei der VHS und der Universität tätig sein. 1936 flüchtete er nach Prag, um einer Anklage wegen Vorbereitung zum Hochverrat zu entgehen. 1938 musste er erneut fliehen und reiste über Warschau und Riga nach Stockholm. Ein Jahr später verließ er die SAPD und engagierte sich als KPD-Sympathisant in der Gewerkschaftsgruppe und später im FDKB. Beruflich war Scholz als Publizist und als Dozent am Sozialwissenschaftlichen Institut der Universität Stockholm. tätig. 1946 kehrte er nach Deutschland in die SBZ zurück und wurde Mitglied der SED. Er übernahm 1949 für einige Jahre in Weimar das Direktorat des Goethe-Schiller-Archivs und lehrte bis 1953 Germanistik an der Berliner Humboldt-Universität. Neben Georg Lukács zählt er zu den Begründern einer marxistischen Literaturwissenschaft, war aber in der DDR umstritten. So hieß es in einer Telefonauskunft vom 5.8.1951: »... hält ihn für einen Psychopathen, sehr verstiegen und zu keiner systematischen Arbeit fähig, dabei aber (…) von umfangreichen Wissen und mit vielen Ideen«. (Leonore Krenzlin in: *Weimarer Klassik in der Ära Ulbricht*) Tatsächlich beeinflusste er eine ganze Generation von Germanisten und erhielt verschiedene Auszeichnungen. (S.a. Katalog der DNB und Scholz, *Erfahrungen*).

Fritz Christian Schreiber, *1894 – □1982

War u. a. als Jugendpfleger und Redakteur in Sachsen tätig. 1933 emigrierte er in die ČSR und ging 1935 nach Schweden. In Stockholm war er Mitglied (des rechten Flügels) der SoPaDe und arbeitete u. a. als Holzfäller, Torfarbeiter und Lagerist. Schreiber kehrte zwar nach Deutschland zurück und war 1947/48 als Redakteur in Gießen tätig, remigrierte aber wieder nach Schweden, wo er zuletzt in Örebro lebte. Dort gründete er den Sportverein Örebro AIK und war selbst als Läufer lange sportlich aktiv. So nahm er an Wettbewerben wie dem Lidingöloppet und einem Marathon im Schwarzwald teil. Im Bestand des ARAB befinden sich ihn betreffende Unterlagen. Der VGH erfasste ihn zwischen 1935 und 1937 mehrfach in einigen Akten. (db.saur.de) Auch wird von Müssener/Scholz in *Emigrantenselbsthilfe* erwähnt.

Willy Schwabacher, *1897 – □1972

Numismatiker aus Frankfurt/M. Als solcher bereiste er 1932/33 Italien, Griechenland, Türkei. Danach war er für das Deutsche Archäologische Institut in Athen tätig. 1935 wurde er aus rassistischen Gründen von den Grabungen und dem Institut ausgeschlossen. Bis 1938 konnte er für das Österreichische Institut für Archäologie tätig sein. Er migrierte dann nach Großbritannien und 1939 nach Dänemark. Dort arbeitete er am Königlichen Münzkabinett in Kopenhagen. 1943 entkam er noch rechtzeitig nach Schweden, wo er in Stockholm anfangs als Archivarbeiter tätig war. 1944 wurde auch er Mitglied im FDKB. Schwabacher kehrte nicht zurück und wurde 1952 als Dozent an die Universität Stockholm berufen. Von 1954 bis 1963 war er Konservator des Kungliga Myntkabinettet. 1965/66 hielt er sich als Gastprofessor an der Princeton University auf. Zu seinem 70. Geburtstag wurde ihm in Kopenhagen die Festschrift *Numismatiska studier* gewidmet. Seine letzte Ruhestätte befindet sich im Bereich Minneslunden vom Råcksta Begravningsplatsen in Vällingby. Im RA sind im dortigen Bengt Thordemans arkiv Korrespondenzen bis 1969 hinterlegt.

Eva Schwarz, *1924 – □2005
geb. Tuteur

Sie war gebürtig aus Kaiserslautern und kam 1939 mit einem Kindertransport nach Schweden, zusammen mit dem jüngeren Bruder Karl-Heinz. Erste Station war das Internat Kristinehov in Västraby in Schonen, wo Gisela T., eine Verwandte, als Lehrkraft tätig war. Nach dessen Schließung 1940 besuchten beide eine andere Schule und gingen dann in ein Camp zur Vorbereitung auf Palästina, so ihre eigene Aussage. Möglicherweise handelte es sich um den Kibbuz BaDerech in Falun-Hälsinggården. Sie arbeitete zunächst als Kindermädchen und ließ sich dann zur Kindergärtnerin ausbilden. In diesem Zeitfenster lernte sie Otto Schwarz kennen und heiratete ihn im Juni 1944. Aus der Ehe stammen drei Kinder.

Der Bruder **Karl-Heinz Tuteur** (1926-2004) emigrierte mit der im März 1941 nach Palästina reisenden Alijah-Gruppe und nannte sich fortan Yehuda Tamir. Später war er in Israel anscheinend im Planungsstab des Bauministeriums tätig.

Otto Schwarz, *1921 – □2007
Otto stammte aus Wiesbaden und kam im August 1939 mit seinem Bruder Manfred im Rahmen der Jugend-Alijah mit einem Kindertransport von Köln über Berlin, Sassnitz und Trelleborg nach Schweden. Beide wurden von der Hechaluz im Quasi-Kibbuz Svartingtorp untergebracht. Möglicherweise gingen sie nach dessen Schließung in den Faluner Kibbuz BaDerech. Diesen dürfte Otto bald verlassen haben, um im Juni 1944 Eva Tuteur zu heiraten.

Manfred Schwarz, *1922 – □2012
Bis zum Aufenthalt im Faluner Kibbuz war er mit seinem älteren Bruder zusammen. Er verließ ebenfalls den Kibbuz und heiratete im Oktober 1944 die aus Flensburg stammende Irma Bergmann, mit der er zwei Kinder hatte, ein drittes mit einer anderen Frau.

Otto Seidl, *1913 – □2013
geboren als O. Wahrlich

Er gehörte zur sudetendeutschen Minderheit in der ČSR und war aktiver Sozialdemokrat. Ende 1938 konnten er und seine Ehefrau zusammen mit einigen hundert anderen sudetendeutschen Sozialdemokraten durch den polnischen Korridor nach Danzig entkommen und von dort über Lettland mit dem Schiff nach Stockholm reisen. Von Beruf war er Instrumentenbauer und Musiklehrer, musste aber in Schweden seinen Lebensunterhalt auf andere Weise verdienen. Seinen neuen Lebensmittelpunkt fand er in Eskilstuna (dem schwedischen Solingen), wo er mit einem eigenen Orchester viele Jahre Wiener Musik spielte. Seine geliebte Flöte war ihm beständige Begleiterin, neben seiner Familie mit sechs Kindern.

Otto Seidl war Mitbegründer der Treuegemeinschaft sudetendeutscher Sozialdemokraten in Schweden und lange ihr Vorsitzender. In Eskilstuna machte er sich auch durch den Aufbau einer Musikschule verdient. Als über 90-Jähriger sagte er von sich und den sudetendeutschen Sozialdemokraten in Schweden: »Meine Generation ist schon lange weg. Ich habe das verdammte Glück gehabt, so alt zu werden, und deshalb erzähle ich gern meine Heldentaten.« Außerdem war er Mitinitiator der 1961 gegründeten Städtepartnerschaft Erlangen–Eskilstuna. Er starb knapp drei Monate vor seinem 100. Geburtstag. Im RA befinden sich in dem nach ihm benannten Archiv sieben Bände des Eskilstuna stadsarkiv von 1960-1984.

Max Seydewitz, *1892 – □1987   **Z**
Decknamen: Michael Kraft, M. Schönerer, M. Kolbe

Aus Forst stammender und in Zwickau lebender Buchdrucker und Redakteur. Seit 1910 Mitglied der SPD und von 1924 bis 1932 zum Reichstag gehörend. Aus der Ehe mit Erna Hilbert stammen drei Söhne. 1928 heiratete er in zweiter Ehe Ruth Lewy, mit der er eine Tochter hatte. 1931 schied er aus der SPD aus und war Mitbegründer der SAPD, die er aber 1933 wieder verließ. Nach dem Reichstagsbrand emigrierte er mit seiner Familie in die ČSR, wo er zu den Mitbegründern des RSD gehörte. Doch näherte er sich bald der KPD an. Zwischen 1933 und 1942 erfasste ihn der VGH in 15 Fällen. 1938 flüchtete die Familie über die Niederlande nach Norwegen, 1940 im April nach Schweden. Dorthin emigrierte auch die Mutter von Ruth S. Er selbst war zunächst in Loka Brunn und dann in Långmora für acht Wochen interniert. Anschließend war er in Stockholm als Journalist tätig. Im September 1942 wurde er zusammen mit G. Henke, K. Mewis und H. Wehner verhaftet und blieb bis zum November inhaftiert. (RA, Komm.Nr. 984, F2:8)

1943/44 wies man ihm zwar Lund als Wohnort zu, doch lebte er dann wieder in Stockholm, wo er sich dem FDKB anschloss. 1944 erschien in Stockholm seine Schrift *Den tyska hemmafronten* (Die deutsche Heimatfront) unter Pseudonym. Fazit seiner Überlegungen war, dass nur die KPD eine effektive Widerstandsarbeit hätte leisten können. Das Ehepaar Seydewitz remigrierte im Dezember 1945 mit den Kindern Christoph und Nina über Kopenhagen nach Bornholm, wo sich auch R. Stahlmann aufhielt. Von dort ging es via Kolberg und Stettin in die SBZ. MS wurde Mitglied der SED, war u. a. Ministerpräsident von Sachsen und zuletzt Generaldirektor der Staatlichen Kunstsammlungen Dresden. Bis zu seinem Tod blieb er Mitglied der Volkskammer. Der Nachlass von Max und Ruth Seydewitz wurde 1994 von Frido S. dem AdsD übergeben. Außerdem wurde er zwischen 1933 und 1942 mehrfach in Akten des VGH erwähnt, seine Frau Ruth einmal. (db.saur.de; s.a. Scholz, *Erfahrungen* sowie Müssener/Scholz, *Emigrantenselbsthilfe*)

Die beiden ältesten Söhne aus erster Ehe gingen ins sowjetische Exil, der jüngste Sohn Christoph begleitete den Vater nach Schweden:

Horst S. (1915-1997) lebte ab 1934 in der UdSSR. 1938 wurde er vom NKWD verhaftet und zu zehn Jahren Gulag in Workuta verurteilt. 1949 konnte er das Lager verlassen und in die DDR zurückkehren. Später war er als Funktionär im Außenministerium der DDR tätig.

Frido S. (1919-2016) emigrierte 1933 nach Prag und ging 1935 in die UdSSR. Auch er wurde 1938 verhaftet und zu Straf- und Arbeitslager im Kolyma-Gebiet verurteilt. 1948 wurde er entlassen und kehrte in die SBZ/DDR zurück. Zuletzt war er Ehrenvorsitzender der VVN in Sachsen.

Christoph Seydewitz bzw. Hanan Daniel (1923-1996) ging 1938 mit dem Vater ins schwedische Exil. In Stockholm trat er 1945 der KPD bei und gehörte zu ihrem bürgerlich-zionistischen Kreis. Zusammen mit der Familie remigrierte er in die SBZ, kehrte aber wieder nach Schweden zurück und wanderte 1949 nach Israel aus. Er nannte sich nunmehr Hanan Daniel und lebte im Kibbutz Givaat Haim nahe Tel Aviv. Etwa fünf Wochen vor seinem Tod beendete er seine autobiografischen Aufzeichnungen unter dem Titel *Erinnerungen und Gedanken über meinen langen Weg von Zwickau in Sachsen bis nach Givat Chaim Meuchad in Israel.* Sie befinden sich als Typoskript im AdsD.

Ruth Seydewitz, *1905 – □1989　　　　　　　　　　　　　　　　　Z
geb. Lewy
Decknamen: Georg Krüger, Rosa Winzer

Wurde in Oppeln zur Schneiderin ausgebildet und studierte als Gasthörerin an der Universität Breslau Kunstgeschichte und Philosophie. Danach besuchte sie die Kunstgewerbeschule in Wien und lebte dann wieder in Deutschland. Sie war Mitglied im zionistischen Jugendverband Blau-Weiß, der Wandervogelbewegung sowie der SPD-Jungsozialisten. 1928 heiratete sie Max S. und war seine Mitarbeiterin beim *Sächsischen Volksblatt* in Zwickau. 1930 wurde die gemeinsame Tochter Nina geboren. 1931 wurde sie ebenfalls Mitglied der SAPD. Nach der Flucht mit der Familie in die ČSR arbeitete sie erneut als Schneiderin. 1938 ging die Flucht weiter über Rotterdam nach Oslo, 1940 nach Schweden. Dort war sie zunächst interniert und musste ebenfalls in Lund leben. Auch sie schrieb Beiträge unter ihren Pseudonymen, u. a. in *Die Welt.* 1942 wurde sie Mitglied der Exil-KPD, nach der Rückkehr in die SBZ trat sie 1946 der SED bei. War u. a. als Redakteurin beim Dietz Verlag tätig und gründete den Verlag Neues Leben. 1947 ging sie mit Max S. nach Dresden und leitete die Pressestelle der Landesregierung. Veröffentlichte u. a. 1980 *Alle Menschen haben Träume. Meine Zeit – mein Leben.*

Die Tochter Nina-Ruth S., verh. Gelbke (1930-2005) kehrte mit den Eltern zurück in die SBZ. Nach einem Medizinstudium lebte sie als Ärztin in Leipzig. Mit ihrem Ehemann hatte sie zwei Kinder. Zusammen mit dem zweiten Partner Reinhard Göttner veröffentlichte sie 1985 das Buch *Roboter heute und morgen*. Zuletzt lebte sie in Söderhamn in Partnerschaft mit einem Schweden.

Hans Sievers, *1895 – □1965 (Z)

Pädagoge und SPD-Politiker. Geboren in Hamburg und Ausbildung am Braunschweigischen Lehrerseminar. Nach der Teilnahme am 1. Weltkrieg wurde der 1916 Mitglied der SPD, dann der USPD und dann der KPD, ab 1922 wieder der SPD. Er gehörte von 1920 bis 1933 zum Braunschweigischen Landtag und emigrierte dann nach Dänemark. 1940 flüchtete er nach Stockholm, wo er als Journalist und Sprachlehrer arbeitete. Über Dänemark kehrte er 1948 zurück und war u. a. im schleswig-holsteinischen Innen- und Volksbildungsministerium tätig. Mehr zu seinem Exil und danach in Thomas Pusch, *Politisches Exil*.

Gerhard Simson, *1902 – □1991

Promovierter Jurist und Regierungsdirektor in Berlin. Mitbegründer des Reichsverbandes nichtarischer Christen*. Er emigrierte 1939 nach Schweden, wo er sich dem Philosophischen Diskussionskreis anschloss. War zunächst als Archivarbeiter tätig, später Referent im schwedischen Staatsdienst. In Stockholm heiratete er die Österreicherin Sylvia Wolff, die in Wien für die Svenska Israelmission tätig gewesen war. Simson veröffentlichte zahlreiche Artikel zum schwedischen Rechtswesen und biografische Essays, die später auch in der BRD erschienen sind. Von 1962 bis 1977 war er Ministerialrat (Kansliråd) im Justizministerium und veröffentlichte u. a. 1966 Grundzüge der schwedischen Kriminalrechtsreform. Im gleichen Jahr wurde er zum Ritter des schwedischen Nordstern-Ordens ernannt, 1967 erhielt er das Große Bundesverdienstkreuz der BRD. 1982 erschien von ihm Genie und Irrsinn. Das Ehepaar Simson fand ein neues Zuhause auf Lidingö. Hinsichtlich seiner Person befinden sich im RA Unterlagen der SUK sowie Materialien betr. Strafflagberedningen (1947-48, 1940-1950, 1953-1955) und Strafrättskommittén (1947-1952). Zudem wird Sylvia S. in Müssener/Scholz, *Emigrantenselbsthilfe* erwähnt.

Kurt Singer, *1911 – □2005 (Z)
geboren als Kurt Deutsch

Journalist und Publizist. Er war Mitglied im Leninbund* und im Widerstand gegen Hitler aktiv. Er gab z. B. das Untergrundpapier *Mitteilungsblätter* unter wöchentlich wechselnden Namen heraus. Im Februar 1934 emigrierte er in die ČSR, im April nach Schweden. Gründete 1935 in Stockholm als 24-Jähriger mit anderen den Freundeskreis Carl-von-Ossietzky und verfasste eine Biografie über ihn. Das war für das Nobelpreis-Komitee u. a. Anlass, Ossietzky den Friedens-Nobelpreis zu verleihen. Singer und seine erste Frau Hilde Trudelius hatten gute

Kontakte zu seiner Tochter Rosalinde und halfen ihr über den Freundeskreis nach Schweden zu kommen.

Kurt Singer veröffentlichte mehr als zehn Bücher, darunter Biografien über Albert Schweitzer und Kurt Niemöller. Ebenso das Buch *Göring–Tysklands farligaste man* (Göring–Deutschlands gefährlichster Mann), das die schwedischen Behörden im September 1939 auf Protest Görings einzogen. Im gleichen Jahr wurde er zu acht Monaten Gefängnis verurteilt, weil er Informationen über nazistische Umtriebe den britischen Gewerkschaften übergeben haben sollte. Tatsächlich gilt Singer in der Forschung als V-Mann, was aber archivarisch noch nicht erschlossen wurde. So soll er Informationen über die geplante Sabotage-Aktion in Oxelösund an die Polizei weitergegeben haben, 1940 wurde er zusammen mit seiner Frau Hilde und der neugeborenen Tochter ausgewiesen, von Finnland aus konnten sie noch im gleichen Jahr in die USA emigrieren. Zuletzt lebte er in Santa Barbara in Kalifornien. An seinem früheren Wohnort in der Jenaer Straße in Berlin-Wilmersdorf erinnert der oben abgebildete Stolperstein an ihn. Archivalien befinden sich im Deutschen Exil-Archiv. Außerdem wird er 1943 und 1944 in Akten des VGH zwar unter beiden Namen genannt, wurde aber nicht angeklagt. (db.saur.de) Außerdem erwähnen ihn Müssener/Scholz in *Emigrantenselbsthilfe*.

66 *Max Seydewitz 1951*

67 *Stolperstein für Kurt Singer, Berlin*

Barbara (Öberg) Sjögren, *1930–□2022?
geb. als Anna-Barbara Weinreich, gesch. Öberg

Aus politischen und rassistischen Gründen flüchtete ihre Mutter Hilde Rubinstein 1934 mit ihr nach Belgien, dann in die Niederlande und 1935 nach Stockholm. Von 1936 bis 1947 lebte sie im Viggbyholm-Internat. Hier wurde der Grundstein für ihre künstlerische Ausbildung und Tätigkeit als Bühnenbildnerin und Szenografin gelegt. Als solche war sie in Norrköping,

Göteborg und Stockholm tätig, wo sie ihre Arbeiten auch in Einzelausstellungen präsentieren konnte. Ebenso war sie Mitarbeiterin an dem Buch über die Viggbyholmsskolan, *En otrolig tigerkaka*. Über die Zeit ihrer Mutter als Exilierte und über sich selbst berichtete sie auf einer Tagung der Gesellschaft für Exilforschung unter dem Titel *Mother no–Mentor yes*. In erster Ehe war sie mit dem Künstler Arne Öberg verheiratet, in zweiter mit dem Schauspieler Dan Sjögren.

Charlotta Smulowicz / Esther Shalmon, *1922–□2021 (Z)
geb. Warburg

Die jüngste Tochter von Anna und Fritz Warburg wurde formell nach der väterlichen Großmutter benannt, wurde aber Noni gerufen. Wegen der sie sehr ängstigenden Angriffe der Nazis auf Juden schickten die Eltern sie 1935 nach Holland zur Quäker-Schule Eerde bei Ommen. Dort soll sie auch eine Ausbildung zur Kindergärtnerin erhalten haben. Um 1939 kam sie ebenfalls nach Stockholm und arbeitete in einem von Quäkern betriebenen Kindergarten. In dieser Zeit lernte sie Willy Smulowicz kennen. Beide heirateten im Juli 1945 und emigrierten 1949 in den neu gegründeten Staat Israel. Sie selbst nannte sich nunmehr offiziell Esther Shalmon. Vor Nonis Abreise übergab ihr der Vater eine von ihm verfasste handschriftliche Sammlung lebensweisheitlicher Ratschläge. (SWA) Das Paar wurde im neu gegründeten Kibbuz Hevrona ansässig und bekam zwei Söhne. Wobei ihr die Anpassung an das Kibbuzleben nicht leichtgefallen ist. Doch hat Noni diese neue und sich immer wieder verändernde Heimat, jetzt unter dem Namen Omer bekannt, nicht mehr verlassen.

Wilhelm/Willy Smulowicz / Ze'ev Shalmon, *1910 – □1985 (Z)

In Witten aufgewachsen, wo er 1932 sein Abitur ablegte. Von 1937 bis 1938 war er im so genannten Kibbuz Ahrensdorf bei Trebbin auf Hachscharah, um sich auf die Emigration nach Palästina vorzubereiten. 1938 ging er zunächst nach Südschweden, wo er zur Leitung des Hechaluz in Hässleholm gehörte. Ebenso nahm er 1943 als ihr Vertreter an Beratungen der Kleinen Internationale teil. In dieser Zeit lernte er Noni W. kennen, sie heirateten im Juli 1945 in Stockholm. Beide verließen 1949 Schweden und emigrierten in den neu gegründeten Staat Israel. Dort halfen sie mit, den im gleichen Jahr von ehemaligen Palmach-Angehörigen gegründeten Kibbuz Hevrona bei Beer'Sheva aufzubauen. Wohl zu diesem Zeitpunkt nahm Smulowicz seinen hebräischen Namen an. Zuletzt war er in Beer'Sheva als Fremdenführer tätig. In genealogischen Darstellungen wird er auch als Seco Willy Shalmon Shmulevitz geführt.

Hans Sommer, *1917 – □1995 Z

Geboren in Montigny bei Metz und aufgewachsen im Saarland als Sohn von Heinrich Sommer. Von Beruf Typograph und von 1926 bis 1932 Mitglied in einer Vereinigung für junge Sozialisten, danach bis 1936 im KJVD. Zusammen mit den Eltern ging er 1935 ins Exil zunächst nach Paris, dann im September nach Stockholm. Dort arbeitete war er Mitarbeiter im

Spanienkomitee und dann ab 1936 in der Stockholmer Exil-KP u. a. als Kassierer tätig. Ebenso arbeitete er bei der Zeitung *Ny Dag* als Laufbursche und später als Typograf. Er heiratete eine Schwedin, mit der er zwei Kinder hatte. 1941/42 wurde er verhaftet und dann für vier Monate in Smedsbo interniert. Nach der Freilassung durfte er mit den Eltern in die UdSSR ausreisen. Im Dezember 1947 remigrierte er in die SBZ, wo er ab April in Kaulsdorf beim KSB, dem Kali- und Salzbergwerk als Instrukteur im Personalbüro und in der Hauptverwaltung tätig war. Als SED-Mitglied musste er im Januar 1952 zusammen mit Sepp Miller aus dem Parteiapparat der SED ausscheiden. In der Folge war er als Oberreferent im Ministerium für Leichtindustrie im Bereich Polygraphie tätig. (S.a. Scholz, *Erfahrungen*)

Heinrich Sommer, *1895 – □1967 (Z)

Im Saarland geborener und aufgewachsener Schlosser. Anfangs war er bei der Eisenbahn beschäftigt und dann Soldat im Ersten Weltkrieg. 1920 wurde er Mitglied der KPD und stieg zu einem führenden Parteifunktionär auf. Ebenso war er Mirglied in der RGO. 1935 emigrierte er mit der Familie nach Paris und wurde im gleichen Jahr wegen illegaler politischer Tätigkeit kurz verhaftet und ausgewiesen. Die Sommers gingen dann im Sommer nach Stockholm, wo er von 1936 bis 1939 die See- und Hafenarbeitersektion der ITF leitete. In dieser Funktion erhielt er auch von Fritz Koslowski in Oxelösund Informationen, die er an den Vorsitzenden der schwedischen ITF Lindley weiterleitete. Nach Kriegsausbruch wurde er zusammen mit Koslowski und anderen verhaftet und war bis zum März 1941 u. a. in Långmora interniert. Anscheinend wurde er streng isoliert, und es gab keine Kontakte zu anderen Häftlingen. Nach der Freilassung durfte er mit seiner Frau und dem Sohn in die UdSSR ausreisen. Dort lebte er bis 1946 und kehrte dann in die SBZ zurück. In der Folge war er in unterschiedlichen Bereichen und zuletzt für das Außenministerium der DDR im Ausland tätig. (S.a. Scholz, *Erfahrungen*)

Wolfgang Sonntag, *1910 – □1970

Aus Dresden stammender Musiker. Er emigrierte 1934 aus rassistischen Gründen nach Dänemark, dann nach Norwegen und 1940 nach Schweden und war verheiratet mit der Quäkerin Anne-Marie X. In Stockholm war er als Musikpädagoge und Journalist tätig. Sonntag engagierte sich im Samarbetskommittén und vertrat die Idee internationaler Friedens-Lager. Ganz in diesem Sinne erschien 1957 von ihm die Biografie *Fridtjof Nansen. Ein Held des Friedens.* Im ARAB sind Unterlagen von ihm archiviert, ebenso im RA Materialien zu Internationella arbetslag 1943.

Emil Stahl, *1879 – □1956 Z

Von Beruf war er Kaufmann und auch SPD-Politiker. Als solcher war er Mitglied im Parteivorstand und von 1928 bis 1933 Abgeordneter im Preußischen Landtag. Er emigrierte 1933 in die Tschechoslowakei, wo er als Grenzsekretär eingesetzt war, im Juni 1938 nach

Schweden. In Stockholm leitete er bis 1943 das Sekretariat der SoPaDe, galt ansonsten aber als Einzelgänger. ES kehrte 1945 nach Deutschland zurück und lebte in Frankfurt/M., zog sich aber aus der Parteiarbeit zurück. In Akten des VGH wurde er zwischen 1936 und 1942 mehrfach genannt. (db.saur.de) Ebenso gibt es im Rikksarkivet einen Eintrag zu seiner Person. (RA, Komm.Nr, 984, F2:8)

Richard Stahlmann, *1891 – □1974   Z
geboren als Arthur Illner; Decknamen: Kalle, Tilman, Steinmann

Aus Königsberg stammender Tischler. Trat 1910 der SAJ bei, 1919 der KPD. Er emigrierte 1923 nach dem missglückten KPD-Aufstand in die Sowjetunion und nahm deren Staatsbürgerschaft an. Wurde dort zum Offizier ausgebildet und als Agent für die Komintern eingesetzt. Zu dieser Zeit nahm er den Namen Richard Stahlmann an. Er kämpfte als solcher im Spanischen Bürgerkrieg bei den Internationalen Brigaden und war unter dem Namen Partisanen-Richard bekannt. Später ging er nach Stockholm ins Exil, wo er auch als Kalle auftrat. Zusammen mit K. Mewis und H. Wehner leitete er von Stockholm aus den kommunistischen Widerstand in Deutschland. In diesem Zusammenhang wurde auch sein Name in der Akte 9J 377/43 und 2H 138/43 des VGH 1943 genannt. Ein Jahr zuvor wurde ebenso ein Illner unter 7J 340/42 und 2H 197/42 erfasst. (db.saur.de), Stahlmann soll als einziger alle Verstecke der Illegalen gekannt haben und sehr erfahren gewesen sein. Angeblich war er ständig unterwegs, wie P. Weiss in *Ästhetik* beschreibt. Ebenso war er dem in Sachen Sabotage aktiven Ernst Wollweber behilflich und brachte ihn mit »hochmotivierten Sprengstoff-Profis«, die alle »sehr gute Genossen« waren zusammen. (Flocken/Scholz) Für die Inhaftierten in Långmora war er eine Art Lehrer. Nach der Verhaftung Wehners lebte er in einem Versteck bei einer Genossin (Anna Mosler-Wennesland?) in Solna-Hagalund, Rosstigen 7. Der auch als Berufsrevolutionär bezeichnete Stahlmann kehrte im Januar 1946 in die SBZ zurück. In der später gegründeten DDR wurde er 1952 stellvertretender Leiter des Außenpolitischen Nachrichtendienstes (APN). Als Mitglied des Politbüros und Funktionär der SED organisierte er die informellen Kontakte zwischen der SED und der westdeutschen KPD. Für seine Verdienste erhielt er verschiedene Orden und ist zusammen mit seiner Ehefrau Erna Stahlmann, geb. Heckbartth, 1896-1967) auf dem sogenannten Sozialistenfriedhof in Berlin-Lichtenberg beerdigt. (S.a. Scholz, *Erfahrungen*)

Kurt Stechert, *1906 – □1958
Journalist und Mitglied der SPD sowie der Roten Kämpfer*. Er emigrierte 1933 in die ČSR und 1936 nach Schweden. Dort war er als Mitglied der Gewerkschaftsgruppe und der SoPaDe aktiv. In den Organisationen der Arbeiterbewegung nahm er eine wichtige Position ein und war auch als Lehrer für emigrierte deutsche Jugendliche tätig. Daneben war er ein erfolgreicher Exilschriftsteller. 1943 entstand *Hur kunde de hänen*, 1945 im Verlag Berman-Fischer auf Deutsch *Wie war das möglich* erschienen, ebenso *Dreimal gegen England*.

Außerdem beschäftigte er sich mit dem Verhältnis Deutschlands zur UdSSR, festgehalten in *Tyskland och Sovjetunionen*. Seine Bücher erreichten eine Gesamtauflage von 19 500 Exemplaren. Vieles von dem, was er in seinen Werken vorausgesehen hatte, sollte sich später bestätigen.

Politisch bewegte er sich als Linker zwischen den Fraktionen innerhalb der SPD. Bei Gründung der Deutschen Vereinigung 1945 kolportierte K. Heinig in der Presse, dass auch KS zu den Gründern gehörte, was dieser ebenso öffentlich dementierte. Im Gegenteil: Er »war nie für die Gründung einer deutschen Vereinigung 1945«, so Müssener. (Abschiedsrede) Leider gelang es ihm nicht bzw. ließ man ihn nicht, sich nach 1945 seinen Fähigkeiten entsprechend einzubringen. Er blieb in Stockholm und arbeitete als Metaller in einem Kabelwerk. In diesem Werk ist er auch gestorben. Im ARAB befinden sich insgesamt 68 Bände seines Wirkens.

Margarete (Grete) Steffin, *1908 – □1941
verh. Jensen-Juul

Sie stammte aus einer Berliner Arbeiterfamilie und konnte sich als kaufmännische Angestellte literarisch weiterbilden. Später war sie als Schauspielerin und Schriftstellerin tätig und engagierte sich in der kommunistischen Jugendbewegung. Ebenso war sie Mitglied bei den Naturfreunden. MS litt bereits früh an einer schweren Tuberkulose, die wegen unguter Lebensbedingungen nicht verheilen konnte. 1931 lernte sie Helene Weigel und Bertolt Brecht an der Jungen Volksbühne kennen. Zwischen ihr und Brecht entwickelte sich in der Folge eine enge Liebes- und Arbeitsbeziehung. 1932 zahlten Brecht und Hanns Eisler ihr einen Kuraufenthalt in der Schweiz. Da sie 1933 als Mitglied der KPD nicht nach Deutschland zurückkehren konnte, folgte sie Brecht zunächst nach Paris, im Dezember 1933 ins dänische Exil. 1936 heiratete sie zum Schein den dänischen Journalisten Sveind Jensen Juul. 1939 folgte sie mit den Kindern Brechts diesem nach Schweden. Als KPD-Mitglied war Steffin auch hier stark gefährdet. Ganz in der Nähe vom Lövstigen 1 war sie im Tulevägen 11 untergebracht.

In den 1940 für die USA und Mexiko beantragten Visa nannte Brecht sie seine engste Mitarbeiterin. Trotz ihrer schweren Erkrankung reiste sie mit den Brechts 1940 nach Finnland. Ende des Jahres bekam sie hohes Fieber. Die nahezu gleichzeitig für Mexiko eingetroffenen Visa und später die für die USA schlossen sie allerdings nicht ein. Wegen ihrer KP-Mitgliedschaft erhielt sie lediglich ein Besuchsvisum, in dem sie als Sekretärin von Helene Weigel geführt wurde. Aber die unzureichende Versorgung in Finnland und die harten Reisebedingungen verursachten einen schweren Rückfall. MS musste auf der Transitreise durch die Sowjetunion in Moskau in ein Sanatorium eingewiesen werden, die Brechts reisten weiter nach Wladiwostok und dann in die USA. Um die Todkranke kümmerte sich Maria Osten* und schrieb nach ihrem Tod an Brecht: »Ich will der Grete das schwarze Kleid, das sie in den letzten Tagen hier trug, anziehen. Am 6. [Juni 1941] um 3 Uhr ist die Verbrennung.« (Brecht,

Arbeitsjournal 1) Eine Obduktion ergab, dass ihre Lunge sich im letzten Stadium befand, Herz und Leber stark vergrößert waren. Für Brecht wurde ein Abguss ihres Gesichts gemacht. Hier eine Art Nachruf von ihm:

> *Seit du gestorben bist, kleine Lehrerin*
> *Gehe ich blicklos herum, ruhelos.*

Tatsächlich war Grete nicht nur Brechts Geliebte. Als Co-Autorin und inspirierende Mitarbeiterin vermittelte sie ihm wichtige Erkenntnisse. Vor allem achtete sie auf Einfachheit und Klarheit des Ausdrucks, das auch ihrer Herkunft geschuldet. Einen Teil seiner Gedichte widmete Brecht dieser gleichermaßen als Schriftstellerin begabten Frau unter dem Namen *Steffinische Sammlung*. Überhaupt war die Zeit mit Grete für Brecht seine produktivste. Sie selbst verfasste im Exil zwei Theaterstücke für Kinder sowie Prosa und Gedichte. In Finnland entstand noch *Konfutse versteht nichts von Frauen*. Außerdem war sie als Übersetzerin belletristischer Werke tätig, beherrschte sie doch fünf Sprachen. Die von MS verfassten Texte wurden erst spät veröffentlicht, der Nachlass befindet sich in der AdK Berlin. Heute ist in Berlin-Mitte eine Straße nach ihr benannt, und an ihrem Geburtshaus in der Geusenstraße in Berlin-Rummelsburg wurde eine Gedenktafel angebracht. In *Transit Moskau* skizziert Ursula El-Akramy das Leben von Grete S. und M. Osten und ihre Beziehung zueinander.

68 Buch/Bildzitat
Grete Steffin

69 Buch/Bildzitat
Stefan Szende

Inge Steinitz, *1904 – ☐1987   **Z**
geb. Kasten

Inge Kasten stammte aus einer bürgerlichen Familie und war von Beruf Buchhalterin. 1926 trat sie in Breslau der KPD bei. Als der Jugendbewegung Nahestehende lebte sie zeitweilig auf Burg Waldeck, um ihrem Onkel die Bücher zu führen. Dort lernte sie Wolfgang Steinitz kennen. Mit ihm zusammen ging sie auf Studienreise, u. a. nach Finnland und in die UdSSR. Beide lebten dann in Berlin und heirateten 1929. Der Sohn Klaus wurde 1932 dort geboren, 1936 die Tochter Renate in Leningrad. Im Dezember 1937 schob man Inge und die Kinder vier Wochen nach der Ausweisung von Wolfgang nach Schweden ab. (S.a. Scholz, *Erfahrungen*)

Wolfgang Steinitz, *1905 – □1967   **Z**

Ebenfalls aus Breslau stammend. Von 1922 bis 1927 war er Mitglied in der SPD, dann in der KPD. Von 1923 bis 1928 absolvierte er ein Studium der finnisch-ugrischen Sprachwissenschaft und Volkskunde. Schon früh hatte er sich für die bündische Jugendbewegung interessiert. So lernte er auch während eines Aufenthaltes auf Burg Waldeck die aus Schlesien stammende nichtjüdische Inge Kasten kennen. Von 1929 bis 1931 unternahm er mit ihr als Begleiterin Studienreisen nach Finnland, Ungarn, Estland und in die UdSSR. Wobei er in Finnland und Estland illegal tätig war. Nach der Rückkehr 1932 promovierte er in Berlin und wurde 1933 aus rassistischen Gründen aus dem Universitätsdienst entlassen. Es folgte 1934 die Emigration mit der Familie in die Sowjetunion. Dort war er als Professor am Leningrader Institut für Nordvölker tätig, wo er E. Emsheimer kennenlernte. Wie dieser interessierte er sich für Volksmusik und deren Instrumente. 1937 kam es zur Ausweisung aus der Sowjetunion als Folge der sogenannten Trotzkistenprozesse. Wolfgang konnte mit Hilfe seines in Stockholm lebenden schwedischen Vetters Oskar Klein mit einem Besuchervisum im November 1937 über Estland in Schweden einreisen und so der Auslieferung nach Deutschland entgehen. Vier Wochen später folgte ihm die Familie. Im gleichen Jahr hatte ihn auch der VGH unter den Aktenzeichen 17J 379/37 und 1H 39/37 erfasst (db.saur.de).

Mit einem kleinen Guthaben aus Übersetzungen war der Unterhalt für die erste Zeit gesichert. Dank guter Kontakte auch zur Jüdischen Gemeinde erhielten die Steinitz bald ein Bleiberecht in Stockholm, wo die vierköpfige Familie in einem Vorort lebte. Von einer schwedischen Hilfsorganisation erhielten sie eine monatliche Unterstützung, weiteres Geld kam von privater Seite und war gedacht für eine Anstellung an der Stockholmer Hochschule. So war er als Dozent am Ungarischen Institut der Universität Stockholm von 1938 bis 1945 tätig. Doch mussten er und seine Frau Inge sich um zusätzliche Einnahmen bemühen, z. B. als Übersetzer. Von der Warburg-Stiftung erhielt die Familie ab 1941 bis zur Rückkehr ebenfalls eine Unterstützung.

Wolfgang S. engagierte sich 1938 im Heinrich-Mann-Kreis, dann in der von ihm mitinitiierten Ortsgruppe des Schutzverbands Deutscher Schriftsteller* und in der Bewegung Freies Deutschland. Zudem war er 1938 Mitbegründer der Emigrantenselbsthilfe (s.a. Müssener/Scholz, *Emigrantenselbsthilfe*, Abb. 110) und eines der Vorstandsmitglieder. Als zwar organisiertes, aber nach außen informelles KPD-Mitglied stand er am Rand der Partei und unterstützte die Volksfrontpolitik, soll aber auch für den sowjetischen Geheimdienst tätig gewesen sein. Michael Scholz bezeichnete ihn als »unermüdlichen Sowjetpropagandist«.

Wenig Resonanz fand die von ihm angeregte Gründung einer Organisierung deutscher Forscher im Exil. Ebenfalls bestanden Kontakte zu B. Brecht und seinem Kreis auf Lidingö. Weiter war er dem FDKB und dem penclub im Exil verbunden und stand dem NKFD nahe. Es gab Kontakte zu K. Mewis, M. Seydewitz, P. Verner, H. Warnke und H. Wehner, vor allem aber zu R. Stahlmann. Mit E. Emsheimer verband ihn nicht nur eine wissenschaftliche Affinität. Gleichzeitig setzte er sich auch als Verbindungsmann zwischen N. Sachs und der Jüdischen Gemeinde ein. Noch im Exil veröffentlichte er 1945 sein berühmtes *Russisches Lehrbuch* im Neuen Verlag. Außerdem erschien beim Berman Fischer Verlag in der Reihe Bücher zur Weltpolitik im gleichen Jahr *Stalin spricht. Die Kriegsreden vom 3. Juli 1941 bis zum 9. Mai 1945.*

WS kehrte 1946 erst allein in die SBZ zurück, dann folgte ihm seine Frau Inge. Die Kinder blieben zunächst in der Obhut von Jürgen und Ruth Peters. In Berlin leitete er das Finnisch-Ugrische Institut an der Humboldt-Universität. 1950/51 war er Dekan der Philosophischen Fakultät, von 1954 bis 1958 Mitglied im ZK der SED, von 1954 bis 1963 Vizepräsident der Deutschen Akademie der Wissenschaften. Zudem war er maßgeblich an der Neugestaltung des Hochschulwesens beteiligt. Ein Schwerpunkt seines Schaffens war die Wiederentdeckung des demokratischen Volkslieds, gesammelt im sogenannten *Großen Steinitz*. Doch kam es Anfang der 1950er Jahre zu ständigen Auseinandersetzungen mit der SED. Denn für Wolfgang S. war es wichtig, wie sein Sohn Klaus feststellte, »seine wissenschaftliche Arbeit mit den Bedürfnissen der Partei zu verbinden«. Was immer schwieriger wurde. Trotzdem kam es durch ihn zu einem Aufschwung der Volkskundeforschung in der DDR. (Vgl. Peter Nötzoldt, *Wolfgang Steinitz*). In Müssener/Scholz, *Emigrantenselbsthilfe* werden er und weitere Familienmitglieder erwähnt.

Die Trauerrede anlässlich seines Todes hielt Jürgen Kuczynski, der ihn als »Kümmerer« und »Entleidiger« bezeichnete. Ihm zu Ehren gab sein Neffe Jan Peters 1989 *Zweimal Stockholm–Berlin. Briefe nach der Rückkehr. Jürgen Peters und Wolfgang Steinitz* heraus. Das Leben von WS war ein Balance-Akt, wie Annette Leo es in ihrer 2004 erschienenen Biografie feststellt. Sein Nachlass befand sich zunächst bei Jan Peters, aktuell ist er im ABBAW zugänglich, aber kaum bearbeitet. Möglicherweise befindet sich dort auch der Briefwechsel mit Heinrich Mann aus den Jahren 1939 und 1940. (S.a. Scholz, *Erfahrungen*)

Maxim Stempel, *1898 – □ 1972

Er wurde als Sohn einer traditionell-jüdischen österreichischen Familie in Odessa geboren und ging im Revolutionsjahr 1917 mit der Familie zunächst nach Wien und dann nach Düsseldorf. Bei Ausbruch des Ersten Weltkriegs zogen die Stempels nach Den Haag, doch blieb Maxi in Düsseldorf und nahm als österreichischer Offizier am Krieg in Italien teil. Dann kehrte er nach Holland zurück und studierte in Bonn Musik und Philosophie. Es zog ihn aber wieder nach Wien und hielt sich ebenfalls kurz in Schweden auf. In Wien war er als Kapellmeister tätig und emigrierte um 1933 mit seinem Bruder nach Schweden. Dort baute er sich eine neue Existenz auf, wobei sich die Familie inzwischen vom Judentum abgewandt hatte. In Schweden übte er als Musikwissenschaftler in diesem Bereich verschiedene Tätigkeiten aus, so war er Muasiklehrer, Ditigent, Kritiker und Schriftsteller. Nach 1945 blieb er in Schweden, wo auch sein Sohn Paul eine Musikerkarriere anstrebte. Sein Grab befindet sich auf dem Norra Begravningsplatsen in Solna. (Vgl. Nawrocka, s.a. Müssener/Scholz, *Emigrantenselbsthilfe* und Rosengren).

Franz Stephany, *1903/06 – □ 1979

In Essen geboren und aufgewachsen.,von Beruf Arbeiter bzw. Kranführer. Als Jugendlicher war er aktives Mitglied in der Essener Jugendgruppe des RFB und stand in Opposition zum Pfarrer Marschall, einem Stahlhelm-Anhänger. Da er öffentlich das Verhalten des Pfarrers nicht nur kritisiert, sondern ihn auch tätlich angegriffen hatte, wurde die Angelegenheit 1926/27 vor dem Schöffengericht Essen verhandelt und ist unter Az. IHA Rep 84a Nr, 52273 archiviert. Während des Spanischen Bürgerkriegs gehörte er mit zu dem dort ausgebildeten Sabotage-Kader. Danach lebte er wieder in Norwegen und war zusammen mit Willy Rohde Mitglied der dortigen KPD-Gruppe. 1940 flüchteten er und seine Lebensgefährtin Hedwig (Heddy) Aubert nach Schweden, wo er als KPDler weiterhin aktiv war und im Juni 1941 von Wollweber beauftragt wurde, bestimmte Leute in Sabotagetechnik zu unterweisen. Außerdem hielt er sich kurz in Norwegen auf, um den Widerstand der norwegischen KP zu aktivieren. Nach Kriegsende hielt er sich zunächst in Oslo auf, um von dort seine Rückkehr nach Deutschland zu betreiben. Im Januar 1946 reiste er zunächst ins Ruhrgebiet, wo er für die westdeutsche KPD arbeiten sollte, wechselte dann aber in die SBZ. Später lebte er wieder in Schweden und beantragte 1952 zusammen mit Hedwig Aubert erfolglos die schwedische Staatsangehörigkeit. Im Riksarkivet sind Unterlagen betr. der 1954 verstorbenen Heddy archiviert. (S.a. Scholz, *Erfahrungen*)

Günter Ernst Stiel, *1906 – □1996   Z

Er stammte aus einer jüdischen Kaufmannsfamilie in Hamburg und war ausgebildeter Reklamefachmann. 1931 gehörte er zu den Gründern einer Werbefirma in Berlin. Fünf Jahre später flüchtete er vor der Gestapo nach Schweden. Zunächst lebte er in Norrköping und ab 1939/40 in Stockholm. Er arbeitete als Fahrradbote, Landarbeiter, Sprachlehrer, Archivarbeiter und Spieltherapeut. Es waren Jahre der Armut und des Hungers. In dieser Zeit hatte er Kontakt zum Arbetarnas bildningsförbundet (größter schwedischer Bildungsverband mit vielen Mitgliedsorganisationen), wo er als schwuler Kommunist galt. Was ihm beinahe zum Verhängnis wurde, doch konnte eine geplante Ausweisung nach Deutschland abgewendet werden. Die Verlobung mit einer Schwedin war wegen ihres frühen Todes 1945 nur von kurzer Dauer.

Nach Kriegsende kehrte er zunächst nicht zurück und wurde 1947 schwedischer Staatsbürger. Im gleichen Jahr erhielt er eine feste Anstellung beim schwedischen Rundfunk bis 1970. Dort machte er sich einen Namen als Ideenmann, und wurde als solcher publizistisch

gewürdigt. (Vgl. Benziger/Sörensen, *Günter Stiel, ›Ideenmann‹ und Emigrant,* Stockholm 1974)
Da er sich aber in Schweden immer fremd gefühlt hatte, ging er 1970 zurück nach Berlin-
West.

Kurt Stillschweig, *1905 – □1955

Jurist und Rechtshistoriker aus Berlin. Er emigrierte 1939 aus rassistischen Gründen nach
Stockholm. Dort gehörte er von 1939 bis 1950 zum Vorstand der Jüdischen Gemeinde. Er veröffentlichte in den Jahren nach 1941 nicht nur kleine Schriften. Zudem galt Kurt S. als ausge-
zeichneter Kenner der jüdischen Emanzipation in Schweden, wie sein 1943 publiziertes Buch
Judarna emancipation. En återblick (Die Emanzipation der Juden. Ein Rückblick) zeigt. Als
sehr wichtiges Buch gilt auch das 1945 erschienene Buch über die nationalsozialistische
Rechtsauffassung (*Nationalsocialistik rättsuppfattning*). Seit 1946 war er Kate Spangenberg
verheiratet, mit der er eine Tochter hatte. Von 1948 bis 1950 war er als Verwaltungsdirektor
der Stockholmer Wiedergutmachungsstelle tätig, danach als Rechtsanwalt. Bis zu seinem Tod
engagierte er sich als Schriftführer der Jüdischen Gemeinde in Stockholm und engagierte sich
ebenfalls in der *Emigrantenselbsthilfe,* so Müssener und Scholz (s.a. Maier-Wolthausen).

Gusti (Jirku-)Stridsberg, *1892 – □1978
geboren als Augustina Jirkuova
Deckname: Klara

In Czernowitz/Bukowina als Tochter eines Juden und einer Christin geboren. Nach dem
Studium in Wien wurde 1918 (-1984) die Tochter Marietta Jirku (verh. Voge) in Slowenien
geboren. Sie selbst war als Journalistin und Schriftstellerin tätig. 1931 lebte sie für kurze Zeit
in Moskau, wo sie Mitarbeiterin beim Sowjetischen Auslandssender war. 1934/35 hielt sie
sich erneut in Moskau auf. Zurück in Deutschland kam es zur Denunziation bei der Gestapo
mit kurzem Gefängnisaufenthalt. Gusti J. ging dann nach Prag und 1937 nach Paris. In
Spanien war sie bei den Internationalen Brigaden als Sanitätshelferin tätig. 1939 emigrierte
sie nach Schweden und ging 1941 eine Scheinehe mit dem deutlich jüngeren Kommunisten
Hugo H. Stridsberg ein. Die Ehe wurde 1944 aufgelöst.

In Stockholm soll sie 1943/44 als Agentin für den KGB eine größere Rolle in der
sowjetischen Finnlandpolitik gespielt haben, und zwar unter dem Agentennamen Klara.
Finanzielle Unterstützung wurde ihr durch Transaktionen über die in den USA lebende
Tochter zuteil, die ebenfalls für den KGB tätig war. Das wurde 1954/55 u. a. durch sowjetische Überläufer aufgedeckt. Gusti S. selbst ordnete diese Phase später als unpolitisch-karita-
tive Tätigkeit ein. Auch der britische Geheimdienst war 1944 an ihr als Agentin interessiert
und bezeichnete sie als eine Person, »who is completely devoted to us«. ISchweden ordnete
1955 ihre Agententätigkeit als antifaschistisch ein, die zudem inzwischen verjährt war. (Vgl.
Michael Scholz, *Die sowjetische Spionage in Schweden*). Nach 1945 veröffentlichte sie ihre
Arbeiten unter dem Namen Stridsberg auf deutsch und schwedisch. So z. B. 1961 die von ihr

geschönte Autobiografie *Menschen, Mächte und ich.* Im RA befinden sich Briefe von 1950-1955.

Friedrich Strindberg, *1897 – □1978   **Z**
Pseudonym: Fredrik Uhlson

Leiblicher Sohn von Frida Strindberg, geb. Uhl, und Frank Wedekind, aber rechtlich aner-kannter Sohn von August Strindberg (und Halbbruder von Kerstin Sulzbach-Strindberg). Zusammen mit Kerstin wuchs er bei der mütterlichen Großmutter in Saxen auf und ging später nach Wien. Von 1923 bis 1927 war er mit Maria Lazar verheiratet. In den 1930er Jahren war er als freier Schriftsteller für den Ullstein-Verlag tätig und veröffentlichte 1936 das Reportagebuch *Abessinien im Sturm.* 1943 retteten er und seine nunmehrige Ehefrau Utje das Ehepaar Herbert und Lotte Strauss vor der Deportation in ein Vernichtungslager. Im gleichen Jahr emigrierten sie selbst nach Schweden, wobei die Erben August Strindbergs ihm die schwedische Staatsangehörigkeit aberkennen lassen wollten. Kurz vor Kriegsende 1945 publizierte er bei Bonnier in Stockholm unter Pseudonym *Under jorden in Berlin (Im Untergrund in Berlin).* Darin schildert er in romanhafter Form das Leben Berliner Juden im Untergrund. Das Ehepaar kehrte 1949 nach Deutschland zurück, Friedrich S. war weiterhin journalistisch tätig. Beide sind als Gerechte unter den Völkern* in der Gedenkstätte Yad Vashem in Jerusalem verewigt.

Willy Strzelewicz, *1905 – □1986   **Z**
Berliner Sozial- und Erziehungswissenschaftler, Mitglied der KPD. Er promovierte 1931 als Mitglied des Instituts für Sozialforschung* bei Max Horkheimer. Emigrierte 1933 in die ČSR, wo er den Volkssozialisten nahestand. 1938 flüchtete er über Polen, Estland und Island nach Norwegen und 1940 nach Schweden. War zunächst in Loka Brunn interniert. In Stockholm war WS Mitglied des FDKB und Gründer des Arbeitskreises demokratischer Deutscher. Er gehörte zur Redaktion der *Sozialistischen Tribüne* und hielt für den Hechaluz Wochen-endseminare ab. Zudem wirkte er mit an der vom Arbeitskreis 1944 herausgegebenen Broschüre *Die Menschenrechte in einem neuen Deutschland,* die auf großes Interesse stieß. Seinen Lebensunterhalt bestritt er als Archivarbeiter und Journalist sowie als Forschungs-stipendiat. Willi S. kehrte vorerst nicht zurück , wurde aber 1955 an die Universität Göttingen berufen. Zuletzt lebte er in Hannover, wo er ab 1968 an der Technischen Hochschule lehrte.

Ernst Sulzbach, *1887 – □1954
Von Beruf Journalist und Verleger. In erster Ehe war er mit Kerstin Strindberg (1894-1956), einer Tochter von August Strindberg und Frida Uhl sowie Halbschwester von Friedrich Strindberg verheiratet. Aus dieser Ehe stammt der Sohn Christoph. 1917/18 war Sulzbach bei der Deutschen Botschaft in Stockholm tätig, danach beim Oesterheld-Theaterverlag in Berlin. Ab 1929 leitete er den Theater- und Buchverlag Arcadia in Hamburg und war dann bis 1933 beim Ullstein Verlag in Berlin tätig. 1936/37 hielt er sich in Mexiko auf. Nach seiner

Rückkehr emigrierte er 1938 mit seiner zweiten Frau Renee Goldberger nach Schweden. Ab 1939 arbeitete er als Lehrer sowie als Lektor beim Bonnier-Verlag, wo er für das *Litterära Magasin* zuständig war. Zudem war er beim Aufbau der Filmhistorischen Sammlung in Stockholm behilflich. Im RA befindet sich ein Dossier der Statens utlänningskommissionen.

Renee Sulzbach, *1892 – □1978
geb. Goldberger

Von Beruf war sie ausgebildete Reklamezeichnerin. Nach 1945 gab sie mit ihrem Mann und später mit anderen Autoren eine Reihe deutschsprachiger Schriftsteller für den Schulunterricht in Schweden heraus. Nach dem Tod ihres Mannes übernahm sie seine Aufgaben beim Bonnier-Verlag. Sie selbst veröffentlichte u. a. 1957 *Deutsch im Alltag* und 1963 als Herausgeberin und Umschlaggestalterin eine *Anthologie* von B. Brecht. Zudem setzte sie sich für die Sommer-VHS Siljansskolan ein und veröffentlichte Artikel in schwedischen Zeitungen und Zeitschriften.

Beider künstlerisch begabter Sohn Christoph (1919-2010) lebte ebenfalls in Stockholm und war als Lithograf tätig. Sein Grab befindet sich im Bereich Minneslunden vom Skogskyrkogården.

Edith Székely, *1909 – □2011
geb. Sussmanowitz

In Speyer aufgewachsen. Sie absolviere ab 1928 ein Studium der Medizin und Psychologie in Heidelberg, wo sie Mitglied in einer linksorientierten Studentengruppe war. Sie und ihr zukünftiger Ehemann, der ungarische Psychoanalytiker Lajos Székely (1904-1995), verließen Deutschland 1933. Während Lajos nach Holland ging, setzte Edith zunächst in Basel ihr Studium fort und zog 1934 cbcnfalls nach Amsterdam. Dort heirateten sie 1935. Zwei Jahre später brachen sie in die Sowjetunion auf, wo Ärzte mit ihrer Ausbildung benötigt wurden. In Leningrad kam die Tochter Miriam zur Welt. Da der schon etwas länger in Südrussland lebende und als Arzt tätige Bruder Ernst den stalinistischen Säuberungen zum Opfer fiel, flüchtete die Familie nach Finnland. Dort lebten sie bis 1944, mussten dann erneut fliehen und kamen nach Schweden, wo ihnen die Jüdische Gemeinde in Stockholm weiterhalf. 1946 wurde die Tochter Vera geboren. In Stockholm konnte das Ehepaar beruflich als Psychoanalytiker Fuß fassen. So engagierten sich beide auch in der jüdischen Gemeinde. (Vgl. Müssener/Scholz, *Emigrantenselbsthilfe*).

Den ersten wichtigen Kontakt dort hatten die Székelys nach Ediths Aussage zu P. Weiss, von dem sie einige Bilder erwarben. Zudem betreute Lajos ihn für einige Zeit psychotherapeutisch. Seit 1951 lebte die Familie im Vorort Nacka. Sie selbst war später Ehrenmitglied der Deutschen Psychoanalytischen Vereinigung. Am Ende ihres Lebens wohnte Edith S. in einem Jüdischen Altersheim. Der Vater starb im Lager Gurs, die Mutter Laura konnte ebenfalls nach Stockholm emigrieren und starb dort 1966.

Stefan Szende, *1901 – □1985

In Ungarn geborener und dort unter dem Vornamen Istvan aufgewachsener Politologe und Philosoph. Von 1919 bis 1924 absolvierte er ein Studium der Staatswissenschaften und der Philosophie in Wien und Budapest und schloss dieses mit der Promotion (Dr.rer.pol.) ab. Danach war er in Budapest beruflich als Bankangestellter und politisch als Funktionär in der illegalen ungarischen KP tätig. 1925 wurde er verhaftet und zu acht Jahren Zuchthaus verurteilt, aber in der Folge ausgebürgert. Nach seiner vorzeitigen Freilassung emigrierte er als Staatenloser nach Wien. Dort führte er sein Studium der Philosophie fort und promovierte 1930 zum Dr. phil. Mit seiner Übersiedlung 1928 nach Berlin begann seiner Aussage nach seine zweite Emigration. Ein Jahr später heiratete er die Opernsängerin Elisabet/Erzsi Csillág (1903-1997), die er bereits in Wien kennengelernt hatte. Beide blieben seitdem ihr ganzes Leben in Not und Glück miteinander verbunden. (*Gewalt*) Ein Jahr später wurde die Tochter Barbara geboren. In Berlin schloss er sich zunächst der KPD an und später der KPO, trat dann im November 1932 der SAPD bei und betätigte sich nach 1933 illegal politisch in der Partei. Laut W. Brandt spielte er in der Berliner Gruppe eine »geistig führende Rolle«. (*Links*) Zu diesem Zeitpunkt agierte er politisch unter dem Decknamen Stefan (unter dem er auch dann publizistisch tätig war).

Er wurde im November 1933 zusammen mit 24 anderen SAPD-Genossen verhaftet und als sogenannter Schutzhäftling in das KZ Oranienburg (Sachsenhausen) eingeliefert. Im März 1934 begann für ihn und andere SAPD-Genossen im Berliner Gefängnis Moabit die Wartezeit auf den bevorstehenden Prozess vor dem Volksgerichtshof. Gegen Szende und weitere 24 Angeklagte wurde Anklage wegen Fortführung einer verbotenen Partei erhoben. Doch wurde Szende außerdem wegen »Hochverrat, begangen in Verbindung mit dem Ausland« angeklagt, worauf die Todesstrafe stand. Zudem wurde er in der im Herbst 1934 vorgelegten Anklageschrift als ungarischer Jude bezeichnet, der in Ungarn »das Diplom eines Dr.rer.pol.« erhalten hatte und seit dem 1. Dezember 1930 als Journalist in Berlin lebte. Im Verhör gab er selbst an, sich als Intellektueller gemäß den »Theorien des Marxismus« und »der Ziele und Wege der SAP« betätigt zu haben. Nach seiner eigenen Aussage soll ihm bewusst gewesen sein, »daß er mit [seiner] Tätigkeit einen illegalen Parteiauftrag ausführte«. Außerdem soll ihm klar gewesen sein, sich dadurch »strafbar gemacht« zu haben, und zwar »aus Treue zur Partei«. Vom Volksgerichtshof wurde er daher zusammen mit 24 weiteren Verhafteten wegen des Verbrechens der gemeinschaftlichen Vorbereitung eines »hochverräterischen Unternehmens« angeklagt. Obwohl das Gericht in der Anklageschrift festgehalten hatte, dass Szende als Ausländer, der in Deutschland sein Brot gefunden hatte, sich einmischte in die »innerpolitischen Angelegenheiten des Deutschen Reichs dergestalt, daß er bestrebt war, diesen Staat mit Gewalt zu stören«. Persönlich sah Szende sich nit der Frage konfrontiert, welche Rolle er als Akademiker, Jude und Ausländer im großen politischen Spiel für die Machthaber einnahm. Um die drohende Todesstrafe abzuwenden, startete Willy

Brandt in Oslo eine sogenannte Juristenaktion. (*Erinnerungen*) Mit Erfolg: Laut Urteilsspruch erhielt Szende eine zweijährige Zuchthausstrafe bei Anrechnung der bisherigen einjährigen Untersuchungshaft (vgl. Az 8J 1713/33 und 2H 20/34, db.saur.de; doch liegt die Akte 8J 1713/33 nicht vor) Seine Strafe musste er dann im Zuchthaus Luckau in der Niederlausitz absitzen, worüber er in seinen Erinnerungen ausführlicher berichtete. Nach seiner Freilassung im Dezember 1935 wurde er von einem Kriminalbeamten über Berlin und Dresden zur tschechischen Grenze eskortiert, wobei er unterwegs seine Frau Erzsi im gleichen Zug wiedertraf.

Zusammen mit Erzsi und Barbara lebte er zunächst in Prag, und zwar »in einer Freiheit, die nur Armut und Not bot, in einem Ausmaß«, wie es die Szendes noch nicht erlebt hatten. Neben seinen Versuchen, publizistisch tätig zu sein, übernahm er im Prager Exil u. a. die Leitung des SAPD-Auslandsbüros. Die SAPD-Gruppe bestand aus 45 Personen, wozu auch Walter Pöppel gehörte. Zur Sicherung des Lebensunterhalts erhielt er eine kleine Unterstützung von dort ansässigen Flüchtlingskomitees, während Erzsi als Hausgehilfin arbeiten konnte. 1937 emigrierte er über Polen und Riga mit dem Schiff nach Stockholm zusammen mit seiner Frau Elisabet und der Tochter Barbara. Zwar wurde ihnen dort schon bald eine kleine Wohnung zur Verfügung gestellt, doch war das Leben stark von existentiellen Unsicherheiten geprägt. Denn seitens des Unterstützungskomitees der Gewerkschaften erhielt er als SAP-ler keine finanzielle Hilfe, wohl eine kleine Summe vom sogenannten Intellektuellenkomitee. Also sorgte wie schon in Prag vor allem Elisabet Szende für den Lebensunterhalt und arbeitete z. B. als Tellerwäscherin in einem Restaurant. (*Gewalt*)

Politisch arbeitete er eng mit Brandt zusammen und gehörte zum Kreis der ITF-Gruppe um das Ehepaar Enderle. Als wichtiges Buch von ihm erschien 1941 unter dem Titel *Europeisk revolution* (*Europäische Revolution*). Darin analysierte er die Begriffe Nation und Nationalismus. Überhaupt war er in diesen Jahren ein sogenannter Vielschreiber. Im gleichen Jahr wurde er nochmals in einem Verfahren gegen das SAP-Mitglied Ernst Schröder wegen »hochverräterischer Ziele« vom VGH namentlich erfasst. Ebenso wurden in der Anklageschrift die SAP-Mitglieder Willy Brandt in Oslo sowie W. Fabian, W. Pöppel und J. Walcher in Prag genannt. (Az. 10J 36/41 und 2 H 91/41, db.saur.de) In Stockholm selbst engagierte er sich u. a. in der Kleinen Internationale, im FDKB und in der Hechaluz-Bewegung.

1944 schloss er sich der SoPaDe und dann der SPD an und war auch Mitverfasser der SAP-Schrift *Zur Nachkriegssituation*. Zudem hielt er Wochenendseminare für die Hechaluz-Bewegung ab. Nach dem 20. Juli 1944 gab Szende das Buch *Misslyckad revolt* (Missglückte Revolte) unter Beteiligung von Brandt heraus. Im gleichen Jahr publizierte er auf Schwedisch eines der ersten Bücher zur europäischen Judenvernichtung: *Den siste juden från Polen*. Es beinhaltet die Aufzeichnungen des oben dargestellten Adolf Folkman und ist

1945 unter dem Titel *Der letzte Juden von Polen* erschienen. Nach Aussage von Willy Brandt enthielt das Buch alles Wesentliche, aber es »fand kein Echo«. (*Erinnerungen*)

Die Familie Szende kehrte nicht zurück und lebte im Stadtteil Hammarbyhöjden. Wie aus den Aufzeichnungen Stefan Szendes hervorgeht, führten er und auch seine Frau Erzsi ein nicht immer einfaches Leben im Exil und sicherten den Lebensunterhalt mit unterschiedlichen Tätigkeiten. Er selbst wurde wohl 1950 schwedischer Staatsbürger und war u. a. als Journalist tätig. Er gründete 1945 das Nachrichtenbüro AEPCA (Agence Europénne du Press), wo auch G. Dallmann von 1947 bis 1953 tätig war. Ebenso wie Brandt plante er zunächst eine Rückkehr nach Berlin, doch war er entschlossen, seine »Selbständigkeit gegenüber jeder Besatzungsmacht zu behalten« und ist in Schweden geblieben. Seine Erinnerungen und dazugehörige Reflexionen hielt er im Buch *Zwischen Gewalt und Toleranz* fest, das 1975 im Tidens förlag auch auf Schwedisch (*Mellan våld och tolerans*) mit einem Vorwort von Willy Brandt erschienen ist. Im ARAB befinden sich 63 Bände Archivalien, im RA ein Dossier der SUK und im BArch die Akte 4265 (1934/35). Elisabeth und Stefan Szende sind beerdigt auf dem Skogskyrkogården im Bereich Minneslunden. Die Tochter Barbara studierte Medizin und war verheiratet mit dem aus London stammenden Ronald Baron (1926-2003). Beide lebten weiterhin mit ihren insgesamt drei Kindern in Stockholm, sie selbst wohnt aktuell im Stadtteil Vasastaden.

Der Autor

Seinen politischen (und auch seinen privaten) Weg von 1933 bis 1947 hat Szende in seinem Buch *Zwischen Gewalt und Toleranz* nachgezeichnet, woraus auch hier zitiert wurde. In seinen Erinnerungen schrieb er in der dritten Person unter dem Namen Stefan − das wohl als Hinweis auf seine von ihm geschaffene und so empfundene Identität. Neben den biografischen Aussagen geht er in Form von Zeugnissen und Reflexionen auf das Zeitgeschehen und die politisch-gesellschaftliche Situation ein. Wobei ein wichtiger Punkt ist, dass er nicht nur »die Frage nach den Geschundenen und Gequälten« stellt, sondern »vor allem auch die elementare Frage nach den Schindern und Quälern«, wie Willy Brandt in seinem Vorwort ausdrückt. Zum Thema Toleranz führt er in seinem Buch *Zwischen Gewalt und Toleranz* u. a. aus, dass

> *Unser Streben kann deshalb nur sein, unsere Institutionen, Gewohnheiten, Arbeit und Wissenschaft auf gegenseitiger Toleranz auszurichten.*
> *Freiheit des Individuums ist die Toleranz gegenüber anderen Individuen. Die schöpferische Aktivität des Einzelmenschen kann sich nur geltend machen, wenn auch die Nachbarn, die ganze Menschheit ihre schöpferische Begabung entwickeln dürfen.*

Werner Taesler, *1907 − □1994

Aufgewachsen in der Nähe von Berlin als Sohn einer kleinbürgerlichen Familie, der das Malerhandwerk erlernen sollte. Nach Abbruch der Ausbildung studierte er an verschiedenen Kunsthochschulen, so in Kassel und Frankfurt/Main sowie Architektur am Bauhaus in Dessau, wo er auch Unterricht in Malerei bei Wassily Kandinsky nahm. Kurzzeitig hielt er sich in

Worpswede auf und schloss sich der Jugendbewegung an. 1931 brach er sein Studium an der Technischen Hochschule in Berlin aus finanziellen Gründen ab. Er ging dann in die UdSSR, wo er als Architekt und Stadtplaner in neu entstehenden Städten in Sibirien tätig war. Während eines Urlaubs in Berlin wurde er kurz verhaftet und auf die Sonderliste UdSSR des Reichssicherheitshauptamts gesetzt. Aus politischen Gründen verließ er 1935 die Sowjetunion und ging nach Schweden.

Anfangs lebte er in Stockholm und leitete dort z. B. einen Madrigalchor. Da er und seine Frau Irene aus politischen Gründen ständig in Angst vor Denunziationen seitens der Exil-Genossen und Ausweisung lebten, zogen sie sich aufs Land zurück. Dort wurde 1939 der Sohn Roger geboren. Um die Familie zu ernähren, versuchte Taesler eigene Aquarelle zu verkaufen. Mit mäßigem Erfolg, doch erhielt er mit Hilfe ihm bekannter Architekten 1941 den Auftrag, in Örebro ein Kino zu bauen. Politisch gehörte er 1937 zwar der Volksfront-Bewegung an, wurde aber später Mitglied der SoPaDe. 1944 war er ebenfalls in der großen Ausstellung Konstnärer i landsflykt in Stockholm vertreten. Zusammen mit F. Forbát gründete er 1944/45 die Internationale Architektengruppe zu Studien von Wiederaufbauproblemen. In einem Briefwechsel mit Forbát zeigte sich beider Enttäuschung über die »doktrinäre Haltung der politischen Emigranten«, die nicht auf »praktische Ratschläge hören« wollten. Zwei von ihm und Forbát gehaltene Vorträge wurden im Oktober 1944 als Broschüre veröffentlicht und gelangten über den britischen Nachrichtendienst nach Deutschland. (Müssener, *Exil*)

Nach 1945 war er in verschiedenen Architekturbüros tätig und arbeitete ab 1951 als Selbständiger in Örebro. Als solcher entwarf er auch im Stockholmer Stadtteil Fruängen das Triangel huset. In der modernen schwedischen Architektur gehörte er zum Kreis um den namhaften Architekten Sven Markelius, der ihn sehr unterstützte. So konnte sich Taesler vor allem einen Namen als Krankenhausarchitekt machen. Er arbeitete teilweise mit dem befreundeten Forbát zusammen und stand wie dieser in Kontakt zur westdeutschen Architekturszene. Er veröffentlichte u. a. *Wie Land zu Landschaft wurde* und vertrat einen sanften Tourismus. Im RA befindet sich ein Dossier der SUK. Der Sohn Roger T. verwahrt in seinem Privatarchiv das handschriftliche Manuskript der Lebenserinnerungen seines Vaters unter dem Titel *Die Umkehr meines Lebens*. Er selbst ist Meteorologe und lehrte u. a. an der Universität Uppsala. Aktuell lebt er in Norrköping.

Fritz Tarnow, *1880 – □1951   **Z**
Deckname: Frederek

In Rehme bei Minden geboren, wo er auch zum Tischler ausgebildet wurde und u. a. als Gewerkschafter Sekretär bzw. Leiter des Holzarbeiterverbandes war. Als Mitglied der SPD war er für diese Abgeordneter im Reichstag von 1927 bis 1933. Er war verheiratet mit Anna Pauline Doebbeling, mit der er einen Sohn hatte. Fritz T. wurde 1933 kurz verhaftet, floh dann über Prag, Paris, Amsterdam und London nach Kopenhagen. Der Sohn Reinhold blieb in Deutschland und trat später der NSDAP bei. In Kopenhagen übernahm Tarnow die Leitung der

Auslandsvertretung der deutschen Gewerkschaften, für die er auch unter seinem Tarnnamen Frederek aktiv war. 1940 flüchtete er zusammen mit K. Raloff und H. Reinowski nach Schweden. Im gleichen Jahr hatte ihn auch der VGH in den Akten 10J 204/40 und 2H 17/41 erfasst (db.saur.de). In Stockholm war er Mitglied der Gewerkschaftsgruppe, der SoPaDe und der Kleinen Internationalen. Er stand in Verbindung zum Kreisauer Kreis und war als künftiger Wirtschaftsminister vorgesehen. (P. Brandt, *Antifaschismus*) 1946 ging er nach Hamburg zurück und lebte ab 1947 in Stuttgart. Bis 1949 war er gewerkschaftlich tätig, danach als Dozent an der Akademie für Arbeit in Frankfurt/M und ist in Bad Orb gstorben. Seine nachgelassene Korrespondenz befindet sich in Düsseldorf beim DGB.

Klaus-Günther Tarnowski / David Toren, *1925 – □ 2020 (Z)

Als zweiter und jüngster Sohn des Rechtsanwalts Georg T. in Breslau geboren und einer wohlhabenden Familie entstammend. So besaß sein Großonkel David Friedmann eine umfangreiche Kunstsammlung mit zwei Bildern von Max Liebermann: *Zwei Reiter am Strand* und *Die Korbflechter.* Nach der Verhaftung des Vaters im November 1938 mit mehrwöchigem Aufenthalt in Buchenwald wurde er mit einem Kindertransport am 23. August 1939 nach Schweden geschickt. Dort betreute ihn nach seiner Ankunft in Stockholm Eva Warburg liebevoll mit einem Frühstück. Bis zum Herbst 1939 hielt er sich in Norrköping auf, anschließend lebte er in Uppsala im dortigen Judiska pojkhemmet bis zum Herbst 1941. Im darauf folgenden Jahr war er erneut in Norrköping, um an der Högre Tekniska läroverket-Schule zu studieren. Doch etwas später lebte er in Stockholm, und zwar im Judiska pojkhemmet in der Hornsgatan 75. Um 1943 soll er versucht haben, seine Eltern nach Schweden zu holen. Was aber nicht gelang, da niemand die Bürgschaft übernehmen wollte. Sie wurden im März 1943 in Auschwitz ermordet.

Er selbst absolvierte nunmehr ein Jurastudium, ging nach Palästina und änderte seinen Namen. Später besuchte er Eva Warburg im Kibbuz Nezer Sereni: »She was married and still a lovely person«, die in einem schönen, von ihr selbst finanzierten Haus lebte. Doch verließ er bald Israel und emigrierte 1954/56 zusammen mit seiner späteren Frau in die USA. Mit weniger als 100 Dollar in der Tasche. In New York ließ er sich als Patentanwalt nieder und wurde sehr erfolgreich in seinem Beruf. Zusammen mit seinem Sohn Peter klagte er 2014 gegen die Bundesrepublik Deutschland auf Herausgabe des Gemäldes *Zwei Reiter am Strand*, das sich in der Sammlung Gurlitt befunden hatte und im Januar 2021 bei Sotheby's in London versteigert wurde. Hingegen konnte Toren um 2017 das Bild *Die Korbflechter* von einem unbekannten israelischen Käufer gegen eine hohe Summe zurückkaufen. (Aussage J. Winter) Jan Winter zeichnet in seinem Roman *Kullarna* Torens Weg ins Exil unter dem Namen Paul nach. (S.a. Maier-Wolthausen)

Lektor und Schriftsteller aus Breslau. Wurde 1935 aus der Reichsschrifttumskammer ausgeschlossen. Er konnte 1938 nach Oslo flüchten, obwohl der norwegische Staat keine intellektuellen Emigranten mehr aufnehmen wollte. Doch setzten sich für ihn namhafte norwegische Schriftsteller wie Björn Björnson, Knut Hamsun und Sigrid Undset ein. Im November 1942 flüchtete Max T. mit Hilfe norwegischer Freunde nach Schweden: durch Regen, Dunkelheit, Wald, Moor, Geröll, über einen See bis hin zu einem Hotel in Töcksfors im Värmland. Es folgten Verhöre und Überprüfungen. Er konnte nach Örebro reisen und traf dort auf die mit ihm befreundete und ebenfalls geflüchtete Tove Filseth*. Weiter ging es nach Stockholm, wo er im zum Esselte-Konzern gehörenden Ljus-Förlaget Arbeit fand. Hier sorgte er für die schwedische Übersetzung von *Der abenteuerliche Simplizissimus*, die es bisher noch nicht gab – trotz der Bezüge zu Schweden. Er betreute vor allem norwegische Dichter und gründete von hier aus als deutschsprachige Abteilung den Neuen Verlag. Mit diesem wollte er »den Dichtern der Emigration eine Heimstätte« (*Flüchtling*) schaffen. Dank seiner verlegerischen Tätigkeit lernte er auch N. Sachs kennen.

1944 erhielt er von der norwegische Exilregierung in Stockholm die norwegische Staatsangehörigkeit, sowieso war Norwegen sein Land geworden. Nach seiner Aussage entwickelte sich Schweden wirtschaftlich gut, hatte aber »für das Menschliche keinen Platz«. Anfang 1945 heirateten er und Tove Filseth und kehrten nach Norwegen zurück. Sofort nach Kriegsende setzte Tau sich für eine Verständigung mit Deutschland ein. Sich selbst sah er als Entwurzelten, der das Exil aber überstanden hatte. (Ebd.) Sein schlichtes mit einem naturbelassenen Stein versehenes Grab befindet sich auf dem Vestre-Friedhof in Oslo.

Der Autor

Nach seiner Rückkehr arbeitete Max Tau in Oslo wiederum als Lektor, zunächst im Verlag Tanum, dann im Verlag Aschehoug. In Norwegen entstanden eigene Romane und autobiografische Aufzeichnungen, so 1961 *Das Land das ich verlassen mußte*. Für seine Verdienste erhielt Max Tau diese Auszeichnungen:

1950 – *Friedenspreis des Deutschen Buchhandels*
1965 – *Nelly-Sachs-Preis Dortmund*
1968 – *Großes Bundesverdienstkreuz mit Stern*

In seinem 1964 in Hamburg erschienenen zweiten Erinnerungsbuch *Ein Flüchtling findet sein Land* beschreibt er u. a. seine erste Begegnung mit Nelly Sachs, deren Persönlichkeit ihn sofort sehr beeindruckte:

Ich saß in meinem Büro. Da öffnete sich die Tür, und eine Frau trat herein, die in ihrer Gestalt und ihrem bescheidenen Wesen nach so gar nicht in unsere Zeit paßte. Sie strahlte eine Wärme aus, die mich sofort gefangennahm. Aber mir war es, als trüge sie alles Leid dieser Welt. Eigentlich brauchten wir nicht miteinander zu sprechen. Sie hatte das Unberührbare in mir angerührt. Und ich glaubte, durch ihr Dasein wieder an das Unverlierbare glauben zu können.

Sein Nachlass befindet sich in der Handschriftensammlung der Stadt- und Landesbibliothek Dortmund bzw. im dortigen Nelly-Sachs-Archiv. Er enthält u. a. den Schriftwechsel mit Thomas Mann sowie Dokumente und Arbeiten von ihm selbst.

Siegfried (Vítěslav) Taub, *1876 – □1967

Jüdisch-sudetendeutscher Politiker und Sozialdemokrat. Von 1920 bis 1938 saß er u. a. als Abgeordneter für die Deutsche Sozialdemokratische Arbeiterpartei (DSA) in der tschecho-slowakischen Nationalversammlung. Zudem war er Herausgeber von Der Sozialdemokrat, der Tribüne und Der Kampf. 1938/39 leitete er die Emigrationszentrale in Prag und setzte sich massiv für die Exil-SPD in der ČSR ein. Im März 1939 flüchtete er nach Schweden und baute mit anderen in Stockholm die sudetendeutsche Treuegemeinschaft auf. Im Mai 1941 verließ Taub Schweden mit einem Kurierflugzeug nach Großbritannien, von dort reiste er weiter in die USA. Er starb 1945 noch vor der vorbereiteten Rückkehr nach Prag. Namentlich erwähnt wurde Taub vom VGH in jeweils einer Akte 1937 unter 14J 522/37g und 1940 unter 1L 2/40. (db.saur.de).

70 *Werner Taesler*

71 Buch/Bildzitat: *Max Tau*

Hans Tombrock, *1895 – □1966   Z
geboren als Christian Johann Rudolph T.

Er ist mit 15 Geschwistern im Raum Dortmund aufgewachsen, war sechsmal verheiratet und hatte insgesamt sieben Kinder. Mit 14 arbeitete er als Anstreicher, dann als Bergmann und Seemann. Nach dem Ersten Weltkrieg beteiligte er sich an der Revolution in Kiel und trat in die KPD ein. 1920 wurde er als Angehöriger der Ruhrarmee verhaftet und verurteilt. Nach der Freilassung 1924 begann er eine Art Vagabundenleben und mit dem professionellen Zeichnen – daher wird er auch als Georg Grosz der Landstraße bezeichnet. 1933 floh Tombrock in die Schweiz und ließ sich 1937 nach kurzen Aufenthalten in anderen europäischen Ländern und als Folge seiner Ausbürgerung mit seiner derzeitigen Familie in der Nähe von Stockholm nieder. Zudem soll er 1936 Kontakt zu SAPD-Gruppen gehabt haben (vgl. Bundesarchiv RY 13/FC/143 SAP).

Hans T. war 1938 maßgeblich an der Gründung der schwedischen Künstlergruppe Die Realisten beteiligt und tat sich in der Folge als Illustrator in der Arbeiterpresse hervor. 1939 lernte er in Stockholm B. Brecht kennen, 1940 entstand ein Porträt des neuen Freundes. Und wie aus Brechts Notizen im *Arbeitsjournal 1* hervorgeht, erhielt dieser im Sommer 1940 einige Arbeiten von Tombrock. So im Juli Fotos seines ersten Ölgemäldes. Zuvor hatte Brecht ihn »auf ölmalen gehetzt«. Die von ihm bei Tombrock in Auftrag gegebenen Illustrationen zum *Leben des Galilei* fand er sehr schön: »er hat sehr fleißig und intelligent den BREUGHEL studiert«. Zu weiteren Radierungen zum *Galilei* meinte Brecht: »es sind schöne stücke darunter, obgleich er im ganzen noch kein stil durchhalten kann«. Im Gegensatz zu Brecht erhielt Tombrock kein Visum für die USA, doch blieben sie in Verbindung, und es entwickelte sich eine lang anhaltende Freundschaft zwischen beiden. 1944 gehörte er zu den Teilnehmern der Stockholmer Gemeinschaftsausstellung *Konstnärer i landsflykt*, wo man ihn sehr beachtete. Über M. Hodann traf Anonymus auf Tombrock, der ihm den Weg zu einem Besuch bei Brecht ebnete, aber keinen guten Eindruck hinterließ. Beschrieben wird er in *Ästhetik* als Landstreicher, als fragwürdige Erscheinung und Schlägertyp, als Schnorrer und Stromer.

Nach Kriegsende kehrte Tombrock mit Ehefrau und Tochter zurück nach Deutschland und gründete 1947 in Dortmund die Hörder Malschule. Er übersiedelte dann für einige Jahre in die DDR und wechselte wieder in die BRD. Dann ging er erneut in die DDR, wo er als Professor in Weimar arbeitete. In Berlin setzten Brecht und Tombrock ihre Freundschaft und ihre Zusammenarbeit fort. Diese Freundschaft wurde auch literarisch und künstlerisch thematisiert. Um 1955 verließ er endgültig die DDR und war in Dortmund und Stuttgart als freischaffender Künstler tätig. 1965 erarbeitete das Kulturamt Dortmund die Ausstellung *Landschaften, Gesichter, Kompositionen, Menschen, Bilder aus den Zeitläuften und zu Bertolt Brecht und sein Werk* mit Werken von Hans Tombrock. Sein Nachlass befindet sich im Fritz-Hüser-Institut in Bövinghausen nahe Dortmund.

(Hermann) Curt Trepte, *1902 – □1990   **Z**

Aufgewachsen nahe Dresden. 1923/24 Schauspielstudium am Staatstheater Dresden. Als Schauspieler u. a. an der Piscator-Bühne in Berlin tätig. 1930 wurde er Mitglied der KPD, ebenso in der sogenannten Truppe 1931, die vorwiegend aus Bewohnern der Künstlerkolonie Berlin bestand. 1933 verhafteten die Nazis ihn und andere Mieter der Siedlung, worüber ausführlich die Presse berichtete. Trepte ging nach kurzer Haft erst nach Paris, dann in die Schweiz und 1934 in die UdSSR. 1935 kam es zur Scheidung von Luisrose Fournes in Moskau, mit der er einen Sohn namens Giselher hatte. Sie heiratete bald darauf den Musiker Hans Hauska und blieb mit den Kindern Giselher T. und Karola H. in Moskau. Trepte selbst tourte als Schauspieler durch die Sowjetunion bis zu seiner Emigration 1937 nach Schweden.

Anfangs hatte Curt sich bei der Roten Hilfe gemeldet, war dann aber aus taktischen Gründen beim Intellektuellen- und dem Matteotti-Komitee aktiv. Ebenso engagierte er sich in der jüdischen Emigrantenselbsthife, so Müssener/Scholz. 1938 gehörte er zum Ensemble des Brecht-Stücks *Die Gewehre der Frau Carrar* am Odeon-Theater in Stockholm. Das gleiche Stück inszenierte er 1939 am Arbeitertheater Västerås mit dem Spielkreis des Arbeiter-bildungsvereins. Brecht selbst berichtete in einem Eintrag vom 7. Dezember 1939 im *Arbeits-journal 1* über eine Inszenierung der Theatergruppe und nannte als Stück *Lukullus* (das 1940 fertiggestellt wurde). Sein Rat ging dahin, dass die darin enthaltenen Gedichte wie Gedichte gesprochen werden sollten. Im gleichen Jahr fertigte Trepte von Brecht eine Porträtaufnahme als gelatin silver print (artnet.de) an. Im Herbst 1941 nahm er den jungen Peter Weiss als Untermieter bei sich auf, es kam aber nicht zu engen freundschaftlichen Kontakten. Er enga-gierte sich zudem im Vorstand des FDKB und war Gründungsmitglied der Freien Bühne, der er den Namen gab. Zudem war er Mitglied im Nationalkomitee Freies Deutschland. Weiter war er redaktioneller Mitarbeiter bei der *Politischen Information* und Leiter deutschsprachiger Sendungen beim schwedischen Rundfunk. In Schweden galt er als Sozialdemokrat, wurde aber von der Säpo überwacht, vor allem wegen seiner Kontakte zu B. Brecht und H. Tombrock. Auch über ihn wurde ein Dossier angelegt.

1946 ging Trepte in die spätere DDR, zuvor hatte er als letzter Vorsitzender den FDKB aufgelöst. Im Gepäck war das von N. Sachs erhaltene Manuskript *In den Wohnungen des Todes*. Es erschien dank seiner Vermittlung später beim Aufbau-Verlag. Im August 1948 schickte ihn das ZK der SED nach Stockholm, wo er bestehende Kontakte zur schwedischen Arbeiter- und Gewerkschaftsbewegung ausbauen sollte. Curt kehrte allerdings bereits im September ohne Erfolg zurück. Ein Jahr später ist von einem Parteiausschluss-Verfahren die Rede, dann umgewandelt in eine ruhende Mitgliedschaft. (Scholz) In der DDR war er in den nächsten Jahren in leitender Funktion an mehreren Theatern tätig, so in Schwerin und Quedlinburg, zudem Mitglied der Kunstakademie in Berlin. In zweiter Ehe war er mit Elisabeth T. verheiratet. Das Paar trennte sich etwa Anfang der 1960er Jahre. Die im Exil angelegte Sammlung von Programmen, Plakaten, Fotos, Rezensionen und Dokumenten übergab er 1968 der Deutschen Akademie der Künste der DDR in Berlin, aktuell als Curt-Trepte-Archiv in der AdK Berlin. Ebenso sind im ARAB einige Materialien archiviert. (S.a. Scholz, *Erfahrungen* und Müssener/Scholz, *Emigrantenselbsthilfe*)

Kurt Tucholsky, *1890 – □1935
Pseudonyme: Kaspar Hauser, Peter Panter, Theobald Tiger, Ignaz Wrobel
auch Tucho genannt

In Berlin-Moabit aufgewachsen. Politisch sympathisierte er anfangs mit den Sozialdemo-kraten, wurde dann aber Mitglied der USPD. Später näherte er sich der KPD an und gehörte auch zur Freimaurerbewegung. Zudem war er Mitherausgeber der *Schaubühne* bzw. *Weltbühne*. Unter seinen Pseudonymen verfasste er zahlreiche Essays und Glossen. Ab 1924 lebte Tucholsky in Paris, 1929 verbrachte er einen Urlaub nahe Mariefred in Schweden. Ein Ergebnis dieser Reise war die Erzählung *Schloß Gripsholm*, 1931 bei Rowohlt erschienen. In ihr vermischen sich Heiteres mit bedrückenden Geschehnissen. Ab 1930 lebte er in Hindås bei Göteborg, 1933 bürgerte ihn das Deutsche Reich aus, seine Bücher wurden verbrannt. Für Tucholsky war es ein Glücksfall, Gertrude Meyer* in Hindås kennenzulernen. Sie besaß genügend Stärke, die schwierige Beziehung zu ihm durchzuhalten. Nicht nur, dass er Beziehungen zu anderen Frauen unterhielt, er war zudem ständig krank und verarmte allmählich. Denn in Schweden als einem sicheren Exil verringerte sich nicht nur seine Schaffenskraft, auch seine finanziellen Rücklagen in der Schweiz verminderten sich. Im Bewusstsein, »es geht mich nichts mehr an«, soll er sich mittels Veronal am 21. Dezember 1935 in Göteborg das Leben genommen haben. Aktuell gehen manche jedoch von einer Überdosis aus, zumal er sich beim Auffinden durch seine Vertraute Gertrude M. noch im komatösen Zustand befand. Tucho starb im Göteborger Sahlgrenska-Krankenhaus. Die Beerdigungsangelegenheiten wurden von Gertrude M. geregelt, sie ließ die Urne in Mariefred beisetzen. 2010 ließ die Deutsche Botschaft auf der Grabstelle eine Bronzeplatte mit dem letzten Eintrag aus dem *Sudelbuch* aufstellen:

> *Eine Treppe*
> > *Schweigen*
> > > *Schreiben*
> > > > *Sprechen*

In der KB befindet sich eine Handschriftensammlung und im RA 35 Bände; weiteres archivarisches Material siehe archivportal.de. An seinem Geburtshaus in Berlin-Moabit, Lübecker Straße 13, erinnert eine Gedenktafel an ihn. Sein Nachlass befindet sich im Deutschen Literatur-Archiv Marbach.

Otto Ullman(n), *1926 – □2005

In Wien geboren und aufgewachsen. Der Vater Josef U. war Sportjournalist und verlor nach dem Anschluss Österreichs seinen Arbeitsplatz. Um zunächst den Sohn Otto in Sicherheit zu bringen, schickten er und die Mutter Elise ihn mit einem Kindertransport im Februar 1939 nach Schweden. Dorthin schrieben sie ihm an die 500 Briefe. Sie selbst hofften, auch bald ein Exilland zu finden und Otto wieder zu sich nehmen zu können. Gerne wären die Eltern ebenfalls nach Schweden emigriert und baten Otto eindringlich um Mithilfe. Dieser sprach deswegen den Direktor der SIM an, der ihn aber abschlägig beschied. Im Oktober 1942 wurden Josef und Elise Ullmann nach Theresienstadt deportiert und kamen im Herbst 1944 in Auschwitz ums Leben, wovon Otto 1946 erfuhr. An sie und ihr Leben erinnern zwei Stolpersteine.

Als der dreizehnjährige Otto in Trelleborg ankam, war es schwierig, für ihn Pflegeeltern zu finden. Er entsprach nicht dem gewünschten äußeren Schema. Das belastete ihn sehr, weil er dadurch keine weiterführende Schule besuchen konnte. Für ihn begann im Kinderheim

Hemhult in Tollarp erst einmal eine ›Heim-Karriere‹. Von dort kam er zum Lager Tostarp. Doch wegen der Bekehrungsversuche lief er fort und kehrte nach Tollarp zurück. Mutmaßlich soll er kurz vor der Abreise aus Wien getauft worden sein, in Tostarp war ihm aber klar geworden, dass es für ihn nur eine Religion gab: die jüdische. (Pammer). Er arbeitete im südlichen Småland zunächst bei einem Schlachter als Gehilfe, dann auf einem Pachthof, immer als billige Arbeitskraft. 1944 kam er zur Familie Kamprad auf einen Gutshof in der kleinen Gemeinde Pjätteryd, wo er sich mit dem Sohn Ingvar anfreundete – trotz der nicht nur ideologischen Unterschiede. Diese waren ihm aber anscheinend nicht bekannt oder er verdrängte sie aus überlebensstrategischen Gründen. Denn die Kamprads waren anscheinend Sympathisanten der Nazis. (Ebd.)

1955 erhielt Ullmann nach dreimaligen Versuchen endlich die schwedische Staatsangehörigkeit. Er heiratete und hatte drei Kinder. Später gründete Ingvar K. mit Ottos Hilfe die Firma Ikea, wo dieser als Mitarbeiter tätig war. Jahre später trennten sich ihre Wege. Erst 1998 erfuhr er vom ›ethischen Doppelleben‹ des früheren engen Freundes. Den Lebensunterhalt verdiente er sich nunmehr als Journalist, in der Werbebranche und als Restaurantbesitzer. Sein Zuhause wurde der Stockholmer Vorort Saltsjöbaden. Im Jahr 2009 übergab die Tochter von Otto Ullman der Journalistin Elisabeth Åsbrink die 500 elterlichen Briefe. In Wien wurde in Erinnerung an seine Eltern eine Gedenktafel bei der früheren Wohnung angebracht.

72 Buch/Bildzitat
Hans Tombrock

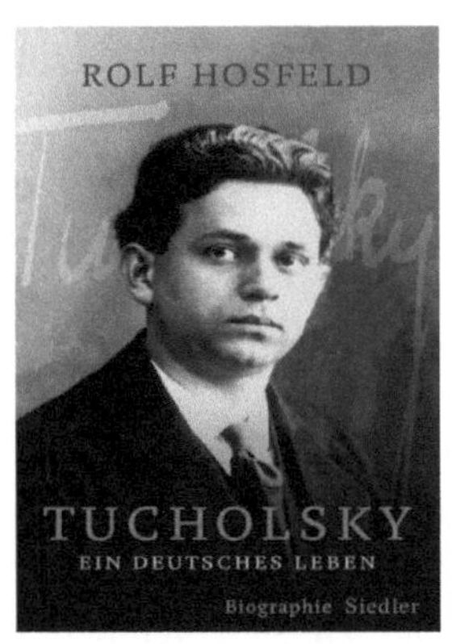

73 *Kurt Tucholsky*
Buch/Bildzitat

74 *Otto Ullmann*
Buch/Bildzitat

Eva Amalie Unger-Warburg, *1912 – □2016　　　　　　　　　　　**(Z)**

In Hamburg aufgewachsene Tochter von Anna und Fritz Warburg. Von 1930 bis 1932 ließ sie sich in Berlin zur Kindergärtnerin und Hortnerin ausbilden. Sie war Mitarbeiterin des Hilfsvereins deutscher Juden* und in der Hechaluz-Bewegung aktiv. Nach der Pogromnacht 1938 beteiligte sie sich maßgeblich an der Organisation der Kindertransporte von Hamburg nach

Schweden. Sie selbst emigrierte ebenfalls dorthin und betreute vor allem die für die Alijah nach Palästina vorgesehenen Jugendlichen. So richtete sie in Hälsinggården bei Falun ein ehemaliges Herrenhaus als Heim und eine Art Kibbuz zur Vorbereitung auf das Leben in Palästina ein. Sie selbst plante, zusammen mit den vorgesehenen 95 Jugendlichen ebenfalls nach Palästina zu emigrieren. Doch mit dem Ausbruch des Zweiten Weltkriegs veränderte sich die Situation, eine Emigration nach Palästina konnte nun nicht mehr erfolgen, der sogenannte Kibbuz Falun blieb weiterhin bestehen und nahm 1943 *flyktingbarnen* aus Dänemark auf. 1946 wurde er geschlossen. Im gleichen Jahr emigrierte Eva W. über Malmö nach Kopenhagen und reiste von dort mit dem Schiff weiter nach Haifa. Vermutlich in der Funktion als Betreuerin einer Gruppe der Jugend-Alijah . (SWA)

Bereits 1930/31 hatte Eva in Berlin Naftali Unger kennengelernt und stand seitdem in Kontakt mit ihm. Diese Begegnung könnte sie veranlasst haben, sich mehr dem eigentlichen Judentum zuzuwenden, obwohl das Elternhaus nicht zionistisch orientiert war. Nach ihrer Ankunft in Palästina 1946 heirateten sie und Nafatli im Kibbuz Gi'vat Brener (Givat Brenner) südlich von Tel Aviv und bekamen eine Tochter (Dwora) und einen Sohn (Gabi). Anfang der 1950er Jahre verließ sie mit ihrer Familie diesen Kibbuz und ging in den als Ableger neugegründeten Kibbuz Nezer Sereni, wo ab 1957 auch ihre Eltern lebten. Später verließen Naftali und sie den Kibbuz und bezogen ein Haus in Rehovot. Die letzten Jahre ihres Lebens verbrachte sie in einer Senioreneinrichtung und war noch im hohen Alter eine starke Persönlichkeit. Am 24. November 2016 endete friedlich ihr Leben. Im Archiv der KB befindet sich eine Sammlung ihrer Korrespondenz von 1939 bis 1948, ebenso Materialien in SWA. (S.a. Maier-Wolthausen).

Ihr Ehemann Naftali Unger (1909–1987) wurde in Polen geboren und ist in Berlin aufgewachsen. Als überzeugter Zionist ging er etwa Ende der 1920er Jahre nach Palästina und half mit, den Kibbuz Gi'vat Brener anzulegen. Anfang der 1930er Jahre hielt er sich wieder in Berlin auf mit Kontakt zum Hechaluz-Büro. Während dieser Zeit begann seine Freundschaft mit Eva W. 1933 beauftragte ihn die jüdische Gewerkschaft Histradrut, in Deutschland an der jüdischen Auswanderung nach Palästina mitzuwirken. So hielt er sich 1934/35 in Hamburg auf, um die Seefahrts-Hachscharah zu organisieren und damit auch in Palästina den Wirtschaftszweig Schifffahrt zu etablieren. Nach seiner Rückkehr wurden mit seiner Hilfe zwei maritime Kibbuzim an der palästinensischen Küste gegründet. (Vgl. Ina Lorenz, *Seefahrts-Hachscharah in Hamburg 1935-1938*) 1939 hielt er sich kurz in Frankreich auf, wo er vom Ausbruch des Zweiten Weltkriegs überrascht wurde und seine Zukunft neu planen musste. Er schloss sich den britischen Alliierten an und kämpfte in Nordafrika und Italien. Nach 1945 lebte Naftali wieder im Kibbuz Gi'vat Brener, wo er und Eva Ende 1946 heirateten.

(Johann Peter) Hugo Urbahns, *1890 – □1946
Deckname: Lemmert

Aus bäuerlichen Verhältnissen stammender Journalist. Mitglied des Spartakusbundes und der
KPD. Von 1924 bis 1925 war er inhaftiert, dann Abgeordneter des Reichstags. Mit Ernst Thäl-
mann gehörte er bis 1926 zur engeren Führung, wurde aber im gleichen Jahr von der KPD
ausgeschlossen. Er engagierte sich 1928 als Gründungsmitglied und des Leninbunds, dessen
Leitung er dann übernahm. 1933 emigrierten er und seine Frau Emilie Spielberg über die
ČSR nach Schweden, wo er sich unter schwierigen Bedingungen durchschlagen musste. In
Stockholm versuchte er als sogenannter Einzelkämpfer, politisch aktiv zu bleiben mit entsprechenden Verbindungen nach außerhalb. Er und E. Koetting »standen in Verbindung mit
Widerstandsgruppen in Hamburg und hielten Kontakt zu Trotzki während seines nor-
wegischen Exils«. (Müssener, *Exil*) Auf Druck der UdSSR wollte Schweden Urbahns aus-
weisen, doch fand sich für ihn kein Aufnahmeland. Er kehrte 1945 nicht zurück und ist
beerdigt auf dem Skogskyrkogården. Im RA befindet sich ein Dossier der SUK, während der
VGH ihn 1936 namentlich in der Akte 17J 23/36 und 2H 27/36 erfasste (db.saur.de).

Irma Verner, *1905 – □1990   **Z**
geb. Schmidt
Deckname: Erna Schäfer

Aus Berlin stammende Sekretärin. 1928 trat sie der KPD bei und war beim Bund der Freunde
der Sowjetunion in Berlin tätig. Sie ging 1934 nach Prag, wo sie u. a. als Näherin arbeitete.
Von 1934 bis 1936 war sie in der Emigrationsleitung der KPD tätig, 1938/39 Mitarbeiterin im
ZK. 1939 erfolgte die Emigration nach Oslo, 1940 nach Schweden. Dort war sie zunächst in
Loka Brunn interniert, anschließend lebte sie in Lenhovda nahe Kalmar. Von 1943 bis 1945
wohnte sie in Uppsala zusammen mit Paul Verner und arbeitete als Konfektionsschneiderin.
1946 ging sie mit ihm zurück in die SBZ und gehörte dort zum mittleren Kader. Ihr Ehemann

Paul Verner, *1911 – □1986   **Z**
war Metallarbeiter aus Chemnitz. Die Eltern waren überzeugte Kommunisten und sind
mutmaßlich nach 1937 in der UdSSR umgekommen. Er selbst war ab 1925 Mitglied des
KJVD und ab 1929 der KPD. Paul arbeitete als Parteifunktionär und Redakteur und war ab
1932 Korrespondent in Moskau, ab 1934 Redakteur in Paris. Er ging 1936 nach Spanien und
gehörte zur 15. Internationalen Brigade. Im Auftrag der KPD reiste er 1939 nach Schweden,
wo er von November 1939 bis März 91940 in Smedsbo interniert und dann bis 1943 mit H.
Warnke im Gefängnis inhaftiert war. (RA, Komm.Nr. 984, F2;8) Beide kannten darüberhinaus
Fritz Koslowski, der sie mit Informationen über Schiffsbewegungen in Oxelösund versorgte.
Später war er Mitglied beim FDKB und Mitarbeiter der *Politischen Information*. 1946 kehrte
Verner in die SBZ zurück, trat der SED bei und war z. B. Mitbegründer der FDJ. 1950 war er
Mitglied des ZK und seit 1963 vom Politbüros. Der damals noch in der DDR lebende Sänger

Wolf Biermann bezeichnete ihn 1974 als ein »Spatzenhirn mit Löwenmaul«. (S.a. Scholz, *Erfahrungen*)

Sein Bruder **Waldemar** (1914-1982) war ebenfalls aktives KPD-Mitglied und ging 1938 ins dänische Exil, wo er im Untergrund tätig war. 1945 kehrte auch er in die SBZ zurück.

Gertrud Vieweg, *1912 – □2009   Z
geb. Schulze

Aus Halle stammend und bereits als Jugendliche politisch aktiv. 1932 trat sie der KPD bei und lernte Kurt Vieweg kennen. Ein Jahr später agierte sie im Untergrund, wurde verhaftet und zu KZ-Haft verurteilt. 1936 flüchtete sie nach Dänemark und ging 1937 eine Scheinehe mit einem Dänen ein. 1938 war sie kurz in Deutschland illegal tätig und lebte dann wieder in Dänemark. 1943 wurde sie nach Schweden abgeschoben und war dort zunächst in Hoganäs als Textilarbeiterin tätig, später in Borås. Mit Kurt ging sie im Frühjahr 1945 nach Kopenhagen, wo beide 1946 heirateten und in die SBZ zurück kehrten. Hier war Gertrud bis 1951 im SED-Parteivorstand tätig und wurde in eine Einrichtung zur Westemigration versetzt. Außerdem war sie bei der Gesellschaft für kulturelle Beziehungen im Ausland beschäftigt. Nach Zwangsauflösung der bisherigen VVN in der DDR engagierte sie sich als Vorstandsmitglied im Komitee der antifaschistischen Widerstandskämpfer. 1968 kam es zur Scheidung von Kurt. Sie selbst lebte bis zu ihrem Tod in Berlin-Pankow und war Mitglied der dortigen VVN-Gruppe.

Kurt Vieweg, *1911 – □1976   Z
Pseudonym: Oswald

Als einfacher Landarbeiter konnte er sich an einer Landwirtschaftsschule weiterbilden. Er war Mitglied der Wandervogelbewegung und von 1930 bis 1932 bei der Hitlerjugend. Danach trat er der KPD bei, wo er Gertrud Schulze kennenlernte. 1935 emigrierte er nach Dänemark und war Mitarbeiter der illegalen KPD-Nord. Ein Jahr später folgte Gertrud ihm dorthin. In Dänemark sammelten beide für die Moskauer KP-Zentrale Material über die skandinavische Landwirtschaft. In diesem Zeitfenster wurde er vom VGH mehrfach aktenmäßig erfasst (db.saur.de). 1943 wurden er und Gertrud S. zusammen mit anderen Genossen nach Schweden abgeschoben, wo Kurt kurz in einem Lager bei Tylösand nahe Halmstad interniert war. Nach der Freilassung lebte er in Västerås-Köping. Er lernte H. Wehner kennen und konnte dank Beziehungen in Uppsala sein in Dänemark unterbrochenes Agrarstudium wieder aufnehmen und beenden.

Anfang 1945 gingen beide zunächst nach Dänemark zurück, wo er im Antifaschistischen Flüchtlingsausschuss tätig war. Gleichzeitig war er politischer Leiter der dortigen KPD-Gruppe. Das Paar heiratete 1946 und reiste im Juli 1946 über Polen in die SBZ. Hier verlief der weitere Lebenslauf für Kurt sehr wechselhaft mit revisionistischen Anschuldigungen, Flucht aus der DDR und Aufenthalt in der BRD, wo er kurz bei Herbert Wehner unterkam. Nach der Rückkehr in die DDR wurde er entgegen möglicherweise getroffenen

Absprachen sofort verhaftet und wegen Staatsverrats zu 12 Jahren Zuchthaus in Bautzen II verurteilt. Nach der Begnadigung 1964 konnte er als Dozent und später als Professor an der Universität Greifswald arbeiten. 1968 kam es zur Scheidung von Gertrud. 1990 wurde posthum das damalige Urteil aufgehoben. 1997 ist das von Michael F. Scholz über ihn verfasste Buch *Bauernopfer der deutschen Frage* erschienen. (S.a. Scholz, *Erfahrungen*)

Michaël (Walter) Wächter, *1913 – □1983

Wenn ich die falschen Fragen stellte, wurde er wütend. Aber was waren falsche und was richtige Fragen? Ich wusste es nicht, denn er hatte mir nie seine Geschichte erzählt. So die Erzählung des Sohnes Torkel.

Nämlich seine Geschichte als Vater von Torkel S. Wächter (*1961). Dieser studierte u. a. Wirtschaftsgeschichte und Sprachen, arbeitete außerdem von 1986 bis 1999 als Pilot bei der SAS. Nach dem Tod des Vaters fand er auf dem Dachboden 32 Postkarten aus Hamburg, von den Großeltern an den Sohn Walter nach Schweden geschickt. Erst 17 Jahre später beschäftigte sich Torkel W. näher mit den Fotos und fand heraus, wer Walter war. Damit war das Interesse an seiner Herkunft geweckt. Er lernte Deutsch, besuchte Hamburg und recherchierte dort. Vor allem deswegen, damit er seinen Kindern von der Vergangenheit der deutschjüdischen Familie erzählen konnte. Seit 2006 war er deutscher Staatsbürger – in Erinnerung an die von den Nazis ermordeten Großeltern Minna und Gustav Wächter in Hamburg. Denn die »hätten sich sehr darüber gefreut, da bin ich mir sicher«. Für den Vater wäre das vielleicht nicht in Ordnung gewesen, so seine Aussage. 2010 stellte er die 32 Postkarten als Sammlung ins Internet, 2014 als Buch veröffentlicht. Seine Erinnerungen an den Vater sind in *Die Ermittlung* festgehalten. An das Leben der Eltern in Hamburg erinnern zwei Stolpersteine.

Der Vater Walter W. wuchs in Hamburg als sportbegeisterter Jugendlicher auf: 1927 wurde er norddeutscher Meister im Einhundertmeterlauf; 1929 gehörte er zu den Hoffnungsträgern in der Fußball-Juniorenmannschaft des HSV. Die er allerdings bald wegen antisemitischer Äußerungen eines Vereinsfunktionärs verließ. Bis zur erzwungenen Gleichschaltung 1933 spielte er in einem Arbeiter-Sportverein, danach in einem jüdischen. Beruflich war er in der Jugendfürsorge tätig. Als Mitglied der SAPD und wegen Mitarbeit in einer Widerstandsgruppe wurden er und sein Bruder Max 1935 verhaftet und im KZ Fuhlsbüttel festgehalten. Anschließend verurteilte man Walter wegen vorbereiteten Hochverrats zu drei Jahren Zuchthaus, abzusitzen in Bremen-Oslebshausen in Einzelhaft. Nach seiner Freilassung im März 1938 hielt er sich zunächst in Italien auf, dann in Jugoslawien und Ungarn, möglicherweise hatte er versucht, über das Mittelmeer (illegal?) nach Palästina zu kommen. Zu dieser Zeit war er mit einer Hamburgerin so gut wie verlobt.

Er reiste dann nach Berlin und meldete sich bei der Hechaluz zur Hachscharah und Alijah an. Am Morgen des 9. Novembers 1938 erhielt er sein Visum für Schweden mit notwendigen Informationen. Eigentlich hatte er geplant, mit dem Zug über Fehmarn und Kopenhagen nach Malmö zu fahren, doch ließ man ihn im Fährhafen Rödby nicht in

Dänemark einreisen, weil das erforderliche Transitvisum fehlte. Alternativ wählte er dann die Route von Hamburg nach Sassnitz und von dort mit der Fähre nach Trelleborg in Schweden. Beim Anlegen der Fähre in Trelleborg soll er laut vor Freude darüber gesungen haben, .das sichere Schweden erreicht zu haben. In Trelleborg nahm er sofort Kontakt zur Hechaluz auf, allerdings gehörte er wegen seines Alters nicht mehr zur Jugend-Alijah. Zur Vorbereitung auf Palästina wurde er in Hässleholm untergebracht und arbeitete bei verschiedenen Bauern, so z. B. in Kattarp und Färingtofta. (32 brevkort.se; Hechaluz Trelleborg)

In Hässleholm erhielt er die ersten der insgesamt 32 Postkarten der Eltern. Aus ihnen ist viel über Wächters Anfangszeit im schwedischen Exil zu erfahren. So ist der ersten Postkarte im März 1940 nicht nur die etwas umständliche Reise nach Schweden zu entnehmen, sondern auch seine Verlobung mit Erna Schwarz. Beide lebten in einer Gemeinschaft nahe Hässleholm zusammen mit 13 anderen jungen Männern und Frauen. Sie nannten sich »plugat Hapatisch« (Gruppe Hammer) und arbeiteten in der Landwirtschaft. Alle warteten auf das sogenannte Palästinazertifikat. Bis 1941 erreichten Walter regelmäßig Briefkarten der Eltern aus Hamburg. Dann Stille. Walter W. brach im Jahr darauf mit seiner deutschen Herkunft und Kultur und nannte sich fortan Michaël. Im Hässleholmer Hechaluz-Sekretariat war er ab 1942 Mitglied des Vorstand und auch Sekretär. Zu diesem Zeitpunkt waren er und Erna Schwarz verheiratet. Ebenso war er in Vorbereitung auf Palästina in der Landwirtschaft tätig. Er und seine Frau beteiligten sich beide 1943 an der Rettung dänischer Chaluzim nach Schweden und bei deren Unterbringung in schonischen Einrichtungen. (Vgl. Glück) Später lernte er auf dem Bahnhof Hässleholm Ruth Visser-Forchheimer kennen, mit der er im Frühjahr 1945 nach Stockholm ging, wo beide heirateten. Hier »haben sie den Frieden erlebt«, so Torkel W.

Da es keine Einreiseerlaubnis für Palästina gab, stellte er sich als vormaliger Zionist auf ein Leben in Schweden ein. Wenn auch nicht mit voller Überzeugung. Politisch war er in der SoPaDe organisiert und wurde 1944 auch Mitglied im FDKB. 1946 begann er ein Psychologiestudium in Stockholm, gleichzeitig erhielt er die schwedische Staatsangehörigkeit. Als 1949 sein erster Sohn Anders geboren wurde, schwor er, seine Kinder sollten nie ein deutsches Wort hören müssen. Nach der Scheidung von Ruth Visser heiratete er noch zweimal. Aus einer dieser Verbindungen stammt der Sohn Torkel W. Insgesamt war er viermal verheiratet und einmal erneut in Partnerschaft mit Ruth lebend.

Beruflich war er als Dozent für Psychologie in Örebro und Stockholm tätig. In der schwedischen Einwanderungsdebatte vertrat er eine sukzessive Anpassung der Immigranten an schwedische Verhältnisse, aber mit dem Recht auf die ursprüngliche Identität. M. Wächter publizierte in mehreren schwedischen Zeitungen und Zeitschriften. An Büchern erschienen von ihm 1965 *Hjärntvätt* (Gehirnwäsche) und 1974 *Inte bara ord* (Nicht nur Worte). Anfang der 1980er Jahre war er stark in der schwedischen Anti-Rassismus-Bewegung involviert. In Opposition zur Partei ›Bevara Sverige Svensk‹ bezog er eine eindeutige Position. Laut

Aussage von Torkel W. wurde er nach seinem Tod 1983 kremiert und die Asche mit Hilfe des Windes verstreut: »So, dass er sein Grab zusammen mit seinen Eltern in den Lüften hat« – in Anlehnung an Paul Celans *Todesfuge*. Im ARAB befindet sich die Sammlung Wächter, im RA Materialien der Judiska församlingen 1945-1946. Es ist noch anzumerken, dass 1935 in dem Verfahren (Az. 8 J 165/35 und 2 H 30/36) des VGH gegen drei Leipziger Widerstandskämpfer auch eine Person namens Wächter erwähnt wurde, aber ohne nähere Bezüge. (db.saur.de) Möglicherweise gibt es einen Zusammenhang mit Walters Verhaftung.

Ruth Schontje Wächter, *1921–□2020
geb. Visser

In Oldenburg geboren und aufgewachsen in Varel am Jadebusen. Dort besuchte sie anfangs die jüdische Schule, von 1931 an die dortige Mädchenschule. Ab 1935 war sie Schülerin einer Höheren Lehranstalt in Hamburg, ab Herbst 1937 Internatsschülerin in Frankfurt/M, zusammen mit der Schwester Ingeborg, wo sie Fred Forchheimer aus Bamberg kennenlernte. Nach der Pogromnacht 1938 kehrten beide nach Varel zurück. Während Ingeborg bei den Eltern blieb, emigrierte Ruth im Juli 1939 nach Dänemark. Als Mitglied des Hechaluz bereitete sie sich dort als landwirtschaftliche Hilfskraft auf eine mögliche Emigration nach Palästina vor. Ebenso war sie im dänischen Widerstand tätig. Wohl um 1940 heiratete sie Fred Forchheimer. Im Oktober 1943 trennte sich das Paar, Ruth F. flüchtete nach Schweden und reiste weiter nach Schonen, um sich der dortigen Hechaluz-Gruppe anzuschließen. Auf dem Bahnhof in Hässleholm lernte sie Michaël Wächter kennen – es begann eine große, aber auch komplizierte Liebesgeschichte, so Torkel Wächter.

1945 gingen sie und Michael nach Stockholm und heirateten, 1949 wurde der Sohn Anders Reuben geboren. Später ließen sie sich scheiden, lebten irgendwann erneut zusammen und trennten sich wieder. RW studierte in Stockholm ein soziales Fach und war als Sozialarbeiterin tätig. Als solche arbeitete sie engagiert in leitenden Funktionen, u. a. als Führungskraft im Freizeitmanagement. 1970 legte sie im Auftrag der Sozialbehörde eine Analyse über Wohlfahrtseinrichtungen für Kinder vor. Im Centralförbundet för Social Arbete wird sie als Ehrenmitglied geführt. Zuletzt war sie in Reimersholme und in Kungsholmen gemeldet. Für Torkel W. war sie eine »Bonus-Mutter«, die ihm bei seinen Recherchen hilfreich zur Seite stand und z. B. in Sütterlin Geschriebenes übersetzte. Im RA befinden sich in der Abteilung Judiska församlingen Korrespondenzen für die Zeit von 1946 bis 1957 und von 1963 bis 1967. Im Jahr 2005 verlieh ihr für die Arbeit in der Sozialforschung die Universität die Ehrendoktorwürde. Eine posthume Würdigung ihrer Person findet sich in einem Nachruf unter nwzonline.de vom 27.2.2020.

Die Schwester Ingeborg Friedmann, ging 1940 nach dem Tod des Vaters mit der Mutter nach Berlin, heiratete dort und bekam einen Sohn, Denny genannt. Sie, ihre Familie und die Mutter wurden 1943 in Auschwitz ermordet.

Josef (Willi) Wagner, *1898 – □1967   **Z**
Decknamen: Seppeli

In Hamburg aufgewachsen. Nach dem Besuch einer Jesuitenschule ließ er sich zum Lehrer ausbilden. Seit 1928 war er Mitglied der KPD und der Interessengemeinschaft oppositioneller Lehrer. 1933 wurde er als Schulleiter in Hamburg aus dem Schuldienst entlassen. Die KPD schickte ihn 1935 nach Dänemark, 1936 übernahm er in Schweden die Emigrationsleitung der Partei, später die der Kaderschulung in Stockholm. In Stockholm gehörte er ebenfalls zu den Mitgliedern der Lehrergemeinschaft. Von Oktober 1941 bis Februar 1942 waren er wie sowie W. Sager und J. Welter interniert, alle drei konnten aber fliehen. (RA, Komm.Nr. 984 F2:8) Herbert Wehner schickte ihn 1941 als Instrukteur illegal nach Deutschland, bei der Rückkehr nach Schweden 1942 kam es infolge Denunzierung in Södertälje noch auf dem Schiff zur Verhaftung. Während der Haftzeit war er im Stockholmer Untersuchungsgefängnis Bergsgatan untergebracht, etwa zur gleichen Zeit wie P. Verner und H. Warnke. Danach war er bis 1943 in einem Lager in Småland interniert. Seine Frau Frieda wohnte zu der Zeit in der Norra Stationsgatan 115 in Vasastaden und soll ein Verhältnis mit Wehner gehabt haben. Zumindest wurde er in ihrer Wohnung verhaftet.

Mewis beschimpfte J. Wagner als englischen Agenten, was wohl seine Loslösung von der KPD 1943/44 forcierte. Um 1945 war er als Archivarbeiter am Rassenbiologischen Institut der Universität Uppsala tätig. Nach Kriegsende kehrte er illegal in Begleitung der Enderles erst nach Bremen zurück, dann reiste er weiter nach Hamburg. Dort schloss er sich der SPD an und war Redakteur des *Hamburger Morgenechos*. Wehner bezeichnete ihn später als Mann mit viel Mut. Vom VGH wurde Wagner in den Jahren 1936 und 1944 insgesamt siebzehnmal erfasst (db.saur.de). Außerdem befinden sich im Geheimen Staatsarchiv Preußischer Kulturbesitz Unterlagen betr. der Interessengemeinschaft oppositioneller Lehrer von 1932/1933. Auch Müssener/Scholz erwähnen ihn in *Emigrantenselbsthilfe*.

Anna Warburg, *1881 – □1967   **(Z)**
geb. Warburg

Anna W. gehörte zum schwedischen Nebenzweig der Familie Warburg und wurde in Stockholm als dritte von vier Töchtern geboren. 1896 ging sie nach Hamburg zu ihren Verwandten und ließ sich am Fröbel-Seminar zur Kindergärtnerin ausbilden, was seinerzeit in Schweden nicht möglich war. Nach Beendigung ihrer Ausbildung kehrte sie nach Stockholm zurück und versuchte, in einer von Diakonissinnen geleiteten Kinderbewahranstalt die in Deutschland erlernte Fröbelsche Methode anzuwenden. AW ging dann nach Berlin, um sich im Pestalozzi-Fröbel-Haus weiterzubilden. Danach lebte sie wieder in Hamburg und betreute als Privatzieherin die vier Kinder ihres Onkels Max W. 1908 heiratete sie ihren Vetter zweiten Grades Fritz Warburg, mit dem sie drei Töchter hatte. Mit der Ausbildung von Kindergärtnerinnen am Fröbel-Haus begann 1909 ihr langjähriges Engagement im pädagogischen Bereich und gründete z. B. den schwedischen Fröbel-Verband. Doch musste sie 1933 ihr Vorstandsamt im deutschen Fröbel-Verband aus rassistischen Gründen niederlegen. Ab 1938 lebten sie und Fritz in Stockholm und emigrierten 1957 nach Israel. Aktuell trägt die Berufliche Schule für Sozialpädagogik in Hamburg-Niendorf ihren Namen. In der KB befinden sich Schriftstücke u. a. m. (Signatur Acc 2209_47).

Fritz Warburg, *1878 – □1964   (Z)

Sohn von Moritz und Charlotte Warburg vom Mittelweg und Teilhaber der Hamburger Warburg-Bank. Von 1915 bis 1920 lebte die Familie in Stockholm, da FW dort als Finanzattaché der Deutschen Gesandtschaft und 1917 auch in Russland tätig war.[2] Fritz W. wurde 1933 Vorsteher der Jüdischen Gemeinde in Hamburg, obwohl die Familie eher säkular lebte. Zusammen mit seiner Frau Anna ging er im Mai 1938 nach Stockholm, wo sie sich eine Wohnung am Strandvägen zulegten. Im Herbst kehrte er vorübergehend nach Hamburg zurück, wurde Anfang 1939 von der Gestapo verhaftet und kurzzeitig in KZ-Haft festgehalten. Nach der Freilassung lebten er und Anna wieder in Stockholm. 1957 emigrierten beide nach Israel und fanden im Kibbuz Nezer Sereni nahe Rehovot eine Alters-Heimat bei der Tochter Eva mit ihrer Familie. Anlässlich seines Todes erschienen zahlreiche Nachrufe, in Schweden z. B. in *Dagens Nyheter* und in *Svenska Dagbladet*.

Die drei Töchter emigrierten ebenfalls:
Ingrid Franziska Warburg-Spinelli (1910-2000) promovierte 1935 und ging 1937 in die USA. Dort lernte sie den italienischen Antifaschisten Veniero Spinelli (1909-1969) kennen, beide heirateten 1941 in New York. 1945 kam sie für einige Monate zu den Eltern nach Stockholm und reiste dann nach Rom zu ihrem inzwischen dort angekommenen Mann. 1990 veröffentlichte sie die Autobiografie *Die Dringlichkeit des Mitleids und die Einsamkeit des Neinsagens*. Das Paar zog fünf Kinder groß und lebte in einem Arbeiterviertel.
Eva A. Unger-Warburg (→) und Charlotte E. Smulowicz (→) siehe jeweils dort.

Helene (Dannat-)Warnke, *1912 – □1989   Z

Sie stammte aus einer kommunistischen Familie in Bremen. Von Beruf war sie kaufmännische Angestellte und engagierte sich früh im Jungspartakusbund und 1928 in der KPD. 1932 heiratete sie das KPD-Mitglied Herbert Warnke. Beide waren politisch illegal tätig und emigrierten 1936 nach Dänemark. 1938 wurden sie nach Schweden ausgewiesen. In Stockholm betätigte Helene sich weiterhin politisch, trat aber nicht groß in Erscheinung. 1945 kehrte sie ohne Herbert nach Bremen zurück (mit den Enderles?). Später lebte sie ebenfalls in Berlin-Ost.

Herbert Warnke, *1902 – □1975   Z
Decknamen: Hugo, Jens

Er stammte aus Hamburg und war von Beruf Metallarbeiter. 1923 wurde er Mitglied der KPD, 1930 Betriebsratsvorsitzender bei der Werft Blohm & Voss. Von 1931 bis 1933 war er Sekretär der RGO in Bremen und 1932/33 Mitglied des Reichstags. In Bremen lernte er Helene

Dannat kennen, sie heirateten 1932. Nach illegaler politischer Tätigkeit emigrierten beide 1936 nach Dänemark und wurden 1938 nach Schweden ausgewiesen. Dort stand er als Leiter und Funktionär der Exil-KPD in Kontakt mit der ITF-Gruppe um das Ehepaar Enderle. Von November 1939 bis März 1940 und nochmals Anfang 1943 war er ständig interniert in Kalmar und Långmora, außerdem im Gefängnis in der Bergsgatan inhaftiert. RA, Komm.Nr. 984 F2:8) Mit einem Hungerstreik hoffte er auf eine bessere Behandlung, was P. Weiss in *Ästhetik* so schildert:

Auf den Pritschen lagen Warnke und Verner. Je zwei Polizeibeamte hielten ihnen Arme und Beine fest, während einer ihnen den Kopf niederstemmte und ein anderer ihnen durch die in die Nasenlöcher gesteckten Glasröhren Milch einflößte. Die beiden deutschen Kommunisten waren in den Hungerstreik getreten, weil die Behörden ihre Fordrung, als politische Flüchtlinge behandelt zu werden, ausgeschlagen hatten.

Außer ihm waren sechs weitere Deutsche aus politischen Gründen und ohne Rechtshilfe inhaftiert, darunter auch der Aktivist Fritz Koslowski. Mit diesem hatte er schon vorher Kontakt gehabt und von ihm Informationen über Schiffsbewegungen in Oxelösund erhalten. Im gleichen Zeitraum wurde Warnke auch in Akten des VGH mehrfach genannt (db.saur.de). Nach seiner Freilassung war Warnke als Chefredakteur der Zeitschrift *Weg ins Leben* tätig, zudem Mitglied in der Gewerkschaftsgruppe und im FDKB. Um 1944 lebte er mit der Familie in Sala nördlich von Stockholm. Im Herbst 1945 verließ er ohne Helene zusammen mit E. Glückauf und K. Mewis heimlich Schweden und reiste über Stettin in die SBZ. Später in der DDR war er zunächst Vorsitzender des FDGB, ab 1953 Mitglied des ZK und 1958 des Politbüros der SED. 1952 war die offizielle Scheidung von Helene erfolgt. (S.a. Scholz, *Erfahrungen* sowie Müssener/Scholz, *Emigrantenselbsthilfe*).

Charlotte Wehner, *1903 – □1979   Z
geb. Clausen, gesch. Burmester

In Flensburg aufgewachsen und von Beruf Gärtnerin. Lebte dann in Hamburg, wo sie den politisch aktiven Schiffszimmermann Carl Burmester (1901-1934) kennenlernte. Beide wurden 1922 Mitglied der KPD. Sie heirateten Anfang 1924, im Herbst wurde der Sohn Jens-Peter geboren, zwei Jahre später die Tochter Greta. 1933 wurden beide verhaftet, 1934 ließen sie sich scheiden. Carl kam im gleichen Jahr nach einem Verhör bei der Gestapo zu Tode, Charlotte wurde 1935 entlassen und ging zwei Jahre später mit den Kindern nach Göteborg ins Exil. 1941/42 wurde sie mehrmals in Akten des VGH erfasst. (db.saur.de) Über W. Bick lernte sie Wehner kennen, der noch in Smedsbo interniert war. Später in Stockholm engagierte sie sich erneut politisch und half mit bei der Versendung von Hilfspaketen an politische Gefangene. Nach Wehners Freilassung heirateten sie 1944 und gingen erst im Juni 1947 zusammen mit den Kindern, die in Schweden noch die Schule abschließen sollten, nach Hamburg.

75 *Långholmen centralfängelse Innenansicht 2016*   76 Buch/Bildzitat *Herbert Wehner*   77 Buch/Bildzitat *Ernst Wollweber*

Herbert Wehner, *1906 – □1990   **Z**

Decknamen: Berthold, Kurt Funk, K. Friedemann, Stern, Svensson u. a.

Geboren in Dresden. Mitglied und Funktionär der KPD. In erster Ehe war er seit 1927 mit der Schauspielerin Lotte Loebinger verheiratet, doch ohne eine Lebensgemeinschaft zu bilden. Nach illegaler Tätigkeit von 1933 bis 1935 hielt er sich als politisch Verfolgter bis 1940 in Frankreich, Belgien, Schweiz, ČSR und der Sowjetunion auf. Als Vertreter der KPD stand er mit dem Lutetia-Kreis in Kontakt. Ab 1937 lebte er im sowjetischen Exil in Moskau und gehörte zum ZK der KPD. Zu dieser Zeit soll er den NKWD mit Informationen über dort lebende Genossen versorgt haben. Seine damalige Partnerin war Lotte Treuber. 1941 wurde er (ohne sie) über Leningrad und Reval illegal nach Stockholm geschickt, um von hier aus die Arbeit der Auslandsleitung zu koordinieren und politisch tätig zu sein. Zusammen mit R. Stahlmann leitete er im Exil den kommunistischen Widerstand in Deutschland und sollte vor allem K. Mewis wegen dessen vermuteter schlampiger Arbeit überwachen. Beide polemisierten sowieso heftig gegeneinander. Unter Wehners Obhut standen auch die Untergrundaktionen von C. Bischoff, W. Sager, J. Wagner und J. Welter in Deutschland. Weiss lässt ihn sich im Juni 1941 mit C. Bischoff bei der Kirche in Lovö treffen und fünf Stunden mit ihr reden. Er wusste allerdings nichts von der »Person« (Willy Brandt), die »es fertiggebracht hatte, unterm Schutz linker Sozialdemokraten legal als Journalist in Stockholm zu leben, und gleichzeitig, unter dem Decknamen Lindström, für die Zeitung der Komintern [Die Welt] zu schreiben«. Auch nicht, auf welcher Seite dieser eigentlich stand. (*Ästhetik*)

Im Februar 1942 wurde Wehner anlässlich eines Besuchs bei Frieda Wagner (→ J.Wagner) in der Norra Stationsgatan 115 im vierten Stock verhaftet, was Weiss dichterisch so verarbeitete:

Wenn sie doch nur zu Hause war, Wagners Frau, Frieda, die ausgetretnen Stufen sprang er hinauf, läutete, wurde eingelassen. Am nächsten Morgen aber, um zehn Uhr fünfundvierzig, schrillte die Türglocke, auf die besondre Art, die er kannte, und er

*wußte, was das Klopfen bedeutete. Ehe er unters Bett kroch, nahm er den von der
Sonne durchstrahlten Himmel überm Eis wahr (...)*

Doch war es tatsächlich ein Liebesverhältnis oder vielmehr eine Schutzbehauptung zugunsten der einige Jahre älteren, politisch-sozial engagierten Genossin? Dafür spricht die Situation der Beiden, die zu diesem Zeitpunkt getrennt von ihren Partnerinnen lebten: Wagner im deutschen Untergrund, Lotte Treuber in der UdSSR. Viele seiner Genossen vertraten später die Meinung, dass Herbert Wehner als versierter Illegaler sich absichtlich hätte festnehmen lassen. In den Verhören durch die Säpo musste er beweisen, dass er gegen die Nazis agierte und daher bedroht war und nicht gegen Schweden arbeitete. Zweimal stand er vor Gericht: im April 1942 in geheimer Verhandlung vor dem Amtsgericht, im Herbst vor dem Appellationsgericht. Bedingt durch die Aussage von Mewis erhielt der im Gefängnis Långholmen einsitzende Untersuchungshäftling Wehner eine verschärfte Haftstrafe. Er wurde für insgesamt zwei Jahre und fünf Monate in Gewahrsam genommen: etwa sechs Monate in Falun im Zuchthaus, danach Internierung in Smedsbo, wo er als Zwangsarbeiter im Garten eingesetzt war. Hier trat er als Führer der Internierten auf und war als solcher auch anerkannt. Mitinternierte behielten ihn in guter Erinnerung wegen seiner Standhaftigkeit und Hilfsbereitschaft. In Smedsbo soll er über W. Bick Charlotte Burmester kennengelernt haben. Am 15. Dezember 1943 verfasste er eine Erklärung, jede politische Aktivität während seines Aufenthalts in Schweden zu unterlassen. Danach erfolgte eine Internierung in Långmora. (Vgl. Spiegel 29/1977) Anschließend arbeitete er nahe Borås als Textilarbeiter (in Alingsås?) und etwa ab Mitte 1944 in Uppsala als Archivarbeiter im Rassenbiologischen Institut.

In der *Ästhetik* stellt Weiss den Vorgang so dar, dass Wehner zwar detailliert Auskunft gab über seinen Weg nach Schweden. Doch: »Er verriet nichts. Dennoch: warum redete er soviel?« Wochenlang hielt er bei den Verhören durch, damit die Genossen Spuren verwischen und selbst verschwinden konnten, »dann konnte er wagen, auszusagen, dann kämpfte er um sein eigenes Leben«. Mewis legte ihm den Verrat an Genossen zur Last und war der Meinung, Wehner hätte sich absichtlich bei Frieda W. festnehmen lassen, um nicht nach Deutschland in den Untergrund gehen zu müssen. Vielmehr war Mewis der Verräter, welcher der schwedischen Polizei über Arbeit und Organisation der KPD berichtet haben soll. Nach aktuellen Erkenntnissen fühlte sich Wehner zwar noch der Parteilinie verpflichtet, handelte aber auch überlebensstrategisch, zumal ihn inzwischen die KPD ausgeschlossen hatte. Nach eigener Aussage brach er in dieser Zeit allerdings selbst mit dem Kommunismus und traf sich erst daraufhin mit Willy Brandt. (*Erinnerungen*)

Wehner war ebenfalls Mitglied beim FDKB. In Stockholm lebte er zeitweilig in der Gotlandsgatan 76A in Södermalm. 1944 heirateten er und Charlotte Burmester. Im Sommer 1947 ging die Familie nach Hamburg, wo Herbert der SPD beitrat. Später stieg er zum Fraktionsvorsitzenden der SPD auf. Nach dem Tod von Charlotte B. 1979 heiratete er seine Stieftochter Greta, die für den inzwischen Schwerkranken zu einer wichtigen Betreuerin geworden war und die er so versorgen wollte. Der größte Teil seines Nachlasses befindet sich im AdsD, ein Teilnachlass im Archiv der Herbert-und-Greta-Wehner-Stiftung sowie Materialien im ARAB. Dazu vgl. Michael F. Scholz, *Herbert Wehner in Schweden 1941-1946*. Außerdem liegen im RA Unterlagen des Sicherheitsdienstes von 1939-1946; ebenso wurde er in den Jahren 1933 bis 1935 und 1941 insgesamt elfmal in Akten des VGH erfasst (db.saur.de). Weitere Archivalien für den Zeitraum von 1939 bis 1942 befinden sich im Bundesarchiv unter der Signatur   NY 036/436-498. (S.a. *faror för staten* von M.F. Scholz sowie Müssener/Scholz, *Emigrantenselbsthife*)

Helene Weigel, *1900 – □1971   (Z)

Deutsch-österreichische Schauspielerin und Intendantin. Sie lernte Bertolt Brecht 1923 kennen und beeinflusste in der Folge maßgeblich sein Werk. 1924 wurde der gemeinsame Sohn Stefan geboren, das Paar heiratete 1929, 1930 kam die Tochter Barbara zur Welt. Ab 1933 lebte sie mit Brecht in der Emigration, die sie über Dänemark, Schweden, Finnland und UdSSR in die USA führte. Während dieser Zeit adaptierte die auch Heli Genannte die Rolle der toleranten Ehefrau und Mutter. Im schwedischen Exil nahm sie aktiv an Veranstaltungen teil, obwohl sie nach außen hin in der Exilgesellschaft scheinbar keine herausragende Position einnahm. Aber nach innen, in ihr persönliches Umfeld hinein, trug sie dank ihrer Umsicht und Fürsorge wesentlich zum Überleben bei.

Nach der Rückkehr aus den USA 1948 begann ihre eigentliche Karriere in Berlin-Ost. Sie war Gründungsmitglied der Deutschen Akademie der Künste und maßgeblich an der Gründung des Berliner Ensembles beteiligt. Im Brecht-Archiv der AdK befindet sich der Entwurf einer Gesichtsmaske von »der Weigel« (wie Brecht sie nannte), angefertigt von Ninnan Santesson im Herbst 1939.

Peter Ulrich Weiss, *1916 – □1982

Er war der älteste Sohn des Ehepaares Eugen und Frieda Weiss und wurde 1916 in Nowawes bzw. Babelsberg/Potsdam geboren. Da der bisher österreichische Vater nach dem Ende des Ersten Weltkriegs die tschechoslowakische Staatsangehörigkeit annahm, erhielten auch Peter und seine Geschwister diese. Von 1919/20 bis 1930 lebte Peter in Bremen, (vgl. Dünzelmann, *Verortungen*). Ab 1930 lebte die Familie in Berlin, wo Peter neben der Schule auch Zeichenunterricht erhielt. 1935 zogen die Weiß vorübergehend nach Chislehurst in England und ließen sich 1936 in Varnsdorf in der ČSR nieder. Ein Jahr später hielt Peter sich in Montagnola/ Schweiz auf und besuchte dort Hermann Hesse. Dann ging er für ein knappes Jahr nach Prag an die Prager Kunstakademie und freundete sich mit Max Barth an. 1938/39 hielt er sich erneut in der Schweiz auf, während die Eltern und die Geschwister Gerhard und Irene nunmehr im schwedischen Exil lebten.

Dorthin reiste auch Peter im Februar 1939 als »verlorener Sohn«. Ihm blieb nur, da er mit leeren Händen wie ein Landstreicher ankam und nicht wusste, wo er sonst hin sollte, in die Fabrik seines Vaters einzutreten. Als angehender Künstler konnte er dort nicht heimisch werden, zu verschieden war sein Lebensentwurf von dem der Eltern. Um zum Lebensunterhalt beizutragen, arbeitete er u. a. als Textilmusterzeichner für den väterlichen Betrieb und unterrichtete an privaten Malschulen. Er selbst sah sich so: »Ich war Arbeiter zwischen Arbeitern, doch ich gehörte nicht zu ihnen. Ich war der Sohn des Chefs.« In den nahezu zwei Jahren, wo es tagsüber nur die Arbeit in der Druckabteilung der Stoffe gab, entstanden in den Nächten »Bilder, Zeichnungen, Gedichte, verborgene Äußerungen eines Unbekannten« (*Abschied*).

Die Fahrt nach Stockholm Ende 1940 stellte für PW einen erneuten Aufbruch dar. Anfangs lebte er in der Emigrantenpension Schedin in der Drottningsgatan, wo auch Max Barth logierte. Mit diesem war er viel unterwegs und lernte u. a. Itta Blumenthal, Karl Helbig, Max Hodann und Carl Trepte kennenlernte. Seitdem nahm er diese Stadt als Ort für sich an, wenn auch mit Unterbrechungen und in verschiedenen Unterkünften. So in der Varvsgatan in Södermalm nahe K. Helbig. Zwischendurch hielt er sich immer wieder in Alingsås auf.[3] 1943 heiratete er seine erste Ehefrau Helga Henschen, 1944 wurde die Tochter Randi (Rebecca) geboren. In der Folge gab es verschiedene Beziehungen zu anderen Frauen. U. a. wohnte er in der Fleminggatan 37 mit Lise Le Klint zusammen.

1946 wurde er schwedischer Staatsbürger. Ein Jahr später erfolgte die Scheidung von Helga H., mehr pro forma heiratete er im gleichen Jahr Carlota Dethorey, damit der gemeinsame Sohn Paul auf Wunsch der Mutter einen ehelichen Status erhielt. 1949 lernte PW die Künstlerin Gunilla Palmstierna kennen, sie kamen sich näher und heirateten 1964. 1972 wurde die Tochter Nadja geboren, und Peter adoptierte den Sohn Mikael Sylwan aus Gunillas erster Ehe. Ab 1975 lebten sie in der Hornsgatan 29B in Södermalm. Sein durch Krankheiten (Herz, Diabetes) und Anstrengungen belastetes Leben endete am 10. Mai 1982, das unscheinbare Grab befindet sich auf dem Norra begravningsplatsen in Solna. In seiner letzten Wohnung erinnert neben anderen Details das Fragment eines Stuhls an ihn.

Künstler und Autor

Bis Anfang der 1960er Jahre verstand sich PW vor allem als Künstler, als Maler mit gelegentlichen Ausstellungen. Ebenso war er auch als Filmschaffender tätig. So fertigte er 1956 *Gesichter im Schatten*, ein Bericht aus dem Leben eines Obdachlosen. Anfang der 1960er beendete er sein Schaffen als Maler und Filmemacher, da sich erste literarische Erfolge einstellten. Schon früu zeigte sich bei PW das Bedürfnis, die ihn belastenden Momente und Geschehnisse schriftlich festzuhalten. Um 1945 schrieb er seine Texte in deutscher und schwedischer Sprache, so z. B. *Från ö till ö* (Von Insel zu Insel). 1947 folgten Reportagen über eine Reise durch das zerstörte Deutschland als Korrespondent für *Stockholm Tidningen* unter dem Titel *De Besegrade* (Die Besiegten). Bis 1953 publizierte er nur auf schwedisch, fand aber kaum Anerkennung. Der Durchbruch gelang ihm mit der absoluten Rückkehr zur deutschen Sprache ab 1960. Es entstanden die Erinnerungswerke *Abschied von den Eltern* und

Fluchtpunkt. Als wichtige und seine Persönlichkeit kennzeichnende Arbeit ist 1964 *Meine Ortschaft* erschienen. Hierin bündelt er seine Impressionen anlässlich eines Besuchs in Auschwitz. Es folgten Theaterstücke wie z.B. *Die Verfolgung und Ermordung Jean-Paul Marats... sowie 1971 Hölderlin*.

Gleichzeitig arbeitete er intensiv an seinem 1982 nahezu fertig gestellten dreibändigen Hauptwerk *Die Ästhetik des Widerstands*. In Schweden sind beim Verlag Arbetar-Kultur, zeitgleich zu den Veröffentlichungen der einzelnen Bände bei Suhrkamp in der BRD, die einzelnen Bände auf schwedisch publiziert worden. In der DDR gab der Henschel-Verlag eine politisch revidierte Ausgabe heraus. Kurz vor seinem Tod erhielt er für dieses Werk den *Bremer Literaturpreis*. Zuvor war er bereits mit anderen Preisen ausgezeichnet worden und erhielt posthum 1982 den *Georg-Büchner-Preis*. Sein Nachlass befindet sich im PWA der Adk Berlin, im Archiv der KB sind u. a. Unterlagen im Familjearkiv Endre Nemes aufgeführt. Sein Bruder

Gerhard Alexander Weiss, *1924 – □1987

war als jüngstes Kind der Liebling der Mutter und stand eher außerhalb der Geschwistergruppe. 1938 ging er mit den Eltern nach Schweden und besuchte in Alingsås die Schule. Da er wegen seines unangepassten Verhaltens von der Schule gewiesen wurde, besuchte er ab Sommer 1941 das Landschulheim Viggbyholm bei Stockholm. In seinem Viggbyholm-Schlüsselroman *Die Mutter der Flüchtlinge* schildert R. Braun ihn als ständig jammernden und von den anderen als verzogen bezeichneten Schüler. Nach der Schulzeit arbeitete er drei Jahre in der Fabrik des Vater und leistete als nunmehr schwedischer Staatsbürger seinen Wehrdienst. Alexander führte bald ein eigenständiges Leben, abseits der Emigrantenszene, mit gelegentlichen Besuchen in Alingsås. Um 1948 lebte er in Göteborg mit seiner ersten Ehefrau Gunne Olofsson und der gemeinsamen Tochter Katri. Er arbeitete als Korrektor bei einer Zeitung und begann zu schreiben. Ging dann mit der Familie nach Stockholm, wo er wiederum als Korrektor beim *Svenska dagbladet* tätig war. Außerdem arbeitete er als Übersetzer. Aus der zweiten Ehe mit Marie Rörling stammt der Sohn David, den er allein großzog. Als 45-Jähriger begann er ein Studium der Germanistik und belegte Kurse zur Deutschen Landeskunde an der Stockholmer Universität.

Wie Peter fühlte er sich nicht zugehörig und heimatlos. Sein Denken kreiste oft um die Shoah und die umgekommenen Angehörigen des Vaters. (Erhard Mindermann, *Immer in Aufbruch. Die Zeit 35/1987*) Politisch ordnete er sich als Kommunist und Anarchist ein. Nach 1945 hatte er eine Wiedergutmachung beantragt und eine geringe Summe erhalten, die auf alle drei Kinder verteilt wurde. Sogar die dem Nationalsozialismus verbundenen Stiefbrüder meldeten einen Anspruch an, da sie zur Erbengemeinschaft Eugen Weiss gehörten. Auf Peters Tod hin erlitt er einen Schlaganfall, von dem er sich nicht erholte und fünf Jahre später starb. Sein Grab befindet sich auf dem Sandborgskyrkogården in Stockholm-Enskede. Im KB-A ist Verschiedenes von ihm archiviert. Auf Schwedisch publizierte er über 20 kleine Bücher mit

Prosa und Gedichten. Als wichtigstes Buch erschien 1978 bei Suhrkamp auf Deutsch *Bericht aus der Klinik und andere Fragmente*. Zwar konnte er sich literarisch anfangs besser durchsetzen als Peter, ist aber heute weitestgehend unbekannt.

<u>Jakob/Jacob</u> Peter Welter, *1907 – □1944
Deckname John (in Schweden)

Er stammte aus einer evangelisch geprägten Bergmannsfamilie mit politischer Nähe zur KPD. Sein Vater Christian war von Beruf Schuhmacher und leitete als UPSD-Anhänger in Dudweiler die dortige KPD-Ortsgruppe. Jacob (wie er sich schrieb) wollte und sollte zunächst ebenfalls das Schuhmacherhandwerk erlernen. Er musste die Ausbildung aber aus bestimmten Gründen abbrechen und war dann als ungelernter Arbeiter tätig und als solcher Mitglied der KPD. Von den sieben Geschwistern hatte Jacob (wie er sich schrieb) besonderen Kontakt zu seiner Schwester Luise, wie auch seine Korrespondenz mit ihr während seiner späteren Inhaftierung zeigt. Im stark sozialistisch ausgerichteten und nahe bei Saarbrücken liegenden Dudweiler leitete er die dortige Ortsgruppe der KPD und engagierte sich in deren Auslandsabteilung. Zudem engagierte er sich auch ab 1933 in der Roten Hilfe als Bezirksleiter. Privat war er seit 1931 mit der Metzgerei-Verkäuferin Helma Wunderlich verheiratet.

Im gleichen Jahr wurde er Mitglied der KPD und übernahm dort ein Jahr später eine aktive Rolle. Als Straßenzellenleiter verteilte er Flugblätter und andere Materialien und warb neue Mitglieder für die KPD an. Infolge einer nachbarschaftlichen Denunziation wurde er deswegen 1934 zwar angeklagt, aber nicht inhaftiert. Nach dem Anschluss des Saarlandes an Deutschland 1935 ging er zusammen mit Helma und dem gerade geborenen Sohn Manfred zunächst nach Frankreich ins Exil. Sein weiterer Lebensweg wird im Abschnitt Widerstandsaktivitäten unter dem Titel *In Memoriam Jacob Welter* nachgezeichnet.

Helma/Henny Welter
siehe unter Bick

Manfred Welter, *1935

Zu seiner Person liegen kaum Informationen vor. Es bleibt (noch) die Frage offen, wie seine Lebenslinie sich nach 1945 entwickelt hat. Ist er in Schweden geblieben und hat vielleicht den Namen der ihn betreuenden Pflegefamilie angenommen, ist er zusammen mit der Mutter in die SBZ gegangen und erhielt den Namen Bick? Oder ist anzunehmen, dass er sich für eine Zukunft in Schweden entschieden hat, wo er unbelasteter von der Vergangenheit sein Leben gestalten konnte.

Georg Wiesholler, *1919 – □2023   Z

Nach Beendigung der Volksschule arbeitete er kurz auf dem elterlichen Hof am Chiemsee. 1933/34 meldete er sich zum Arbeitsdienst und danach freiwillig zur Kriegsmarine. Er war in Norwegen stationiert und flüchtete im Juni 1942 in Schweden. Nach seiner Aussage wurde er zunächst im Gefängnis von Umeå inhaftiert (da illegal eingereist) und im Herbst nach Kalmar verlegt, wo viele Geflüchtete unterschiedlicher Nationalität inhaftiert waren. Zum Winter hin musste er in Ödevata westlich von Kalmar in einem Waldlager arbeiten. Im April 1944 konnte er bei einem Bauern in Hagbyhamn südlich von Kalmar arbeiten, durfte aber den Distrikt nicht verlassen. Hier verbrachte er einige der »schönsten Tage meines Lebens«.

Im Herbst erhielt er dann für Uppsala eine Aufenthaltsgenehmigung mit der Auflage, sich nicht politisch zu betätigen. In Uppsala hatte er Kontakt zur Katholischen Gemeinde und zu Robert Braun, aber auch zu Exilierten in Stockholm. Als seine damaligen Freunde bezeichnete er u. a. W. A. Berendsohn, P. Blachstein, O. Friedländer, A. Gallinger, HJ Schoeps und J. Wagner. Ebenso war er lange mit K. Mewis befreundet. Zudem besuchte er später des Öfteren den im Pflegeheim Sabbatsberg lebenden O. Friedländer, der nach seiner Aussage dort 1954 vereinsamt starb. In Uppsala belegte er neben seiner Arbeit als Laufbursche erfolgreich Kurse an der Volkshochschule, sodass er im Herbst 1945 die Landwirtschaftsschule in Hammenhög nahe Simrishamn besuchen und im Sommer 1946 erfolgreich abschließen konnte. Zu diesem Zeitpunkt war er auch Mitglied der Deutschen Vereinigung 1945. Wenig später arbeitete er als Kontrollassistent in Västerås und machte in der Folge das Abitur. Er kehrte zwar in die BRD zurück, da aber das schwedische Abitur nicht anerkannt wurde, ging er wieder nach Schweden. In Stockholm studierte er auf Höheres Lehramt mit den Fächern Deutsch, Geschichte, Politik mit erfolgreichem Abschluss 1955. Danach war er im Schuldienst tätig, heiratete und wurde Vater von sechs Kindern. 1965 wurde er in Stockholm-Ost Bezirksvorsitzender der rechtslastigen Kristen Demokratisk Samling, weswegen ihn der *Expressen* scharf attackierte.

Um 1966 lebte er endgültig wieder in der BRD. In Issing am Chiemsee war er bis ungefähr 1970/71 im dortigen Landschulheim als schwedischer Gymnasiallehrer tätig. Zu diesem Zeitpunkt wurde er wegen rechtsradikaler Umtriebe aus dem Schuldienst entlassen, konnte aber später als Lehrer in Leer bis zu seiner Pensionierung 1984 arbeiten.[4] 2010 wurde GW erneut wegen Volksverhetzung und Holocaust-Leugnung verurteilt. Doch soll GW sich in Gesprächen immer als Gegner des Nationalsozialismus verortet haben. (So z. B. gegenüber Helmut Müssener) Auch in der Stockholmer Emigrantenszene ordnete man ihn so ein, was Braun im Mai 1965 in einem Schriftstück entsprechend darlegte. Zudem habe er erst nach dem Krieg vom Holocaust erfahren. (Aussage G. Wiesholler) Allerdings geht aus einem Nachruf in *Fähnlein 22/2023* klar seine eindeutig rechts gerichtete Gesinnung hervor. Auch wird er dort als guter Kamerad, deutscher Rebell und aufrechter Soldat bezeichnet. Doch was hat ihn tatsächlich angetrieben? Weisen doch sein Lebenslauf und bestimmte Äußerungen einige Merkwürdigkeiten auf, die sich eigentlich widersprechen.

Lotte Winter, *1910 – □2000   **Z**
geb. Fleischhacker

Aus Elberfeld stammende Kindergärtnerin und Psychologin. Sie emigrierte 1933 nach Palästina, wo sie und ihr früherer Kommilitone Kurt Winter heirateten. Danach gingen sie in die Schweiz und 1936 nach Spanien zu den Internationalen Brigaden. Als Hochschwangere wurde Lotte allerdings nicht angenommen und ging vorerst nach Paris, wo sie im Untergrund lebte. Ende 1939 kam sie nach Oslo und traf dort Kurt wieder. Beide flüchteten 1940 nach Schweden, wurden zunächst interniert und dann nahe Stockholm festgesetzt. Ende 1946 remigrierte das Ehepaar mit den beiden im Exil geborenen Kindern in die SBZ/DDR. 1949 promovierte Lotte in Dresden, im gleichen Jahr wurde das dritte Kind geboren. Danach trennte sich das Paar, sie selbst arbeitete u. a. als Dozentin in Berlin. (S.a. Scholz, *Erfahrungen*)

(Josef) Kurt Winter, *1910 – □1987   **Z**

Arzt und Sozialhygieniker. War 1930-33 im Roten Studentenbund* und in der Internationalen Arbeiterhilfe* aktiv sowie Mitglied in einer zionistischen Jugendorganisation. 1933 hielt er sich in Palästina auf, wo er seine Kommilitonin Lotte Fleischhacker heiratete. Beide gingen 1935 in die Schweiz, er selbst reiste 1936 nach Spanien zu den Internationalen Brigaden, wo er als Arzt tätig war. Zu diesem Zeitpunkt wurde er auch Mitglied der KPD. Über Frankreich kam er nach Norwegen und arbeitete in Oslo als Flüchtlingsarzt und war Leiter der von ihm gegründeten FDJ-Gruppe. 1940 musste das Ehepaar nach Schweden flüchten, wo er ab 1943 in wissenschaftlichen Einrichtungen arbeitete. So z. B. 1944 in der Psychiatrie des Krankenhauses Pitea in Nordschweden. 1945 organisierte er im Långholmen fängelse zusammen mit K. Meschke medizinische Hilfslieferungen in die SBZ. Die Familie kehrte 1946 dorthin zurück, er selbst trat der SED bei, 1950 trennte sich das Paar. Kurt W. war als anerkannter Mediziner und Sozialhygieniker tätig, u. a. für die WHO. (S.a. Müssener/Scholz, *Emigrantenselbsthilfe*)

Karl Fritz <u>Ernst</u> Wollweber *1898 – □1967   **Z**
Decknamen: Anton, Bernhard, Hans/Fritz Koller, der Lange

In ärmlichen Verhältnissen in (Hann.-)Münden aufgewachsen. Mit 15 Jahren begann er als Schiffsjunge auf Flößen in der Weser-Schiffahrt zu arbeiten und ging dann zur Marine. 1918 war er am Kieler Matrosenaufstand beteiligt und trat der KPD bei. 1928 besuchte er in Moskau die Erste Militärschule mit Verbindung zur Sabotageabteilung der Roten Armee. Wieder in Deutschland wurde er 1924 wegen Hochverrats angeklagt und war zwei Jahre inhaftiert. Von 1928 bis 1932 war er Mitglied des Peußischen Landtags und lebte ab 1933 im Exil, von wo aus er im Hintergrund operierte. Vom anfänglichen Exil in Paris wechselte er nach Kopenhagen und war dort als Sekretär des ISH tätig. 1934 übernahm er in Leningrad die Leitung des Internationalen Seemannsclubs und gehörte ab jetzt mit zu den Organisatoren einer etwa seit 1936 weltweiten Sabotage-Bewegung gegen Schiffe sogenannter faschistischer Staaten unter dem Namen Organisation Bernhard (bzw. Wollweberligan). In diesem

Zusammenhang war er auch in Norwegen aktiv, wo es zur von Moskau (?) verordneten Eheschließung mit der Parteigenossin Ragnhild Wiik* kam. Ganz in der Nähe von Willy Brandts Wohnung lebten auch die Wollwebers. Da Wollweber in der ihm verordneten Vernunftehe keine Zufriedenheit fand, begann er mit Ragnhilds hübscherer Schwester Gudrun eine langanhaltende Liaison. Über Brandt berichtete Ernst nach Moskau, dass dieser ein Gestapo-Mann sei. Die Besetzung Norwegens durch die Wehrmacht stellte eine neue Herausforderung dar. Um nicht verhaftet zu werden, musste er sich zunächst in einem abgelegenen Waldhaus verstecken, bevor er weiter nach Schweden flüchten konnte.Hier sollte Wollweber dann unter dem Passnamen Hans Koller in Schweden ebenfalls eine Sabotagegruppe aufbauen. Doch wurde er bei der Einreise 1940 (oder 1941) wegen Passvergehens verhaftet, nach Stockholm gebracht und dort vom Amtsgericht, dem Rådhusrätt angeklagt und zu sechs Monaten Strafarbeit verurteilt, abzuleisten im Långholmen fängelse. (RA, Komm.Nr. 984 F2:8) Auch Gudrun wurde später im Sommer kurz verhaftet und setzte sich nach ihrer Freilassung nach Moskau ab. Die nächsten Jahre verbrachte er zwar im sicheren schwedischen Exil, war aber ziemlichen Turbulenzen ausgesetzt, wie weiter unten im Fallbeispiel beschrieben.

Im November 1944 brachte ihn eine sowjetische Militärmaschine nach Moskau. Darauf reagierte Wollweber gegenüber dem ihn empfangenden schwedischen Gesandten mit Schimpfkanonaden. In den nachfolgenden Monaten wurde ihm zunächst ein Erholungsurlaub verordnet. Im März 1946 kehrte Wollweber dann zurück nach Deutschland in die SBZ und begann eine politische Karriere als Mitglied der SED. Zuletzt war er als Leiter der Staatssicherheit tätig, doch stellte Walter Ulbricht ihn 1958 kalt. 1960 heiratete er nochmals, ohne sich formell scheiden lassen zu müssen. Denn seine damals verordnete Ehe mit Ragnhild war nicht offizell anerkannt worden. (Vgl. Borgeruds, Nelles, *Widerstand,* Flocken/Scholz u. Scholz, *Erfahrungen,*) Sein Grab befindet sich auf dem Zentralfriedhof in Berlin-Lichenberg, der Nachlass ist im Bundesarchiv unter NY 4327 archiviert. Vom VGH wurde er in den Jahren 1934, -35, -36 und 1943 erfasst. (S.a. *faror för staten* von M.F. Scholz)

Anna Zammert, *1898 – □1982   **Z**
geb. Rabe

Als junge Frau arbeitete sie u. a. im Straßenbau und trat 1917 der USPD bei. Wurde 1922 Mitglied der SPD und war für die AWO tätig. Sie studierte 1924/25 in Frankfurt/M an der Akademie der Arbeit und heiratete 1927 Paul Zammert. Im gleichen Jahr wurde die Tochter Gerda geboren. Von 1927 bis 1933 war sie hauptamtliche Sekretärin einer Einzelgewerkschaft, von 1930 bis 1933 Mitglied des Reichstags. Anna Z wurde zweimal inhaftiert und lebte 1934 in Leipzig. 1935 konnte sie mit ihrer Familie nach Dänemark entkommen. 1936 gingen alle Drei nach Norwegen, mussten aber 1940 nach Schweden flüchten.

Von 1943 bis 1945 war sie in Stockholm Vorstandsmitglied der Landesgruppe der Gewerkschaft und vertrat da die Frauenfraktion. War zudem auch in der SoPaDe aktiv. Ihr

Mann Paul war ebenfalls Mitglied der Gewerkschaftsgruppe und bei den Naturfreunden. Die Familie kehrte nach Kriegsende zurück, AZ half in Hannover bei der Neugründung der AWO. Doch ging das Ehepaar 1953 wieder nach Stockholm. Paul engagierte sich als Vorsitzender der dortigen Naturfreundegruppe, er starb 1970. Materialien zu seiner Person befinden sich im ARAB. Anna arbeitete für den schwedischen Facharbeiterverband und war in der Sozialdemokratischen Partei und ebenfalls in der Naturfreundegruppe aktiv. 1975 kehrte sie in die BRD zu ihrer in Delitzsch lebenden Tochter zurück. In einigen Städten wurden inzwischen Straßen nach ihr benannt. Im Kvinno(Frauen)arkiv des ARAB befindet sich unter der Signatur 627 Nachgelassenes. (Weiteres archivarisches Material siehe archivportal.de)

Rudolf Zeitler, *1912 – □2005

In Köln aufgewachsen, 1933 Emigration in die ČSR aus rassistischen Gründen. In Prag promovierte er zum Dr. phil. und ging 1937 nach Schweden. Dort studierte er in Uppsala Kunstgeschichte und war in Stockholm Mitglied des FDKB. Um 1946 unterrichtete er an einem Gymnasium in Uppsala. 1947 heiratete er die Historikerin Hannelore Günthert und habilitierte 1954. Anfangs war RZ als Privatdozent an der Universität Uppsala tätig, später von 1964 bis 1977 Professor für Kunstgeschichte. Er veröffentlichte einige kunsthistorische Werke, so 1990 *Skandinavische Kunst um 1900*. Im RA befindet sich ein Dossier der SUK.

78 *Helene Weigel*
Buch/Bildzitat

79 *Anna Zammert um 1930*

Fallbeispiel einer Familie: Die Goldsteins aus Berlin

Seit ungefähr Ende des 19. Jahrhunderts lebte der Arzt Max Goldstein in Berlin-Schöneberg und gründete zusammen mit einem Kollegen im nahen Lichterfelde in der Straße Jungfernstieg Nr. 18 das Sanatorium Charlotte Goldstein für Nerven- und innere Kranke, Rekonvaleszente und Erholungsbedürftige. (Berliner Adressbuch) Dort lebte er zusammen mit seiner Fau Julie, mit der er vier Kinder hatte. Insgesamt stand diese Familie für ein gutbürgerlich-jüdisches Milieu, das seine Ideale noch aus der Zeit vor dem Ersten Weltkrieg bezog und sich gegenüber bestimmten Ismen ablehnend verhielt.

80 In Berlin verlegte Stolpersteine der nach Schweden emigrierten Familienmitglieder

Das Migrationsgeschehen der Familie Goldstein wurde, wie erkennbar ist, durch deren Beziehuingsnetz beeinflusst. Den Anfang machten Sophie und Wilhelm Michaeli, sie waren die sogenannten Pioniere und bereiteten mutmaßlich die Emigration weiterer Angehöriger vor. Die in Berlin noch lebende Charlotte Goldstein verpachtete das Sanatorium an die Reichsvereinigung der Juden in Deutschland, die das Haus bis 1941 als Altersheim nutzen konnte. In den Jahren von 1933 bis 1939 emigrierten sie und die Kinder nach Schweden und kehrten nicht zurück.

Charlotte Goldstein, *1891 – □1978
geb. Goldstein

Als zweitälteste Tochter von Max und Julie Goldstein war verheiratet mit Martin Goldstein und hatte mit ihm drei Söhne: Helmut, Max Alexander und Joachim Franz. Um 1930 lebte sie in Berlin-Lichterfelde am Jungfernstieg 17-19, dem Haus, wo sich das oben genannte Sanatorium befand. Im Dezember 1939 emigrierte sie mit den Söhnen Max und Joachim sowie der Schwester Elisabeth Müller-Winter nach Schweden. Charlotte selbst wird in der Ausbürgerungsliste 224 unter der Nummer 58 genannt. (Hepp). Während die Schwester Elisabeth und die Söhne Max und Joachim in Stockholm blieben, ging Charlotte nach Göteborg und leitete ab 1942 ein Mädchenheim in der Viktoriagatan 34. Zeit ihres weiteren Lebens blieb Göteborg ihre neue Heimat.

Helmut emigrierte 1933 nach Großbritannien (?), heiratete und hatte zwei Töchter.

Max Alexander und Joachim Franz gingen mit der Mutter nach Schweden und standen auf der Ausbürgerungsliste 224 mit den Nummern 59 und 60. Max starb 1944 durch Suizid. Joachim (1920-1982) wurde Ingenieur und ist auf dem Skogskyrkogården in Stockholm beerdigt.

Max Goldstein, *1925 – □2008
Künstlername: Mago

Max Goldstein war der älteste Sohn des Berliner Kinderarztes Fritz Goldstein und seiner nichtjüdischen Frau Elise. Als erster emigrierte anscheinend der Vater laut Ausbürgerungsliste

231/56 nach Schweden. Kurz darauf folgten Max und sein drei Jahre jüngerer Bruder Peter, aber nicht im Rahmen der Kindertransporte: Anfang Januar 1939 verließen beide allein Berlin Richtung Sassnitz bzw. Schweden. Da sie noch keinen Pass benötigten, reisten sie mit einem Kinderausweis, auf dem das rote »J« prangte. Beide wurden als Einzelpersonen ausgebürgert und sind in der Liste 231 mit den Nummern 58 und 59 vermerkt. Am Stettiner Bahnhof in der Invalidenstraße wurden sie nach Aussage von Mago (*Klä av, Klä på*) von der mit den Tränen kämpfenden Mutter und den Tanten Charlotte und Elisabeth verabschiedet. (Demnach reisten Letztere nach den Kindern ab, obwohl sie in der Ausbürgerungsliste chronologisch früher notiert waren). Von Trelleborg ging es mit dem Zug zunächst nach Lund, wo sie übernachteten und anscheinend von der Jüdischen Gemeinde betreut wurden. Von dort reisten sie weiter nach Söderköping am Götakanal südlich von Norrköping. Hier lebten sie zunächst bei der sehr freundlichen Familie des bekannten Theologen Arthur Adell.

Während Max nur kurze Zeit dort blieb, verließ Peter einige Jahre später die Adells. Ab Anfang der 1940er Jahre wohnte Max in Stockholm im Pojkhemmet Hornsgatan bei seiner Tante Elisabeth Müller-Winter und absolvierte eine Ausbildung zum Kostümbildner an der Stockholmer Kunstschule. Ungefähr um 1942 wurde MG unter seinem Künstlernamen bekannt (lt. Tagebuchnotiz von Dieter Winter). Nach eigener Aussage nannte er sich aber bereits 1939 so. Dank seiner phantasievollen Begabung arbeitete er bald mit Ingmar Bergman zusammen, war im Theaterbereich und für Revuen tätig. Ebenso schuf er Illustrationen für die Zeitung *Expressen.* Mit Marlene Dietrich stand er in einem regen Briefwechsel. 1988 veröffentlichte er unter seinem Künstlernamen Mago seine Memoiren *Klä av, klä på* (Kleid aus, Kleid an bzw. Auskleiden, ankleiden). Das Judiska museet widmete ihm 2009/10 eine Ausstellung. Auch Jan Winter hat dieses Fluchtgeschehen in seinem Roman *Kullarna* thematisiert.
Die Mutter Elise (1895-1971) kam im Dezember 1939 mit Charlotte nach Schweden. Sie und ihr Mann Fritz sind auf dem Södra Judiska Begravningsplatsen in Stockholm begraben, Mago hingegen auf dem benachbarten Skogskyrkogården. Peter lebte zuletzt in Uppsala.

Sophie Michaeli, *1895 – □1968
geb. Goldstein
Wilhelm Michaeli, *1889 – □1969

Als jüngstes Geschwisterkind wurde sie vom Bruder Fritz und den zwei Schwestern Charlotte und Elisabeth wurde Püppi oder Söffchen genannt. Sie absolvierte eine Ausbildung im Pestalozzi-Fröbel-Haus zur Kindergärtnerin und Hortnerin. Verheiratet war sie mit dem Rechtsanwalt Wilhelm (Mecke) Michaeli, gemeinsamer Sohn war Hans Wilhelm. Sophie und Wilhelm M. emigrierten mit dem Sohn in der ersten Hälfte des Jahres 1933 nach Schweden, wurden also nicht automatisch ausgebürgert und standen nicht auf der entsprechenden Ausbürgerungsliste. Beide engagierten sich sehr in der Flüchtlingsbetreuung. So war Sophie von 1939 bis 1946 Leiterin eines jüdischen Heims für Jungen in Uppsala, dem Mosaiska pojkhemmet. Wilhelm übernahm nach 1953 die Leitung des skandinavischen URO-Büros (United

Restitution Organization), während Sophie mit Pflege und Betreuung der aus deutschen Lagern befreiten Menschen, die in den weißen Bussen* kamen, betraut wurde. Sie starb 1968 nach langjähriger Krankheit und ist beerdigt auf dem Norra Judiska Begravningsplatsen in Stockholm. In seiner Grabrede wies Rabbiner Emil Kronheim auf ihre Verdienste hin und hob hervor, dass sie schon als Kind der Sonnenschein der Familie war. Diese Lebenshaltung gab sie auch als Leiterin des Heimes in Uppsala an die Kinder weiter und erfüllte als Tante Soffi das »primitive, eiskalte und zugige Tullgarn (...) mit Freude und Wärme«. So konnte das Haus »zu einem wirklichen Heim für die verschreckten und heimatlosen Jungen« werden. (Aussage J. Winter) Im RA befinden sich Akten der SUK und der Judiska församlingen. S.a. Müssener/Scholz, *Emigranten-Selbsthilfe,* Jan Winter, *Kullarna* sowie Maier-Wolthausen.

Hans Wilhelm (1921-2007), genannt Hasse, studierte in Stockholm Wirtschaftswissenschaft mit Abschluss 1954. Seit 1957 war er als Patentanwalt tätig.

Der 1928 geborene Bruder Ernst Wilhelm lebte später als anerkannter Kardiologe in Gävle und ist 2021 verstorben.

Ernst Michaeli (1884-1972), älterer Bruder von Wilhelm M., emigrierte ebenfalls nach Schweden und lebte zuletzt in Upplands Väsby nördlich von Stockholm.

81 *Max + Peter unterwegs nach Schweden*

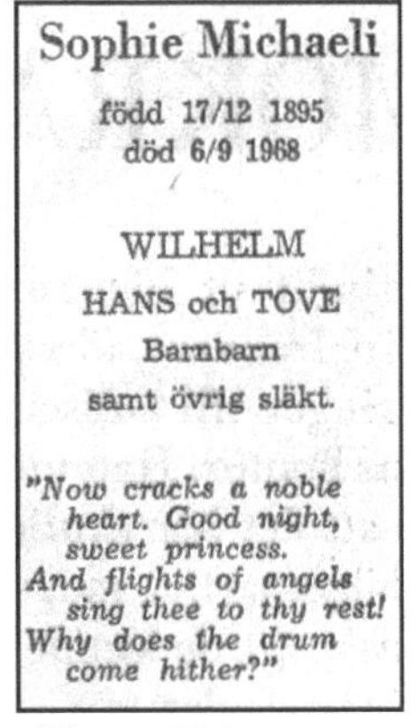

82 *zur Erinnerung*

Elisabeth Müller-Winter, *1893 – □1974
geb. Goldstein, genannt Lisafé oder Lisbeth

Sie war verheiratet mit dem nichtjüdischen Erwin Müller-Winter, mit dem sie zwei Söhne hatte. Während der ältere Sohn Reinhard 1935 nach Großbritannien emigrierte, ging der jüngere Sohn Dietrich als Achtzehnjähriger 1939 nach Schweden. Nach dem Tod ihres Mannes Erwin im September 1939 emigrierte Elisabeth mit ihrer Schwester Charlotte im Dezember 1939 ebenfalls nach Schweden. Auch Elisabeth war im sozialen Bereich tätig und leitete in Stockholm das Judiska pojkhemmet in der Fleminggatan 45, das im Herbst 1940 in die Hornsgatan 75 verlegt wurde. Beide Frauen werden als Tanten im Roman *Kullarna* von Jan Winter entsprechend gewürdigt.

Dietrich/Dieter Karl Richard (Müller-)Winter, *1921 – □2010

Als 17-Jähriger reiste er mit seinem 1936 erhaltenen Pass im März 1939 allein nach Schweden und lebte bis 1945 in Stockholm bei der Familie Erik Bergman, dem Vater von Ingmar Bergman. Wie aus seinem Fremdenpass hervorgeht, musste die Aufenthaltserlaubnis immer derwieder neu beantragt werden. 1945 begann seine journalistische Laufbahn beim *Expressen*. Drei Jahre später erhielt er die schwedische Staatsangehörigkeit noch mit dem Familiennamen Müller-Winter. Ab diesem Zeitpunkt nannte er sich Dietrich Winter und unterzeichnete seine Artikel mit D. M. Winter, aber auch mit Derrick. Im Freundes- und Familienkreis hieß er Dieter oder Diets. Verheiratet war er mit der Künstlerin Christina Hermelin, die Modezeichnerin und Mitarbeiterin bei Sverige Radio war. Beider Tätigkeit führte sie u. a. nach Berlin, wo sie im Stadtteil Dahlem lebten. Dort wurde 1950 der älteste Sohn Jan geboren, es folgten die Brüder Dag und Staffan. In Berlin war Winter für *Expressen* als Osteuropa-Korrespondent tätig. Jan W. ist ebenfalls Journalist von Beruf, zudem Musiker mit Spezialgebiet Volksmusik und bekannt unter dem Namen *Liraman*. In seinem 2023 erschienenen Roman *Kullarna* hat Winter einige Szenen des Exilgeschehens nachgezeichnet.

83 *Die acht Cousins Mitte der 1930er Jahre von li nach re:*
Joachim; Hans; Max G; Helmut.; Reinhard; Mago; Dietrich; Peter

Vernetzungen
Organisationen, Vereine, Selbsthilfe ___________________

Was brachten die Emigranten mit in das unfreiwillige Exil? Wie schufen sie sich eine Basis des Überlebens und gemeinsamer Interessen? Was konnte ihnen zu einer eventuellen Neuverwurzelung helfen? Gemeinsam war allen das Bewusstsein einer komplexen Erfahrung: der Verhaftung in Deutschland, der Verfolgung aus politischen und/oder rassistischen Gründen, der Flucht, der Entwurzelung, der Neuverortung. Das führte allerdings nicht zwangsläufig zu einer auf Übereinstimmung gründenden Solidargemeinschaft. Vielmehr konstituierten sich Gruppierungen nach Ideologie und Zugehörigkeit. Sie waren insofern miteinander vernetzt, wie es in die jeweilige Überlebensstrategie passte. Erste Schritte zu einer Organisierung gingen wohl von einzelnen Personenclustern mit gleichen Interessen und Vorstellungen aus, die sich allmählich in einem regelmäßigen Turnus und mit festen Vorgaben trafen. Aus anfänglichen informellen Gesprächsrunden entwickelten sich Vereinigungen mit bestimmter Zielsetzung sowie auch zur Selbsthilfe und Selbstvergewisserung. Dieses prozesshafte Geschehen verschaffte der Exilgesellschaft, also den beteiligten Individuen und der jeweiligen Gruppe, ein gewisses Maß an Stabilität und verhinderte so eine belastende Isoliertheit.

Hier ein Querschnitt der von den Exilierten gegründeten Organisationen, Vereinigungen und Selbsthilfegruppen in chronologischer Folge:

1933

KPD im Exil

Die ersten kommunistischen Fluchtmigranten kamen zumeist illegal nach Schweden und wurden von der Röda hjälp betreut. Sowieso bestanden gute Kontakte zur schwedischen KP, von der sie viel Solidarität erfuhren. Da sie als Staatsfeinde galten, waren sie starker Verfolgung und Überwachung ausgesetzt. Es kam aber nicht zur formellen Gründung einer festen Organisation, wohl bildeten sich 1938 Ortsgruppen und eine FDJ-Gruppe mit Vernetzungen zu anderen Institutionen. So versuchte man z. B., Kontakte mit den Sozialdemokraten aufzubauen. Vor allem beeinflusste die Exil-KPD die Emigrantenselbsthilfe und den FDKB. Von erheblicher Wichtigkeit war die Arbeit im Widerstand, nach 1940 die innerparteiliche. In den Jahren zwischen 1940 und 1943 kam es infolge der vielen Verhaftungen und Internierungen zu einer deutlichen Schwächung der Partei. Erst mit der Kriegswende 1943 setzte eine straffere Organisierung unter Karl Mewis ein. Obgleich sich die geheimen Mitglieder und Sympathisanten bewusst zurückhielten. Zu diesen gehörten A. Lange, M. Seydewitz, W. Steinitz und C. Trepte, aber auch E. Emsheimer.

Dank der offenen Hinwendung zur Volksfrontpolitik mit deutlich antinational-sozialistischer Ausrichtung verschaffte sich die Exil-KPD die angestrebte Akzeptanz. Relevanz besaß auch die Jugendarbeit, so etablierte sich 1944 die Freie Deutsche Jugend in Schweden. Ebenso partizipierten die Mitglieder am FDKB und dem später gegründeten Arbeitsausschuss deutscher antinationalsozialistischer Organisationen. War man Anfang 1945 noch um gemeinsame Positionen mit der SPD bemüht, änderte sich dieses zum Ende des Jahres. Vor allem wurde die Rückkehr der Exilierten forciert: Der leitende Kader kehrte bereits 1945 zurück, sich als die »alleinigen Garanten für ein neues demokratisches Deutschland« sehend. (Müssener, *Exil*) Anfang Januar 1946 wurden in zwei Transporten weitere rückkehrwillige Mitglieder über Trelleborg – Danzig in die SBZ gebracht. Damit war die KPD-Landesgruppe Schweden aufgelöst. (→ Heimkehr)

Flüchtlingskomitee der Roten Hilfe

Es war der schwedischen Röda hjälpen angegliedert und leistete u. a. Hilfe bei der Einquartie-rung bei schwedischen Genossen. Um 1938 wurden 55 Flüchtlinge betreut. 1939 musste aus politischen Gründen formal die Tätigkeit eingestellt werden, Hilfe wurde nur noch im Untergrund geleistet, so durch C. Bischoff.

1934/35

Emigrantengemeinschaft

Sie verstand sich als Interessengemeinschaft aller vom ARAB anerkannten Fluchtmigranten. Ein/zweimal im Monat trafen sich Interessierte zu Gesprächen und Geselligkeit. Innerhalb der Gemeinschaft entstand eine Fünfergruppe, zu der u. a. L. Lewy und S. Katzenstein gehörten. In den Vorstand wurden E. Behm (SAP) und P. Bromme (SoPaDe) gewählt. Mit der Zuwanderung tschechoslowakischer Emigranten 1938 entstand ein anderes Kräfteverhältnis mit einem Überhang an SoPaDe-Mitgliedern, was zur Auflösung der Gruppe führte. Ein großer Teil der oben genannten Exilierten veröffentlichte Beiträge in schwedischen Zeitungen und Zeitschriften. Über etliche von ihnen liegen Seminararbeiten sowohl in Deutschland als auch Schweden vor.

Sozialistische Arbeiterpartei / SAP im Exil

Als das Ehepaar Enderle ins Stockholmer Exil ging, hatte es den Auftrag, dort eine SAP-Gruppe mit intensiven Kontakten zur Pariser Exil-Zentrale aufzubauen. Zu den ersten Mit-gliedern gehörten u. a. E. Behm, G. Dallmann und S. Szende. Weitere Emigranten kamen hinzu, so A. Behrisch und W. Pöppel. Es entstand eine kleine, ideologisch sehr gut gelenkte Gruppe mit etwa 30 Mitgliedern. Regelmäßig fuhren die Enderles nach Paris zu Besprechungen, sie hatten aber auch Kontakte zur Untergrund-SAPD im Reich. Nach Ausbruch des Zweiten Weltkriegs kam es 1939 erst einmal zum Zusammenbruch der Kontakte zwischen Exil- und Widerstandsgruppen. Vor allem bildeten sich rivalisierende Gruppierungen.

Nach 1940 vergrößerte sich die SAP u. a. um die Mitglieder F. Altwein, W. Brandt und O. Meyer, genannt wird auch der 1937 ausgeschlossene P. Blachstein. Dadurch konnte die Partei deutlich an Stärke gewinnen. Unter der Leitung von A. Enderle gab es regelmäßige Aussprachen und eine Zusammenarbeit mit Kommunisten und Sozialdemokraten, aber auch Kontakte zur Volksfrontbewegung. Infolgedessen standen die Gruppe und ihre Mitglieder unter Beobachtung der Säpo. Auch mit der Gewerkschaftsgruppe wurde zusammengearbeitet, andere wie Brandt und Szende gehörten zudem zur Kleinen Internationalen. Doch bedingt durch den Beginn des Zweiten Weltkriegs kam es zu Brüchen in der Zusammenarbeit zwischen Exil- und Untergrundgruppen. In Schweden unterhielten nur noch Einzelne Kontakt zu Mitgliedern in Norddeutschland, wie z. B. die Enderles zu Adolf Ehlers in Bremen. (→ Widerstand) Allmählich kam es zu einer Annäherung mit der SoPaDe bzw. SPD.

Zu der in Freundschaft mit Brandt verbundenen Gruppe gehörten Behm, die Enderles und Szende. Sie verfassten gemeinsam die 1944 anonym vorgelegte Schrift *Zur Nachkriegspolitik deutscher Sozialisten*, erschienen bei der Arbetares Tryckeri, Stockholm. Es sollte die letzte Schrift der SAP sein. Denn die meisten Mitglieder sahen inzwischen die SPD als künftige Massenpartei in Deutschland und traten 1944 der SoPaDe bei, darin vor allem unterstützt von Brandt, den Enderles, Pöppel und Szende. So meldete die *Politische Information* am 5. November, es sei wichtig und erfreulich, »daß sich neuerdings neunzehn ehemalige Mitglieder der SAP zur Wiederaufnahme in die Partei angemeldet haben.« Im ARAB befinden sich dazu drei Bände und Ausgaben von *Rapporter från Tyskland / Brev från Tyskland.*

Carl-von-Ossietzky-Committee

In Stockholm im Frühjahr 1935 von Kurt Singer gegründet mit Unterstützung der schwedischen Journalistin und Pazifistin Mia Leche-Löfgren. Dank der Hilfe des Komitees konnte Ossietzkys Tochter Rosalinde nach Schweden einreisen. Es war allerdings nicht an der Einwerbung des Friedens-Nobelpreises für Ossietzky beteiligt.

SoPaDe

Unter diesem abkürzenden Namen agierte die SPD nach 1933 sowohl im Untergrund als auch im Exil: bis 1938 in Prag (mit Unterstützung der sudetendeutschen Sozialdemokraten) und bis 1940 in Paris. 1935 erfolgte die Gründung der Ortsgruppe Stockholm. Sie war die größte parteipolitische Organisation deutscher Emigranten in Schweden. Bis 1944 stieg die Zahl der Mitglieder auf 211, die vielfältig zusammengesetzt waren: Radikale und konservative Kräfte bildeten eine Einheit gegen die Deutsche Arbeitsfront der Nationalsozialisten und auch gegen die Kommunisten. Damit die Exilführung Kontakte zu Sozialdemokraten in Deutschland halten konnte, wurden im Exil sogenannte Grenzsekretariate eingerichtet.

In Skandinavien gehörten ab 1938/39 zur Osloer SoPaDe u. a. P. Bromme, O. Friedländer und E. Stahl, in Dänemark K. Heinig. 1938 wurde Stahl nach Stockholm geschickt, um dort die Exil-SPD zu organisieren. Zum inneren Kreis gehörten O. Friedländer, K.

Heinig, C. Polenske, K. Raloff, Stahl und F. Tarnow. Innerhalb der Gruppe bestanden erhebliche Rivalitäten: Stahl zog sich schließlich zurück, Polenske übernahm die Leitung. Im September 1939 wurde vorgeschlagen, alle Mitglieder auszuschließen, die irgendwie mit der KPD verbunden waren und an deren Veranstaltungen teilnahmen. In diesem Jahr initiierte die SoPaDe in Dänemark auch die sogenannte Amerika-Aktion, mit deren Hilfe geflüchtete Sozialdemokraten in die USA weiterreisen konnten, was aber von der deutschen Besatzungsmacht verhindert wurde. Zu den Verhinderten gehörte z. B. das Ehepaar Heinig. Ebenso kam eine Gruppe zusammen, die eine Art Lagerkomitee für Internierte darstellte, deren Vorsitzender Friedländer war. Er und Raloff organisierten mit M. Barth, H. Reinowski und K. Strzelewicz kulturelle Veranstaltungen, so z. B. den 1. Mai 1940 im Lager Loka Brunn.

Von 1941 bis 1943 war Lewy der Kopf der Stockholmer Gruppe, sein Nachfolger Heinig. Dieser favorisierte das schwedische Modell der Sozialdemokratie, ebenso Friedländer. Es bestanden über Tarnow Kontakte zu Oppositionellen in Deutschland und zu deutschen Kommunisten in Schweden. Ab April 1940 erschien das Blättchen *Information,* allerdings in spärlicher Auflage. Zwischen 1940 und 1945 konzentrierten sich die skandinavischen Aktivitäten in Stockholm. Das (noch) SAPD-Mitglied W. Brandt knüpfte in dieser Zeit bereits enge Kontakte zur SoPaDe, um sich 1944 endgültig der Exil-SPD zuzuwenden.

1936

Arbeitsgemeinschaft der deutschen Flüchtlinge in Schweden

Um 1936 etablierte sich diese informelle Organisation als Interessenvertretung dieser ihr angeschlossenen Gruppen:

Gemeinschaft der deutschen Flüchtlinge beim Matteotti-Komitee
Gemeinschaft der deutschen Flüchtlinge der Roten Hilfe Schwedens
Arbeitskreis jüdischer Flüchtlinge in Schweden
Gruppe emigrierter jüdischer Intellektueller

Bewegung für eine Volksfront / Askaniakreis

Um auch in Schweden die Volksfrontbewegung zu etablieren, trafen sich zwischen 1936 und 1938 Funktionäre von KPD und SoPaDe mit dem schwedischen Sozialdemokraten Georg Branting in einer Anwaltswohnung in Stockholm. Es entstand der sogenannte Askaniakreis. Er wurde anfangs u. a. von J. Wagner geleitet, später von H. Warnke und A. Enderle. Eine Kommission betraf politische Angelegenheiten, eine andere sollte in Deutschland politische Gefangene unterstützen, der z. B. I. Enderle angehörte. Weiter gab es Kontakte zum Lutetia-Kreis* in Paris. Infolge politischer Differenzen konnte der Askaniakreis ab Anfang 1938 nicht mehr fortgeführt werden. Später allerdings erschien im Mai 1939 im Organ der Volksfrontbewegung *Deutsche Volkszeitung* ein Aufruf zur Einheit.

Ein Teil der Volksfrontbewegung traf sich 1937 in Göteborg zu einer inter-skandinavischen Konferenz, an der E. Behm, P. Bromme, das Ehepaar Enderle, S. Katzenstein, L. Lewy, W. Taesler, Wagner und Warnke aus Stockholm und aus Oslo W. Brandt teilnahmen. Diese Konferenz stellte den Höhepunkt in der Entwicklung der Volksfront dar. Bromme, I. Enderle u. a. bestritten später allerdings, zum Askaniakreis gehört bzw. ihn gekannt zu haben. Die Volksfrontbewegung fand ihren Abschluss mit den Moskauer Prozessen und dem Spanischen Bürgerkrieg. Der Name *Askania* war in Anlehnung an den Pariser Lutetia-Kreis gewählt worden.

Soziales Hilfskomitee der Quäker

In Schweden war die Quäker-Bewegung nur schwach vertreten. 1936 gründete Per Sundberg (1889-1947), Leiter des Landschulheims Viggbyholm, die schwedische Landesgruppe. Bis zu seinem Tod war er ein sehr engagiertes Mitglied und vor allem in der Emigrantenbetreuung tätig. So unterstützte er schon 1933 die Unterbringung Nazi-Verfolgter im Internat.

1937

KPO – Stockholm

Mit der Zuwanderung von KPO-Mitgliedern konnte sich in Stockholm eine kleine Gruppe dieser Splitterpartei etablieren. Zu ihr gehörten u. a. J. und T. Bergmann, R. Janus und F. Rück. In der Emigration gab es eine scharfe Ablehnung gegenüber der KPD und der Bewegung freies Deutschland. Für ein Nachkriegsdeutschland erhoffte man sich eine radikal-soziale Revolution. Ab Februar 1944 wurden die *KPO-Briefe* herausgegeben, ab März 1945 unter dem Namen *Revolutionäre Briefe*, die letzte Nummer im Februar 1946 trug den Titel *Politische Briefe*. Alle archiviert im ARAB.

1938

Emigrantenselbsthilfe / E-S. / Emigranternas Självhjälp

Als spontane Reaktion auf den 9. November 1938 kam es zur Gründung dieser jüdischen Selbsthilfeorganisation. Neben F. Hollander als Vertreter der Jüdischen Gemeinde/Mosaiska Församlingen waren Exilierte wie E. Emsheimer, L. Lewy und W. Steinitz an der Gründung und Gestaltung der E-S beteiligt. Im Mittelpunkt der Aktivitäten standen soziale Hilfen und kulturelle Angebote. Dazu gehörten kostenlose Sprachkurse, Hilfe bei der Wohnungssuche und Alltagsbewältigung, Vorträge, künstlerische Veranstaltungen usw. Den Gründungsaufruf unterzeichneten u. a. Emsheimer, D. Katz, Steinitz und andere Personen aus der Judenschaft. In einem Bericht wurden Emigranten wie H. Holewa, H. Greid, P. Leser, H. J. Schoeps und C. Trepte als Mitwirkende und Gestaltende genannt. Ebenso involviert waren W. A. Berendsohn, L. Lewy und vielleicht auch E. Meyring. Allerdings standen bestimmte Mitglieder der Selbsthilfe im Fokus des schwedischen Sicherheitsdienstes, da politisch als auffällig wahrgenommen.

Die Aufgabenverteilung erfolgte über fünf Ausschüsse, wobei darauf geachtet wurde, nicht als mögliche Rivalen der Jüdischen Gemeinde zu agieren. Auch wollten die Mitglieder nicht in Konkurrenz zur schwedischen Gesellschaft stehen. Als Intellektuelle wollten sie vielmehr »das kulturelle Leben ihres Gastlandes bereichern«, laut Steinitz. (Müssener/Scholz, *Hilfe*) So wurde z. B. im Mai 1939 eine großartige Mai-Feier mit etwa 350 Teilnehmenden aus allen Bereichen organisiert: Kunst und Politik gingen zusammen. Ein Schwerpunkt lag in der von Hollander betriebenen Jugendarbeit mit der Vermittlung von historischen und kulturellen Kenntnisbildungsen sowie einer umfassenden Berufsberatung. So gab es Ende 1939 sieben Jugendgruppen, von denen fünf sich auf die Altersgruppe der 12- bis 17-Jährigen konzentrierten, zwei auf Ältere. An der Durchführung der vielfachen kulturellen und gesellschaftlichen Angeboten beteiligten sich auch Exilierte selbst wie z. B. Walter Berendsohn, Hermann Greid, Hans Holewa, Emil Kronheim, Walter Lindenthal, Wolfgang Steinitz und Hans-Joachim Schoeps. Da die finaziellen Mittel aber begrenzt und die Lebenshaltungskosten hoch waren, wurden die Gäste um darum gebeten, je einen Löffel Tee und Zucker mitzubringen. Zudem wurden auch moderate Eintrittspreise erhoben. Die Veranstaltungen selbst fanden im Sezessionssaal der Mosaiska Församlingen statt.

Doch mit zunehmender Integration und Akkulturation verringerten sich die Aktivitäten sukzessive und wurden stattdessen vom FDKB übernommen. In den Fokus des Interesses rückte Ende 1944 die Versorgung der jüdischen Hilfsbedürftigen im noch deutschbesetzten Europa, ebenso die Beratung in Sachen Wiedergutmachungsansprüche. Noch bis in die 1950er Jahre hinein wurden die Hilfsangebote der E-S benötigt. Siehe auch die Kurzdarstellung weiter oben und vor allem das Buch *Die jüdische Emigrantenselbsthilfe in Stockholm* von Müssener/Scholz.

Lehrergemeinschaft

Sie existierte nur kurze Zeit. Zu den etwa zehn vor 1939 geflüchteten Mitgliedern gehörten A. Barow, E. Behm, J. und G. Dallmann, F. Mockrauer und J. Wagner. Ein anderes Mitglied war der aus Essen stammende Berthold Levy (→ Anhang. Einrichtungen: Kristinehov). Es bestanden bis 1940 Kontakte zur Vereinigung der Lehreremigranten in Paris.

Auslandsvertretung d. Freien Gewerkschaften des Sudetengebiets

Der Sitz dieser Vereinigung lag in Eskilstuna, wo vor allem exilierte Metallarbeiter lebten, die für das kommunale Kulturleben »eine kräftige Injektion« darstellten, so Müssener. 1940 organisierten die Mitglieder eine breit angelegte Hilfsaktion für die aus Dänemark und Norwegen geflüchteten Sudetendeutschen, u. a. geleitet von E. Paul.

1939

Heinrich-Mann-Kreis

Er bestand nur kurze Zeit von April bis September 1939. Vorsitzender war H.-J. Cohn-Peters. Initiiert wurde dieser der Volksfrontidee nahestehende Kreis möglicherweise von W. Steinitz. Zu den etwa 30 Teilnehmenden gehörte auch der Österreicher J. Frank. Als allerdings der Vorwurf einer kommunistischen Tarnorganisation laut wurde, verringerte sich bei den Emigranten das Interesse. Bei manchen, so bei Steinitz, verlagerte es sich hin zum Schutzverband

Deutscher Schriftsteller im Ausland. Ein zur gleichen Zeit mit Heinrich Mann geführter Briefwechsel blieb in Privatbesitz erhalten, der sich vielleicht im Nachlass von Steinitz befindet, aber noch nicht einsehbar ist. Sein Neffe Jan Peters veröffentlichte am 22.6.1971 in der *Weltbühne* den Artikel *Erlebnisse mit Heinrich Mann im schwedischen Exil*.

Schutzverband Deutscher Schriftsteller in Schweden

Dieser ist als kleine Ortsgruppe des eigentlichen Schutzverbandes* auf Initiative von W. Steinitz entstanden, und zwar in der Nachfolge des Heinrich-Mann-Kreises. B. Brecht konnte von ihm überredet werden, den Vorsitz zu übernehmen, während Steinitz selbst als Sekretär fungierte.

Treuegemeinschaft sudetendeutscher Sozialdemokraten

Die im Februar 1939 noch in Prag gegründete Treuegemeinschaft verstand sich als Nachfolgerin der zwangsweise aufgelösten DSAP. Sie war gedacht als Zusammenschluss der im Ausland lebenden sudetendeutschen Sozialdemokraten und bestand bis 1951. Mitbegründer und zeitweiliger Vorsitzender in Schweden war O. Seidl. Von der Treuegemeinschaft spalteten sich 1942/43 die Arbeitsgemeinschaft čechoslowakischer Sozialisten (AČS) und die Vereinigung deutschsprachiger Antifaschisten aus der ČSR ab. In der letztgenannten Organisation waren teils legal, teils illegal eingereiste Kommunisten vertreten. Einige der Mitglieder sollen auch zur Kleinen Internationale gehört haben. In der Folge kam es innerhalb der sudetendeutschen Gruppe zu Differenzen hinsichtlich der Autonomiebestrebungen und der Zugehörigkeit zur ČSR. F. Krejči z. B. vertrat die Auffassung, dass aller Kampf gegen die Nationalsozialisten zu richten sei.

Ab 1944 gab die Treuegemeinschaft die *Blätter für sudetendeutsche Sozialdemokraten* heraus. Nach 1946 bestand ein enges Kartellverhältnis mit der Vereinigung deutscher Sozialdemokraten in Schweden, bis hin zu einer angestrebten ›Verschmelzung‹. Zum 1964 gegründeten Internationalen Willi-Wanka-Kreis* gehörten auch schwedisch-sudetendeutsche Sozialdemokraten. Der Prozess der Emigration sudetendeutscher Sozialdemokraten wird von Rudolf Tempsch in seinem Buch *Aus den böhmischen Ländern ins skandinavische Volksheim* behandelt. Umfangreiche Unterlagen befinden sich im ARAB und seit 1996 zwei wiedergefundene Kisten mit Materialien der Treuegemeinschaft.

Deutscher Vortrupp im Exil

Eine um H. J. Schoeps 1939 entstandene und bis 1941 bestehende Gruppierung ehemals bündisch Organisierter, die er selbst als Nachfolge des ehemaligen Deutschen Vortrupps* einordnete. Dazu gehörten H. Frank, H. Goldstein, P.Leser und G. Salten. (Vgl. → Widerstand) Aber nicht andere ehemals bündisch Orientierte wie z. B. P. Blachstein.

1940

Philosophischer Diskussionskreis / Sonntagskreis

Er war eigentlich ein Gesprächszirkel und ist aus einer sonntäglichen Skatrunde entstanden, die sich wöchentlich traf. Teilnehmer waren u. a. A. Peyser, F. Tarnow, A. Gallinger, W. Schirren. Nach Aussage Schirrens bot sie die nötige Entspannung, denn: »So lange man Skat spielt, ist nämlich nichts wichtig in der Welt, als nur allein der Skat.« (Müssener, *Exil*) Doch an einigen Abenden wurde mehr diskutiert statt gespielt. Also beschloss die um W. A. Berendsohn und G. Simson erweiterte Runde, sich einmal monatlich zu einem Diskussionskreis zu treffen. Als Pate soll die Hamburger Freimaurerloge *Zur Aufgehenden Sonne* fungiert haben, initiiert durch Berendsohn. Themen lagen im philosophischen, im politischen und im naturwissenschaftlichen Bereich. Zu den Vortragenden gehörten neben Lise Meitner (KB-Berendsohn arkiv) auch schwedische Gäste. Nach der Remigration von Gallinger und Tarnow löste sich 1948 die Runde auf, wurde aber von Simson und Berendsohn 1950/51 unter dem Namen *Sonntagskreis* wiederbelebt. Zum 10-jährigem Bestehen hielt Schirren eine Rede, die im ARAB archiviert ist. 1973 kam es zur endgültigen Auflösung.

1942

Internationale Gruppe demokratischer Sozialisten in Stockholm
»Kleine Internationale«

Die Begründer dieser Vereinigung, unter ihnen Willy Brandt, hatten im Juni 1942 eine *Diskussionsgrundlage über neue Friedensziele* geschaffen. In der Folge kam es zu mehrfachen Besprechungen, es wurde ein Arbeitsausschuss eingesetzt, zu dem E. Paul und F. Tarnow gehörten. Anfangs nannte sich die Gruppe Studienzirkel für Friedensziele. In dem dann so benannten Internationalen Studienkreis für Friedensfragen wurden in Form von Vorträgen, Diskussionsrunden und Manifestationen Vorstellungen zur Zukunftsgestaltung erörtert. Der schwedischen Öffentlichkeit wurde dann zum 1. Mai 1943 ein Dokument mit dem Titel *Die Friedensziele der demokratischen Sozialisten in Stockholm* präsentiert. Aus diesem Zusammenschluss entstand dann die oben genannte Internationale Gruppe demokratischer Sozialisten. Umgangssprachlich setzte sich Kleine Internationale durch, da ein Teil der Mitglieder aus sogenannten kleinen Nationen stammte. Vorsitzender war Paul, Sekretär Brandt; hinzu kamen B. Kreisky, S. Szende, K. Heinig sowie etliche Nichtdeutschsprachige. Es war tatsächlich ein internationaler Kreis. Zum Netzwerk gehörten außerdem noch F. Bauer, A. u. G. Myrdal sowie P. Bromme vom RSD. Weitere Mitglieder waren u. a. F. Abicht, F. Bauer, E. Behm, H. Dittmer, A. und I. Enderle, O. Friedländer, P. Hass, J. Israel, M. Krebs, J. Ladig, H. Mugrauer, F. Osterroth, C. Polenske, W. Smulowicz, K. Stechert, W. Strzelewicz, S. Szende und M. Wächter. (Misgeld)

Inhaltlich ging es vor allem um die politische Neugestaltung Europas nach Kriegsende. Angedacht wurde eine neue globale Ordnung, die Europa nicht als natürliche Einheit verstand. Vor allem wurde betont, dass Deutschland als Verursacher auch verantwortlich war. Im März 1943 wurde versucht, mit der Formulierung von Friedenszielen eine konkrete Vorstellung vom Wiederaufbau der Sozialistischen Internationale nach Kriegsende vorzulegen. Unter Tarnow befasste sich ein Komitee mit ökonomischen Nachkriegsfragen, unterstützt von Bauer. Ein anderes Komitee unter Paul war im kulturellen Bereich tätig, Kreisky für österreichische Belange, Brandt engagierte sich in einem Arbeitskreis für Friedensfragen. Da viele Mitglieder aus kleinen Nationen stammten, brachten sie dementsprechend eigene Vorstellungen für eine Neuordnung nach Kriegsende ein. 1944/45 erkannte man, dass die möglichen Zukunftsvorstellungen nur eingeschränkt durchgesetzt werden konnten. Das vor allem bedingt durch die Besetzungs- und Teilungspolitik der Alliierten. Nach Kriegsende 1945 kam es zur Auflösung. (Misgeld) Im ARAB befinden sich insgesamt 75 Bände. Von E. Paul ist 1960 die Schrift *Die Kleine Internationale* in Stockholm erschienen.

Auslandsvertretung der deutschen Gewerkschaften / ADG

Ende 1937 entstanden in Stockholm verschiedene Gruppierungen mit gewerkschaftlicher Ausrichtung. Doch erst 1938, nach der Besetzung der ČSR, wurde begonnen, in Schweden eine Landesgruppe aufzubauen. In der sollte sich die gesamte Exil-Arbeiterbewegung wiederfinden: Sozialdemokraten, Kommunisten und Splittergruppen. Am Aufbau beteiligten sich neben anderen die Enderles, F. Fricke, H. Mugrauer, W. Pöppel und K. Stechert, geleitet wurde sie von F. Tarnow.

De facto wurde die Landesgruppe aber erst 1942 gegründet, mit Beteiligung von M. Krebs als Vorsitzendem sowie C. Polenske u. a. Die Frauenfraktion war vertreten durch das Vorstandsmitglied A. Zammert. Im August 1943 kam F. Rück als Vertreter der Opposition hinzu. Von 1942 bis 1945 wurde ein Mitteilungsblatt unter dem Titel *Rundbrief. Auslandsvertretung der Gewerkschaft. Landesgruppe Schweden* herausgegeben, anfangs redigiert von Fricke, dann von A. Enderle und später Pöppel. Es wurden vor allem wirtschafts- und sozialpolitische Fragen abgehandelt mit Beiträgen von den Enderles und Tarnow. Oppositionelle Beiträge waren dagegen nur spärlich vertreten. Die letzte Ausgabe erschien im Dezember 1945 – danach mussten viele der in der Gewerkschaftsgruppe Engagierten sich der Realität stellen und von utopischen Vorstellungen Abschied nehmen. Im ARAB sind die *Rundbriefe* und anderes archiviert.

Bewegung Freies Deutschland / BFD

Nach dem japanischen Überfall auf Pearl Harbour entstanden 1941 vermehrt antifaschistische Bewegungen. In Mexiko wurde 1942 z. B. diese international agierende Bewegung gegründet. Sie verstand sich zwar als überparteilich, war aber von der KPD dominiert. Inhaltlich stützte sie sich auf das im Juli 1941 veröffentlichte Manifest des in Moskau gegründeten National-Komitees, vertrat aber in den einzelnen Ländern eigenständige Positionen. Publizistisches Organ war die Zeitschrift *Freies Deutschland*.

In Stockholm agierte eine kleine informelle Gruppe. Zu dieser gehörten u. a. T. Bergmann, L. Blech, E. Emsheimer, E. Glückauf, G. Henke, M. Hodann und W. Steinitz. Im August 1944 fand eine Veranstaltung zum Thema Nationalkomitee statt. Teilnehmende waren Sozialdemokraten wie F. Bauer, O. Friedländer, M. Krebs, F. Fricke, H. Mugrauer, A. und W. Raabke. Als Referent sah K. Mewis das NKFD als Garanten für Deutschlands Zukunft, so Müssener. Eine weitere Veranstaltung fand mehr auf privater Basis statt. Dazu eingeladen hatten H. Greid, K. Helbig, A. Peyser, Steinitz und C. Trepte. Referenten waren M. Seydewitz und Glückauf. Insgesamt gab die Bewegung sieben Broschüren heraus, die aber in Schweden kaum rezipiert wurden. Politisch besaß die Bewegung keinen Einfluss.

Kameradschaftsvereinigung ehemaliger deutscher politischer Gefangener

Von Fritz Ecker gegründeter Verband, den er bis 1945 leitete und etwa ab Oktober 1942 auch das Mitteilungsblatt *Das graue Korps* herausgab. Im ARAB befindet sich die letzte Nummer vom Februar 1945. Aus dieser Vereinigung soll 1946/47 die spätere VVN hervorgegangen sein, wobei die Rolle von Ecker bisher keine Erwähnung gefunden hat.

1943

Nationalkomitee Freies Deutschland / NKFD

Es wurde 1942 in Moskau gegründet, agierte in Schweden aber eher im Untergrund. Denn ein international tätiges Nationalkomitee durfte wegen der Neutralität Schwedens offiziell nicht bestehen. Laut Manifest vom Juni 1943 sollten deutsche Wehrmachtsangehörige die Zielgruppe der Propaganda sein. Am 1. November 1943 wurde zur Sammlung der deutschen Emigranten in Schweden aufgerufen, Initiator war M. Hodann. Alle Unterzeichner wurden in der *Politischen Information* auf der ersten Seite aufgeführt, auch die in der Illegalität lebenden. Mit Ausnahme von H. Wehner. Eine wichtige Aufgabe war, Wehrmachtsangehörige zum Desertieren zu bewegen. Tatsächlich kam es aber erst mit der Gründung des FDKB zu einer breiteren Organisierung.

Kulturpolitische Arbeitsgemeinschaft von demokratisch-sozialistischen Emigranten

Entstanden 1943. Zu den Initiatoren gehörten E. Behm, F. Mockrauer und andere.

Freie Bühne

Die eigentliche Freie Deutsche Bühne von P. Walter Jacob war 1940 in Buenos Aires gegründet worden. In Stockholm hingegen gab es bereits 1939 Aufführungen im Rahmen der Emigrantenselbsthilfe. 1942 kamen weitere hinzu. Zu den Mitarbeitern gehörten vor allem H. Greid und C. Trepte. Doch erst im März 1943 trat das gesamte Ensemble mit der Aufführung von Stefan Zweigs *Die Flucht zu Gott* an die Öffentlichkeit und gab sich den Namen Freie

Bühne. Weitere Aufführungen folgten. So trat die Freie Bühne bei Veranstaltungen des FDKB auf und begeisterte und berührte das gesamte Publikum.

1944

Interessengemeinschaft deutschsprachiger Emigranten

Sie wurde im Juli 1944 von jüdischen Emigranten gegründet. Mitglieder waren u. a. G. Berges-Herthel und V. Kafka. Dabei ging es um die Wahrnehmung juristischer und wirtschaftlicher Interessen der Emigranten, aber ohne politische Hintergründe. Unterstützung erhielt die Gemeinschaft von der schwedischen Sozialbehörde und der Jüdischen Gemeinde. Das schriftlich fixierte Programm *Was wir wollen* sollte den Fluchtmigranten vor allem Erleichterungen verschaffen. Es ging um Aufenthalts- und Arbeitserlaubnis, Erhalt der schwedischen Staatsbürgerschaft, freie Wahl des Aufenthaltsortes, Familienzusammenführung und Wiedergutmachungsansprüche. Allerdings nahm die Interessengemeinschaft in der deutschsprachigen Emigrantengesellschaft keinen wichtigen Raum ein. Im November 1949 wurde sie aufgelöst, viele Mitglieder hatten sich inzwischen eigene Bevollmächtigte gesucht.

Freie Vereinigung emigrierter deutscher Ärzte in Schweden

Auch hier ging es um die Wahrnehmung eigener Interessen. Von 1944 bis 1947 zählte die Vereinigung 30 Mitglieder, die nicht nur aus deutschsprachigen Ländern kamen. Vorsitzender war A. Peyser. Angeboten wurden z. B. weiterbildende Vorträge, u. a. gehalten von A. Gallinger und H. Citron.

Freier Deutscher Kulturbund / FDKB

Anfangs bestand lediglich ein unorganisiertes, kulturell interessiertes Sammelbecken deutscher Emigranten mit unterschiedlichen politischen und ideologischen Vorstellungen. Neben Sozialdemokraten und Kommunisten waren auch Konservative wie A. Gallinger und H. J. Schoeps vertreten. In den Jahren zuvor hatte man erkannt, dass kulturelle Aktivitäten und Angebote den Zusammenhalt der Emigranten fördern halfen. Und noch wichtiger: Dadurch konnten viele Exilierte von ihrer Niedergeschlagenheit, ihrer Hoffnungslosigkeit befreit, ihnen eine Perspektive aufgezeigt werden.

Die Initiative zur Gründung eines Kulturbundes ging primär von kommunistischer Seite bzw. vom Nationalkomitee aus. So wurde im Oktober 1943 ein Aufruf verfasst, den insgesamt 62 Personen unterzeichneten, darunter: W. A. Berendsohn, E. Emsheimer, H. Greid, M. Hodann, A. Peyser, W. Steinitz, M. Wächter und viele andere. Anfang 1944 war z. B. F. Tarnow überzeugt, »daß die Dinge bis zur Gründung eines Deutschen Kulturbundes gediehen seien.« Vor allem sollte der Bund »kein politisches Gesicht bekommen«. (Müssener, *Exil*) Am 28. Juni 1944 war es dann soweit: Im großen Saal der VHS Birkagården trat der FDKB erstmals an die Öffentlichkeit. Die Eröffnungsrede hielt M. Hodann, F. Bauer zitierte aus Thomas Manns Radio-Reden, ein anderer Beitrag kam von Berendsohn. Die Gründung des

Kulturbundes wurde auch von schwedischen Intellektuellen begrüßt, trug der Bund doch wesentlich zur Aufklärung über Nazi-Deutschland bei.

Zum Gründungsvorstand gehörten Hodann und C. Polenske, weitere Posten wurden besetzt von Bauer, I. Enderle, F. Fricke, O. Friedländer, Glückauf, Peyser und Steinitz. Ebenso paritätisch setzte sich die Mitgliederschaft zusammen. Insgesamt verzeichnete die Mitte 1944 vorgelegte Mitgliederliste 366 Personen, von denen 187 in Stockholm lebten. Der Rest verteilte sich auf die Ortsgruppen in Göteborg, Malmö, Uppsala und der Provinz. Bis 1945 kamen weitere Städte und Mitglieder hinzu. Unter den 187 für Stockholm Aufgeführten waren u. a. W. Brandt, H. Dittmer, S. Katzenstein, K. Meschke, K. Stechert und S. Szende vertreten. Zu diesem Zeitpunkt löste Emsheimer den nach Dänemark zurückgekehrten Bauer als Vorsitzenden ab. Die regelmäßigen Treffen fanden mindestens einmal im Monat statt mit Vorträgen, Diskussionsrunden und anschließender Geselligkeit mit bitte beizusteuerndem Tee und Zucker (da rationiert, so Müssener). In Zusammenarbeit mit der Freien Bühne, die oft für das kulturelle Angebot sorgte. Dem Bund nahe stand auch die *Politische Information.*

Gegen Ende 1944 wurden Vorwürfe laut, der Kulturbund sei eine kommunistische Tarnorganisation. Auch kam es von Seiten H. Warnkes zu heftigen Angriffen gegen Hodann, der daraufhin aus dem Vorstand ausschied. (→ Weg ins Leben) Es wurde ein neuer Vorstand gewählt sowie ein Arbeitsausschuss eingerichtet. zu dessen Mitgliedern F. Bauer, die Enderles, O. Friedländer und W. Steinitz gehörten. Damit setzte aber auch der Prozess eines »endgültigen Bruchs der politischen Einheitsfrontidee«, wie sie z. B. von Brandt vertreten wurde, ein. (Weiss, *Notizbücher 1971-1980 I*) Von Februar 1945 bis April 1946 gab der FDKB mehrere *Mitteilungsblätter* heraus mit Nachrichten über Veranstaltungen, archiviert im ARAB. In den Blättern wurden auch Gedichte und Vorträge publiziert. Nach Kriegsende kam es dann tatsächlich zu einer Dominanz der Kommunisten bis zur Auflösung 1946 durch C. Trepte.

Arbeitskreis demokratischer Deutscher

Diese kleine Gruppe tat sich zwar nicht hervor in der Öffentlichkeit, inhaltlich besaß sie aber ein besonderes Gewicht. Initiiert wurde sie u. a. von W. Strzelewicz, zu den Mitgliedern gehörten F. Bauer, G. Dallmann, F. Mockrauer und K. Stechert. Bauer zog sich allerdings zurück, da er die Vorstellungen als »idealistischen Quatsch« abtat. Intention der Gruppe war, die »Bedeutung der Menschenrechte für ein neues Deutschland zu konkretisieren und sich mit den Grundlagen der Demokratie auseinanderzusetzen.« (Müssener, *Exil*) Das wurde festgeschrieben in der 1944 gemeinsam verfassten Broschüre *Die Menschenrechte in einem neuen Deutschland.* Im Vorwort wurden Grundsätze postuliert, die später im Grundgesetz der BRD geltendes Recht werden sollten.

Weg ins Leben

Innerhalb des FDKB begannen im Juli 1944 M. Hodann, H. Warnke und H. Mugrauer sich der oft noch inhaftierten deutschen Militärflüchtlinge anzunehmen sowie weitere Deserteure,

Militärflüchtlinge und Seeleute zu unterstützen. Zu diesem Zweck erschien erstmalig im August die Zeitschrift *Der Weg ins Leben*. Hodann publizierte im gleichen Monat das Blatt *Mitteilungen der deutschen Militärflüchtlinge*. Im Oktober stellte sich heraus, dass eine einberufene Tagung von der britischen Gesandtschaft finanziert wurde, was zu Kontroversen zwischen Hodann und Warnke führte. Hodann legte daraufhin seinen Vorsitz beim FDKB nieder. Warnke und seine Leute bildeten ein Komitee unter dem o. a. Namen. Erneuert wurden die Forderungen des NKFD, zudem war man zur Zusammenarbeit mit dem FDKB, der Gewerkschaftsgruppe, der SoPaDe und der KPD bereit. Daraus entstand im gleichen Jahr die

Kameradschaft deutscher Militärflüchtlinge und Seeleute / Militärflüchtlingsgemeinschaft

als eine Art Aktionskomitee. Einer der kommunistisch orientierten Gründungsakteure war der Marinesoldat H. Bartholmes, zu den Vertrauensleuten gehörte R. Petri. Ziel der Organisierung war, Deserteure, die eigentlich dem Militärrecht unterstanden, als Flüchtlinge dem Zivilrecht zuzuordnen. Es gab zudem Kontakte zu Internierungslagern wie Vägershult in Småland, Kusfors in Västerbotten und Kalmar. Die o. a. Gruppe um Hodann war allerdings in der Minderheit, es kam aber zu einer Einigung im Februar 1945. Nach dem Ende des Zweiten Weltkriegs löste sich die Militärflüchtlingsgemeinschaft auf. Ein Teilnachlass befindet sich in der GDW, des Weiteren Unterlagen im ARAB.

Arbeitsausschuss deutscher antinazistischer Organisationen in Schweden

Anlässlich einer Veranstaltung von SoPaDe, KPD, Gewerkschaftsgruppe und FDKB im September 1944, geleitet von M. Krebs, erwähnte H. Mugrauer, dass ein alle deutschen Emigrantengruppen umfassendes Kartell geplant wäre. Es sei wichtig, mit einer Art Dachorganisation die einzelnen Gruppen als Repräsentant aller deutschen Antifaschisten zu vertreten. Dafür musste Einigkeit geschaffen werden. Nach mehrfachen Auseinandersetzungen kam insofern eine Einigung zustande, als in keinem anderen Exilland eine derartige Aktion durchgeführt wurde. Nach Kriegsende fanden im Mai 1945 zwei weitere Veranstaltungen statt: Einmal sollte die schwedische Öffentlichkeit ausführlich informiert werden, dann galt es u. a., den Nationalsozialismus total auszurotten. Weitere Entwicklung siehe 1945 *Zentralstelle*.

Internationale Architektengruppe zum Studium von Wiederaufbauproblemen

Mit dem nahen Kriegsende griffen die Architekten F. Forbát und W. Taesler die Probleme eines Wiederaufbaus in den vom Krieg zerstörten Gebieten auf. Forbát ging davon aus, »daß der Wiederaufbau die Neugestaltung der gesamten Gesellschaftsmaschinerie bedeuten würde«. Taesler regte im Juni 1944 »die Bildung einer Arbeitsgemeinschaft zum Studium von Stadtplanungsfragen und des provisorischen Wohnungsbaus« an. (Müssener, *Exil*) Zu einer entsprechenden Tagung wurden u. a. der FDKB und Persönlichkeiten der Emigration sowie schwedische Fachleute eingeladen. Unter den 30 Teilnehmenden befanden sich der Liste nach K. Heinig, M. Hodann und M. Krebs. Eine zweite Tagung mit nichtdeutschen Referenten folgte im Oktober 1944 mit 50 Teilnehmern. Eine dritte war für April/Mai 1945 geplant, fand aber nicht mehr statt. Es wurde zwar in einer kleineren Gruppe weiter zu diesem Thema gearbeitet, doch war an eine Rückkehr nach Deutschland vorerst nicht zu denken.

SPD Stockholm

Zum Netzwerk der Stockholmer Gruppe gehörten vor allem die nachfolgend genannten Mitglieder:

Fritz Bauer, Ernst Behm, Walter Behrendson, Arno Behrisch
August und Irmgard Enderle, E.A. Hahnewald, Martin Krebs. Hans Mugrauer
Paul Neumann, Franz Osterroth, Hans J. Reinowski, Fritt Tarnow, Max Tau

Daneben existierte für etwa zwei Jahre eine Nebengruppe: Im Februar 1944 spaltete sich von der Hauptgruppe ein sogenannter Sozialdemokratischer Studienkreis ab. In diesem sammelten sich rechte Sozialdemokraten in Opposition zur Stockholmer Hauptgruppe. Zu den Mitgliedern zählten u. a. E.W. Hahnewald, K. Heinig, H. Reinowski, F. Schreiber, W. Taesler und weitere hier im Text nicht aufgeführte Emigranten,Weitere diesen Schritt unterstützende Sozialdemokraten richteten am 9. Oktober 1944 einen Antrag »An den Vorstand der SPD-Ortsgruppe Stockholm« zwecks »Wiedereintritt« in die SPD. Im November nannte sich der Kreis um in S.P.D. Gruppe Stockholmer Vororte. (Vgl. Müssener, *Exil*)

Im März 1946 wurde nochmals ein Landesvorstand gewählt, zu dem u. a. F. Abicht und W. Pöppel gehörten. Als beratende Stimmen fungierten E. Behm, Brandt und Friedländer. Nach Auflösung der SoPaDe 1946 entstand die Vereinigung Deutscher Sozialdemokraten in Schweden. Im ARAB befinden sich mehrbändige Unterlagen der Partei sowie beider Ortsgruppen.

1945

Deutsche Vereinigung 1945 / DV

Programm war, das wahre, das andere Deutschland zu vertreten gegen Kommunismus und Nationalsozialismus. In ihrem Gründungsaufruf vom Januar 1945 stellten sich die Initiatoren als »Zusammenschluß freier, in Schweden lebender Deutscher« mit unterschiedlichen Auffassungen vor. Gemeinsame Basis war das nationale Element ohne parteipolitische Zu-ordnung. Als Initiator gilt K. Heinig, unterstützt von A. Gallinger und E. Pfleging, der Namensgeber gewesen sein soll. Eine Randposition nahm H. J. Schoeps ein. Der Vereinigung schlossen sich vor allem rechte Sozialdemokraten an sowie Ehemalige aus der Deutschen Kolonie und einige Schweden. Der größte Teil der Emigranten ging aber auf Distanz. Grob gesagt, unterstellten viele von ihnen der DV nazistisches Gedankengut, während Gegner als Kommunisten beschimpft wurden. Mit der beginnenden Auflösung des FDKB schlossen sich der Vereinigung auch Personen wie E. Koetting, K. Meschke, A. Peyser und G. Wiesholler an. Auf keinen Fall aber stand K. Stechert der DV nahe, wie K. Heinig es kolportiert hatte. Anfang 1946 zählte sie 96 Mitglieder mit einem niedrigen Frauenanteil. Als der erste Vorsitzende Gallinger 1947 nach Deutschland zurückging, trat Heinig die Nachfolge an bis zu seinem Tod 1956. Laut O. Friedländer war die DV nunmehr die einzige deutschsprachige Vereinigung außerhalb der Sozialdemokratie. (Müssener, *Exil*)

In den 1950er Jahren mutierte die DV mehr und mehr zu einer vor allem die Geselligkeit pflegenden Institution und konnte so insgesamt 70 Jahre überdauern. Zwischendurch wurden auch Vortragsabende veranstaltet, z. B. mit K. Meschke und F. Mockrauer. Im Sommer 2015 lag das Durchschnittsalter bei 70plus Jahren. Mitglieder waren fast ausschließlich Personen, die ab den 1950er Jahren nach Schweden migriert waren mit einem hohen weiblichen Anteil. Am 19. September 2015, dem 70. Geburtstag der DV, wurde sie in einem Festakt mit anschließendem Essen aufgelöst. (Müssener, *Abschiedsrede*) Archivmäßig sind im ARAB nur noch wenige Unterlagen vorhanden. Denn fast das gesamte in der Deutschen Botschaft gelagerte Material verbrannte bei einer Explosion während der Besetzung durch eine RAF-Gruppe 1975.

Tyska Kyrkokontoret / TKK

Als Stockholmer Außenstelle des deutschen Evangelischen Hilfswerks nach Kriegsende eingerichtet. Zusammen mit der St. Gertruden-Gemeinde und mit Hilfe der schwedischen Bruderhilfe (Till Bröders hjälp) initiierte u. a. K. Meschke im April/Mai 1945 die Gründung dieses Büros. Es sollte als eine Art Dachverband verschiedener Hilfsorganisationen für die Verteilung der über die Transportleitstelle Bremen angelieferten Güter zuständig sein. Zielpersonen waren Flüchtlinge und Internierte. 1952 wurde das Büro aufgelöst.

Zentralstelle deutscher antinazistischer Organisationen

Im Juni 1945 in der Nachfolge des o. a. *Arbeitsausschusses* und als Dachorganisation von FDKB, Landesgruppe deutscher Gewerkschaften, KPD und Sozialdemokraten etabliert. Es sollten nicht nur die Herausforderungen kommender Aufbauarbeit in Deutschland bewältigt, sondern ebenso die Möglichkeiten einer Rückkehr untersucht werden.

Naturfreunde Schweden

Diese Vereinigung umfasste bei ihrer Gründung 1945 alle deutschsprachigen Arbeiterbewegungen in der schwedischen Emigration und existiert noch heute mit etwa 100 zumeist nichtschwedischen Mitgliedern. Zielsetzung war, die Ideale der Naturfreunde International auch in Schweden zu verbreiten, allerdings mit wenig Erfolg. An der Gründung beteiligt waren H. Dittmer, P. Neumann, W. Pöppel und P. Zammert, in Örebro O. Piehl. Neben Wanderungen und Geselligkeiten gab es auch kulturelle Aktivitäten. In den 1960er Jahren existierten noch Gruppen in Malmö, Örebro, Stockholm und Västerås mit insgesamt 400 Mitgliedern. Um

2014 lag die Zahl bei 100. Auch die schwedische Naturfreunde-Gruppe gehört zur Naturfreunde Internationale und ist damit Teil der NGO.

Es ist anzumerken, dass die Naturfreunde nicht zu den Bündischen gehörten, da sie sich ausdrücklich zum demokratischen Sozialismus bekannten. Zu den exilierten deutschen Naturfreunden gehörten u. a. A. Behrisch, W. Brandt, W. Henze, B. Kreisky, W. Pöppel, F. Rück und M. Steffin.

Hilfskomitee für deutsche und staatenlose Opfer aus Konzentrationslagern

Ein Verdienst des weiter oben genannten Arbeitsausschusses war die Gründung dieses Komitees im Juni 1945. Bereits zwei Monate zuvor wurden 275 Personen unterstützt, deren Zahl sich in den nächsten Monaten deutlich erhöhen sollte. Gleichzeitig kam es zu ersten Hilfsmaßnahmen für die deutsche Bevölkerung. Bis zu seiner Rückkehr engagierte sich neben P. Haß, H. Mugrauer, K. Meschke, E. Glückauf, A. Peyser auch K. Mewis. Ab 1946 fungierte das Komitee unter dem nachfolgend genannten neuen Namen:

1946

Arbeiterwohlfahrt Landesausschuss Schweden

Zu den Vorstandsmitgliedern gehörten u. a. K. Heinig und H. Martens. Die Vereinigung war im solidarisch-sozialen Bereich aktiv, und zwar hauptsächlich mit dem Versand von Lebensmittelpaketen nach Deutschland. Das hat z. B. Peter Haß in seiner 1946/47 herausgegebenen Schrift *Die Arbeiter der Welt helfen dem demokratischen Deutschland* lobend betont. Unterlagen befinden sich im ARAB.

Demokratisches Hilfskomitee für Deutschland

Geschäftsführer war H. Mugrauer. Das Komitee wurde vor allem von gewerkschaftlicher Seite unterstützt. Nicht nur in der Emigrantengesellschaft wurden Kleidung, Hausrat, Nahrungsmittel, Medikamente und Instrumente gesammelt. Von schwedischer Seite kam z. B. finanzielle Hilfe. Die Hilfslieferungen wurden anfangs in allen vier Besatzungszonen verteilt, ab 1946 nur noch in den drei westlichen. Die Spenden erhielten in erster Linie Kinderheime der Arbeiterwohlfahrt und Flüchtlingseinrichtungen. Mit ihrem humanitären Engagement zeigten die Exilierten auch, wie sehr sie noch mit Deutschland verbunden waren. Im ARAB befinden sich etwa 15 Bände.

Caritas Schweden

Als Teil der weltweiten katholischen Caritas-Bewegung wurde 1946 auch in Stockholm ein Büro eröffnet, und zwar zur Unterstützung von Flüchtlingen und Kriegsopfern des Zweiten Weltkriegs. An der Gründung werden sicherlich auch nach Schweden Geflüchtete beteiligt gewesen sein.

Vereinigung deutscher Sozialdemokraten in Schweden

Sie wurde im Herbst 1946 von den in Schweden gebliebenen deutschen Sozialdemokraten gegründet. Gründungsmitglied war O. Friedländer, Vorsitzender bis 1954. Ein anderes aktives Mitglied war ab 1950 H. Martens. Es gab enge Kontakte zur deutschen Sozialdemokratie, ebenso zur Treuegemeinschaft. Doch in der nachfolgenden Generation bestand wenig Interesse, sich noch als deutsche Sozialdemokraten zu definieren, daher kam es 1974 zur Auflösung.

1952

Svensk-tyska sällskapet

Sie entwickelte sich als eine Art Nachfolgeorganisation aus dem 1951 aufgelösten Samarbetskommittén und verstand sich als Gegenpart zur noch existierenden Tysk-svenska sällskapet. Einer der Mitbegründer war E. Behm. Anfang der 1960er Jahre wurde die Vereinigung aufgelöst.

Das Spektrum der Organisierung zeigt, wie wichtig netzwerkliche Beziehungen in der Exilgesellschaft waren und überhaupt sind. Erkennbar ist die stärkere Vernetzung politisch motivierter Emigranten. Zwar bestanden die Netzwerke der Sozialdemokraten und Kommunisten jedes für sich, es kam aber nicht nur auf persönlicher Ebene zu Überlappungen. Beide ideologischen Blöcke agierten trotz trennender Inhalte im Interesse eines gemeinsamen Ziels auf der Basis bestimmter Wertvorstellungen. Weniger umfangreiche Netzwerke lagen im kulturellen Segment. Der wissenschaftliche Bereich war zwar nicht unterrepräsentiert, trat aber nicht so stark an die Öffentlichkeit. Oberflächlich gesehen, mag man den FDKB als ein verbindendes Element einordnen, doch bei aller Betriebsamkeit der Mitglieder verhielten sich die meisten Emigranten eher distanziert. Ein weiteres Beispiel der Organisierung liefert der nur kurz bestehende informelle Zusammenschluss einiger bündisch orientierten Emigranten im Deutschen Vortrupp im Exil. Zwar kam es zu einer schnellen Vernetzung im kleinen Kreis, doch löste sich schon bald die Gruppe auf, das den einzelnen Biografien geschuldet.

Nicht vergessen werden darf der räumliche Faktor im Bereich der Organisierung: Vom Zentrum Stockholm ausgehend und in die Stadtteile hinein wirkend, nach außen greifend zu den Zentren im übrigen Europa waren die Organisationen interaktiv verbunden. Das ließ durchaus ein Gefühl des Wir, des Miteinanders entstehen, vielleicht auch der gemeinsamen Stärke.

1962

Deutsche Gesellschaft zu Stockholm

Gestiftet 1962 von deutschen Geschäftsleuten. Ab 1933 waren sie in der sogenannten Deutschen Kolonie mit etwa 130 Mitgliedern vertreten, zu der auch andere deutsche Vereinigungen gehörten. Treffpunkt war das sogenannte Kolonieheim im Sveavägen 29. In diesem Verein sollten in Stockholm lebende Deutsche und Deutschsprachige erfasst werden. Dazu gehörte auch die St. Gertruds-Gemeinde in Gamla Stan. Nach 1938 verstärkte sich der Zusammenhalt in der Kolonie und in diesem Verein. Die in Kollekten aufgebrachten Gelder wurden nach Deutschland transferiert.

Die Exilgesellschaft

Allen gemeinsam war das Exil, doch wies jede Person ihre eigene Erzählung auf. Keine persönliche Erfahrung deckte sich mit einer anderen. Um das Objekt Exil zu verstehen, müssen die subjektiven Darstellungen gebündelt und seziert werden. Was für einige Exilierte von Vorteil war, brachte anderen Rückschläge. Trotz oft verzweifelter Versuche, Stabilität in das exilantische Leben zu bringen. Daher sollte nicht mit persönlichen Schuldzuweisungen gehandelt werden. Jede/jeder ist eben nicht seines Glückes Schmied.

Das alltägliche Leben der Exilierten war vor allem geprägt von Einschränkungen hinsichtlich des Aufenthaltsrechts. So war

- die Aufenthaltsgenehmigung oft auf nur drei, in der Regel auf sechs Monate beschränkt.
- Arbeitsgenehmigungen wurden nur begrenzt erteilt und waren von den Berufen abhängig.
- Der zugewiesene Aufenthaltsort durfte nur mit einer im Pass eingetragenen Sondergenehmigung verlassen werden.
- Eine politische Betätigung war absolut untersagt. Die Säpo überwachte daher massiv ›fragwürdige‹ Einzelpersonen und Gruppierungen.
- Auch die Deutsche Gesandtschaft war gut über die Aktivitäten der aus Deutschland Geflüchteten unterrichtet. Vor allem zwischen 1935 und 1940 kam es zu einer anscheinend verstärkten Überwachung der deutschen Emigranten in Stockholm. (Vgl. BArch R 58)

Zudem war das Emigrantendasein geprägt von Unsicherheiten, dem Warten auf Hilfsgelder, Nahrungscoupons, Kleidung, ein Visum zur Weiterreise. Trotz engagierter Betreuungsarbeit der oben genannten Institutionen verschlechterte sich nach 1939 die Situation. Hinzu kam, dass aus Konkurrenzgründen qualifizierte Berufe wie z. B. im medizinischen Bereich von Exilierten nicht ausgeübt werden durften bei Gefahr der Ausweisung. Das Überleben sichern halfen stabile Vernetzungen auf privater, familialer und freundschaftlicher Basis, auch ideologischer. Die Bereitschaft, sich der Kommunikation nicht zu verweigern, sich hinaus in die fremde Welt, die Gesellschaft zu wagen und diese anzunehmen, war ein wichtiger Schritt in der Bewältigung des durch das Exil entstandenen Traumas. Gleichzeitig aber auch ein Schritt hin zu einem tätigen Leben im Sinne von Hannah Arendts Vita activa. Äußerst schwierig war die Situation für die *flyktingbarnen*, die ohne die Eltern allein die Reise in ein ihnen unbekanntes Aufnahmeland und den Aufenthalt dort bewältigen mussten. Dazu vergleichlich der Beitrag über die Kinder/Jugend-Alijah sowie der Bericht von Peggy Parnass.

Wer es schaffte, zog mit einem entsprechenden Visum weiter. Ein Teil der deutschsprachigen Fluchtmigranten versuchten, sich eine journalistische Existenz aufzubauen, was anfänglich schwierig war. Denn die Exilierten und das Exil selbst galten im Medienbereich zunächst als anrüchig. Zudem warf man vielen fehlende Objektivität vor, was sich erst 1943 mit der Kriegswende ändern sollte. Nicht nur G. Dallmann stieß erst einmal auf Ablehnung. Hingegen konnte P. Bromme sich schnell als Journalist durchsetzen. Trotzdem entwickelte sich

Stockholm neben London zu einem wichtigen Zentrum des europäischen Exils (aber auch der Geheimdienste) und, wie M. Tau feststellte, zu einer der interessantesten Städte. Tatsächlich bedeutete die Zuwanderung der gut ausgebildeten Emigranten ein Zugewinn für das bis dahin eher periphere Stockholm. So ist auch der schwedische Publizist Per T. Ohlsson der Meinung, dass die deutschsprachigen Exilierten »die Fenster des ›Volkheims‹ nach Zentraleuropa« geöffnet hätten. (Vgl. Rosengren) Für die bis dahin recht uniforme schwedische Gesellschaft war z. B. die Begegnung mit religiös Andersdenkenden wohl ein Anstoß, 1951 die Verpflichtung zur Mitgliedschaft in einer Religionsgemeinschaft beim Erhalt der schwedischen Statsangehörigkeit aufzuheben. Das zwang auch säkularisierte Juden und Christen zur Mitgliedschaft in einer entsprechenden Institution. Dafür beispielhaft stehen die Emsheimers und die Holewas. Doch wurde die allgemeine Religionsfreiheit* in Schweden erst wesentlich später eingeführt.

Nicht allen Exilierten gelang eine zufriedenstellende berufliche Integration. Ein Teil fand Arbeit – oft nur zum Überleben im niedrigschwelligen Sektor – andere mussten grenzsituativ leben ohne ausreichendes Einkommen. F. Forbat konnte infolge einer Einladung nach Schweden seine Kreativität einbringen. N. Sachs musste sich anfangs in einem recht reduzierten Umfeld zurechtfinden. Verfolgung und Flucht führten in der Regel zu einem Bruch möglicher Chancen. So nahm W. A. Berendsohn in Schweden nicht den wissenschaftlichen Rang ein, den er in Hamburg hätte erhalten können. E. Emsheimer trat erst nach 12 Jahren untergeordneter Tätigkeit eine adäquate Stelle an, L. Meitner musste ebenfalls eine ihren Fähigkeiten nicht angemessene Tätigkeit annehmen, M. Hodann durfte seinen ärztlichen Beruf nicht ausüben. Andere, wie R. v. Ossietzky, K. Helbig, H. Tombrock und H. Rubinstein, standen am Rand. Musiker und Schauspieler konnten sich meist nur reduziert mit ihren Fähigkeiten einbringen. Bei vielen verschoben sich die angedachten Zukunftspläne wie z. B. bei M. Wächter: Als Mitglied der Hechaluz-Bewegung wollte er eigentlich nach Palästina emigrieren und bereitete sich darauf mit landwirtschaftlicher Arbeit vor. Hingegen beeinflusste J. Frank stark das schwedische Design – bis heute. Nicht vergessen werden darf der die schwedische Musik bereichernde Anteil durch E. Emsheimer, H. Holewa und andere, wozu auch O. Seidl gehörte. Ein Beispiel politischer Anpassung lieferte die Familie Götze, die, von der FAUD kommend, sich in Schweden bei der SAC neu verortete. Diese Neuverortung hatte auch insofern Auswirkungen auf die nachfolgende Generation, dass sie in einer Art Doppel-Sozialisation aufwuchs. So zumindest die These bzw. Theorie des Sozialpsychologen Lars Dencik, die auf eigenen Erfahrungen basiert, aber hier nicht weiter diskutiert wird.

Ein Phänomen ist, dass das Exil die Emigranten nicht zu einer Community zusammenführte. Vielmehr existierten mehrere sozial und ideologisch sich abgrenzende Segmente. Viele waren nach oft jahrelanger Flucht durch mehrere Länder zu einer Gemeinschaft nicht mehr fähig – sie wurden das Exil nicht los. Und wie war es nach 1945? Da waren manche schon nicht mehr am Leben (z. B. K. Tucholsky), waren inzwischen weitergezogen (u. a. B. Brecht), starben bald darauf (so M. Hodann). Ein Teil kehrte zurück, der größte Teil blieb aber in Schweden. Wenn sich auch nicht alle dort beheimatet fühlten (wie P. Weiss). Andere, die zurückkehrten, blieben in langer Freundschaft verbunden, wie z. B. W. Brandt und B. Kreisky.

84 *Michael Wächter bei der Feldarbeit nahe Hässleholm, Schonen*

85 *Carlota + Ninja Frahm mit W. Brandt sowie Vera + Bruno Kreisky, 1943*

Nach Aussagen vieler Remigranten war das Miteinander in der Emigrantenszene nicht unbedingt freundlich zu nennen und oft geprägt von Uneinigkeit, Zerwürfnissen, Missgunst, Neid und Intriganz. Das Exil war, wie Müssener es metaphorisch ausdrückt, »ein Becken voller Pirayas (…) eine Gerüchteküche, eine Heimstätte für Klatsch und Tratsch, in der die zufälligen Koalitionen ständig wechselten.« (*Abschiedsrede*) P. Weiss ließ seinen Protagonisten schlussendlich die Feststellung treffen, dass die (scheinbare) Allianz nur bis zum Friedenstag dauern würde. Vielmehr galt es, alte Heimaten wiederzufinden, neue zu suchen. Daher muss die Emigrantengesellschaft als ein segmentiertes Gebilde gesehen werden und nicht als ein homogenes Ganzes.

Angedacht aber nicht diskutiert wird hier die Sozialisation der zweiten Generation deutschsprachiger Exilierter. In diesem Kontext besitzen aktuell vor allem These und Theorie von Lars Dencik Relevanz. So z. B. hinsichtlich der Diskrepanz zwischen exilierter Herkunfts- und etablierter Nachfolgegesellschaft. Während die erste Exil-Generation noch ihre bisherige Identität bwahrt hatte, entwickelte die nachfolgende Generation das Bewusstsein einer komplexeren und musste sich auch im familären Nukleues damit auseinandersetzen.

Darüber hinaus warf das Exil-Dasein auch nicht zu unterschätzende nachhaltige Probleme im Sozialisationsgeschehen auf, wie vom oben genannten Lars Dencik dargelegt worden ist.

Nicht vergessen werden darf der **Gender-Aspekt** in der Überlebensstrategie der Exilierten, der Beitrag der Frauen in der auch im Exil bestehenden Macho-Gesellschaft. Lrider kommt in der Exilforschung der Beitrag der Frauen immer noch zu kurz. Zumeist wurden sie wahrgemommen als den Männern nachfolgende Gefährtinnen. Doch darf deren Rolle vor allem als stabilisierendes Element nicht unterschätzt werden. Sie waren zwar im politischen Segment deutlich unterrepräsentiert, brachten aber im soziokulturellen durchaus bestimmte Impulse ein. Außer Nelly Sachs wären da z. B. Lotte Laserstein und Lise Meitner sowie Eva-Juliane Meschke und Irmgard Enderle zu nennen. Weniger auffällig gestaltete sich hingegen das Dasein im Exil von Greta Berges-Hertel, Hildegard Kaeser und anderen hier im biografischen Kapitel Genannten. Dazu gehören u. a. Hilde Back, Annemarie Goetze-Dagermann, Cäcilie Heinig, Rosalinde von Ossietzy, Anneliese Raabke, Karin Ruths-Hoffmann und viele andere.

Von erheblicher Wichtigkeit für eine positive Lebensgestaltung im Exil waren die begleitenden Frauen insofern, dass sie als Trägerinnen dieser Kompetenz soziales Kapital bilden konnten, gestützt durch soziale Bündnisse. Bedauerlicherweise geben die Quellen wenig her zum familiären und familialen Umfeld. Die wenigsten sind als Single ins Exil gegangen, auch wenn es den Schilderungen nach so wirkt. Dank ihrer sozialen Kompetenz, ihrer Kooperation und Empathie waren die begleitend-aktiven Frauen für eine Schlüsselrolle nicht nur in der Emigration prädestiniert. Auf diesen Punkt weist z. B. Frank Schirrmacher in *Minimum* hin. Und die Vereinzelten? Die benötigten zum Überleben vor allem stützende und auch fordernde Netzwerke.

Zwar kann der größte Teil der die männlichen Fluchtmigranten begleitenden Frauen als ›Mitreisende‹ eingeordnet werden, doch nahmen sie nur selten eine passive Rolle ein. In erster Linie waren sie diejenigen, die den Alltag meisterten und versuchten, das Leben im Exil ›hinzukriegen‹. Ein Beispiel dafür liefert die Biografie von Szende, dessen Frau Erzsi den Exillalltag dank ihres Einsatzes verbessern half. Ein allerdings nicht sehr hoher Anteil an Frauen war ebenfalls politisch involviert, wie Scholz nachweist. Leider wurden in den benutzten biografischen Kurzdarstellungen nicht immer die familiären Begleitpersonen erfasst, sie führten eher ein Schattendasein. Auf schwedischer Seite ist man anscheinend um Aufhellung bemüht. So hat ARAB 2012 einen Beitrag von Ulf Jönsson unter dem Titel *German-Speaking Refugees Woman* in ARAB'S Holding herausgegeben. Darin wird u. a. darauf hingewiesen, dass Frauen zwar nicht abwesend waren, aber auch nicht zahlreich vertreten. Hervorgehoben werden darin vor allem die Verdienste Anna Zammerts.

Die Exilierten, die mit dem familiären Nukleus flüchteten, waren tatsächlich fähiger, sich eine neue Existenz aufzubauen. Sie waren aber auch diejenigen, die oft nur nach außen wirkten. Den inneren, stabilisierenden Zusammenhalt schufen Frauen, wie z. B. Helene Weigel. Interessant ist die unterschiedliche Überlebensstrategie der drei im Exil lebenden Weiss-Geschwister. So konnte Irene Eklund-Weiss sich dank ihrer sozialen Kompetenzen erfolgreich vernetzen mit einer deutlich höheren Lebenserwartung. Zudem blieb sie in der Nähe der Eltern (Töchter bleiben). Hingegen verließen die beiden Brüder Peter und Alexander das alte familiäre Umfeld (Söhne gehen). Ihre Lebensläufe waren gebrochener, von der Herkunftsfamilie abgewandter. Beiden war eine gewisse Larmoyanz eigen, eine starke, anmaßende Ichbezogenheit, beide heirateten mehrmals und verausgabten sich letztendlich: Peter starb mit 66 Jahren an den Folgen eines Herzinfarktes, Alexander im Alter von 63 nach einem Schlaganfall.

Und was sagt Brecht in den *Svendborger Gedichten* zum Thema Emigranten?:

Immer fand ich den Namen falsch, den man uns gab: Emigranten
Das heiß doch Auswanderer. Aber wir
Wanderten doch nicht aus, nach freiem Entschluß
Wählend ein anderes Land. Wanderten wir doch auch nicht
in ein Land, dort zu bleiben, womöglich für immer.
Sondern wir flohen. Vertriebene sind wir, Verbannte.
Und kein Heim, ein Exil soll das Land sein, das uns da aufnahm. (...)

Lagerleben

Zunächst ist festzustellen, dass Schweden 1938 überhaupt nicht auf die Aufnahme größerer Kontingente von Fluchtmigranten vorbereitet war, vor allem nicht auf politisch und rassistisch Verfolgte. Auch deswegen wurden sie selten freundlich aufgenommen. Einerseits hatte man Angst vor der Entstehung einer offen antisemitischen Bewegung, andererseits vor politischer Infiltration aus dem kommunistischen und linkssozialistischen Lager. In Reaktion auf die nicht nur gesellschaftliche Herausforderung wurde 1939 ein Visumzwang für Nicht-skandinavier verfügt. Die Sozialbehörde wurde ermächtigt, unwillkommene Fluchtmigranten nach Anhörung durch den dafür geschaffenen Ausländerausschuss zu internieren. Dement-sprechend entstanden im März 1940 die Lager Långmora und Smedsbo. Es wurden nahezu ausnahmslos Kommunisten, Linkssozialisten, Spanienkämpfer sowie einige Pazifisten und Syndikalisten interniert. Ab Oktober brauchte der Ausschuss von der Sozialbehörde nicht mehr angehört zu werden. In der Folge wurden politisch Missliebige nach entsprechenden Gerichtsverfahren im Stockholmer Långholmen fängelse (Abb. sowie in den Zuchthäusern von Falun und Kalmar inhaftiert und teilweise in kleineren Einrichtungen interniert.

Vielfach wurden Internierungen und Inhaftierungen recht willkürlich durchgeführt. Grund dafür war eine vorherrschende antikommunistische Stimmung bzw. Angsthysterie. In der Regel wurden die Internierten gut behandelt, keineswegs kann von schwedischen Konzentrationslagern gesprochen werden. Der Alltag war bestimmt durch eine straffe Ordnung, wie das unten stehende Beispiel zeigt. Es gab durchaus die Möglichkeit, neben der Arbeit Freizeitbeschäftigungen nachzugehen und Besuch zu erhalten. In Smedsbo z. B. wurde Gartenarbeit geleistet, in Långmora landwirtschaftliche. In Berichten ehemaliger Internierter wird Smedsbo als eine sehr freundliche Einrichtung beschrieben (G. Gundelach, L. Lewy, P. Verner). Trotzdem sorgten die Internierten durch Protestbriefe und Streiks dafür, dass sie draußen nicht vergessen wurden. Nach einer Razzia im November 1942 in Långmora wurden 26 Kommunisten in Långholmen (Abb.16)in Stockholm inhaftiert. Hier waren die Bedingungen wesentlich härter, zum Teil unwürdig. Hilfe wurde ihnen durch von draußen zugesandte Gabenpakete, Bücher- und Zeitschriftensendungen zuteil. Aber auch durch die von Gewerkschaften und anderen Vereinigungen ausgehende Solidarität. (Vgl. Müssenr, *Exil*)

Auf die Ankunft der aus Dänemark und Norwegen Geflüchteten reagierte der schwedische Staat 1940 mit der Einrichtung des Auffanglagers Loka Brunn. Hier lebten zeitweise 200 bis 300 Personen, bestehend aus Sozialdemokraten, Sudetendeutschen und etwa 50 Kommunisten. Von der SoPaDe wurde ein Komitee als Lagerleitung eingesetzt, Vorsitzender war K. Raloff. Kulturelle Aktivitäten wurden von O. Friedländer angeregt mit Unterstützung von H. Reinowski und W. Strzelewicz. Der 1. Mai wurde z. B. mit einem Marsch durch das Lager gefeiert. Nach der Auflösung dieses Auffanglagers im Sommer 1940 kam es zu Diskussionen in der schwedischen Gesellschaft, wie mit den ›Freigelassenen‹ umgegangen werden sollte. Etliche der Kommunisten wurden direkt nach Långmora und Smedsbo verbracht. Die restlichen mussten vorerst von Hilfsorganisationen betreut werden.

Eine andere Alternative sollte 1940 als eine Art Arbeitslager bzw. Arbeitskollektiv in Baggå nahe Skinnskattenberg in Västmanland entstehen. Der Leiter dieser in einem ehemaligen Gutshof, bekannt als Baggå Herrgård, untergebrachten Einrichtung war Ernst Paul. Doch häuften sich bald die Probleme. Es gab Klagen über zu schlechtes Essen, unzureichende Kleidung, politische Querelen mit gegenseitigen Verdächtigungen. Auch W. Brandt soll hier für einige Tage untergebracht worden sein, wie seine damalige Lebensgefährtin Gertrud Meyer später der Autorin Gertrud Lenz mitteilte. Das sich als Kollektiv verstehende Lager bestand nur kurze Zeit nach der Besetzung Norwegens. Über das Lagerleben in Bagga berichtete Paul in der kleinen Schrift *Wo sich die Füchse Gute Nacht sagen oder das Schloß mit den sieben Hütten.* Von März 1942 bis Kriegsende 1945 wurden dort von Norwegen geflüchtete sowjetische Kriegsgefangene untergebracht, danach finnische Kriegskinder. Diese hatte Schweden bereits Anfang 1942 bereitwillig zu Tausenden aufgenommen und in Kinderheimen untergebracht.

Weniger bekannt war beispielsweise das Lager Vägershult in Kronoberg/Jämtland, während in Kusfors/Västerbotten desertierte deutsche Soldaten untergebracht waren. Dieses Lager wurde im Herbst 1944 eingerichtet. Es bestand aus 100 Baracken, in denen an die 1500 Inhaftierte untergebracht werden konnten. Doch lebten dort tatsächlich bis 1945 zeitweilig 141 Internierte. Es war zudem mit Stacheldraht umzäunt und wurde scharf bewacht. Die dort zeitweilig internierten 141 deutschsprachigen Soldaten waren zwar Gegner des Nationalsozialismus, sie wurden als solche aber nicht von den Schweden anerkannt. Weiter waren im Gefängnis von Umeå illegal in Schweden angekommene Flüchtlinge interniert. Zu denen gehörte Georg Wiesholler, der seine Zeit dort so beschrieb: »Im Gefängnis habe ich Säcke geflickt und das Oberleder von den Sohlen von Schuhen sauber und vorsichtig abgetrennt.

(...) Die Gefängniswärter waren höflich, aber das Essen sehr knapp. Ich erinnere mich, daß ich die Kartoffeln mit den Schalen aß und zwischen den Zähnen den Sand verspürte. Morgens gab es Grütze und abends einen Kornkaffee mit Knäckebrot und Käse.« (Aussage Wiesholler)

86 *Baggå Herrgård*

87 *Internierte im Lager Sveg*

Darüber hinaus gab es weitere Lager, die fast Gefängnissen glichen. Sie waren mit Stacheldraht umzäunt, die Insassen mussten Zwangsarbeit leisten und wurden von bewaffneten Aufsehern bewacht. Dazu gehörten *Öreryd* bei Jönköping und *Tappudden-Furudal* in Dalarnas län. Auf Gotland befand sich in Havdhem das Lager *Lingen,* bei Eksjö *Rännestätt,* bei Uddevalla *Backamo* und *Grunnebo.* Laut Aussage von Georg Wiesholler gab es westlich von Kalmar das Waldlager *Ödevata,* in dem etwa 30 Mann auf zwei Stuben verteilt untergebracht waren. Gearbeitet wurde von Montag bis Samstagvormittag im Wald. »Am Samstagnachmittag mußten wir die Stube, den Hausgang sauber machen und dann duschen und Unterwäsche wechseln. Am Sonntagvormittag durften wir in unseren Zivilkleidern spazieren gehen.« Zudem hatten die Gefangenen der Köchin bei der Zubereitung der Mahlzeiten zu helfen, »und ein Konstabel überwachte die Einhaltung der Ordnung und nahm die Einteilung der Arbeit vor.« Für die Arbeit wurde wöchentlich eine Krone bezahlt, deutlich weniger als in Umeå. (Aussage Wiesholler)

Außerdem wurden in sich nicht mehr in Privatbesitz befindenden Herrenhäusern, den Herrgårds, ab 1940 vorübergehend Flüchtlinge untergebracht, wozu z. B. das Anwesen Nolhaga Slott in Alingsås gehörte (GDW, pdf 63 MB). Nahe der finnischen Grenze bei Kalix lag das 1939/40 für schwedische Kommunisten eingerichtete Lager Storsien, in dem nach Kriegsende deutsche Wehrmachtsangehörige untergebracht waren. Viele dieser Lager nahmen nach 1945 Überlebende des Holocaust auf. Einige wurden später zu Gästehäusern und Hotels umgewidmet. (Vgl. Patricia Patkovszky, *Deutsche Flüchtlinge in schwedischen Internierungslagern*) In Lenhovda nahe Kalmar befand sich ebenfalls ein Internierungslager. Mit den einzeln verstreut liegenden Häusern wirkte es sehr offen (später wurden die Häuser als Notunterkünfte genutzt).

Zur besseren Übersicht sind in der nachfolgenden Liste und auf einer Umriss-Karte von Schweden die einzelnen Lager mit ihrer geografischen Verortung verzeichnet:

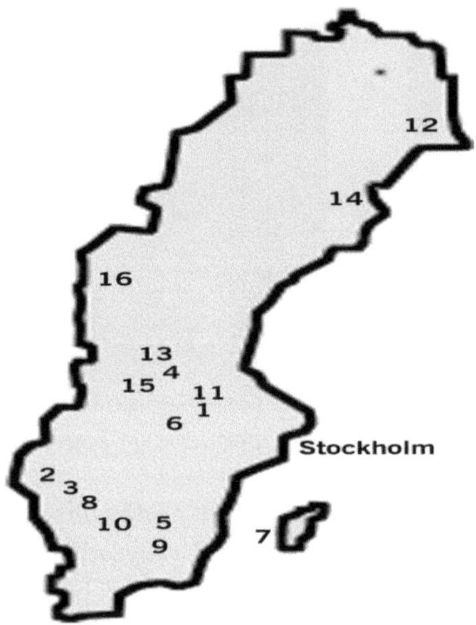

1	**Bagga Herrgård**/Västermansland	**9**	**Ödevata**/Kalmar/Småland
2	**Backamo** /Uddevalla/Västergotland	**10**	**Öreryd**/Jönköping/Småland
3	**Grunnebo**/Uddevalla/Västergotland	**11**	**Smedsbo**/Falun/Dalarna
4	**Långmora**/Falun/Dalarna	**12**	**Storsien**/Luleå/Norrbotten
5	**Lenhovda**/Kronoberg/Småland	**13**	**Tappudden-F.**/Falun/Dalarna
6	**Loka Brunn**/Örebro	**14**	**Umeå/Västerbotten**
7	**Lingen**/ Havdhem/Gotland	**15**	**Falun**/Dalarna
8	**Nolhaga Slott**/Alingsås/Västergotld.	**16**	**Sveg**/Härjedalen/Jämtland

Und wie gestaltete sich der Tagesablauf für die Internierten? Beispielhaft dafür ist ein Tag Lagerleben in Långmora:

7.15	Wecken	13.00	Arbeiten
8.15	Frühstück	15.00	Kaffee, Freizeit
8.30	Bettenmachen	16.30	Unterricht
9.00	Arbeiten	17.45	Abendessen, Freizeit
12.00	Mittagessen	22.30	Schlafenszeit

Alles in allem war also mittels einer mehr oder weniger straffen Odnung für einen möglichst konfliktfreien Aufenthalt gesorgt. Wie unschwer zu erkennen ist, befanden sich die in

Schweden oft auch als »Koncentrationsläger« bezeichneten Lager hauptsächlich im dichter besiedelten Süd- und Mittelschweden.

Widerstandsaktivitäten

In den Jahren des Exils bestanden weiterhin Kontakte nach Deutschland, auch um den gegenseitigen Informationsfluss nicht abreißen zu lassen. Doch ist diese Art der Nachrichtenübermittlung der Gestapo nicht verborgen geblieben. Infolge von Verhaftungen im Reich tätiger Widerständler konnten Verbindungen zu einzelnen Exilierten in Stockholm aufgedeckt werden, wie aus 12 Prozessakten des VGH betr. Stockholm hervorgeht. Im Fokus standen u. a. F. Götze (5J 54/38), H. Urbahns (17J 23/36) , M. Seydewitz (17J 5/36) und besonders K. Mewis[5] (10J 2/43g). Sie wurden in den entsprechenden Akten zwar namentlich genannt, aber nicht angeklagt. (db.saur.de) Die entsprechenden Akten sind ebenfalls den hier vorgestellten jeweiligen Biografien zugeordnet. In welchem Maße allerdings ein Informationsaustausch hinsichtlich der geplanten Sabotageakten in Schweden zwischen der Säpo und der deutschen Gestapo stattfand, ist noch unklar und dem soll auch hier nicht nachgegangen werden. Es ist aber wohl davon auszugehen, dass seitens der in Schweden agierenden Widerständler bestimmte eigentlich geheim gehaltene Vorstellungen und Ideen von Sabotageakten durchgesickert sind. Nicht vergessen werden darf, dass auch Schweden bestimmte Interessen gegenüber dem Deutschen Reich besaß, wobei der Erzexport einen entsprechenden Stellenwert erhielt. Doch war der Austausch zwischen Säpo und Gestapo nicht so stringent, dass es zu den sicherlich von Deutschland geforderten Auslieferungen bestimmter Exilierter gekommen ist.

In der Folge werden die auch im Exil wichtigen politischen Organisationen auf ihre teilweise im Untergrund stattfindenden Aktivitäten kurz behandelt, wobei einige sich besonders profilierten:
Das galt vor allem für die **KPD**, die z. B. 1936 eine Abschnittsleitung Nord in Kopenhagen einrichtete und die in Deutschland Gebliebenen auf regelmäßigen Kurierfahrten nach Berlin mit illegalem Propagandamaterial versorgte. Sie installierte ein gut funktionierendes Netzwerk mit Kontaktleuten, Anlaufstellen, Instrukteuren und Kurieren, das sich nach 1938 deutlich verfestigte. Für diese Aufgabe wurden dafür ausgesuchte Leute speziell geschult und mit falschen Pässen versehen, im präparierten Gepäck illegales Material. Wichtige Routen waren die von Warnemünde nach Gedser in Dänemark und von Sassnitz nach Trelleborg in Schweden. Weitere Anlauf-Häfen für die Widerstandsarbeit waren Göteborg, Helsingborg, Malmö und Stockholm mit ihren internationalen Verbindungen. Erst mit der Verhaftungswelle kommunistischer Kader (u. a. G. Henke, K. Mewis, H. Wehner) 1942/43 kam es zu erheblichen Einschränkungen in der schwedischen Untergrundarbeit. Wenig intensiv war die Unter-

grundarbeit der **SoPaDe**, die ihre Aufgabe darin sah, die schwedische Presse mit Materialien aus Deutschland zu versorgen. Zu den in Stockholm aktiven Widerständlern gehörte z. B. Immanuel Birnbaum, was weiter unten im Fallbeispiel beschrieben wird.

Äußerst minimal gestaltete sich der exilantische Widerstand der **Bündischen** in Schweden. Wie schon im Beitrag zum Deutschen Vortrupp im Exil (→ Vernetzungen) dargelegt, verstand sich nur ein kleiner Kreis um H. J. Schoeps als bündisch orientiert. Die im Herbst 1939 kurz nach der Einreise von ihm gegründete Gruppe bestand u. a. aus den Exilierten H. Frankl, H. Goldstein, P. Leser und G. Salten. Auf den sogenannten Heimabenden, die ganz der Tradition der Bündischen entsprachen, wurden nicht nur Informationen ausgetauscht und diskutiert. Wichtig war auch der gesellige Teil mit dem Singen von bündischen Liedern. Bedeutung erhalten die Zusammenkünfte insbesondere durch das Abfassen von Rundbriefen. Diese wurden in hektografierter Form auf verschiedenen Wegen nach Deutschland geschmuggelt. Aus dem Inhalt konnten dort die Untergrund-Bündischen einiges über die Aktivitäten und die Situation der Exilierten in Schweden erfahren. 1941 löste sich der Kreis auf, auch bedingt durch die Emigration von Leser in die USA und die Ausweisung Saltens nach Deutschland.

Einen hohen Stellenwert soll hier die Untergrundarbeit der Exil-**SAPD** mit Willy Brandt als wichtigem Protagonisten erhalten, wozu relativ enge Beziehungen zwischen den im Exil lebenden Akteuren und denen in Deutschland gehörten. Auch dadurch spielten deren Mitglieder im schwedischen Exil eine besondere Rolle, wie Misgeld betont. So hielten sich 1935/1936 nacheinander Walter Pöppel und Willy Brandt als Instrukteure in Berlin auf. In Holland und Dänemark wirkten nach der deutschen Besetzung Vertrauensleute als Kommuni-katoren. .Da die Stockholmer SAP-Gruppe von der Säpo als radikal-sozialistisch eingestuft wurde, stand sie unter entsprechender Beobachtung mit Hausdurchsuchungen und Verhören. Davon betroffen waren .z. B. die Enderles und auch W. Brandt. (Nelles, *Widerstand*) Von ziemlicher Wichtigkeit war für die SAP die Zusammenarbeit mit der Internationalen Transportarbeiter-Föderation (ITF). Vor allem bestanden Kontakte nach Bremen zur dortigen SAPD-Widerstandsgruppe, was in der Folge ausführlicher beschrieben wird. Die nötigen Finanzierungsmittel wurden u. a. durch Sammlungen und Erlöse aus dem Verkauf von eigens hergestellten Zeitungen erbracht. Von erheblicher Bedeutung war die Beziehung des sogenannten Kreisauer Kreises und dessen Mitglied Adam von Trott zu Solz zu Willy Brandt in Stockholm, auf die ebenso eingegangen wird.

In diesem Kontext ist auch auf die Herausarbeitung bestimmte Friedensziele für die Zeit nach dem Krieg hinzuweisen. Tatsächlich ging man in der 1942 in Stockholm gegründeten und weiter oben ausführlicher beschriebenen Internationalen Gruppe demokratischer Sozialisten (→ Organisationen) davon aus, dass noch 1943 der Krieg beendet werden könnte – und der Friede gewonnen werden müsste auf der Grundlage der Gerechtigkeit und Ebenbürtigkeit nicht nur innerhalb der Nationen sondern auch zwischen diesen.

Demgegenüber stand allerdings das Interesse der Alliierten, die andere Ziele verfolgten. (Misgeld) In der Begegnung Brandts mit Steltzer* und Trott* dürften die Überlegungen der sogenannten Internationalen Gruppe diskutiert worden sein, obwohl die Gruppe selbst sich nicht als eine im Widerstand tätige verortete, sondern die Zukunft mitgestalten wollte.

Ausgangspunkt für die Arbeit der Gruppe waren »Überlegungen über die Möglichkeiten der Errichtung und Sicherung einer internationalen Friedensordnung.« Wobei es Brandt wichtig war, dass die Internationale Gruppe »eine treibende Kraft« sein könnte. Aber »nicht mittels disziplinärer Verordnungen, sondern mittels der Ideen, die sie vertritt«. Doch 1944/45 erkannte man, dass die angedachten Zukunftsvorstellungen nur eingeschränkt durchgesetzt werden konnten. Das vor allem bedingt durch die Besetzungs- und Teilungspläne seitens der Alliierten. (Ebd.)

Aktivitäten der Internationalen Transportarbeiter-Föderation

Die ITF wurde 1896 als gewerkschaftlicher Dachverband gegründet. Sie spielte unter der Leitung von Edo Fimmen* von 1933 bis 1945 eine wichtige Rolle im Kampf gegen den Nationalsozialismus. Zwar war es der Gestapo bereits 1933 gelungen, die gewerkschaftliche Arbeit der organisierten Seeleute zu zerschlagen, übrig blieben kleine, in der Illegalität agierende Gruppen, die aber untereinander keine Verbindungen mehr hatten. Doch konnte mit Hilfe der Seeleute und auch der Eisenbahner ein gut funktionierendes Informationsnetzwerk aufgebaut werden. Ein Zentrum der Widerstandsarbeit war von 1934 bis zur deutschen Besetzung Belgiens 1940 die Hafenstadt Antwerpen, in der in Zusammenarbeit mit der ITF-Zentrale in London systematisch ein illegales Netzwerk ausgebaut wurde. Hierzu war die Schaffung eines Netzes von Vertrauensleuten auf den Schiffen und in den Häfen unerlässlich, wozu auch Rotterdam gehörte. Um 1939 hatte die Antwerpener ITF-Gruppe mit etwa 300 Vertrauensleuten auf deutschen Schiffen (inklusive Binnenschiffen) Kontakt. Zum Netzwerk gehörten die Hafenstädte Bremen, Hamburg, Lübeck, Göteborg, aber auch Helsingborg, Malmö und Stockholm mit ihren internationalen Verbindungen und einzelnen Widerstandsclustern. Wobei die Gruppe in Antwerpen dank der Initiative von Hermann Knüfken das politische Selbstverständnis des ITF-Widerstands prägte. Denn nach Knüfkens Einschätzung ließen sich die Seeleute als sogenannte heimatlose Gesellen nicht so leicht unterdrücken. (Nelles, *Widerstand*)

In Schweden und überhaupt in Westeuropa kam es ab März 1942 zu intensiveren Kontakten der ITF mit dem OSS*, dem US-amerikanischen Nachrichtendienst Office of Strategic Services. Die Verbindug nach Schweden war für das OSS insofern wichtig, um von hier aus Kontakte nach Deutschland und die von ihm besetzten Gebiete zu erhalten. Ein wichtiger Mitarbeiter war I. S. Dorfman, der seit 1944 in Stockholm agierte und dessen Aufgabe darin bestand, Verbindung zu »zuverlässigen Arbeitergruppen im deutschen Untergrund« aufzunehmen. Vor allem stand er in Kontakt zu den Enderles, über die er wichtige

Informationen erhielt und an das OSS weiterleitete. Eigentlich waren auch Aktionen in Deutschland bzw. die Schaffung eines illegalen Netzwerks von Einzelpersonen und Gruppen geplant. Doch stellte sich heraus, dass die ITF und das OSS »die Möglichkeiten in Deutschland weit überschätzt hatten.« Denn der Widerstand dort war nicht so stark verankert wie erhofft. Zudem war es überhaupt schwierig, unter deutschen Seeleuten Hilfswillige zu finden, da ein großer Teil sehr jung und vom Nationalsozialismus überzeugt war. (Nelles)

88 *Vaart frij*
ITF-Denkmal Rotterdam

89 *Ella und Adolf Ehlers, Bremen 1978*

Zwischen Fimmen und August Enderle war es 1933 in Amsterdam zu einem ersten Kontakt gekommen. Als das Ehepaar Enderle 1934 nach Stockholm kam, sollte auch hier mit Hilfe des Svenska Transportarbetareförbundet eine ITF-Gruppe aufgebaut werden. Damit diese vom Büro in Antwerpen als solche anerkannt wurde, forderte Fimmen von August Enderle die Akzeptanz der ITF-Richtlinien sowie monatliche Berichte über die dortige Entwicklung. Ihm lag viel daran, dass die jeweiligen ITF-Gruppen mit den örtlichen Hafenarbeiterorganisationen zusammenarbeiteten. Im August 1937 hielt Fimmen sich persönlich in Stockholm auf, um sich mit der politischen Arbeit der SAP im Untergrund und deren Bedingungen vertraut zu machen und sich mit den Enderles auszutauschen bzw. deren Arbeit zu überprüfen. Als Manko stellte sich heraus, dass es zwischen dem Schwaben August Enderle und den Seeleuten Verständigungsprobleme gab, da »deren Mentalität ihm in gewisser Weise fremd blieb.« (Nelles)

Ebenso hatte August Enderle Kontakt zum im Stockholmer Exil lebenden KPD-Leiter Herbert Warnke, doch konnte er nicht Arno Behrisch für eine Zusammenarbeit gewinnen, wie eigentlich vorgesehen. Das direkte Einsatzgebiet befand sich im damaligen Hafen von Stockholm, dem Frihamnen in Djurgården. Hier sollen nach Aussage von Enderle monatlich etwa 10 bis15 Schiffe bearbeitet worden sein, insgesamt etwa 71. Trotz vieler Bemühungen seitens der Gestapo konnte sie bis 1939 kaum in das illegale Netz der Stockholmer ITF-Gruppe eindringen. Denn klugerweise kontaktierte Enderle nur »die sichersten und intelligentesten Seeleute« zur Nachrichtenübermittlung an die SAPD-Gruppen im Reich. Auf der im Mai 1935 in Roskilde organisierten ITF-Konferenz erhielt der aus Bremen stammende Franz Pietrzak* von Fimmen den Auftrag, die Arbeit der ITF in Göteborg und auch Stockholm zu unterstützen. Doch kam es zu Streitigkeiten mit dem dort tätigen Funktionär Otto Elchner, der allerdings später die Arbeit von Pietrzak sehr lobte.

Neben Stockholm spielte der Göteborger Hafen dank seiner transatlantischen Ausrichtung eine wichtige Rolle. Doch kam es nach der Besetzung Dänemarks und Norwegens zu einer Blockade des Hafens. So wurde im Januar 1943 der Seeverkehr von den Deutschen gesperrt, doch etwa ein Jahr später wieder geöffnet, was wohl als Reaktion auf das Verhalten Schwedens eingeordnet werden kann. (Gruchmann) Die Widerstandsarbeit in Göteborg kam allerdings schon um 1942/43 wegen finanzieller Schwierigkeiten zum Erliegen, was August Enderle als »dicke Luft« bezeichnete. Neben der Verbindung nach Göteborg gab es auch Kontakte zu den Erzhäfen Oxelösund und Luleå sowie zum Hafen Sundsvall. (Nelles: Abb.)

In der in Stockholm agierenden ITF-Gruppe nahm der oben genannte Hermann Knüfken eine herausragende Position ein, was weiter unten in einem Fallbeispiel aus-führlicher dargestellt wird. Zudem half er in seiner Funktion als ITFler, Flüchtlinge ins Ausland zu bringen. Knüfken war zwar in Stockholm sehr aktiv, aber auch in Malmö und Göteborg. In Stockholm stand er in Kontakt zu Arno Behrisch und Immanuel Birnbaum sowie Gottfried Bermann Fischer, die 1940 in einem von den Briten mitinitiierten Sabotagefall involviert waren, was ebenfalls weiter unten im Fallbeispiel dargestellt wird. Doch hatte laut Nelles die ITF selbst nichts mit den hier geschilderten Sabotageaktionen zu tun, auch wenn einzelne Mitglieder wie z. B. Knüfken involviert waren. (Nelles)
Nach dem Ausbruch des Zweiten Weltkriegs 1939 gab es seitens der ITF erst wieder 1941 Kontakte zur Stockholmer Gruppe, zu der jetzt auch Willy Brandt gehörte. Doch gestaltete sich die Arbeit inzwischen weitaus schwieriger, da sich einmal die ITF-Gruppe im Visier der Säpo befand und dann die Schiffsmannschaften kaum noch aus Berufsseeleuten sondern vielfach angeheuerten NS-Leuten bestanden. Das erschwerte stark die Kontaktaufnahme, da das Netz von notwendigen Vertrauensleuten kaum noch vorhanden bzw. stark dezimiert war. Dementsprechend reduzierten sich auch die Aktivitäten seitens der ITF. Trotzdem konnte die schwedische ITF-Gruppe ähnlich wie in Antwerpen noch ziemlich aktiv sein.

Im Austausch mit der Bremer SAPD-Gruppe

Hier handelt es sich um ein zwischen Bremen und Stockholm mit Hilfe der ITF aufgebautes Netzwerk, das schon früh seine Wirksamkeit zeigte und in linearer Kontinuität zur 1933 von der SAPD begonnenen Praxis stand. (P. Brandt) So hatte das in Bremen lebende Parteimitglied Adolf Ehlers* bereits 1934 ein Informationsnetzwerk mit Kurierfahrten nach Holland, Dänemark, Norwegen und Schweden organisiert und dieses koordiniert, das auch in Zusammenarbeit mit seiner Frau Ella. In Bremen selbst agierte die Untergrund-SAPD in Dreier- und Fünfergruppen und stand in enger Beziehung zur ITF, der Internationalen

Transportarbeiter-Föderation. Zwar stand die SAPD in Bremen im Fokus der Gestapo-Beobachtung, doch konnte keine der kleinen Zellen aufgedeckt und überführt werden, da die Parteigruppe in Bremen sehr geschickt agierte, was vor allem ein Verdienst von Adolf Ehlers war. Das Material wurde z. B. im Hamburger Hauptbahnhof ausgetauscht: Ein Kofferträger kam aus Bremen, ein zweiter aus Norwegen oder Schweden mit gleich aussehendem Koffer, beide mit doppeltem Boden. In den Koffern waren Tapeten, mit denen man den Boden verkleisterte, zwischen den Lagen befanden sich einige hundert Dünndruckschriften, was ein übliches Vorgehen war. Ein weiterer und sehr wichtiger Verbindungsstrang nach Schweden bzw. Stockholm lief über den Seeverkehr, und zwar in enger Verbindung zum Ehepaar August und Irmgard Enderle. Während beide in Stockholm als Kontaktpersonen für Schweden fungierten, wurde die Verbindung nach Oslo vor allem durch den nach Norwegen emigrierten Walter Michaelis* gehalten. (Dünzelmann, *Disziplin*)

Doch war laut Aussage von Ehlers die engste Verbindung die nach Schweden zu August Enderle. Als konspirativer Übergabeort für die Seeleute der im Bremer Europahafen einlaufenden Schiffe fungierte etwa ab 1934 ein Fahrradladen am Gröpelinger Deich 98, wie aus einer Aussage von Adolf Ehlers hervorgeht: »Und die Seeleute sind hier bei uns in Bremen angekommen – ganz in der Nähe vom Hafen, in einer Straße, die einseitig bebaut war und genau dem Hafen gegenüber lag, also an der Zollgrenze lang – am Zollgitter. Unser Kontaktmann war ein Fahrradhändler. Da gingen die Seeleute rein, lieferten ihr Material ab und nahmen von uns Briefe oder Berichte entgegen. Und so war es also ein ziemlich gut funktionierender Austausch, besonders mit Schweden.« Nach Ella Ehlers Aussage hieß der fragliche Fahrradhändler Heinrich Büsing, wobei die Materialien z. B. als Mikroaufnahmen in Taschenlampenbatterien verborgen waren. In der Erzählung einer Kontaktperson lief die Übergabe nach einem festgelegten Modus ab: Der Kurier legte eine Taschenlampe mit Batterie auf den Ladentisch und bat um eine neue Batterie. Gleichzeitig fragte er nach Feuer für seine Zigarette, dann wusste Büsing Bescheid und entnahm der Taschenlampe die alte Batterie und legte die danebenliegende neue hinein. Somit konnte eine auf Außenstehende normale Transaktion abgewickelt werden. Die Lieferungen selbst erfolgten nicht in einem regelmäßigen Turnus, sondern kamen bei Büsing höchstens alle paar Monate an. Als beispielhaft für eine nahezu regelmäßige Schiffsverbindung zwischen Bremen und Stockholm ist das Frachtschiff *Mercur 2* von der Neptun-Reederei zu nennen. Dieses lief von Bremen kommend u. a. die schwedischen Häfen Göteborg und Stockholm an und brachte dorthin und von dort zurück entsprechende Materialien. (Ebd.)

In Stockholm stand das Ehepaar August und Irmgard Enderle seit 1934 in enger Verbindung zu Ehlers in Bremen. Im März 1937 etablierte sich eine ITF-Gruppe um August Enderle in Stockholm, eine weitere in Göteborg Ende 1937. Zu diesem Zeitpunkt agierte der aus Bremen stammende und im Widerstand tätige ITF-Funktionär Franz Pietrzak in Göteborg und sollte dort den im Exil lebenden Otto Elchner für die Arbeit mit den Seeleuten anleiten.Von

Bedeutung war vor allem, dass die Enderles seit Jahren mit Edo Fimmen von der ITF bekannt waren, sodass sie auch in Schweden Kontakt zur dortigen Gewerkschaftsgruppe aufnehmen konnten. Obwohl die deutschen Seeleute weniger politisch waren, soll es den Enderles seit 1935 gelungen sein, »mindestens auf jedem anreisenden deutschen Schiff eine Verbindung herzustellen.« Doch durfte keiner der Seeleute von der konspirativen Tätigkeit eines anderen erfahren. Weiter wurden sie laut Bremer »in Stockholm über die Schwierigkeiten der illegalen Arbeit unterrichtet. Dann nahmen sie auf der Rückfahrt ITF-Materialien und SAP-Schriften« mit. (Nelles, *Solidarität*) Ebenfalls spionierten Seeleute deutsche Militär- und Seefahrtsstützpunkte aus und sammelten Informationen für die Enderles, welche diese an westalliierte Nachrichtendienste weiterleiteten. Insofern konnte ein gut funktionierendes Netzwerk entstehen. Die von den Enderles gesammelten Materialien und weitere verschlüsselte Nachrichten kamen zunächst über die ITF nach Hamburg und wurden dort u. a. von Ella Ehlers abgeholt. Aber auch die Häfen in Bremen und Lübeck wurden beliefert. Weiter berichteten die Enderles, dass sie durch die Seeleute, „auch als im Krieg die sonstigen Verbindungen abgerissen waren, ab und zu eine Nachricht an Freunde in Bremen" übermittelten. (Dünzelmann, *Disziplin*)

Nicht nur hatten die Enderles Verbindung zur ITF und zu SAPD-Gruppen im Reich, vor allem gab es auch Kontakt zum OSS, dem US-amerikanischen Nachrichtendienst Office of Strategic Services. Ebenso waren sie an der Organisierung von Treffen und Konferenzen der im skandinavischen Exil tätigen SAP beteiligt, die zumeist im südlichen Schweden stattfanden. So wurde im April 1935 in Schonen ein Schulungskurs für junge Bremer SAPD-Mitglieder veranstaltet. Dann gab es im August 1936 in Kopenhagen eine Konferenz für Mitglieder des Jugendverbandes der SAPD, an der auch Martin Meyer aus Bremen teilnahm. Außerdem gehörten zu den aus Bremen angereisten Widerstandskämpfern Heinz Kundel (Schwager von Helene Warnke) und Christian Stein, die dann weiter nach Stockholm reisten, um sich mit den Enderles auszutauschen. Beide waren während ihres Besuchs Gäste des mit den Enderles befreundeten Buchhändlers Axel Holmström. Zwar waren sie etwas beengt untergebracht, lobten aber nach Aussage von Kundel sehr die gute Verpflegung! (Ebd.)

Bis zum März 1939 war die Gruppe um Ehlers noch fest organisiert, „die theoretische Arbeit war ebenfalls gut vorangegangen", wie Kundel später feststellte. Auch der SJVD war in Sportvereinen, Wandergruppen und anderen kleinen Gruppen „fest verankert". Im Zweiten Weltkrieg musste die Widerstandsarbeit allerdings neu organisiert werden. Lediglich die nunmehr verkleinerte Gruppe um Ehlers stand untereinander in fester Verbindung mit regelmäßigen Zusammenkünften. Nach Schweden waren die Kontakte zur Emigration bei Kriegsausbruch zunächst abgebrochen. Trotzdem gelang es den Enderles, noch Nachrichten nach Bremen zu übermitteln und ab 1941 ihre Zusammenarbeit zu intensivieren. Allerdings bestand keine permanente direkte Verbindung nach Deutschland. Anfang 1942 lief die Kommunikation über mehrere Kontaktstellen, wobei Irmgard Enderle den alliierten Kontakten viel Material aus dem Reich lieferte. Im Sommer konnte in Göteborg wieder direkter Kontakt mit deutschen Seeleuten aufgenommen werden, aber unter verschlechterten Bedingungen. Denn einmal verstärkte in Schweden die Säpo ihre Tätigkeit, zum anderen heuerten zunehmend idealistische junge Nationalsozialisten als Seeleute an. Denn dadurch, dass die Enderles vor Überwachung geschützt waren, konnten sie unbehelligt mit Hilfe der ITF und des schwedischen Seemansverbands auch noch während des Krieges indirekte Verbindung zu Gruppen in Bremen, Hamburg und Lübeck aufrechterhalten. (Ebd.)

Erst im Juni 1944 kam wieder eine direkte Verbindung zwischen Stockholm und Deutschland zustande, obwohl z. B. die Schiffsverbindung stark eingeschränkt war. Trotzdem funktionierte das Informationsnetzwerk zwischen Stockholm und dem Reich bzw. Bremen dank der Verbindungen von August Enderle recht gut. Insofern waren die Bremer SAPD-Mitglieder anscheinend so weit über die theoretischen Überlegungen im Stockholmer Exil informiert, dass sie sich damit auseinandersetzen konnten. Mit dem Ende des Zweiten Weltkriegs im Mai 1945 war auch die Tätigkeit der Bremer SAPD-Widerstandsgruppe beendet, während die Enderles noch im gleichen Jahr zunächst nach Bremen zurückkehren konnten. Laut Willy Brandt gehörte Bremen zu den letzten Städten, zu denen mit Hilfe schwedischer Seeleute illegale Kontakte bestanden. Vor allem ist festzustellen, dass dank der guten Organisierung es der Gestapo in Bremen niemals gelang, »Einblick in die Tätigkeit der Bremer Organisation zu gewinnen«. Zumal der Gestapo keine Überführungen gelangen, wie sie selbst in einem Lagebericht 1937 feststellte. (Ebd.) So befinden sich zudem in den nachgelassenen Aufzeichnungen des damaligen Leiters der Hauptfachgruppe »Seeschiffahrt« der NSBO sowie aller in der NSDAP organisierten Seeleute in Bremen keine Informationen über irgendwelche Widerstandsaktivitäten. (StAB 7,48)

Sabotage als Mittel zum Zweck?

Ab 1938 sah die Situation in vielen skandinavischen und besonders in schwedischen Häfen dramatisch aus, es war »der Teufel los«. Mehrere Schiffe, die für Deutschland wichtige Ladung dorthin bringen sollten, wurden von im Widerstand Tätigen gesprengt bzw. es wurde versucht, sie zu sprengen. Klandestine Unterstützung erhielten sie seitens des britischen Geheimdienstes, dem SIS. Denn Großbritannien waren die von Schweden nach Deutschland durchgeführten Erztransporte »ein Dorn im Auge«. Mit Hilfe von gezielten Sabotageakten sollte Deutschland so getroffen werden, dass ein baldiges Kriegsende erreicht wurde. Als einen wichtigen wunden Punkt erkannten die Alliierten dank der Mitarbeit des im Exil lebenden Stahlmagnaten Fritz Thyssen das Ausbleiben von Erzimporten. Hier galt es anzusetzen, wofür sich vor allem Schweden als Lieferant dieses Rohstoffes anbot. Zur Deckung des Bedarfs hatte Deutschland bisher z. B. 70 Prozent des im Bergbaugebiet um Grängesberg geförderten Erzes gekauft. Das sollte baldigst unterbunden werden, wie besonders von britischer Seite gefordert und betrieben. Also galt es, den Export nach

Deutschland unmöglich zu machen, und zwar u. a. durch Zerstörung der dafür wichtigen Hafenanlagen mittels Dynamit. Die infrage kommenden Häfen befanden sich einmal im von Stockholm weit entfernten Luleå und im 100 Kilometer südlich gelegenen Oxelösund, wo das in Grängesberg (Dalarna) abgebaute Erz verschifft und diesem Hafen daher höchste Priorität eingeräumt wurde. (Birnbaum)

Um diese Transporte zu verhindern, sollten durchaus gewalttätige Aktionen stattfinden, woran vor allem Churchill interessiert gewesen sein soll. Dazu benötigte der damit befasste britische SIS (Secret Intelligence Service) vor allem Kontakte zu entsprechend motivierten deutschen Exilierten in Stockholm. Mit dieser Aufgabe wurde der für den Geheimdienst wichtige A. F. Rickman* betraut, Nicht nur sollte eine »Zersetzungspropaganda nach Deutschland hinein« organisiert werden. Vor allem galt es, sich auf die Sprengungen exakt vorzubereiten. In der Erzählung von Daniel Birnbaum traf Rickman sich in London mehrmals mit Mitarbeitern aus der Sektion D des SIS. Diesen legte er umfangreiche und zum Teil detaillierte Zeichnungen, Karten und Fotos vor. Ebenso informierte er die Planungsgruppe über den Arbeitsablauf im Hafen von Oxelösund, was Birnbaum so beschreibt: Es war Rickman wichtig, wie der Hafenkran »und der Transportwagen das frisch eingetroffene Erz zur Halde oder direkt aufs Schiff oder auch von der Halde zum Schiff« transportierte. Als in Schweden lebende Vertrauensleute wurden ihm Arno Behrisch, Gottfried Bermann Fischer und Immanuel Birnbaum empfohlen, die in der Folge auch aktiv wurden. Der Kontakt zu Birnbaum fand über Bermann Fischer statt und umfasste auch Birnbaums Verbindung nach Berlin. Die einzelnen Treffen wurden an neutralen Orten in Stockholm arrangiert, wo es nicht nur um mögliche Anschläge ging sondern auch um den Einsatz von Propagandamaterial. In diesem Zusammenhang verschickte z. B. Behrisch etwa 30 000 illegale Propagandabriefe an politisch Gleichgesinnte in Kopenhagen, die wiederum die Materialien deutschen Seeleuten übergaben. um sie nach Bremen und Hamburg zu schmuggeln. Im November erhielt der weiterhin in Stockholm agierende Rickman eine Kiste mit hochexplosiven Sprengstoffen, die im Keller der von ihm geführten Scheinfirma Dentalmaterial gelagert wurde. (Ebd.)

Im Fokus des Interesses vom SIS und Rickman stand darüber hinaus der Erzabbau in Kiruna im Norden Schwedens, um auch dort Sabotageakte durchzuführen. Vor allem war man am im Grenzgebiet nach Norwegen angelegten unterirdischen Tunnelsystem interessiert. Das hier geförderte Eisenerz wurde mit der sogenannten Eisenerzbahn, der schwedischen Malmbanan, abtransportiert und in den Häfen Narvik und Luleå verschifft. Von daher war die eher kleine Stadt Luleå mit ihrer infrastrukturellen Struktur von Straße, Schiene und Hafen von nicht unerheblicher Bedeutung für die Verschiffung von Eisenerz. Zur Vorbereitung auf die geplanten Vorhaben hatte Rickman in einem Notizbuch umfangreiche Angaben zu den jeweiligen örtlichen Gegebenheiten verzeichnet. Eine wichtige Erkenntnis war, dass

Erzgruben, Eisenbahnverbindungen und Hafenanlagen effektiv zusammenwirkten und insofern ein Sabotageakt erfolgreich durchgeführt werden konnte. (Birnbaum)

Hinsichtlich Luleå war z. B. geplant, im Fluss Luleälv am Eingang bzw. Ausgang des Hafens ein mit Zement beladenes Schiff per Explosion so zu versenken, dass es nicht mehr zu bergen war und den Hafenbereich blockierte. Auch das vom Süden in die Stadt führende Straßennetz galt zusammen mit der Eisenbahntrasse als neuralgischer Punkt. Ebenso bedeutsam für einen Anschlag waren die Grenzstation der schwedischen Erzbahn an der norwegischen Grenze bei Narvik und das dortige Tunnelsystem, was von Rickman bei seinen Recherchen klar erkannt wurde. (Ebd.) Doch Anfang April 1940 konnten die Alliierten Narvik vorübergehend besetzen, wodurch geplante Sabotageaktionen hinfällig wurden. Auch nach der erneuten Besetzung Narviks durch die deutsche Wehrmacht im Juni und infolge der Verhaftungen beteiligter Akteure in Stockholm kam es nicht zu irgendwelchen Sabotageaktionen. Sowieso wurden auf deutschen Wunsch hin bestimmte ins Visier der Polizei geratene Personen stärker überwacht. (Borgersrud) Tatsächlich kam es auch zu etlichen Verhaftungen und Verurteilungen, die aber nach dem schwedischen Strafrecht* erfolgten.

Zunächst war aber vorgesehen, im Februar 1940 im Hafen von Oxelösund mit seiner Verbindung in das Bergbaugebiet um Grängensberg, die dortigen zwei Hebekräne zu sprengen. A. Behrisch war damit zunächst zwar einverstanden, doch kam er zu der Erkenntnis, dass der Plan eigentlich ohne Bedeutung sei, weil ohne direkte Folgen. Darüber hinaus waren von britischer Seite mehrere Treffen vom Geheimdienst-Mitarbeiter A. F. Rickman in London arrangiert worden. Auf einer der Versammlungen im gleichen Monat legte er eine Karte von Oxelösund vor, auf der alle Fahrtrouten verzeichnet waren und überhaupt Informationen zur Infrastruktur. Weiter informierte Rickman über das bereits in Stockholms Innenstadt deponierte TNT. Die Dynamitstäbe sollten nach Oxelösund transportiert werden, um sie dort im Hafen an Innenseiten der Hebekräne zu befestigen, sie mit Zündschnüren zu verbinden und gleichzeitig explodieren zu lassen. Doch da wegen der Kälte die Stäbe gefroren waren, mussten diese erst langsam auftauen. Zur Vorbereitung auf die geplante Aktion fuhr Rickman zusammen mit Behrisch mehrmals von Stockholm nach Oxelösund und hatte immer den Sprengstoff im Kofferraum seines Autos dabei. In Oxelösund kontaktierte er klandestin die Schauerleute und vermaß die fraglichen Anlagen sehr genau, vertagte aber immer wieder die Aktion. (Ebd.)

Letztendlich konnte das Vorhaben nicht durchgeführt werden, da die schwedische Polizei die Gruppe durch Verhaftung zerschlug und das schwedische Strafrecht zum Einsatz kam. Dank der polizeilichen Recherchen wurde herausgefunden, dass Rickman mit einigen jungen Engländern nach Oxelösund gefahren war. Da es aber bereits zu dunkel war, um Sprengmittel an den zwei Hebekränen am Erzkai zu befestigen und auch Arbeiter am Kai beschäftigt waren, sollte die Aktion später stattfinden. Bei einem nochmaligen Versuch am 12. April wurde Rickman von drei englischen Akteuren begleitet, doch landete das Auto von Rickman durch seine Unaufmerksamkeit in einem Straßengraben – wiederum konnte die Aktion nicht durchgeführt werden. Inzwischen war die Säpo allerdings auf die sogenannte Rickman-Gruppe bzw. Liga aufmerksam geworden und verhaftete die Beteiligten. Neben 26 Personen aus dem Umfeld der Rickman-Gruppe wurden später auch A. Behrisch, G. Bermann Fischer, I. Birnbaum und auch Ludwig Lewy verhaftet und verurteilt, wie aus den Biografien und dem nachfolgenden Fallbeispiel Birnbaum hervorgeht. (Ebd.; Birnbaum). Ebenso gab es eine konspirative Verbindung der Briten zu Hermann Knüfken, was im weiter unten stehenden Fallbeispiel thematisiert wird. So war eine Beteiligung Knüfkens in Oxelösund zunächst zwar geplant, wurde dann aber verworfen. (Nelles, *Widerstand*) Auch Willy Brandt hat in seinen *Erinnerungen* kurz auf diese Aktion hingewiesen. Auf schwedischer Seite standen bestimmte konspirative Aktivitäten durchaus unter Beobachtung, was z. B. Leif Björkman in seinem Buch *Säkerhetsjänstens egen berättelse om spionjakten krigsåren 1939-1942* untersucht hat. In Berlin wurde auf diese Vorgänge mit einer Warnung vor Knüfken, Rickman und Schaap* gegenüber schwedischen Diplomaten reagiert.

Rickman selbst wurde am 19. April 1940 am frühen Abend zusammen mit seiner schwedischen Verlobten im Büro der von ihm gegründeten Schein-Firma AB Dentalmaterial in der Stockholmer Innenstadt festgenommen. Bei der Durchsuchung von mehreren Lager- und Kellerräumen fand man 63,6 Kilogramm Sprengstoff, weitere 57,3 Kilogramm Sprengmittel und 320 Magnesium-Brandbomben sowie Utensilien zur Fertigung von Sprengstoff. Über die Verhaftung berichtete auch die Presse, die vor allem von einem geheimnisvollen Brief berichtete. Absender sollte ein deutscher Journalist sein, der ohne Unterschrift ein Berliner Zeitungsbüro angeschrieben hatte. Einige Tage später wurde auch A. Behrisch am 23. April verhaftet. Er wurde dann zu drei Jahren Gefängnis in Långholmen und sechs Monate Zwangsarbeit in Smedsbo verurteilt. Laut einem Artikel in der *Dagens Nyheter* vom 30. Juni 1940 waren die Handlungen der Angeklagten, vor allem das Agieren von A. Behrisch, aus Sicht Außenstehender als Kriegsverrat zu werten. (Birnbaum; Spiegel 8/1961) Darüber hinaus gab es in Schweden weitere Anschlagspläne auf bestimmte Institutionen. Beispielhaft dafür war der in diesem Zeitraum durchgeführte Anschlag auf die Räume der kommunistischen Tageszeitung *Flamman,* bei dem es mehrere Tote gegeben hatte. (Birnbaum)

Doch war nicht nur der britische Geheimdienst in Sachen Sabotage in Schweden aktiv. Auch der sowjetische NKWD agierte in diesem Umfeld. Das führt u. a. zu der Frage, ob Knüfken und Wollweber sich als Kontrahenten wahrnahmen oder respektierten. Tatsächlich bestanden erhebliche ideologische Diskrepanzen, denen hier aber nicht nachgegangen wird. Vielmehr stehen die Akteure Knüfken und Wollweber in diesem Fall für ein Nebeneinander mit ähnlicher Zielsetzung und möglichen Überlappungen. Doch führten die Auseinandersetzungen letzlich zum Bruch und die Gruppe um Knüfken operierte getrennt von Wollweber und insofern auch Moskau.

90 *Hafenansicht von Oxelösund*

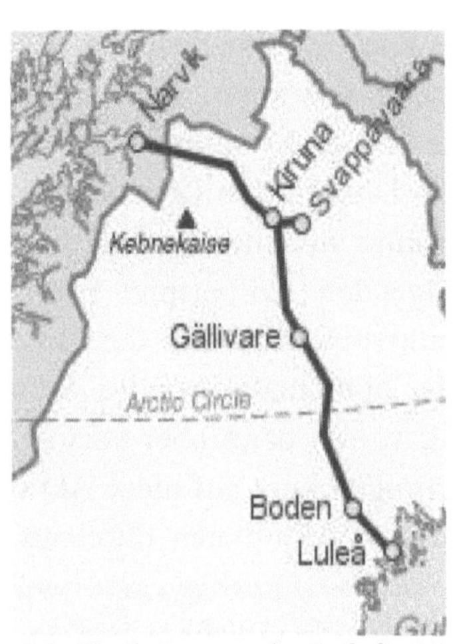

91 *Erzbahnstrecke Luleå—Narvik*

Darüber hinaus wurde von deutscher Seite das Reichssicherheitshauptamt (RSHA) aktiv, um auf die schwedische Polizei zwecks Bekämpfung der Sabotageaktivitäten einzuwirken. Bei einem Treffen mit schwedischen Kriminalbeamten in Berlin überreichte ihnen die Gestapo eine Liste mit 25 Namen und der Aufforderung, diese zu überwachen. Als sehr wichtige Person wurde Wollweber eingeordnet, Aber auch Schaap und Bargstädt standen im Fokus. Deren Operationszentrale in Stockholm lag mit Stützpunkten in Luleå, Trelleborg, Hälsingborg und Malmö, wo neue Projekte geplant und vorbereitet wurden. Ebenso war man in Berlin seitens der Gestapo an einer Zusammenarbeit mit niederländischen. dänischen, norwegischen und schwedischen Polizeibehörden interessier. So organisierte man im September 1938 ind Hamburg eine Konferenz mit Vertretern der genannten Länder. (Vgl. Scholz, *Wollweber)* Iin Deutschland selbst kam es in den Jahren 1941/1942 zu mehrfachen Verhaftungen wegen Vorbereitung zum Hochverrat. (Vgl. Akten VGH in db.saur.de)

Tatsächlich ist es ab 1936 zu vielfachen Sabotageaktionen nicht nur an sogenannten Feindschiffen gekommen. Diese vorzubereiten, bedurfte einer ausgeklügelten Logistik. Ziel war , »die Transportlinien der faschistischen Staaten [Deutschland, Italien, Japan] zu stören und eventuell den Feind materiell zu schädigen«. (Scholz; s.a. Borgeruds)

Zur Verdeutlichung und Ergänzung dieses Themas werden auf den nachfolgenden Seiten ein Beziehungsnetz sowie Fallbeispiele bestimmter Aktivisten dargestellt:

Fallbeispiele:

Immanuel Birnbaum

Schon zeitig nach seiner Ankunft in Stockholm im Oktober 1939 überbrachte ihm im November jemand Grüße von E. Kutzner aus Berlin, der zur Wehrmacht eingezogen war. Doch sollte die bestehende Korrespondenz weitergeführt werden, und zwar mit der ebenfalls im Widerstand tätigen Ilse Stöbe. In der Folge sollte Birnbaum dem Berliner Zeitungsbureau* eine »direkte Fühlungnahme« zu Personen aus anderen kriegführenden Ländern zwecks Weitergabe von Informationen verschaffen. Es gelang Birnbaum, Kontakt zum oben genannten Agenten Rickman aufzunehmen. Bei einem Treffen mit diesem in einnem Cafe in der Kungsgatan erhielt Birnbaum eine Art Buch, das vor einem Jahr in London veröffentlicht worden war. Er öffnete »den kleinen Band über das schwedische Eisenerz, »der von den Gruben in Norrland, den Transportwegen und den Hafenanlagen handelte, Er war mit Karten und Diagrammen versehen« und vor einem Jahr in London mit dem Titel *Swedish Iron Ore* veröffentlicht worden, verfasst von Alfred Frederick Rickman. Rickman verabschiedete sich scchon bald und hinterließ einen ratlosen Immanuel. »Vieles erschien ihm unbegreiflich. Was erwartete man von ihm?« (Birnbaum 82f)

Kurz darauf besuchte ihn ein Wolfgang Horst und übergab ihm einen Tintenkuli mit einem Fläschchen Geheimschrift für den weiteren Schriftverkehr nach Berlin. Horst gehörte zum Kreis des Berliner Zeitungsbureaus und hatte eines Tages Birnbaum in Stockholm angerufen, um mit ihm über den Druck von Propagandamaterialien gegen die Nazis in Schweden zu sprechen. Zuvor hatte Birnbaum dem Büro und auch Kutzner immer wieder gegen Bezahlung Artikel unter dem Kürzel Dr. B. geschickt. Dafür erhielt er monatlich 400 Mark. Bei einem persönlichen Treffen beauftragte Horst ihn, Informationen aus diplomatischen Kreisen und überhaupt zu sammeln, sozusagen als »Blick hinter die Kulissen«. Doch sollten die Informationen nicht nur Schweden betreffen, sondern auch die kriegführenden Parteien. Zusätzlich erhielt Birnbaum das Werkzeug für die unsichtbare klandestine Übermittlung der Informationen als versteckte Nachrichten. Nach seinem ersten Treffen mit Rickman erhielt Birnbaum von ihm das besagte Notizbuch und informierte darüber das Zeitungsbureau in Berlin. (Ebd.; Coppi/Kebir)

In diesem ersten mit Geheimtinte überschriebenen Brief erwähnte er einen Richard (gemeint war Rickman) und warf ihn nach einigem Zaudern in den Briefkasten. (Birnbaum) Später, d. h. am 8. Februar 1940 fing die schwedische Zensurstelle einen Brief ab, da der Absender namens Kant und der Brief wohl überhaupt suspekt erschien. Empfänger des Briefes war E. Kutzner mit der Adresse Berlin NW 40, Postfach Nr. 23, woraufhin der Brief an die Polizei weitergeleitet wurde. Nach einer genauen chemischen Prüfung konnte der eigentlich verfasste originale Brief ausgewertet werden. Zum Verschlüsseln hatte Birnbaum eine bestimmte gelbfarbige Tinte benutzt, wie die Kriminaltechniker herausfanden. Auf Birnbaum selbst kam man über den von ihm benutzten Namen Kant – also musste der Absender einen Bezug zu diesem Philosophen haben. Man kombinierte: gleicher Vorname, nämlich Immanuel. Wer von den fraglichen Exilierten trug ebenfalls diesen Namen?: Immanuel Birnbaum. Der Inhalt des Briefes selbst war eher nichtssagend, enthielt aber diese Mitteilung über eine Verbindung zu Rickman,

> *(...) Die Verbindung mit meinem Onkel Richard, von dem Sie haben sprechen hören,*
> *ist bisher nicht von größerem Nutzen für mich gewesen, aber ich sehe sie als viel-*
> *versprechend für die Zukunft an. Der Alte ist ein sehr mißtrauischer Mann und hat*
> *nicht viel aus der Verbindung mit mir zu erwarten (...)*
> *Ihr sehr ergebener Kant*

doch nichts über eine geplante Sabotageaktion. Eine wichtige Information für die Polizei war die Unterstützung des Kreises um Birnbaum durch die Briten, die ja den weiteren Erzexport nach Deutschland verhindern wollten. (Birnbaum; Kern)

Am Morgen des 13. April 1940 suchten ihn zwei Polizisten zum Verhör in seiner Wohnung auf. Zunächst wollten sie wissen, von wem er die Tinte bekommen habe. Die hatte ihm ein Wolfgang Horst gegeben mit entsprechenden Anweisungen. Wer war diese Person und wer wer waren andere Birnbaum von einer Liste abgelesenen Namen? Auch wurde nach dem

Kontakt zu Kutzner und dem Zeitungsbüro, in dem er beschäftigt war, gefragt. Eine weitere Frage war die zur Tätigkeit des Mannes (Rickman), der zugegeben hatte, dem britischen Secret Service Propagandamaterial zugearbeitet zu haben. Was wusste er überhaupt über die Tätigkeit des Mannes bezüglich politischer Propaganda und Agitation. Bei der Durchsuchung der Wohnräume wurden eine Schreibmaschine, ein Tintenkuli, ein Glasgefäß mit gelb-grüner Flüssigkeit mit der Aufschrift T (sog. Blutlaugensalz) sichergestellt. In der Folge musste Birnbaum sich im Kronoberggefängnis weiterhin den Fragen der politischen Polizei stellen, der Säpo. In den Verhören wurde ihm unterstellt, ein deutscher Spion gewesen zu sein. Zu seiner Verteidigung erwähnte er einmal seine Tätigkeit für das oppositionelle Zeitungsbüro in Berlin und die fragliche Tinte habe er sowieso nur einmal benutzt. Am 15. Mai 1940 wurde er wegen »unerlaubter Nachrichtenübermittlung« zu acht Monaten Gefängnis verurteilt. Nach seiner Entlassung war er zunächst staatenlos, da ihm das deutsche Reich die deutsche Staatsbürgerschaft entzogen hatte. Danach war er bis 1943 im Lager Smedsbo interniert. (Birnbaum; Coppi/Kebir; Kern)

Nach Kriegsende publizierte Birnbaum in der Zeitung *Aftonbladet* eine Stellungnahme zu den Ereignissen von 1940. Er betonte darin, dass er gezwungen war, »den antinazistischen Charakter des Berliner Zeitungsbüros geheimzuhalten«. Zweck war ja gewesen, einen Kontakt zwischen dem Kreis um Rickman und dem Zeitungsbüro mit der englischen Propaganda zu vermitteln.« (Birnbaum) In diesem Kontext war auch Hermann Knüfken vom Vorwurf der Sabotage betroffen, wie in der Folge beschrieben wird.

Hermann Knüfken

Seit 1932 war er wieder in Deutschland aktiv und ab 1933 in den Niederlanden und Belgien. Zunächst hatte er von Rotterdam und dann ab Ende 1934 von Antwerpen aus mitgeholfen, das illegale Netz der ITF systematisch auszubauen, obwohl viele illegale Gruppen von der Gestapo zerschlagen wurden. In Rotterdam war er Leiter des dortigen Interclubs[6], der deutsche Seeleute und Rheinschiffer mit Informationen und Materialien versorgte. Darüber hinaus gab es seit 1933/34 Kontakte zum britischen Geheimdienst SIS und zum französischen Nachrichtendienst, die er in der Folge mit intensiv gesammelten Informationen z. B. über militärische Anlagen im Reich belieferte. Um 1936 hatte die von Knüfken in Antwerpen geleitete zehnköpfige Gruppe die meisten Verbindungen zu Seeleuten in den Häfen herstellen können, das auch mit Hilfe des oben genannten F. Pietrzak. Diese zehnköpfige Gruppe agierte selbständig und unabhängig von der Wollweber-Gruppe und Moskau. Deren Aktivitäten blieben der Gestapo nicht verborgen und diese ließ die Gruppe daher von Anfang an durch V-Leute und Spitzel überwachen. Dementsprechend kam es auch zu etlichen Verhaftungen, wie bestimmte Akten des VGH belegen und die auch Informationen zu Knüfken enthalten. So wies er nach seinem »Auftauchen« in Antwerpen die dortigen Genossen an, auch in den Abendstunden die Propagandatätigkeit in den Verkehrswirtschaften der Seeleute fortzusetzen. (Az. 9J 90/42g sowie 10J 102/42 und 10J 129/42; db.saur.de)

Nach Aussage eines Spitzels tarnte sich die Knüfken-Gruppe nach außen hin als ITF-Akteure, wären aber tatsächlich als Spione und Saboteure gegen Deutschland tätig. Laut der Prozessakte 9J 171/41g des VGH wurde Knüfken als rührigster Agent des ITF bezeichnet, der ursprünglich für die kommunistische ISH (International Seamen and harbour workers) tätig war und Beziehungen zum (britischen) Secret Service unterhielt. Es wurde zwar 1939 gegen Knüfken ein Verfahren unter dem Aktenzeichen 9J 7/39g angestrengt, aber da Knüfken inzwischen flüchtig war, kam es nicht zu einer Anklage. Zu dem mit Knüfken verbundenen Kreis gehörte u. a. der bis 1933 in Bremen aktiv gewesene Waldemar Pötzsch*, von dem er wohl auch Informationen zu dortigen militärischen Einrichtungen erhielt. Das betraf beispielsweise das Großtanklager in Bremen-Farge, (Nelles, *Widerstand*) an dessen Stelle später der U-Bootbunker Valentin errichtet wurde. Eine andere Person war D. Dukker, der von der Gestapo auf die Sonderfahndungsliste (das sogenannte Black Book Hitlers) für Großbritannien gesetzt wurde.

Vor allem 1938 entwickelte die Antwerpener Gruppe Aktivitäten, um bestimmte Schwachstellen der deutschen Wehrmacht und überhaupt zu erkunden. Dazu gehörten z. B. die Eisenerztransporte aus Skandinavien, die mittels Sabotageakten in Schweden und Norwegen gestört werden sollten, so die Planung. (Ebd.) Das geschah in Zusammenarbeit und mit Wissen und Unterstützung einiger westalliierter Dienste, für die Antwerpen ein wichtiges Rekrutierungsfeld für im Untergrund tätige Informanten geworden war. Sowohl er als auch Pötzsch standen in Verdacht, Sprengstoffanschläge u. a. auf Schiffe zwecks Sabotage zu planen. Bedingt durch Aussagen von V-Leuten und Verhafteten erfuhren die maßgeblichen reichsdeutschen Stellen von derartigen Plänen. Dadurch stand Knüfken verstärkt im Fokus der Gestapo und des Reichssicherheitshauptamtes (RSHA). Es war vorgesehen, ihn und auch Pötzsch zu verhaften und anzuklagen. Doch da Knüfken als Nichtausgebürgerter im Ausland lebte, war das nur mittels eines Auslieferungsverfahrens möglich, wie weiter unten beschrieben. Im Gegensatz zu Pötzsch war Knüfken in Bremen wohl nur verdeckt aktiv und dort auch nicht gemeldet. Doch stellte die Gestapo mutmaßlich eine Verbindung her zwischen ihm und Pötzsch und sah sie als einheitlich tätiges Paar. Im Fokus der Gestapo in Bremen und Hamburg standen auch deutsche Seeleute, die in Antwerpen gewesen waren und deswegen über Knüfken und Wollweber verhört wurden. (Borgersrud)

Hermann Knüfken verließ nach Kriegsausbruch ebenfalls Antwerpen in Richtung London und ging danach zunächst nach Dänemark. Im Oktober 1939 reiste er von Oslo kommend mit einem dänischen Pass unter dem Namen Carl Knudsen in Schweden ein. In Göteborg nahm er Kontakt zu Mitarbeitern der ITF auf und reiste dann weiter nach Stockholm. Hier wurde der dortige ITF-Mann Lindley sein Ansprechpartner, mit dem er eng zusammenarbeitete. Er musste aber erkennen, dass »die Möglichkeiten der Arbeit in Schweden sich seit Kriegsausbruch enorm verschlechtert hatten«. Was auch bedeutete, dass die deutschen Exilierten nunmehr noch stärker unter Beobachtung der Säpo standen. Ebenso nahm Knüfken nicht nur Verbindung zu den Enderles sowie zu einem aus Bremen stammenden ITF-Vertrauensmann auf, sondern hatte auch Kontakt zu A. Behrisch, G. Bermann Fischer, I. Birnbaum und anderen. Es ist allerdings unklar, ob und inwieweit es zu einer Begegnung mit dem britischen Agenten Rickman in Stockholm gekommen ist. (Ebd.)

Nach seiner Ankunft in Stockholm wollte Knüfken das von ihm gesammelte Material über die britische Botschaft an eine bestimmte Adresse befördern lassen. Was dem schwedischen Wachmann als seinerzeit einzig Anwesendem in der Botschaft sehr suspekt erschien und er daher die Polizei verständigte. In der Folge beschattete die Säpo den als Matrosen herumziehenden Knüfken und verhaftete ihn. Es stellte sich heraus, dass er ein aus Dänemark wegen illegaler Tätigkeit für die ITF abgeschobener Deutscher war. In seinem Besitz fanden sich Postkarten von schwedischen Erzhäfen und viele Zettel, die er nach London schicken wollte. Auf einigen Zetteln waren Zeichnungen, Diagramme und Hafenanlagen abgebildet. Zudem hatte er einen etwa 100 Seiten starken Bericht verfasst über deutsche Militäranlagen, wozu auch ein Großtanklager in Bremen-Farge gehörte (wo später der U-Boot-Bunker Valentin errichtet wurde). Im Verhör durch den schwedischen militärischen Geheimdienst informierte er diesen über deutsche Kriegsschiffe und über alles, was er herausgefunden hatte. Ebenso soll er einen Bericht verfasst haben, der alles enthielt, was er selbst über die Sabotagetätigkeit von Wollweber wusste sowie die Verbindung zu Pötzsch in Antwerpen, der daraufhin späer in Dänemark verhaftet wurde. Davon erhoffte Knüfken sich, Schweden wieder unbehelligt verlassen zu können. Doch wurde er wegen Passvergehens und ungesetzlichen Sammelns von Informationen zu fünf Monaten Gefängnis in Falun verurteilt. Nach seiner Freilassung im Mai 1940 sollte er dann einen Fremdenpass erhalten. (Ebd.)

Allerdings hatte die Stockholmer Polizei die Gestapo in Berlin über den Vorgang informiert, woraufhin die Stapoleitstelle in Düsseldorf, wo Knüfken 1911 zuletzt in Deutschland gemeldet war, einen Antrag auf Auslieferung Knüfkens bei der schwedischen Regierung stellen sollte. Das hätte dem deutschen RSHA die Möglichkeit gegeben, ihn festsetzen und anklagen zu können. Doch da er in Düsseldorf nicht mehr gemeldet war, wurde die Sache an die Gestapo in Bremen übergeben mit dem Auftrag, den Fall Knüfken zu bearbeiten. Dieses Vorgehen dürfte aus der engen Verbindung zwischen Knüfken und Pötzsch resultieren. In Bremen konnte das Amtsgericht Knüfken aber keine »strafbare kriminelle Handlung« nachweisen und schlug vor, den Auslieferungsantrag mit seiner angenommenen Beteiligung an Schiffssabotageakten zu begründen. Zumal er nicht als Funktionär der ITF handelte, sondern als Agent »101B« des SIS, wie man herausgefunden hatte. Daher stellte das Amtsgericht am 4. Mai 1940 einen Haftbefehl aus und fügte diesen den nach Schweden geschickten Unterlagen bei. (Ebd.; s. a. BArch R 58, 3110) Interessant ist, dass sich die Verhaftung von Pötzsch in Kopenhagen im April fast zeitgleich mit dem Antrag auf Auslieferung deckt. Darüber hinaus war ein Mitarbeiter des schwedischen Außenministeriums in Berlin über die Aktivitäten der sogenannten Saboteure Knüfken und Rickmann und deren Verbundenheit mit dem SIS informiert worden. Außerdem wurde auch vor Josef Schaap* gewarnt. (Flocken/Scholz)

Hinsichtlich der Verhaftung von Knüfken hatte das Justizministerium vom Außenministerium den in Bremen ausgestellten Haftbefehl erhalten. Grund dafür war Knüfkens Verantwortung für 10 Sabotageaktionen, was dieser in den Verhören abstritt und den Verdacht auf Wollweber lenkte. Beide wurden vom Stockholmer Stadtgericht wegen Passfälschung verurteilt, doch wurde der Sabotagevorwurf nicht erwähnt.. Zudem stand eine mögliche Auslieferung im Raum. Da Knüfken klar war, dass er auf keinen Fall nach Deutschland ausgeliefert werden durfte, wo seine Aktivitäten als »hochverräterisch« galten, bat er Lindley um Vermittlung bei der schwedischen Regierung. Dank der dann erfolgten massiven Hilfe von britischer Seite und durch Lindley erfolgte keine Auslieferung, zumal man auch die bedrohliche Lage Knüfkens erkannte. Zudem konnte man ihm keine Mittäterschaft im Sabotagevorfall Oxelösund nachweisen.

Nach einigen Überlegungen kam das schwedische Justizministerium auf die Idee, »ihn als geisteskrank im Långholmens Gefängniskrankenhaus behandeln zu lassen.« (Borgersrud) Er wurde daher im März 1941 in der Abteilung für Geisteskranke im Gefängnis Långholmen untergebracht, wo er den Namen Fredag erhielt, da er an einem Freitag eingeliefert wurde. Der deutschen Botschaft wurde mitgeteilt, Knüfken befinde sich in einem Gefängnishospital, daher müsse die Auslieferung verschoben werden. Im Gefängnis selbst kannte außer dem leitenden Arzt niemand Fredags Identität, wie Staffan Lamm schildert. (Lamm in *Flamman*; s. a. Nelles, *Knüfken*; Bildzitat) Da von deutscher Seite ein ziemlicher Druck ausgeübt wurde, musste Knüfken »deshalb in totaler Isolation verbleiben« bis zu seiner Entlassung im März 1944. Laut Aussage von Lindley wurde Knüfken im September 1944 mit einem britischen Spezialflugzeug außer Landes geflogen. (Borgeruds) Im gleichen Zeitraum wurde er vom Berliner Volksgerichtshof in insgesamt 13 Verfahren unter seinem Namen und dem Decknamen erfasst, und zwar in Zusammenhang mit »verräterischem« Verhalten. Aus den jeweiligen Anklageschriften ging in der Regel seine derzeitig vorherrschende politische Gesinnung hervor sowie sein jeweiliger Aufenthaltsort und die damit zusammen hängende Funktion. So soll er sich beispielsweise 1932 in Hamburg »als Beauftragter der Komintern mit der Bearbeitung des skandinavischen Länder befaßt« haben. Und in Rotterdam wirkte er bei der Propagandaarbeit des dortigen Interklubs mit und hatte Kontakt zu einer Gruppe, die sich »auch mit Schiffssabotage befaßte«. (Az. 9J 389/39, db.saur.de; Zarusky/Mehringer)

Nachdem es in Schweden zu Protesten gekommen war, weil man Knüfken ohne ein Gerichtsverfahren inhaftiert hatte, wurde er im November 1943 in die Bewährungseinrichtung Håga in Södertälje verlegt, wo er sich in der Stadt frei bewegen durfte. Dort blieb er bis zu seiner endgültigen Freilassung im Oktober 1944. Dank der Intervention von Lindley und anderen Persönlichkeiten konnte er Schweden unbehelligt verlassen und nach Großbritannien ausreisen. Er hatte aber gehofft, wieder in die Arbeit des ITF eingebunden zu werden. (Nelles,

Widerstand) Doch konnte er sich erst wieder 1946/47 in Hamburg gewerkschaftspolitisch verorten. Ein Versuch, der allerdings scheiterte. (Vgl. Biografien)

92 Buch/Bildzitat
Immanuel Birnbaum

93 *Symbolbild: Hafenkran*

94 Buch/Bildzitat Flammann
H. Knüfken / Fredag

Ernst Wollweber

Doch nicht nur der britische Geheimdient war in Sachen Sabotage involviert. Ähnliche Aktivitäten und Bestrebungen gingen auch vom sowjetischen NKDW aus. Inwieweit Wollweber in Kontakt mit Knüfken stand, ist unklar. Auch Nelles erwähnt keine mögliche Verbindung dieser beiden unterschiedlichen Akteure: Knüfken galt als Anarcho-Kommunist und Wollweber als linientreuer und guter Gewerkschafts- und Parteiarbeiter, so Borgersrud. Zudem hatte die ITF sowieso nichts mit den sich seit 1937 häufenden Schiffssabotagen, die von der Wollweber-Organisation in acht europäischen Ländern verübt wurden, zu tun. (Nelles)

Ernst Wollweber gehörte 1918 mit zur Meutereitruppe in Kiel und arbeitete derzeit auf dem Kreuzer Helgoland. Er wurde kurz inhaftiert und war dann als Agitator in Berlin, im Ruhrgebiet und in Hamburg aktiv. Der Schwerpunkt seiner Tätigkeit lag in Hamburg, wo er als Generalsekretär des dort etablierten Interclubs der ISH agierte. 1934 ging er nach Leningrad, wo er als Leiter des dortigen Internationalen Seemannsclubs Verbindung zum NKDW hatte und sich mit Sabotagearbeit befasste. Während seines Aufenthalts in der Sowjetunion erhielt Ernst Wollweber Ende 1935/36 in Moskau den Auftrag, gegen die Schiffahrt der Länder Italien, Japan und Deutschland eine spezielle Sabotageorganisation aufzubauen. Doch sollte er außer Geld, falschen Papieren und entsprechenden Weisungen keinerlei weitere Unterstützung erhalten und war auf sich allein gestellt. Wobei die namentliche Bezeichnung Wollweber-Organisation von der Gestapo stammte, sie selbst nannte sich Organisation Bernhard nach einem Decknamen Wollwebers.

Im Sommer 1936 hielt er sich in Antwerpen auf und begann mit den Vorbereitungen zu den umfangreich geplaten SAbotageaktionen in der Schiffahrt. So arbeitete er eng zusammen mit dem niederländischen JSH-Mitglied Josef Schaap der zu einem wichtigen Stellvertreter Wollwebers wurde. Um eine effektive Durchführung der Aktionen zu geswährleisten, sollte ein Netzwerk dafür erforderlicher Maßnahmen geschaffen werden. Dieses beinhaltete neben den erforderlichen Kurieren z. B. die Beschaffung illegaler Quartiere und Deckadressen sowie vor allem die »Ausbildung geeigneter Kader in Sprengtechnik, Codierung und Paßfälschung«. Neben Schaap und Wollweber agierten in der Folge weitere Aktivisten. So zählte Ende 1936 die im Untergrund entstandene Organisation etwa 300 Personen. Erste Maßnahmen wurden im Zusammenhang mit dem Spanischen Bürgerkrieg geplant, da es besonders dort während der Kampfhandlungen zur Ausbildung von Sabotage-Fachleuten gekommen war. Aus bestimmten Gründen, was mit der Beschaffung des für die Aktionen notwendigen Dynamits zusammenhängt, sollte 1936/37 das Operationsgbiet von Norwegen nach Schweden verlagert werden. Denn dort befand sich im Erzabbaugebiet Kiruna eines der größten Sprengstofflager, was man für die eigenen Zwecke nutzbar machen konnte. (Borgersrud) Mit der Rückkehr der besonders in Sprengtechnik ausgebildeten Spanienkämpfer erhielt die Sabotage-Bewegung eine entsprechende Stärkung. Daran war maßgeblich Richard Stahlman beteiligt, unter dessen Kommando sich eine Reihe von Spezialisten befunden hatten. Auf diese konnte Wollweber sich in der Folge stützen, wozu neben Adolf Baier, Karl Bargstädt, Rolf Hagge, Heinz Rauch und Franz Stephany auch etliche weniger auffällig Agierende gehörten. die aber keinen Bezug zum schwedischen Exil hatten. Wobei die Auswahl der jeweiligen Experten auf freiwilliger Basis ablief und deren Einschleusung in den skandinavischen Raum über Norwegen erfolgte.

Wieder in Oslo begann Wollweber um 1938/39 mit den Vorbereitungen. Nach Ausbruch des Zweiten Weltkriegs 1939 bestand Wollwebers Auftrag darin, die Waffen- und Materiallieferungen über Nordschweden und Norwegen mit Anschlägen auf deutsche, italienische und japanische Schiffe zu sabotieren. So sollten nach seiner Vorstellung auf den Schiffen selbst z. B. Vorrichtungen mittels Sand, Wasser, Zement und Zerstörungen unbrauchbar gemacht werden. Was von Michael F. Scholz ausführlich beschrieben wird. (*Wollweber*) Da er auf sich allein gestellt war, handhabte er die Widerstands- bzw. Sabotagearbeit auch nach eigenem Gutdünken. So stellte er in der Folge während seines Aufenthalts in Norwegen die Überlegung an, den Sprengstoff für die Aktionen selbst herzustellen und auch die Sprengladungen selbst zu konstruieren. Dafür sollten schwedische Kommunisten einbezogen werden, die den Sprengstoff aus dem Depot der schwedischen Erzgesellschaft LKAB in Kiruna besorgten, wie Borgersrud detailliert auasführt. Von Oslo aus schuf Wollweber dann unter dem Decknamen Bernhard ein Netzwerk mit Kontakten nach Rotterdam. Dort sollten dann bestimmte Schiffe mit aus Schweden stammenden Sprengladungen versehen werden. Laut Borgersrud rekrutierte Wollweber für die operative Arbeit nur Seeleute und Arbeiter mit Personen aus anderen Milieus, was weniger auffällig war.

Nach Ausbruch des Zweiten Weltkriegs 1939 wurden die Aktivitäten der Sabotagegruppe ins neutrale Schweden verlagert. Wobei Wollweber noch vor der deutschen Besetzung Norwegens entschieden hatte, dass »die Organisation ihr Operationsgebiet auf Schweden und besonders auf Kiruna ausdehnen müßte.« (Borgersrud) Da die deutsche Wehrmacht Norwegen im April 1940 besetzte, konnte Wollweber dort nicht mehr in bleiben und flüchtete inach Schweden. Da Schweden aber inzwischen ein Visum bei der Einreise verlangte, legte Wollweber bei seiner erneuten Einreise einen gefälschten Schweizer Pass unter dem Namen Hans (Fritz?) Koller vor, der als Kaufmann aus Kopenhagen kam. Eigentlich war geplant gewesen, ihn in die Schweiz reisen zu lassen, was aber wegen des Transits durch Deutschland zu gefährlich war. Doch an der Grenze in Ottebol bezweifelten die schwedischen Grenzbeamten die Richtigkeit des Passes, verhafteten ihn und die ihn begleitende Ragnhild Wiik und brachten sie zunächst nach Karlstad. Von dort erfolgte dann nach vielen erfolglos gebliebenen Verhören durch die Polizei die Überführung nach Stockholm. Wegen der Nutzung eines falschen Passes verurteilte ihn das dortige Rådhusrätt, das Amtsgericht, im Juli 1940 zu sechs Monaten Strafarbeit im Långholmen fängelse. Danach sollte er eigentlich ausgeliefert werden.

Tatsächlich hatte sich mit dem Exil in Schweden 1940 die informell entstandene sogenannte Wollweberligan herausgebildet. In ihr organisierten sich Gleichgesinnte, um vor allem die von der schwedischen Wirtschaft unterrstützten Erztransporte nach Deutschland zu sabotieren. Zu diesem Zweck standen nicht nur Schiffe im Fokus, sondern auch die Züge der schwedischen Erzbahn (Malmbanan). Deren Waggons sollten mit dafür konstruierten Minen versehen werden. Dementsprechend war Wollweber u. a. in Luleå aktiv, wo es unter Mithilfe von Johann Schild zu organisierten Aktionen kam. Zwei Jahre später kam es zu den ersten Anschlägen in schwedischen, holländischen und belgischen Häfen infolge geschickt angebrachter spezieller Minen. Zwar konnte die Gestapo in Deutschland viele Verdächtige verhaften, aber der im schwedischen Exil lebende Hauptinitiator Wollweber wurde nicht gefasst und eine Auslieferung von Schweden sollte wohl nicht gefordert werden. Doch wurde auf deutschen Wunsch hin die Wollweberligan stärker überwacht und letztlich zerschlagen. (Borgeruds) Hinzu kam Anfang 1939 die Aussage eines Grubenarbeiters in Luleå, der sich als Mitglied einer geheimen Sabotageorganisation outete und von geplanten Aktionen berichtete. (Flocken/Scholz)

Auch von deutscher Seite war man sehr daran interessiert, seiner habhaft zu werden. doch konnte Wollweber durch seine Aussagen geschickt eine Auslieferung verhindern. Von schwedischer Seite wurde allerdings argumentiert, dass die von Wollweber initiierten Aktionen nicht als politisch motiviert, sondern als kriminell eingeordnet wurden und Schweden daher nicht zu einer Auslieferung verpflichtet war. Zuvor konnte mittels polizeilicher Arbeit in Hamburg Wollweber bereits 1938 auf einem Foto mit Kieler Matrosen identifiziert werden, was u. a. auch an die schwedische Polizei weitergeleitet wurde und letztendlich zur Aufdeckung in Schweden durch die SäPo und zur Aufklärung der Anschläge und zur erneuten Verhaftung Wollwebers im Januar 1941 führte.

Um doch noch vom schwedischen Staat eine Auslieferung zu erlangen, stellte das Amtsgericht Hamburg kurz vor seiner Haftentlassung Ende 1940 einen Haftbefehl aus. Denn es habe sich »der dringende Verdacht ergeben, daß er für eine Reihe von Schiffsunfällen (...) der geistige Urheber und Aufrüster der Täter gewesen ist.« Doch da die schwedische Polizei selber einen Haftbefehl erlassen hatte, kam eine Auslieferung nicht infrage. In einem im Februar 1941 durchgeführten Verhör bestätigte Wollweber zunächst, die von den Deutschen gesuchte Person zu sein, er bestritt aber energisch jede Verwicklung in die genannten Sabotagehandlungn. Gegen seine drohemde Auslieferung legte er Protest ein mit der Begründung, er wäre kein deutscher Staatsbürger mehr, sondern sowjetischer. (Ebd.) Ebenso hatte sich auch die sowjetische Diplomatin Alexandra Kollontai eingeschaltet. Hinzu kam der Einmarsch deutscher Truppen in die Sowjetunion.

Etwa zeitgleich wies der SD in einem Bericht auf eine »weitverzweigte, von der Komintern aufgezogene Terrororganisation hin, deren Leiter der deutsche Emigrant Ernst Wollweber Wollweber« war. Damit konfrontiert konnte Wollweber »kaum noch leugnen, Straftaten begangen zu haben«. Doch gab er zu, dazu angestiftet zu haben, »Dynamit von der Grängesberg Bolaget zu stehlen.« Nach vielen Verhören und der Aufdeckung weiterer Sabotageaktionen wurde er nach Kiruna, wo es ebenfalls zu Sprengstoffdiebstählen ge-kommen war, gebracht und dort vor Gericht gestellt. Im November 1941 wurde er zu drei Jahren Gefängnis wegen Sprengstoffdiebstahls verurteilt und in das Gefängnis von Luleå gebracht. Dort blieb er bis Januar 1942 und wurde dann in das Zuchthaus Härnösand am Bottnischen Meerbusen überführt. (Borgeruds; Flocken/Scholz)

Doch besaß dieses Gefängnis keinen allzu guten Ruf, was Wollweber auch zu spüren bekam. Erst nach dem Besuch eines sowjetischen Legationsrates im Mai 1943, der darauf hinwies, »die sowjetische Gesandtschaft werde sich von Stund an um ihren Staatsbürger Ernst Wollweber kümmern« wurden die Haftbedingungen erleichtert. Auch Dank der Intervention der in Stockholm lebenden russischen Diplomatin und Schriftstellerin Alexandra Kollontai kam Wollweber im Juni 1944 zwar nicht frei, wurde aber zunächst wohl sicherheitshalber in einer neurologisch orientierten Einrichtung in Södertälje untergebracht und dann im November 1944 in die Sowjetunion ausgewiesen bzw. ausgeflogen. (Flocken/Scholz) Zwar konnte er nicht vom VGH angeklagt werden, doch wird er einmal in der Strafsache 9 J 9/43g gegen Josef Schaap namentlich genannt. In weiteren Strafsachen sind Bezüge zu ihm bzw. seiner Organisation zwar nicht direkt erkennbar, aber anzunehmen. (db.saur.de)

Die Verbindung zum sogenannten »Kreisauer Kreis«

Adam von Trott zu Solz und Willy Brandt

Wie aus dem nachfolgenden Schema ersichtlich ist, bestanden zwischen den in den skandinavischen Städten Kopenhagen, Oslo und Stockholm lebenden Deutschen von außen nicht erkennbare Beziehungen im Widerstand gegen die Nazi-Diktatur in Deutschland. Dort formierte sich auf dem Anwesen der Familie von Moltke im schlesischen Kreisau etwa Anfang der 1940er Jahre eine von Helmuth James von Moltke* initiierte Gruppe im Widerstand gegen Hitler. Die Mitglieder dieser eigentlich namenlosen Gruppe stammten aus unterschiedlichen gesellschaftlichen Kreisen: so z. B. Julius Leber* von der SPD, der evangelische Theologe und spätere CDU-Bundestagspräsident Eugen Gerstenmaier, der Jesuit Alfred Delp, von Moltke und von Trott zu Solz* aus dem Adel sowie wertkonservativ Persönlichkeiten wie z. B. Claus von Stauffenberg* und Carl Goerdeler*. Für den skandinavischen Raum ist folgendes Kontakt-Schema erkennbar:

Weiter gab es Kontakte zu kirchlichen Kreisen in Skandinavien, was nachfolgend am Beispiel der Sigtuna-Gruppe der schwedischen Staatskirche um Harry Johansson kurz dargestellt wird:

1940 kam es in der zwischen Stockholm und Uppsala gelegenen kleinen Stadt Sigtuna zur Gründung des Nordischen Ökumenischen Instituts unter der Leitung von Harry Johansson. Ziel war die Herausbildung eines Netzwerks persönlicher Beziehungen, um sowohl ökumenische als auch im Widerstand tätig zu werden. Daraus formierte sich die später so genannte Sigtuna-Gruppe. Zu den Kontaktpersonen gehörten u. a. Eugen Gerstenmaier in Deutschland und der deutsche Oberstleutnant Theodor Steltzer in Oslo mit ihren Beziehungen vor allem zu Helmuth von Moltke und Adam von Trott zu Solz. Wobei sich zwischen Johansson und Steltzer eine besondere Beziehung entwickelte, die letzteren später vor der Vollstreckung des Todesurteils schützen konnte. Während seines ersten Besuchs in Schweden von insgesamt vier Reisen hielt Trott sich im Herbst 1942 auch in Sigtuna auf. Mit den dort geknüpften Begegnungen, davon war Trott überzeugt, wurde eine wichtige Grundlage für die weitere netzwerkliche Zusammenarbeit geschaffen. (Ryman) Zumal er als Mitarbeiter des Auswärtigen Amts relativ unauffällig im Ausland unterwegs sein und Kontakte knüpfen konnte. Darüber hinaus kam es nach Willy Brandts Aussage auch über schwedische Pastoren, die noch während des Krieges nach Deutschland reisen konnten, zu Kontakten mit im Widerstand tätigen Personen und Gruppen in Berlin und Leipzig. (*Links* und *Erinnerungen;* Nelles)

Zusammen mit Johansson suchte Trott 1942 weitere Würdenträger der schwedischen Kirche auf. In der Diskussion um einen möglichen Staatsstreich gegen das Nazi-Regime in Deutschland wurde als Risiko der zunehmende kommunistische Einfluss wahrgenommen. Insofern waren zu diesem Zeitpunkt auch die Westmächte noch daran interessiert, einer sogenannten Bolschewisierung mit Nutzung der deutschen Widerstandskräfte entgegenzuwirken. Das änderte sich ein Jahr später mit der Gegenoffensive der russischen Armee und den Gewinnen der westlichen Alliierten. Bei seinem zweiten Besuch in Schweden im Herbst 1943 traf Trott sich erneut mit Johansson und wie unten beschrieben auch mit Willy Brandt. Während dieses Besuchs wurden, wie schon zuvor, besonders die Beziehungen zu britischen Politikern diskutiert, ohne die von Trott erhofften Ergebnisse für die Widerstandsgruppe zu erreichen. Monate später war Trott im März 1943 erneut in Stockholm und wohl auf Wunsch der britischen Gesandtschaft. Auch die nochmals geführten Verhandlungen über die Zeit nach einem angedachten Staatsstreich blieben ergebnislos.

Betreffend der Kontaktlinie Adam von Trott zu Solz und Willy Brandt ist festzustellen, das die Kontaktaufnahme seitens der Widerstandsgruppe in Deutschland erfolgte. Impulsgeber war Julius Leber, der seinerzeit in Lübeck Mentor des jungen Herbert Frahm war. Er brachte während eines Treffens der Widerständler auf dem Gut Kreisau der Familie von Moltke den sich inzwischen Willy Brandt nennenden Frahm als wichtige politische Kraft für die Zukunft und als Mitarbeiter ins Gespräch. Zwar hatten Leber und Brandt sich zehn Jahre nicht gesehen, doch hatte Letzterer bei einem Treffen mit Theodor Steltzer diesen um Übermittlung für Grüße an Leber gebeten. Brandt selbst schildert in seinen *Erinnerungen* seine Begegnung mit Steltzer so: »Ein deutscher Geschäftsmann, der aus Oslo nach Stockholm geflüchtet war, brachte mich, 1942 oder 1943, mit mehreren Persönlichkeiten des deutschen Widerstands zusammen.« Einer von ihnen war Steltzer, der ihm einiges zur Position Lebers in der Widerstandsarbeit mitgeteilt und ihn »in die Gedankengänge der maßgebenden oppositionellen Kräfte im Reich« eingeweiht hatte. Da Leber Brandt als einen möglichen und fähigen Mitarbeiter im Widerstandskampf einschätzte, sollte der sogenannte Kreisauer Kreis* über Trott Kontakt zu ihm aufgenommen werden.

Ein Ergebnis dieses Treffens war die Kontaktaufnahme Trotts zu Willy Brandt. Um dessen Zustimmung zu erlangen, wurde Johansson eingeschaltet. Brandt zeigte sich offen für das Anliegen, was zu einem ersten Besuch Trotts in Brandts Wohnung im November 1943 führte, wobei er von Johansson begleitet wurde. Neben dem Austausch von Gedanken und Vorstellungen zu einer Neugestaltung Deutschlands bestand Trotts wichtigstes Anliegen in der Frage, so Brandt in seinen *Erinnerungen*, »ob ich mich der neuen Regierung zur Verfügung stellen und einstweilen für eine noch näher zu bestimmende Aufgabe in Skandinavien ausharren wolle. Ich durfte sicher sein, daß auch Leber diese Frage an mich richtete, und antwortete ohne Zögern mit Ja.« Nach den Vorstellungen des Kreisauer Kreises war Brandt wohl als zukünftiger Kanzler in einem Deutschland vorgesehen, das nach einem prognostizierten Zusammenbruch oder Umsturz neu gestaltet werden sollte. Denn noch wurde von den meisten Mitgliedern der Widerstandsgruppe ein Attentat auf Hitler abgelehnt. Ebenfalls war für Fritz Tarnow eine Funktion in der Wirtschaft und möglicherweise für Hans Schäffer im Finanzwesen vorgesehen. Über dieses Treffen berichtete Brandt in der Presse in seiner Funktion als Journalist, gab aber keine Identitäten preis. Der vierte und letzte Aufenthalt Trotts in Schweden fand zur Mittsommerzeit in Sigtuna vier Wochen vor dem geplanten Attentat statt.

Hinsichtlich der Kontaktlinien zwischen Stockholm bzw. Schweden und Kreisau ergibt sich folgendes Schema:

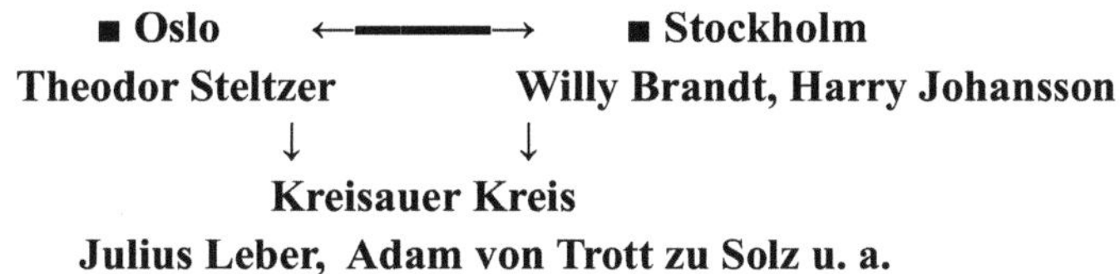

Doch scheiterte das Attentat am 20. Juli 1944. In der Folge gaben W. Brandt, S. Szende und F. Tarnow anonym das Buch *Misslyckad revolt* (Die missglückte Revolte) heraus. Brandt selbst hat wohl als einziger Beteiligter in seinen *Erinnerungen* von seinem Treffen mit Trott berichtet. (Siehe auch Nelles, *Widerstand*)

Im Reich selbst kam es seitens der Gestapo zu mehrfachen Verhaftungen und zur Benennung der Gruppe mit dem Namen Kreisauer Kreis. So wurde Trott zu einer Anklage wegen „Meuchelmord an unseren Führer(...) mit dem Tode bestraft". Nach den Ausführungen in der entsprechenden VGH-Akte war er eine »Jammergestalt an Körper, Geist und körperlicher und geistiger Haltung«. Weiter wurde er bezeichnet als der »Typ des geistreichelnden entwurzelten, charakterlosen Intellektualisten vom Romanischen Café, der Kurfürsten-dammerscheinung«. Man fragte sich, ob seine undeutsche Erziehung dazu beigetragen hat, zumal er sich zwei Jahre in Oxford und nochmals zwei Jahre auf Weltreise befunden habe. Zur Anklage selbst wurde festgestellt, dass er im Frühjahr 1944 Claus von Stauffenberg kennenlernte und dessen außenpolitischer Berater wurde. Auf seinem im Juni erfolgten Besuch in Schweden sollte er »etwas über die Verhandlungsbereitschaft unserer westlichen Kriegsfeinde« erfahren und auch wann Deutschland einmal »kurzfristig Waffenstillstands-verhandlungen führen müsse«. Wie aus der Akte weiter hervorgeht, war Trott in der Folge in alles eingeweiht. Zudem gab es am 13. Juli in Stauffenbergs Wohnung eine Zusammenkunft, an der weitere Verhaftete teilnahmen. Es wurden vier Wege diskutiert, um »zum Verratsziel« zu gelangen. Vor allem habe Trott sich nach eigener Aussage seit 1941/1942 dem Führer und dem Nationalsozialismus entfremdet. In der Urteilsbegründung wurde vor allem auf den Verrat hingewiesen und alle Angeklagten als Verräter bezeichnet. Daher könne bei derartigen »besonders gemeinen Verbrechen die Todesstrafe durch den Strang vollzogen werden«. Die

265

Hauptverhandlung fand am 15. August 1944 statt, das Urteil der Todesstrafe wurde am 13. September verkündet. (db.saur.de, Az. 1L 292/44 und OJ 3/44 gRs). Unmittelbar nach dem Attentat wollte Steltzer in Schweden um Asyl nachsuchen, wovon aber Johansson wegen einer dann erfolgten unmittelbaren Internierung abriet. (Ryman, *Sigtuna-Gruppe*)

Allerdings wurde in Trotts VGH-Akte nur ein Besuch von ihm in Schweden festgehalten, ohne Nennung weiterer Namen bzw. Verdächtige. Da die etwa dreimaligen Treffen sehr geheim und verschwiegen abliefen, ist anscheinend nichts nach außen gedrungen (oder?). Denn wie aus der Prozessakte des VGFH gegen Adam von Trott zu Solz hervorgeht, waren der Gestapo Trotts Kontakte zu Willy Brandt bzw. Herbert Frahm wohl nicht bekannt, da diese nicht erwähnt wurden, sondern lediglich von Trotts Reisen nach Schweden die Rede war. (db.saur.de)

In Memoriam Jacob Welter

Dieser Beitrag soll u. a. stellvertretend für viele andere von den Nationalsozialisten Verfolgte stehen. Es wird eines Mannes gedacht, dessen Leben gewaltsam beendet wurde und der zu den eher Stillen im Widerstand gehörte. In Weiterführung der oben begonnenen Darstellung seiner biografischen Lebenslinie wird diese hier weitergeführt bis zum Zeitpunkt der Verhaftung und Verurteilung und bis zur Hinrichtung. Der Name Welter wird zwar im Verfahren 9J 571/36 des VGH genannt, aber ohne Nennung eines Vornamens. Doch lassen sich durchaus Bezüge zum damaligen Aufenthalt von Jacob Welter in den Niederlanden und Deutschland herstellen. (db.saur.de)

Im September 1935 schickte ihn die KPD ins schwedische Exil nach Göteborg, wo er u. a. in der Seeleutearbeit agitierte und wohl auch Kontakt zur ITH hatte. Dorthin folgte ihm auch seine Frau Helma mit dem Sohn Manfred. Da sie und Jacob täglich viel für den Lebensunterhalt arbeiten mussten, wurde Manfred in einer Art Pflegefamilie untergebracht. Wenig später verlegte Welter seinen Wohnsitz nach Stockholm. Mit dem Umzug dorthin endeten allerdings nicht seine politischen Aktivitäten. In diesem Kontext erfasste ihn der VGH in den Akten 9J 571/36 und 2H 22/37. (db.saur.de) Wie einige andere Genossen wurde er 1940 im Lager Långmora interniert, aus dem er aber flüchten und sich in die Niederlande absetzen konnte. Der mit ihm näher bekannte Herbert Warnke plante, Jacob zur illegalen Arbeit nach Deutschland zu schicken, und zwar über die Niederlande. Von dort aus war er erneut in Deutschland im Untergrund aktiv. 1940 wurde er wieder nach Schweden zur Untergrundarbeit geschickt, wo er illegal die Stockholmer Ortsgruppe der Exil-KPD leitete. Doch spürte ihn die schwedische Polizei auf. Zusammen mit W. Sager und J. Wagner wurde er erneut in Långmora interniert. Alle Drei konnten aus dem Lager flüchten und standen somit erneut zur politischen Arbeit zur Verfügung.

Jacob reiste auf einem schwedischen Schiff als blinder Passagier in die Niederlande und lebte dort zunächt im Untergrund. Im Sommer 1941 erhielt er einen gefälschten Pass auf den Namen Josef Bink und reiste damit im Januar 1943 nach Dudweiler zu den Eltern. Allerdings soll er zuvor mit dem gefälschten Pass auch im Reich unterwegs gewesen sein und im Saarland Widerstandsgruppen koordiniert haben. In Schweden selbst konnte die Säpo nach der nahezu gleichzeitigen Verhaftung von Mewis und Wehner in Erfahrung bringen, dass Welter sich illegal im Raum Saarbrücken aufhielt. Haben die beiden Verhafteten diese Information bewusst weitergegeben oder sich im Verhör verplappert? Möglicherweise leitete die Säpo diese Information an die Gestapo weiter, die wohl aber auch das Wohnumfeld der Welters in Dudweiler im Visier hatte.

Doch warum reiste Welter als stark Gefährdeter nach Deutschland zum Wohnort seiner Familie? Das stand eigentlich im Widerspruch zur praktizierten Untergrundtaktik, nicht dorthin zu gehen wo man bestens bekannt war. Tatsächlich soll er unter starkem Heimweh gelitten haben, so dass er wohl keine Einwände gegen dieses Vorhaben geltend machte. Zwei Wochen nach seiner Ankunft in Dudweiler wurde er Anfang Januar 1943 verhaftet und zunächst im Saarbrücker Gerichtsgefängnis in sogenannte Schutzhaft genommen. Die Verhöre fanden allerdings im Schloss Saarbrücken statt. In der Anklage hieß es u. a.:

Der Beschuldigte hat in den Jahren 1935 bis 1943 in Frankreich, Schweden, Holland und Deutschland den gewaltsamen Umsturz in Deutschland unter erschwerenden Umständen hochverräterisch vorbereitet,
Verbrechen nach §§ 80 Abs. 2, 83 Abs.2 u. Abs. 3 Ziffer 1, 3 u. 4 StGB.

Im Februar 1943 wurde er zum bevorstehenden Prozess nach Stuttgart in das dortige Untersuchungsgefängnis verlegt. Das zuständige Oberlandesgericht informierte den Volksgerichtshof in Berlin über die Causa Welter, schilderte auch den Sachverhalt und traf die Feststellung, dass »sofortige Maßnahmen des Ermittlungsrichters beim Volksgerichtshof« nicht für erforderlich gehalten wurden. Vom OLG Stuttgart wurde Welter dann wegen Vorbereitung zum Hochverrat und Feindbegünstigung angeklagt.
Bereits einen Tag später kam es zur Urteilsverkündung. Entsprechend der Anklage wurde er zum Tode verurteilt, woraufhin von der Familie Welter ein Gnadengesuch eingereicht wurde. Die Eltern durften ihn jetzt nur noch einmal besuchen, der direkte Kontakt zu seiner Frau und dem Sohn war schon vorher untersagt worden und lief über die Schwester Luise. Tragischerweise musste er sich daher von ihnen indirekt über die Schwester verabschieden. So schrieb er am 19. April 1944 in seinem Abschiedsbrief an die Schwester Luise,

Liebe Henny u. Sohn. Liebe Eltern u. Geschwister!
Wenn Ihr diesen Brief bekommt, bin ich nicht mehr. Heute Abend wurde mir ganz plötzlich mitgeteilt, daß der (das) Gnadegesuch abgelehnt ist, und das Urteil Morgen früh um 5 Uhr vollstreckt wird.(...) Die Tragik jung sterben zu müssen erschüttert mich nicht mehr weiter. Damit habe ich mich lange abgefunden.

Es folgen Erinnerungen mit den Geschwistern, und er bedankt sich mehrmals bei ihnen *für all die Liebe und das Schöne, das wir seit unserer Kindheit miteinander hatten.*

An Henny zu schreiben war mir leider nicht möglich, Grüßt Sie und den Jungen nochmals und sprecht Ihr meinen herzlichen Dank aus für vielen schönen Stunden die wir gemeinsam miteinander erlebt haben. Für Sie wäre es das Beste, wenn Sie dort bleiben würde, wenn Sie dort einen guten Lebenskameraden finden würde.

An alle nochmals die herzlichsten Grüße und Küße

Euer Sohn und Bruder, Dein Mann und Vater

Jacob (Kiefer)

95 *Symbolbild zu Jacob Welter* □ ***Requiescat in pace***

Das hier abgebildete Symbolbild soll in Nachbildung einer Totenmaske an den hingerichteten Widerstandskämpfer Jacob Welter erinnern.

Nach der Hinrichtung mit dem Fallbeil in Stuttgart und der Obduktion bzw. Sektion in der Anatomie Heidelberg erfolgte die Einäscherung im Krematorium des dortigen Bergfriedhofs*. Die Urne wurde dann ohne Benachrichtigung der Familie anonym in einem Massengrab dieses Friedhofs beigesetzt. Zur Erinnerung an ihn und an alle hier ebenfalls beerdigten Opfer des Nazi-Regimes, die seinerzeit die Justiz als »Verbrecher« bezeichnete, wurde an der rückwärtigen Mauer eine Gedenkstätte angelegt.[7]

Ersehnte Rückkehr — oder?

Da nicht alle in Schweden aufgenommenen deutschsprachigen Exilierten hier erfasst wurden, erhalten die oben dargestellten Biografien einen entsprechend exemplarischen Stellenwert. Auch wenn es zum Teil starke Remigrationsabsichten nach Deutschland gegeben hat, blieb der größere Teil der Exilierten in Schweden. So liegt die Schere zwischen beiden Gruppen bei etwa zehn Prozent. Vor allem rassistisch Verfolgte kehrten nicht zurück und migrierten allerdings zum Teil in andere Länder. Hingegen konzentrierten sich die Politischen auf eine mögliche Heimkehr schon nach der Kriegswende 1943. Das traf in besonderem Maße auf KPD-Mitglieder zu. Auf sozialdemokratischer Seite war man ebenfalls um eine rasche Remigration bemüht, doch es gelang anfangs nur wenigen. Außerdem vermissten viele die Bitte sowie überhaupt Möglichkeiten zur Rückkehr. Auch konnten sie die schmerzhafte Erfahrung von Verfolgung und Flucht nicht vergessen. Zumal inzwischen eine Anpassung an die Verhältnisse des Aufnahmelandes stattgefunden hatte. Von schwedischer Seite selbst verhielt man sich sehr zurückhaltend und vertrat keine Politik der Rückführung. Zumal die Exilierten nur eine marginale Gruppe darstellten. Für die Betroffenen selbst waren Rückkehrwünsche auch ein Resultat dafür, ob es im Exil bzw. in der Emigration zu einer Neufindung und Neuverortung sowie einem veränderten nationalen Selbstverständnis gekommen war. Bei einer geplanten Rückkehr bzw. Ausreise aus Schweden mussten allerdings die Remigranten eine von den Alliierten genehmigte Einreise vorlegen. Ein anderes Problem lag in der Befürchtung, bei einer Rückkehr eventuell inhaftiert oder interniert zu werden. (Pusch)

Seitens der Westalliierten wurde in Westdeutschland im Juli 1945 als oberste Besatzungsbehörde der Alliierte Kontrollrat eingesetzt. Im September 1945 legte dieser eine Proklamation zur Einschränkung von Immigration und Remigration in deutsche Gebiete bzw. jeweilige Besatzungszonen vor, doch waren die Hürden nicht so hoch, dass eine Rückkehr zu abschreckend wirkte. Von Bedeutung war vor allem, dass niemand ohne eine vom Kontrollrat ausgestellte Erlaubnis nach Deutschland einreisen durfte. Ein weiteres Hindernis im Repatriierungsgeschehen zeigte sich darin, dass es in Deutschland keine übergeordnete Kompetenz gab, vielmehr lag die Entscheidungsfindung bei den jeweiligen Bundesländern und Besatzungszonen.

Tatsächlich waren mit Ende des Zweiten Weltkriegs keineswegs die Probleme gelöst, wie es sich manche der Exilierten erhofft hatten. Deutschland war für sie ein besiegtes, zerstörtes, wenngleich auch befreites Land, was für einen Teil der in der Emigration Lebenden bedeutete, dass sie sich trotz allem als Teil dieses Landes empfanden. Um zurückkehren zu können, mussten bürokratische Hürden überwunden werden. Es gab seitens der Besatzungsmächte allerdings kein Recht auf Rückkehr, was Scholz z. B. für die SBZ ausführlich darstellt. (*Erfahrungen*) Rückkehrwillige erhielten Beratung und Unterstützung von der Zentralstelle deutscher antinazistischer Organisationen, die Anmeldeformulare für die Rückkehr entgegen nahm und weiterleitete. Sie führte mit alliierten und schwedischen Stellen entsprechende Verhandlungen über die Wiederaufnahme Exilierter, sodass bereits im Sommer 1945 die ersten Rücktransporte mit schwedischen Schiffen erfolgen sollten. Es kam aber zu Verzögerungen, da die Kommunisten von den Alliierten verlangten, nicht in Auffanglagern interniert zu werden. Infolgedessen löste sich das von der Zentralstelle eingerichtete Komitee auf, es mussten andere Möglichkeiten gefunden werden, die wiederum abhängig waren vom Aufnahmeprozedere in den einzelnen Besatzungszonen. Ein anderes Problem zeigt sich darin, dass mit der 112 Remigration die Negativerfahrungen der Flucht und des Exils negiert werden sollten. Doch bedingt durch den langen Prozess der Anpassung und Selbstbehauptung im Exil haben sich die Protagonisten verändert. Weiter gedacht, ordnet z. B. Marita Krauss die Remigration als eine erneute Migration ein mit der entsprechenden Problematik. (Krauss)

96 *Kriegsruinen in Heilbronn, April 1945*

97 *Flüchtlingslager in Meldorf 1945*

Zwar verlief die Remigrationsbewegung im von den Westalliierten besetzten Deutschland von Ausnahmen abgesehen relatuv undramatisch. Problematischer war hingegen das Remigrationsgeschehen in die SBZ. Diesen Komplex hat Michael F. Scholz in seiner dementsprechenden Arbeit intensiv bearbeitet und anhand von vielen Beispielen dargestellt. So gab es in der SBZ die Praxis einer gezielten Rückführung von KPD-Exilierten. Das auch bedingt durch einen akuten Kadermangel. Bereits in der zweiten Hälfte von 1945 versuchten viele der KPD-Genossen in die SBZ zu gelangen, um dort mit den Moskau-Emigranten ihren gedachten Staat, ihre Gesellschaft aufzubauen. Die Rückkehr war bereits in Moskau mit Erstellung einer Liste über erwünschte Funktionäre vorbereitet worden. Das war allerdings der Exil-KPD in Schweden nicht bekannt, K. Mewis jedoch konnte frei über die Auswahl entscheiden. Er selbst, H. Warnke und E. Glückauf reisten mit Familienangehörigen im Spätherbst 1945 heimlich nach Kopenhagen. Von dort ging es weiter nach Bornholm und mit einem sowjetischen Schiff nach Kolberg im nunmehr polnisch verwalteten Pommern. Als Schweden getarnt reisten sie zunächst nach Stettin und dann in die SBZ. Weitere Kontingente wurden Anfang 1946 als Sammeltransporte über Stettin bzw. Danzig in die SBZ gebracht. In ihrem Gepäck transportierten die Remigranten zuvor in Stockholm vor allem von Kurt Meschke gesammelte Lebensmittel, Medikamente und auch Genussmittel wie Kaffee und Zigaretten. Doch galten die sogenannten Westemigranten dem aus Moskau zurückgekehrten Kader als suspekt und wenig zuverlässig. Scholz greift dieses Dilemma ebenfalls auf und hält es anhand vieler Biografien fest. Auch wird dort über die Anfang 1946 erstellten Protokolle der SED betreffend Einsatz und Charakteristika der Remigranten aus Schweden berichtet. (Ebd)

Nach seiner Aussage war bei den politischen Emigranten der Rückkehrwunsch im Sommer 1945 noch groß, waren doch schon einige Exilierte aus der ehemaligen SAPD-Gruppe in die von den Westalliierten besetzten Gebieten zurückgekehrt. Hingegen war auf KPD-Seite vor allem Karl Mewis an einer baldigen Rückkehr interessiert, während sie allgemein dann in Etappen und durchgeführt wurde, wie von Scholz detailliert beschrieben wurde. Nachdem dann einige schon bald nach Kriegsende in der SBZ eintrafen, folgte im Januar 1946 ein nächstes Kontingent über Danzig und Polen nach Berlin. In den nächsten Monaten konnten nach einigen Bemühungen weitere KPD-ler remigrieren. Doch bedingt durch neu entstandene familiäre Bindungen wie z. B. mit schwedischen Partnerinnen zogen viele ein Verbleiben im Exilland vor. Es muss aber betont werden, dass es weder auf sowjetischer noch auf westalliierter Seite eine Recht auf Rückkehr gab. Manchen wurde die Erlaubnis zur Rückkehr erteilt, andere erhielten sie gar nicht. (Ebd.)

Auch den westlichen Alliierten war kaum an einer sofortigen Rückkehr der Exilierten in ihre Einflussbereiche gelegen. So konnten nur wenige bereits 1945 zurückkehren wie z. B. die Enderles, die zuvor nachrichtendienstliche Informationen gesammelt und weitergegeben hatten. Die sich aber auch darüber enttäuscht zeigten, dass ihr Aufbauwille vom alten Parteikader gebremst wurde. Vor allem sollten zunächst die als wertvolle Kräfte eingeordneten Personen remigrieren, ein entsprechend selektiver Fragebogen half bei der Auswertung. Nach Auflösung der Stockholmer Zentralstelle bemühten sich viele eigeninitiativ um eine Heimkehr. Einer dieser Remigranten-Transporte ging im Januar 1946 nach Lübeck. Die Ankommenden, darunter M. Krebs und P. Haß, wurden allerdings wie Kriminelle behandelt und erst nach Protesten freigelassen. Krebs z. B. wurde für einige Zeit von den Briten interniert und durfte dann in Eckernförde eine Stelle in der Verwaltung antreten.

Für die noch in Schweden Verbliebenen war es oft unbegreiflich, dass ihnen die Rückkehr verweigert bzw. so erschwert wurde. Zu dieser Problematik stellte F. Osterroth fest, dass die große Mehrheit die harten Jahre des Exils hindurch immer auf eine Heimkehr gehofft hatten und es zu »den vielen bitteren Enttäuschungen gehörte, daß die Rückkehr so problematisch geworden ist.« (Müssener, *Exil*) Nicht die Rückkehrwilligen selbst sabotierten also die Rezeption in ihrem eigentlichen Heimatland, es waren deutsche und alliierte Verantwortliche. Zu diesen Schwierigkeiten kam hinzu, dass der Arbeitsmarkt noch nicht aufnahmefähig war, obwohl es unter den Exilierten genügend Qualifizierte gab. Bis in die 1950er Jahre bemühten sich viele von ihnen um eine Rückkehr wie z. B. das Ehepaar Behm – bis sie resignierten. Auch Anna Mosler und Paul Hasche gelang nicht die angestrebte Rückkehr, obwohl sie eine familiale Verbindung nach Berlin nachweisen konnten, allerdings nach Köpenick im sowjetisch besetzten Ostteil.

Diejenigen allerdings, die sich im Exilland gut assimiliert und eine sichere Existenz aufgebaut hatten, waren kaum an einer Remigration interessiert. Denn was erwartete sie? Ein zerstörtes Land, in dem zahlreiche Flüchtlinge unterwegs waren und dringend Hilfe benötigten. Kurzum, auf was die Remigranten vor allem trafen, war eine eher chaotische Situation, die nicht gerade verlockend war für eine Rückkehr.

III Anhang

Betreuende Einrichtungen und ihre Verteilung

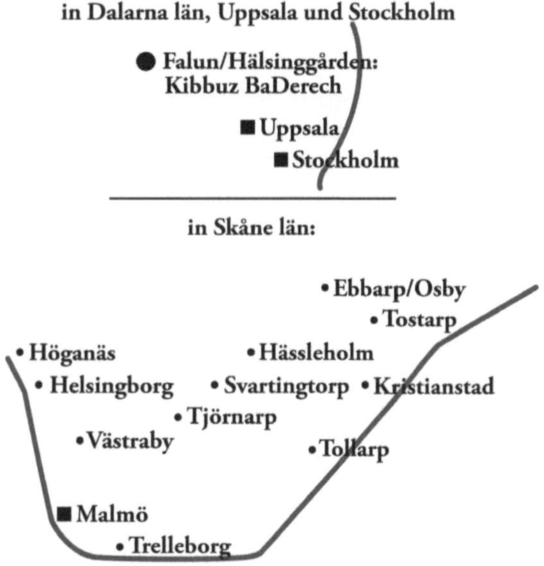

Falun / Hälsinggården = Kibbuz BaDerech
→ Kinder/Jugend-Alijah. S.a. Maier-Wolthausen

Hässleholm

Dieser Ort liegt im nördlichen Schonen an der Bahnstrecke von Malmö nach Jönköping und östlich vom Finjasjön. Hier befand sich das zentrale Sekretariat der schwedischen Hechaluz-Bewegung in der Vallgatan 5. Diesem angeschlossen waren mehrere Einrichtungen für erwachsene Chaluzim zur Vorbereitung auf Palästina. Es wurde gemeinsam z. B. in der Landwirtschaft gearbeitet, Hebräisch gelernt und sich auf das Leben in Palästina vorbereitet. Dazu trugen auch Wochenendseminare bei, u. a. gehalten von in Stockholm lebenden deutschen Exilierten. Kontakte gab es über das Vorstandsmitglied W. Smulowicz auch zur Kleinen Internationale in Stockholm, aber nicht zu anderen deutschsprachigen Vereinigungen. 1946 wurde in Hässleholm *Das arbeitende Erez Jisrael, Ein Sammelbuch* herausgegeben. (S.a. Maier-Wolthausen)

Kristinehov / Västraby Gård in Löberöd = *Internatsskolan*

Im südwestlichen Skåne wurde 1934 außerhalb des Dorfes Löberöd, das zur Gemeinde Enslöv gehört,[8] dieses Internat von dem Berliner Ehepaar Charlotte und Ludwig Posener gegründet. Als Schulabschluss wurde die Mittlere Reife zum Besuch einer höheren Lehranstalt angeboten. Darüber hinaus fungierte die Einrichtung auch als landwirtschaftliche Schule, wobei es unklar ist, ob sie von Beginn zionistisch orientiert war. Zeitweise diente das Internat auch als Feriencamp für jüdische Kinder. So verbrachten 1937 und 1938 dort etwa 60 Berliner Kinder ihre Sommerferien, die u. a. vom späteren Bratschisten Kurt Lewin betreut wurden.

Nicht nur ehemalige Schüler vertraten die Meinung, dass das Internat erst nach dem 9. November 1938 und unter anderer Leitung eine den Bedürfnissen der Hachscharah entsprechende Bedeutung erhielt mit regelmäßigem Hebräisch-Unterricht. Die schulische Ausbildung wurde nunmehr auf ein Leben in Palästina ausgerichtet mit einem ähnlichen Konzept wie das in der Landbauschule der Quäker in Eerde/Holland. Dementsprechend hoch war die Fluktuation der Schülerschaft, wie Hildegard Feidel-Mertz betont: »Schubweise kamen und gingen die Kinder, einzelne auch in andere Länder als Palästina«. (*Schulen im Exil*) Aber auch die Lehrkräfte wechselten häufig, die Poseners z. B. emigrierten 1937 nach Palästina. Während der nächsten drei Jahre war Ernest M. Wolf Leiter der Schule. (S.a. Maier-Wolthausen)

Viele der dortigen Aktivitäten (Schreinerei, Landbau) dienten der Selbstversorgung. Insgesamt konnte Kristinehov etwa 175 Jugendlichen zur Flucht aus Deutschland verhelfen. Im Sommer 1940 plante Eva Warburg, die Einrichtung um eine Immobilie ganz in der Nähe mit Hilfe der Mosaiska församlingen in Stockholm zu erweitern. Doch infolge der Auswirkungen durch den Zweiten Weltkrieg verlor es seine Bedeutung als Transmigrationseinrichtung und man verlegte es im Oktober 1941 nach Ebbarp in der weiter nordöstlich gelegenen Gemeinde Osby. Später wurde daraus ein Kinderheim für die Rückschulung in das Judentum der über ganz Schweden verstreuten jüdischen Kinder. (Rudberg) Aktuell befindet sich das Anwesen Västraby Gård in privatwirtschaftlicher Hand und wird entsprechend genutzt.

Einer der Internatsschüler war der oben genannte Erwin Leiser, der im Frühjahr 1939 aufgenommen wurde, aber nicht nach Palästina emigrierte. Seine Probleme und die der anderen wurden oft von den Lehrkräften nicht wahrgenommen, wogegen einige der Schüler opponierten und eine Art Schülerrat mit eigenen Verhaltensregeln aufstellten. Wichtig war im Schulleben, »die Orientierung am gemeinsamen Schicksal und [die] kollektiv zu bewältigende Zukunft. Über die Verfolgung in Gegenwart und jüngster Vergangenheit durfte aber nicht gesprochen werden.« (Feidel-Mertz) Zwei weitere Schüler waren die Geschwister Eva Tugteur-Schwarz und Karl-Heinz Tuteur, die von 1939/40 dort lebten und Verwandte der im Internat tätigen Lehrkraft Gisela Tuteur waren.

Ebenfalls zum Lehrpersonal gehörte der aus Essen stammende angehende Lehrer Berthold Levy (Levi). Als dort bereits tätig gewesener Referendar musste er in Schweden ein erneutes Studium absolvieren. Dafür könnte er sich in Stockholm aufgehalten haben, wo er Mitglied der dortigen Lehrergemeinschaft und 1944 auch des FDKB war. Obwohl er dem Hechaluz nahe stand, emigrierte er nicht nach Palästina, vielmehr heiratete er eine Christin und lebte mit seiner Familie in Südschweden. Seine Nachkommen (Enkel und Urenkel) haben gute Kontakte nach Deutschland.

Stockholm = *Mosaiska pojkhemmet i Fleminggatan / Hornsgatan*
1939/40 befand sich in der Fleminggatan 45 für kurze Zeit ein von der Jüdischen Gemeinde eingerichtetes Jungenheim. Leiterin war Elisabeth Müller-Winter. Hier kamen z. B. Nelly Sachs und ihre Mutter für zwei Monate im Sommer 1940 unter. Wohl im Herbst 1940 wurde es nach Södermalm in die Hornsgatan 75 verlegt und stand erneut unter der Leitung von E. Müller-Winter. Insgesamt lebten dort 135 Jungen im Alter von acht bis etwa 16 Jahren, zum Teil auch ältere. So hielt sich hier z. B. kurz Zeit Harry Schein. Ab Ende 1944 wurden zudem Holocaust-Überlebende aufgenommen. Das heute noch existierende Gebäude, ein mehrstöckiges Wohnhaus mit einem Ladengeschäft, befindet sich nahe dem Ringvägen. Möglicherweise wurde es seinerzeit nicht vollständig genutzt, sondern nur einige Wohnungen. (Aussage J. Winter)

98 *am Finjasjön*

99 *Pojkhemmet Uppsala*

Svartingtorp i Finja
Im November 1936 als kibbuzähnliches Ausbildungszentrum auf dem gleichnamigen Gehöft in Finja am nördlichen Finjasjön nahe Hässleholm mit Hilfe einer anonymen Spende von 50 000 Skr eingerichtet, und zwar nach den in Deutschland entwickelten Prinzipien und Ausbildungsprogrammen der Hachscharah. Unter dem Namen Hachscharah i Sverige, Kibbuz Svartingtorp waren hier etwa 50 Jugendliche untergebracht, weitere bei einzelnen Bauern. Von August 1939 bis zur Schließung lebten hier beispielsweise die Brüder Otto und Manfred Schwarz aus Wiesbaden. Die Einrichtung musste aber 1940 aus ökonomischen Gründen geschlossen werden. (Thor Tureby; s.a. Maier-Wokthausen). Doch zuvor kam es im März 1937 zu Unstimmigkeiten zwischen den Behörden und den Rabbinern in Göteborg, Malmö und Stockholm wegen der rituellen Schlachtung von Haustieren. (American Jewish Yearbook, Vol. 39, 1937/38; s.a. Maier-Wolthausen)

Tjörnarp
Zionistisch orientierte Einrichtung für Jungen. Ab 1938 lebten dort etwa 20 Jugendliche im Alter von 14 bis 15 Jahren. Zur Vorbereitung und zur Sicherung des Lebensunterhalts verrichteten sie bei Bauern in der Umgebung harte körperliche Arbeit. Daneben wurden sie von Chaluzim betreut und konnten die Freizeit für Spiele usw. nutzen. Nach seiner Auflösung

etwa 1940 verlegte man die in ein Flyktingsläger umgewandelte Einrichtung nach Norrköping (Glück), die aber keine Bedeutung mehr als Jugend-Alijah-Haus besaß. Vielmehr fungierte sie jetzt als Hechaluz-Zentrum (Kibbuz Razon), wo z. B. im Frühjahr 1946 ein Treffen des schwedischen Hechaluz stattfand. Ebenso waren dort 1945/46 Holocaust-Überlebende untergebracht. (Yad Vashem Digital Collection)

Tollarp = *Hemhult*

Etwa zehn Kilometer südwestlich von Kristinestad gelegene freikirchliche Einrichtung mit einem streng reglementierten Tagesablauf: Frühstück, Schwedischunterricht, Gebet, weitere Mahlzeiten, Zeit zum Briefeschreiben, Mitarbeit im Garten. Von hier sollten die Jugendlichen weiter in Privathaushalte vermittelt werden, wozu sonntägliche Besichtigungsaktionen dienten. Da diese eher erfolglos waren, brachte man nicht vermittelte Jugendliche bei Gewerbetreibenden und Bauern als Arbeitskräfte unter. (Pammer)

Tostarp = *Transito-flyktingläger*

Nordöstlich von Tollarp bzw. Kristianstad auf einem Hof von Andersson gelegen. Die Einrichtung wurde im Frühsommer 1939 vom freikirchlichen Svenska Missionsförbundet als Transitlager für Flüchtlinge eingerichtet mit christlicher Ausrichtung. Hier sollten zudem Jugendliche auf das Leben in ›judenchristlichen‹ Kolonien in Südamerika oder Afrika vorbereitet werden. Dafür bildete man sie in der Land- und Waldwirtschaft, in Haushalten und im Pflegebereich aus bzw. zog sie zu derartigen Arbeiten heran. Weitere berufliche Perspektiven fehlten. (Ebd.) Doch wurden nicht nur jugendliche Flüchtlinge aufgenpmmen, wobei die Quote bei etwa 25 bis 30 männlichen Personen. 1954 wurde diese Einrichtung aufgelöst, da es kaum noch Bedarf gab.

Uppsala = *Mosaiska pöjkhemmet i Uppsala*

Die Einrichtung befand sich im ehemaligen Waisenhaus *Gillbergska barnhusinrättningen,* Tullgarn 1c im südlichen Uppsala. Es wurde 1939 mit jüdischer und christlicher Hilfe als Heim für jüdische Flüchtlingsjungen unter dem oben genannten Namen eingerichtet (war aber auch als Tullgarnshem bekannt). Die Leitung oblag der aus Berlin stammenden Sophie Michaeli, der sogenannten Tant Soffi. Es wurde bedtrieben von der Mosaiska församlingen mit Hilfe privater und staatlicher Zuschüsse. Das villenähnliche Gebäude befand sich außerhalb des Zentrums am Fyris inmitten von Wiesen und Äckern und wirkte bereits etwas verwohnt. Auch die sanitären Anlagen waren (mit Plumpsklo und Kaltwasser) veraltet. Im Durchschnitt lebten dort 15 Jungen im Alter von etwa acht Jahren aufwärts, von denen fast alle die einige Kilometer entfernte Schule besuchten. Später kamen nach und nach mehr Betten hinzu. Insgesamt durchliefen mindestens 50 Jungen das Heim. Mit dem Ende der Schulpflicht, spätestens mit Erreichen des 17. Geburtstages musste das Heim verlassen werden, was eine entsprechende Fluktuation zur Folge hatte, wie auch oben von Klas Back erwähnt. 1946 verließ das letzte (Heim-)Kind die Einrichtung.

Aufschlussreich ist die Tatsache, dass nach Ausbruch des Krieges 1939 entlang der Stadtgrenze aus Sicherheitsgründen ein Stacheldrahtzaun gezogen wurde, wobei das Heim außerhalb lag, also ausgegrenzt war. Worauf Sophie Michaeli mit einem geharnischten Protest reagierte: Es gäbe keine Kinderspione im Heim! Was aber auch bedeutete, dass die Jungen mit dem Fahrrad weite Umwege fahren mussten und der Schulweg sich dadurch verlängerte. Überhaupt verstand es »Tant« Sophie Michaeli als Leiterin wunderbar, liebevoll die Kinder in ihrem oft »bitteren Kummer« zu trösten. In ökonomischen Fragen stand ihr Harald Meynen zur Seite. Beide fanden immer wieder Wege, eine drohende Kassenebbe zu bewältigen. Über ihre Erfahrungen berichtete sie in einem Vortrag 1941, veröffentlicht in der *Judisk tidskrift*. Dass dem Heim eine besondere Atmosphäre innewohnte, zeigen die häufigen Besuche von Willy Brandt. Auch Peter Blachstein gehörte zu den Gästen, der zudem mit den Kindern Theater spielte. (Info: J. Winter)

Die Einrichtung bestand noch bis 1947, da ab Ende 1944 Holocaust-Überlebende aufgenommen wurden. Nach dem Abriss des immer noch herrschaftlich aussehenden und inzwischen stark heruntergekommenen Gebäudes wurde das Grundstück umgewidmet. Heute befindet sich dort der Tullgarnsparken mit einem Denkmal (Minnesplats) zur Erinnerung an die Judenverfolgung und die ehemals dort untergebrachten flyktingbarnen – fast genau an der Stelle, wo das Heim stand. Obwohl der dazugehörige Text einige Unwahrheiten enthält. Außer den hier genannten Klas Back und Harry Schein gehörten laut einem schwedischen Artikel Hans Baruch, Gerhard Jacoby und Hans-Jochen Posner zu den Insassen. (Ebd) Das Denkmal selbst stellt einen massiv dastehenden, aus Steinen gemauerten Stuhl dar, dessen Sitzfläche eine Mulde für Blumen- und Pflanzenschmuck aufweist. Auch Jan Winter thematisiert im Roman *Kullarna* einiges zum Leben in dieser Einrichtung und ihrer Bewohner. Häufige Mottos der betreuenden Tanten Lisafe und Soffi waren »Mitkommen« und »Mitmachen«, so Jan Winter. (S.a. Maier-Wolthausen)

Glossar

Affidavit

Eine durch Eid beglaubigte Urkunde, die Auskunft über die tatächlichen Verhältnisse der entsprechenden Person geben. Im Nationalsozialismus konnte damit Verfolgten eine Einreise in die USA und das Vereinigte Königreich Großbritannien ermöglicht werden.

Alijah

= Aufstieg. Hier ist die fünfte jüdisch-zionistische Einwanderung in das damalige Palästina unter britischem Mandat zwischen 1933 und 1939 gemeint. Sie wurde in Berlin im Januar 1933 von der Lehrerin Recha Freier*, Ehefrau eines Rabbiners, gegründet. Auch Hanna Arendt war im Pariser Exil für die Alijah tätig. Zur Vorbereitung auf das Leben in Palästina wurden Hachscharah-Kurse eingerichtet. Teil dieser Bewegung war der Hechaluz. Die Kurse in entsprechenden Einrichtungen fanden nach 1933 in Deutschland großen Zulauf. 1941 kam es durch die Nazis zur Auflösung der Einrichtungen bzw. zur Umwandlung in Zwangs-

Arbeitslager für jüdische Jugendliche. Weitere existierten in den Aufnahmeländern Großbritannien und Schweden.

Arbetarrörelsens arkiv och bibliotek / ARAB

1902 als unabhängige Stiftung von der schwedischen Regierung und den Sozialdemokraten gegründet. Sie befand sich seinerzeit in der Upplandsgatan 4 nahe dem Volkshaus. Ihr angeschlossen war die Flyktingshjälp. Im Herbst 2012 wurde der Komplex in den Stadtteil Huddinge, Elektronvägen 2 (nahe Flemingsberg) verlegt. Hier kann z. B. in über 120 ausländischen Archivalien zur Arbeiterbewegung geforscht werden. Im Achiv befinden sich Materialien über die Emigrantenverbände: FDKB, Landesgruppe der Gewerkschaften, KPD, KPO, SAP, SPD. Ebenso Nachlässe von O. Friedländer, K. Heinig, M. Hodann und F. Rück sowie Sammlungen von F. Abicht und H. Dittmer. Vor Jahrzehnten wurde der Bestand der VSLB dank der Initiative von Helmut Müssener übernommen. Als PDF liegt von Martin Grass, *The German-speaking émigrés papers in ARAB's stores* vor. Tatsächlich fungierte diese Einrichtung auch als eine Art Refugium für die Exilierten und wurde als solches genutzt.

Archivarbeiter

Die Archivarbeiter unterstanden der Staatlichen Arbeitsmarktbehörde, die auch die Löhne auszahlte. Ihre Tätigkeit wurde insofern kontrolliert, als jährlich Berichte darüber angefordert wurden. Keinesfalls wurde diese unterschätzt, da sie oft von Hochqualifizierten ausgeführt wurde. Eher war sie »eine Art Unterstützung, die einerseits nicht für den Empfänger demütigend wirkte und die andererseits in einer Reihe von Fällen schwedischen Instituten ausgezeichnete Arbeitskräfte für wenig Geld« verschaffte. (Müssener, *Exil*)

Aus- und Wiedereinbürgerung

Gegenüber Juden und Oppositionellen machten die Nationalsozialisten umfangreichen Gebrauch von der zwangsweisen Ausbürgerung bzw. Expatriation mit dem Gesetz von der Aberkennung der deutschen Staatsangehörigkeit vom 14. Juli 1933. In der Folge wurden bis 1945 an die 38 000 Personen ausgebürgert, was in den Ausbürgerungslisten im *Deutschen Reichsanzeiger* veröffentlicht wurde. (Hepp) Die damit befassten Ausbürgerungsbehörden erhielten ihre Daten vom Auswärtigen Amt, dieses wiederum von den Konsulaten im jeweiligen Aufnahmeland, und zwar dank der Überwachung deutscher Emigranten und Fluchtmigranten.

Nach dem 8. Mai 1945 galten frühere deutsche Staatsangehörige nicht als ausgebürgert, wenn sie nach diesem Datum wieder ihren Wohnsitz in Deutschland bzw. in dere Bundesrepublik Deutschland hatten. (Vgl. Grundgesetz Absatz 2, Satz 1. In der DDR galt bid 1967 ebenso wie in der BRD eine einheitliche deutsche Staatsangehörigkeit. Danach wurde eine eigene eingeführt.

Barkenhoff Worpswede

Unter Heinrich Vogeler entwickelte sich von 1895 bis Anfang der 1920er Jahre der Barkenhoff zum Mittelpunkt der Künstlerbewegung Worpswede. Von 1923 bis 1932 gehörte die Anlage der Roten Hilfe, die den Barkenhoff bis 1932 als Kindererholungsheim nutzte. E.

Behm z. B. war einer der dort tätigen Erzieher. Auch der in Bremen im Widerstand aktive und hier genannte Adolf Ehlers war dem Barkenhoff durch sein Engagement verbunden.

Walter A. Berendsohn-Forschungsstelle für deutsche Exilliteratur
Ursprünglich 1970/71 unter dem Namen Hamburger Arbeitsstelle für Exilliteratur am Literaturwissenschaftlichen Seminar der Universität Hamburg gegründet. 2001 erfolgte die Umbenennung zu Ehren von W. A. Berendsohn, dem Begründer der deutschen Exilliteraturforschung in Stockholm. Sie ist die einzige derartige Einrichtung an deutschen Universitäten. Der Forschungsstelle in der Staatsbibliothek Hamburg angeschlossen sind eine Exil-Bibliothek im Ossietzky-Lesesaal, ein Archiv mit Dokumenten des Exils sowie Bestände, Nachlässe und Sammlungen.

Berliner Secession
So bezeichnete sich eine Künstlergruppe um 1898. Zuvor hatten sich 1892 einige Maler, darunter Max Liebermann, zu einer freien Vereinigung zusammengeschlossen als Reaktion auf die Ablehnung seiner Bilder, die Edvard Munch durch die Kommission des Vereins Berliner Künstler erfahren hatte. Später kamen weitere Künstler wie Max Pechstein, Emil Nolde (der wieder ausgeschlossen wurde) und Lovis Corinth als Mitglieder hinzu. 1933 musste sich die Secession unter Hans Purrmann verpflichten, den Aufbau (Nazi-)Deutschlands zu unterstützen. In den nachfolgenden Jahren kam es zu einer allmählichen Auflösung. Zu den Mitgliedern gehörte auch der nach Schweden emigrierte Künstler Karl Helbig.

Birkagården Folkshögskola und Stiftelsen
Diese Bildungseinrichtung wurde 1912 von Nathanael Beskow unter ursprünglich christlichem Aspekt gegründe. Er selbst war Nachfahre deutscher Einwanderer aus Stralsund. Im Laufe der Jahre entwickelte sich die Volkshochschule zu einer säkularen Einrichtung mit einem breiten Bildungsangebot. Von 1933 bis 1945 war die Stiftung auch in der Flüchtlingshilfe aktiv und schloss sich 1937 dem Zentralen Stockholmer Komitee für Flüchtlingshilfe an. Aktuell ist sie weiterhin in der Emigrantenhilfe tätig. Das Gebäude der Stiftelsen liegt in Vasastaden im Karlbergsvägen 86, nicht weit entfernt vom Gründungsort. Im Sveavägen 41 befinden sich die Räume der Volkshochschule (im AMF Huset). Dort fanden seinerzeit auch Aktivitäten der deutschsprachigen Emigranten statt.

Bischoff, Fritz
1900–1945. Er gehörte 1919 zu den Gründungsmitgliedern der KPD. 1934 wurde er verhaftet und zu acht Jahren Zuchthaus in Kassel-Wehlheide verurteilt. Danach brachte man ihn ins KZ Sachsenhausen und von dort nach Neuengamme. Kurz vor Kriegsende wurden die Häftlinge von Lübeck aus auf die drei Kilometer vor Neustadt liegenden Schiffe *Cap Arcona* und *Thielbek* gebracht, die britische Flieger am 3. Mai 1945 bei einem Luftangriff irrtümlich versenkten. Der größte Teil der Häftlinge ertrank, darunter auch Bischoff. Die etwa 300 Überlebenden wurden an Land erschossen. An dieses Geschehnis erinnert einmal das Cap-Arcona-Museum und vor allem ein Ehrenfriedhof am Neustädter Uferweg mit 621 Opfern

verschiedener Nationalität. Der VGH erfasste ihn 1935/36 unter dem Az. 9J 364/35 und 2H 15/36.

Boye, Karin

1900–1941. In Göteborg geborene schwedische Lyrikerin und Schriftstellerin mit Studium in Uppsala. Sie gehörte zur radikalen Clarté-Bewegung (in Frankreich entstandene Friedensbewegung um H. Barbusse). KB hielt sich kurz in der Sowjetunion auf, kehrte aber enttäuscht zurück. Ging 1928 eine Scheinehe mit dem Linksradikalen Leif Björk ein. 1932 lebte sie für etwa acht Monate in Berlin, ein wildes Leben mit Psychotherapie. Während ihres kurzen Aufenthalts als Lehrerin im Internat Viggbyholm 1936-38 lernte sie neben der deutsch-schwedischen Waldorfpädagogin K. Ruths-Hoffmann auch H. Holewa kennen. Sie bewohnte im Ostflügel eine Dachgeschosswohnung. 1940 erschien ihr wohl wichtigstes Buch *Kallocain*. Außerdem wurden Gedichte von ihr ins Deutsche von Nelly Sachs übersetzt. Nach eigener Aussage war sie ihr Leben lang bipolaren Stimmungen ausgesetzt mit starker Tendenz zum Suizid. Am 23. April 1941 wurde sie offiziell als vermisst gemeldet, vier Tage später fand man sie tot an einen Felsen gelehnt. Zu dieser Zeit lebte sie in Alingsås im Haus des Psychotherapeuten Iwan Bratt. Auch ihre Lebensgefährtin Margot Hanel beging wenig später Selbstmord. P. Weiss hat ihr in *Ästhetik* ein literarisches Denkmal gesetzt.

Bündische Bewegung

Zur bündischen Jugendbewegung gehörende Vereinigungen waren u. a. die Deutsche Freischar, die Pfadfinderschaften, der katholische Bund Neudeutschland und der Nerother Wandervogel-Bund. 1933 wurde Letztgenannter auf Druck der Nazis zwar aufgelöst, aber erst 1936 verboten. Doch blieben weiterhin zahlreiche Gruppen in der Illegalität aktiv, bzw. wurden neugegründet. Einer davon war der Orden der Piraten, aus dem die E. P., die Edelweißpiraten, hervorgingen. Ein erheblicher Teil passte sich in der Nazizeit dem System an, andere waren im Widerstand aktiv. Nach 1939 beteiligten sich vor allem im britischen Exil lebende Bündische an Vorbereitungen zum demokratischen Aufbau Deutschlands nach dem Krieg. Im schwedischen Exil sammelten sich zwischen 1939 und 1941 neben P. Leser, H. Frankl, H. Goldstein und G. Salten weitere Exilierte um H. J. Schoeps, um in der bündischen Tradition noch irgendwie aktiv zu sein. Weitere anfangs bündisch Orientierte waren M. Barth, P. Blachstein, I. Enderle, E. Koetting, R. Petri, H. Rüdiger sowie I. u. W. Steinitz. Darüber hinaus entstand Anfang des 20. Jahrhunderts auch von jüdischer Seite eine bündische Bewegung mit dem Jugendverband jüdischer deutscher Kameraden bzw. Kameraden Deutsch-Jüdischer Wanderbund. In den 1920er Jahren spaltete sich der Verband auf mit verschiedenen Strömungen. Dazu gehörten der libertäre Schwarze Haufen mit L. Sager als Mitglied, das männerbündische Schwarze Fähnlein und der Bund Werkleute, Bund deutsch-jüdische Jugend. Eine weitere, gemäßigt religiös-sozialistische Formation entstand 1928 unter dem Namen Kreis, zu der z. B. P. Blachstein gehörte. Stramm zionistisch orientiert war der 1920 entstandene Jung-Jüdische Wanderbund, wo anfangs L. Sager Mitglied war. Ein Teil der Jüdisch-Bündischen konnte nach erfolgter Hachscharah noch bis 1939 nach Palästina emigrieren.

Chaluz, sing.mask. / **Chaluza,** sing.fem. / **Chaluzim,** pl.
Angehörige der Hechaluz-Bewegung.

Dagermann, Stig

1923–1954. Journalist und Schriftsteller. Er ist aufgewachsen in Älvkarleby südlich von Gävle. Politisch gehörte er der SAC an, hier lernte er auch seine erste Frau Annemarie Goetze kennen. Sie heirateten 1944, bekamen zwei Kinder und trennten sich 1949. Danach heiratete er eine Schauspielerin. 1954 nahm er sich wegen anhaltender Depression das Leben. Von seinen Werken sollen hier die 1946 für *Expressen* verfassten Reisereportagen über das kriegszerstörte Deutschland erwähnt werden, die viel Beachtung fanden.

Deutsche Friedensgesellschaft

Diese älteste deutsche Friedensbewegung wurde 1892 gegründet. Nach 1918 kamen viele Mitglieder aus dem sozialdemokratischen Lager. Später entwickelten sich innerhalb der Bewegung zum Teil heftige Richtungskämpfe, welche die Bewegung deutlich schwächten. 1933 zerschlugen die Nazis die Friedensgesellschaft, die sich 1946 neu gründete.

Deutsche Sozialdemokratische Arbeiterpartei (DSAP)

in der Tschechoslowakischen Republik

1919 als Nachfolgerin des Allgemeinen Deutschen Arbeitervereins in Böhmen gegründet. Sie war eine wichtige Partei für die deutsche Minderheit in der ČSR, verlor aber während der Wirtschaftskrise viele Anhänger. 1938 konnten sich etwa 30 000 Mitglieder vor den Nazis retten, 1939 wurde die Arbeit der DSAP in der ČSR beendet. Die Partei selbst existierte im Exil fort als Treuegemeinschaft Deutscher Sozialdemokraten. Die heutige, 1951 gegründete Seliger-Gemeinde ist eine Gesinnungsvereinigung sudetendeutscher Sozialdemokraten.

Deutsche Liga für den Völkerbund

Zwischen 1918 und 1933 setzte sie sich aktiv für die Idee des Völkerbunds ein. Zu den Gründern und Mitgliedern gehörten vor allem Sozialdemokraten sowie Zentrums- und liberale Politiker, Diplomaten, Wissenschaftler sowie Vertreter der Wirtschaft. Gute Kontakte gab es zum damaligen Außenministerium. Dank ihrer Bemühungen erfolgte 1926 der Beitritt Deutschlands zum Völkerbund. Als Obmann fungierte Otto Friedländer. Nach 1933 kam es zur Gleichschaltung und Umbenennung.

Der Deutsche Vortrupp. Gefolgschaft deutscher Juden

Im Februar 1933 von H. J. Schoeps gegründete Nachfolgeorganisation des Vereins jüdischer Deutscher, die den Nationalsozialisten positiv gegenüber stand. Dem Vortrupp gehörten hauptsächlich junge Akademiker an. Von 1933 bis 1935 gab der Verein ein gleichnamiges Vereinsblatt mit dem Untertitel *Blätter einer Gefolgschaft Deutscher Juden* heraus. Darin ist u. a. der von Schoeps verfasste Artikel *Deutschland erkennt heute seine völkische Gesinnung* erschienen. Der Verein wurde im Dezember 1935 zwangsweise aufgelöst. Im Stockholmer Exil belebte Schoeps den Vortrupp in Verbindung mit Ehemaligen der bündischen Gruppen.

Doppelte Sozialisation

In Sachen Sozialisation wurde 1988 auf einem Symposion in Zürich hinsichtlich der beruflichen Sozialisation Erwachsener auf die damit in Zusammenhang stehenden Erfahrungen hingewiesen. Lars Dencik hat die dort gewonnenen Erkenntnisse auf die Situation der in Schweden lebenden zweiten Generation Exilierter bezogen. Ausgangspunkt sind/waren dabei die Generationskonflikte zwischen Herkunftsgesellschaft und Aufnahmegesellschaft.

In der Begegnung und im Zusammenleben beider Exilgeneration trafen und treffen nicht nur unterschiedliche Lebensweisen aufeinander. Vielmehr sind die jeweils erfahrenen abweichenden Lebenssträge von Bedeutung, so musste beispielsweise die zweite Generation ihr Leben nicht im Exil gestalten. Für sie war es eine Art Spagat, zwischen Herkunfts- und Aufnahmegesellschaft klarzukommen und sich nicht zu verlieren.

Duckwitz, Georg Ferdinand

1904–1973. Er stammte aus einer angesehenen Bremer Kaufmannsfamilie und orientierte sich in jungen Jahren eher rechts. Nach einem abgebrochenen Studium der Nationalökonomie war er zunächst kaufmännisch tätig und dann im Schifffahrtsbereich. 1932 wurde er zwar Mitglied der NSDAP, entwickelte aber in der Folge eine kritische Einstellung. 1939 wurde er in Kopenhagen als Schifffahrtsachverständiger vom Auswärtigen Amt eingesetzt und arbeitete eng mit Werner Best, dem dortigen Reichsbevollmächtigten, zusammen. Von diesem wurde er über die im Herbst 1943 geplante Deportation der in Dänemark lebenden Juden informiert. Daraufhin nutzte Duckwitz seine Kontakte u. a. zur dänischen Sozialdemokratie um Hans Hedtoft und startete eine breit angelegte Rettungsaktion. Ebenso traf er sich mit deutschen Exilierten (Hans Schäffer, Fritz Tarnow und wohl auch Willy Brandt) in Stockholm, die Kontakt zur deutschen Widerstandsbewegung hatten. Nach Kriegsende blieb er noch mit Frau und Tochter bis 1950 in Dänemark, um dann wieder im Herkunftsland zu wirken. Ab 1970 lebte er erneut in Bremen und wurde dann unter Willy Brandt außenpolitisch als Leiter der Ostabteilung im Auswärtigen Amt tätig, und zwar vor allem als Verantwortlicher für die Ausarbeitung der Ostverträge. Denn Brandt schätzte ihn sehr wegen seiner Menschlichkeit und Integrität. Darüber hinaus bezeichnete er Duckwitz als »ein Musterbeispiel dafür, daß einer nicht Nazi werden mußte, wenn er Nominal-Parteigenosse geworden war.« (*Erinnerungen*; s. a. Dünzelmann, *Disziplin*) 1997 würdigte Hans Kirchhoff ihn in seinem Buch *Den gode tysker.*

Ehlers, Ado

1898–1978. In Bremen geboren und aufgewachsen. Nach einer kurzen Tätigkeit als Handlungsgehilfe ließ er sich zum Schweißer bei der Großwerft AG „Weser" ausbilden. Hier engagierte er sich politisch in der KPD und als Betriebsratsvorsitzender. Neben seiner Mitgliedschaft in der KPD war er in verschiedenen Arbeiter-Organisationen. 1925/26 schloss man ihn aus der Partei aus, nahm ihn dann wieder auf und schloss ihn nochmals 1927/28 aus. Er wechselte dann zur neu gegründeten KPO und war im Oktober 1931 Mitbegründer der SAPD in Bremen, wurde aber erst 1932 Mitglied. Von 1933 bis Kriegsbeginn durfte er nicht mehr auf der Werft arbeiten, konnte aber dann bis 1945 das Magazin verwalten. Von diesem Posten aus konnte er bestens die illegalen Aktivitäten organisieren. Auch dank seines Engagements wurde die erfolgreichste Untergrundarbeit der SAP in Bremen geleistet, so Peter Brandt.

Im März 1933 gliederte er die Bremer Untergrund-SAPD in Dreier- und Fünfergruppen analog zu den von der Berliner Zentrale vorgegebenen Richtlinien. Gleichzeitig hatte er Kontakt zu KPD-Leuten. Ab 1934 stand er in engem Kontakt zu den skandinavischen Stützpunkten der Partei. Vor allem zu den im schwedischen Exil lebenden Enderles und zu Willy Brandt in Norwegen. So koordinierte er in Bremen den Kurierdienst und die Verbindungen zur ITF mit ihrem Netzwerk politisch engagierter Seeleute im holländischen, dänischen und schwedischen Untergrund. Wichtiger Kontaktmann war Walter Michaelis, der u. a. den Decknamen Sverre nutzte und in Bremen als Horst (Holmström) auftrat. Auch Adolfs Frau Ella war an den illegalen Kurierfahrten beteiligt. (Abb. 89) So gab es gute Kontakte in den Hamburger Raum, was aus der Akte 9J 9/43g des VGH hervorgeht. (db.saur.de)

Im Mai 1944 gründete Adolf die Kampfgemeinschaft gegen den Faschismus, die bis etwa Ende 1945 bestand. Noch vor der alliierten (britischen) Besetzung wurde er von der KPD in »Gnaden wieder aufgenommen« und war kurz in der illegalen Bezirksleitung tätig. (StAB 7,144-19). Im Mai 1945 wechselte er zur SPD, endgültig. Seine weitere Laufbahn war bestimmt durch die Tätigkeit als Senator für Gesundheit und Wohlfahrt, dann für Inneres und letztendlich als bremischer Bürgermeister. Willy Brandt bezeichnete den »baumlangen« Ehlers als eine Person, von der ein ruhiges Vertrauen ausgegangen sei, der Zuversicht ausstrahlte und in sich ruhend wirkte. (*Links*; s. a. Dünzelmann, *Disziplin*)

Eichmann, Adolf

1906-1962. War im Nationalsozialismus als SS-Oberstrumbannführer aktiv und leitete beim RSHA das sogenannte Eichmann-Referat. Das war verantwortlich fürdie Verfolgung und Ermordung von etwa sechs Millionen Juden in Europa. Eichmann selbst wurde im Mai 1950 in Argentinien aufgespürt und nach Israel entführt. Dort wurde er in einem öffentlichen Prozess zum Tode verurteilt.

Exilverlage in Stockholm

In Stockholm wurden zwei der weltweit wenigen deutschen Exilverlage gegründet. Räumlich verortet waren sie im Stadtbezirk Norrmalm. Darüber hinaus gab es eine Reihe schwedischer Verlage mit Werken deutscher Exilliteratur, die größtenteils nicht mehr existieren bzw. unbekannt sind. Von den etwa 56 Autoren war H. Kaeser am auflagenstärksten vertreten, es folgten K. Singer, W. Brandt, K. Hamburger, S. Szende u. a.

Folgende zwei Verlag waren auch für die Exilierten selbst von Bedeutung:

Bermann Fischer Verlag Stockholm

1938 von Gottfried Bermann Fischer als reiner Exilverlag und in der Nachfolge des Wiener Bermann-Fischer-Verlags in Stockholm gegründet. Der linksliberale Bonniers Förlag unterstützte ihn mit einem Anteil von 51 Prozent, auch dank der von Berman Fischer in Zürich aufgenommenen Kontakte. Publiziert wurden deutschsprachige Autoren wie Johannes R. Becher, Lion Feuchtwanger, Heinrich Heine, Annette Kolb, Heinrich und Thomas Mann, Alfred Neumann, Josep Roth, Arthur Schnitzler, Wolfgang Steinitz, Jakob Wassermann, Franz Werfel und Stefan Zweig, zum Teil in der Reihe *Bücher zur Weltpolitik*. Auf diese Weise sollte klargestellt werden, dass für schwedische Autoren keine Konkurrenz bestand. Zu Thomas Mann bestanden Kontakte, er verortete diesen Verlag aber als »am Rande der europäischen Wüste liegend«. (Müssener, *Exil*) Nach der Emigration von Bermann Fischer in die USA 1940 blieb der Verlag unter seiner Leitung weiter in Stockholm bestehen, entfaltete aber lt. Müssener keine große Wirksamkeit. Als Übersetzer war z. B. W. Lindenthal tätig. 1948 wurde der Verlag nach Amsterdam verlegt und fusionierte dann mit dem renommierten Querido-Verlag.

Neuer Verlag

Um 1944 u. a. von Max Tau (Abb. 68) als deutsche Abteilung des Ljus-Verlags gegründet, der zum Papierkonzern Esselte gehörte und in der Vasagatan 18 residierte. Im Programm waren neben Büchern aus dem Ljus-Förlaget Werke von Vicki Baum, Alfred Döblin, Ernest Hemingway, Eugen Kogon, Antoine de Saint-Exupéry, Kurt Stechert, Franz Werfel, Carl Zuckmayer und anderen zeitgenössischen deutschsprachigen Schriftstellern zu finden. Außerdem wurden Werke norwegischer und schwedischer Autoren veröffentlicht. Wegen Papiermangels erschien *Das Beil von Wandsbek* von Arnold Zweig nicht wie geplant 1945, sondern erst 1947. Ganz in diesem Sinne konnte auf Anfrage Alexandra Kollontais von der sowjetischen Kulturabteilung in Stockholm der Roman *Die Unbeugsamen* von Boris Gorbatow 1944 verlegt werden. Mit der Remigration von Tau nach Norwegen verschwand das Interesse an diesem Verlag mit seiner speziellen Ausrichtung. Doch wurden noch bis 1951 Bücher verlegt, insgesamt lagen 27 Titel vor. Der Firmentitel war allerdings schon 1948 an die spätere Frankfurter Verlagsanstalt verkauft worden.

100 *G.F. Duckwitz*
Buch/Bildzitat

101 *G. Bermann-Fischer*
Buch/Bildzitat

102 Buch/Bildzitat
mittig F. Goetze/Faud

Filseth, Tove

1905–1994. Geboren als Tove Krabbe Filseth, verw. Tau, verh. Natvig. Sie stammte aus Lille-
hammar und war von Beruf Journalistin. Nach Gründung der Nansen-Hilfe war sie dort als Sekretärin tätig und half u. a. 1939 die Flucht einiger jüdisch-tschechoslowakischer Kinder nach
Norwegen zu organisieren. Zusammen mit 13 dieser Kinder und ihren Betreuern flüchtete sie
im Dezember 1942 nach Schweden. Später traf sie sich mit dem ebenfalls geflüchteten M. Tau
in Örebro. Beide gingen dann nach Stockholm und heirateten 1944. Ab Kriegsende lebten sie
wieder in Oslo. Nach dem Tod von Tau heiratete sie 1988 Haakon Natvig. Im Riksarkivet
Norge befinden sich unter der Signatur RA/PA-1662 Veröffentlichungen, Zeitungsausschnitte
u. a. m.

Fimmen, Carl/Edo

1882-1942. Er ist als Sohn eines deutschen Kaufmanns in den Niederlanden aufgewachsen
und engagierte sich stark im sozialen Bereich und z. B. beim ITF. 1919 wählt ihn dieser zum
Generalsekretär. was er bis zu seinem Tode blieb. Nach 1933 war er in der
Widerstandbewegung und vor allem beim ITF tätig und traf sich auch mit Willy Brandt in
Oslo. Nach der deutschen Besetzung der Niederlande flüchtete er nach London, wobei er
nahezu zeitgleich auch vom VGH erfasst wurde. Sowieso stand er mit vielen im Widerstand
Tätigen in Kontakt, so auch mit den Enderles in Stockholm (dazu vgl. Abschnitt Widerstand).
Aus gesundheitlichen Gründen emigrierte er 1941 nach Mexiko, wo er dann verstarb. Neben
seiner politischen Arbeit war er auch publizistisch tätig. Nicht nur ihm zu Ehren wurde
1996/97 im Rotterdamer Hafen ein Denkmal errichtet (Abb. 88). Ebenso wird er kurz von
Müssener/Scholz in *Emigrantenselbsthilfe* erwähnt) Dass er seinerzeit besonders im Fokus der
Gestapo stand, zeigen die etwa neun Verfahren des VGH. in denen er namentlich erwähnt,
selbst aber nicht angeklagt wurde. (db.saur.de; s.a. *faror för staten*)

Fischer , Hermann

1895-1967. Gebürtig war er aus Gräfenroda in Thüringen und von Beruf Feinmechaniker
sowie Mitglied in der SPD und im Reichsbanner. Seine Frau Erna Wahl (1896-?) war bis 1933
Funktionärin im oberfränkischen Arbeiter-Samariter-Bund/ASB. Er selbst war ab 1930 in
Marktredwitz in seinem Beruf tätig und politisch in der SPD und im Reichsbanner aktiv mit
Bezügen nach Coburg. Im April 1933 war Hermann kurz im KZ Dachau inhaftiert, dann noch
einmal von November 1933 bis Mai 1934. 1935 flüchtete er mit Erna und dem Sohn Walter
(1917-1984) in die ČSR. Dort war er als Nachrichtenmann mit dem Decknamen Lang für die
SoPaDe-Grenzarbeit in Eger tätig. Während dieser Zeit wurde er staatsanwaltschaftlich u. a.
unter den Aktenzeichen 8J 422/35g und IH 6/36 erfasst. (Zarusky/Mehringer; db.saur.de) 1938
lebten die Fischers in Prag und flüchteten 1939 mit Hilfe der Nansen-Stiftung über Polen und
Danzig nach Oslo, wo er eine Büromaschinenwerkstatt führte. Politisch engagierte er sich u. a.
in der dortigen SPD-Gruppe. Nach der deutschen Besetzung flüchteten die Fischers 1940 nach
Schweden und waren zunächst in dem ehemaligen Rheumabad Loka Brunn in Västman län
untergebracht. Später lebten sie in Lottefors in einem Haus zusammen mit dem aus Schleswig-
Holstein stammenden Ehepaar Anneliese und Walter Raabke. Lottefors war eine in der

Provinz Gävleborg gelegene Ort- schaft und gehörte zur Gemeinde Bollnäs. Anscheinend planten die Fischers um 1942/43, nach Stockholm zu ziehen, wie aus einem Brief Pauls an Hermann vom 17. Dezember 1942 hervorgeht. (vgl. AdsD, Nachl.H.Fischer) Tatsächlich war Hermann dann Vorsitzender der SPD- bzw. SoPaDe-Ortsgruppe und Mitglied im FDKB. 1946 gehörte er zum Vorstand der in diesem Jahr gegründeten Vereinigung deutscher Sozialdemokraten in Schweden. (Lorenz, *Exil*; Röder) Laut Information des AdsD sollen die Fischers noch 1948 Kontakt nach Lottefors gehabt haben.

Freie Arbeiter-Union Deutschlands / FAUD
Im September 1919 entstanden als Nachfolgerin der Freien Vereinigung Deutscher Gewerk- schaften. Sie war die wichtigste Organisation des deutschen Anarchosyndikalismus. 1933 wurde sie formell aufgelöst, bestand jedoch weiter im Untergrund. Von den Stockholmer Exilierten gehörten dieser Richtung u. a. die Familie Götze und H. Rüdiger an. Nach 1945 gab es Wiederbelebungsversuche. Heute agiert die Gruppe unter dem Namen Freie Arbeiter- und Arbeiterinnen Union (FAU).

Freier, Recha, geb. Schweitzer
1892–1984. Im ostfriesischen Norden geboren und aufgewachsen. Sie studierte in Breslau und München u. a. Pädagogik und war als Lehrerin tätig. 1919 heiratete sie den Rabbiner Moritz Freier, mit dem sie drei Söhne und eine Tochter hatte. Bis 1926 lebte die Familie in Sofia und ging dann nach Berlin. Dort engagierte RF sich maßgeblich in der Jugend-Alijah. 1939 emi- grierte Moritz F. mit den Söhnen nach Großbritannien. Sie selbst blieb mit der Tochter noch in Berlin und war weiterhin in der Alijah aktiv. 1940 gelang es beiden, über die östliche Route nach Palästina zu reisen. Auch dort und später in Israel engagierte sie sich in Jerusalem bei der Jugend-Alijah. 1961 ist von ihr in London das Buch *Let the Children come* erschienen. Moritz F. kehrte nach Kriegsende kurz nach Berlin zurück, um als Gemeinderabbiner tätig zu sein. (S.a. Maier-Wolthausen)

Fyrtiotalisterna / Vierziger
Neben dem französischen Surrealismus und Existenzialismus erhielt die Psychoanalyse einen bedeutsamen Stellenwert dieser in der ersten Hälfte der 1940er Jahre in Schweden entstandenen literarischen Gruppierung. Sie lässt sich einordnen als schwedische Antwort auf Franz Kafka und Jean-Paul Sartre. Zur Gruppe gehörten u. a. Stig Dagermann*, Axel Liffner und Karl Vennberg. Politisch standen die meisten der anarchosyndikalistischen Bewegung nahe. Von 1943 bis 1947 erschien die Zeitschrift *40 tal* mit einem anspruchsvollen Feuilleton. Zugleich war sie ein Forum für weniger bekannte Autoren. Verlegt wurde das monatlich er- scheinende Blatt bei Bonnier, allerdings ohne eine breitere Wirkung zu erzielen. Zudem spal- teten heftige politische Auseinandersetzungen die Gruppe, die nur bis 1950 existierte. Von den deutschen Exilierten standen ihr A. Goetze-Dagerman und P. Weiss nahe.

Gerechte unter den Völkern / Chassid Umat ha-Olam
Ein in Israel nach der Staatsgründung 1949 geschaffener Ehrentitel für Nichtjuden, die wäh- rend der Nazizeit unter Einsatz ihres Lebens Juden vor der drohenden Ermordung retteten. Die

Bezeichnung ist biblisch-jüdischen Ursprungs. In der Gedenkstätte Yad Vashem in Jerusalem wurde eine entsprechende Gedenkabteilung eingerichtet.

Goerdeler, Carl von

1884–1945. In der Provinz Posen geboren und aufgewachsen, Studium der Rechtswissenschaft in Tübingen und Königsberg. In der Folge als Referendar und Gerichtsassessor tätig. Als damaliges Mitglied der Deutschnationalen Volkspartei/DNVP nahm er begeistert am Ersten Weltkrieg teil. Danach war er bis 1930 Bürgermeister in Königsberg und Leipzig. 1933 stand er der NSDAP ambivalent gegenüber: bedenklich und zustimmend. 1936 wechselte er zum Krupp-Konzern und unternahm viele Auslandsreisen, wodurch er allmählich eine kritischere Haltung gegenüber dem Nationalsozialismus gewann. Im September 1943 nahm er Kontakt zu Claus von Stauffenberg auf und wurde ein führendes Mitglied des sog. Kreisauer Kreises. Im August 1944 wurde er verhaftet und vom Volksgerichtshof unter den Aktenzeichen 01 17/44 gRs und 1L 316/44 wegen »Verrat am Volke« zum Tode verurteilt und Anfang Januar 1945« hingerichtet. (db.saur.de) Zur Erinerung an ihn wurde auf der Familiengrabstätte der Goerdelers in Heidelberg ein Gedenkstein angebracht.

Hachscharah

= Vorbereitung auf die Alijah. Die entsprechenden Kurse fanden auf landwirtschaftlichen Anwesen statt. Hier wurden den an einer Alijah Interessierten gärtnerische, landwirtschaftliche, handwerkliche und hauswirtschaftliche Fähigkeiten vermittelt. Ebenso Hebräisch und Kenntnisse für eine jüdische Identität. Die Hachscharah ist Ende des 19. Jahrhunderts aus der Chaluz-Bewegung entstanden und wurde Teil der Hechaluz.

Hamburger, Käte

1896–1992. In Hamburg als Tochter jüdischer Eltern aufgewachsen. Abitur am dortigen Johanneum, Studium und Promotion in München im Fach Philosophie. Danach als Germanistin, Literaturwissenschaftlerin und Philosophin tätig. 1934 wurde sie nach Göteborg von der Universität eingeladen, wo sie fortan lebte. In Schweden arbeitete sie als Sprachlehrerin, Journalistin und Schriftstellerin. KH remigrierte 1956 nach Stuttgart und habilitierte dort. Lehrte ab 1959 als Professorin an der damaligen TH Stuttgart. Besonders verdient gemacht hat sie sich in der Teilhabe an einer methodischen Neuorientierung der deutschen Germanistik. Sie wurde mehrfach ausgezeichnet, u. a. 1988 mit dem Schiller-Gedächtnispreis.

Hechaluz

= Pionier-Bewegung. 1917 gegründeter zionistischer Weltverband mit kollektivistisch-sozialistischem Hintergrund und der Kibbuzbewegung nahestehend. Er organisierte die Alijah nach Palästina und deren Hachscharah. In Deutschland 1923 gegründet und 1938 aufgegangen in der Abt. I des Palästina-Amtes. Nach 1933 schlossen sich viele Juden der Bewegung nur an, um Deutschland oder Österreich verlassen und in ein Land ihrer Wahl emigrieren zu können.

In Stockholm bestanden allerdings in der Jüdischen Gemeinde erhebliche Vorbehalte gegenüber zionistischen Aktivitäten und insofern auch gegenüber der Hechaluz-Bewegung.
Auf Betreiben des schwedischen Tierarztes Emil Glück (*Hachscharah*) sollte auch in Schweden nach deutschem Vorbild die Hachschara geschaffen werden. Er selbst organisierte die Beschaffung der Arbeitsplätze in der Landwirtschaft, allerdings ohne theoretische Schulung und ohne Sprachunterricht. In Schweden wurde anfangs eine Chaluz-Quote von 10 Ausbildungswilligen eingerichtet, 1938 erhöht auf 100. Bis Ende 1938 waren 312 Chaluzim nach Schweden gekommen, 144 hatten Schweden wieder verlassen. Ende 1939 lebten 288 in Schweden, wovon 59 sofort nach Ankunft den Hechaluz wieder verließen. Die im Rahmen der Kindertransporte bzw. der Jugend-Alijah nach Schweden gekommenen Jugendlichen besaßen den Status von Transmigranten und waren ebenfalls Teil der Hechaluz-Bewegung.
Die Aktivitäten des Hechaluz befanden sich im südschwedischen Skåne bzw. Schonen, wo die dort ansässige Landwirtschaft gut geeignet war für eine entsprechende Ausbilung. Das zentrale Sekretariat des Hechaluz lag in Hässleholm. (→ Anhang.Einrichtungen) Neben W. Smulowicz u. a. war auch M. Wächter im Vorstand sowie als Sekretär tätig. Weitere Einrichtungen bzw. Büros befanden sich in Eslöv, Färlöv, Helsingborg, Hörby, Kattarp, Kristianstad, Landskrona, Lund, Tommelilla und Västraby. (Glück) Es wurde gemeinsam gearbeitet, hebräisch gelernt und sich auf das Leben in Palästina vorbereitet. Dazu trugen auch Wochenendseminare bei, u. a. gehalten von M. Hodann, K. Stechert, W. Strzelewicz und F. Tarnow. Kontakte gab es über Smulowicz auch zur Kleinen Internationale in Stockholm, aber nicht zu anderen deutschsprachigen Vereinigungen. (Müssener, *Exil*)
Mit den ab Ende 1944 nach Schweden gebrachten KZ-Überlebenden kam es nochmals zu einem kurzen Aufschwung in der Hechaluz-Bewegung. Wegen der Quotenregelung durch die britische Mandatsregierung starteten auch von Schweden aus illegale Transporte nach Palästina. Tatsächlich war Schweden vor allem zwischen 1939 und 1948 Transitland für Palästina-Emigranten. Ungefähr 60 Prozent der Chaluzim gingen ins spätere Israel, der Rest blieb in Schweden und integrierte sich dort. (Thor) Materialien befinden sich im ARAB.

Heidelberger Bergfriedhof

Dieser besondere Friedhof wurde 1844 auf dem Gelände eines ehemaligen Weinbergs in Heidelberg angelegt. Er versteht sich zwar als konfessionsübergreifende Begräbnisstätte, doch wird ein Teil als jüdischer Friedhof genutzt. Darüber hinaus war er ein bevorzugter Begräbnisort für herausragende Persönlichkeiten (wie z.B. Friedrich Ebert). Aktuell erinnern mehrere Denkmale und Gedenksteine an die Opfer des Nationalsozialismus und 27 Widerstandskämpfer. Nahe dem südlichen Eingang zum Friedhof befinden sich die Grabstätten von Opfern des Nationalsozialismus, die sich ebenfalls als Gedenkstätte verstehen. Auf zwei Namenstafeln sin die Namen Derjenigen verzeichnet, die hier ihre letzte Ruhestätte gefunden haben. Zu diesen etwa 27 Personen gehört auch Jakob Welter. Auf der Grabstätte der Familie Goerdeler erinnert ebenfalls ein Gedenkstein an Carl von Goerdeler. Auch eine dort aufgestellte Stele des Künstlers Günter Braun soll an die Verfolgten erinnern. Viele von ihnen wurden wie Welter als sogenannte unbekannte Verbrecher in Stuttgart hingerichtet und in der Heidelberger Anatomie obduziert. Die bis 1989 noch in Heidelberg und Tübingen aufbewahrten anatomischen Präparate von Nazi-Opfern wurden 1989 in einem Urnengrab beigesetzt.

Hilfsverein deutscher Juden

Gegründet 1901 in Berlin. Der Verein sollte helfen, die wirtschaftliche und kulturelle Situation osteuropäischer Juden zu verbessern. Nach 1933 musste er sich umbenennen in Reichsvertretung der Juden in Deutschland, später in Reichsvereinigung. Von 1933 bis 1941 konnte der Verein 90 000 Juden zur Auswanderung verhelfen, aber nicht nach Palästina. Zum Vorstand gehörte u. a. die Wirtschaftswissenschaftlerin Cora Berliner, die 1939 nach Schweden reiste, um 400 Juden in Schweden unterzubringen. Sie selbst wurde 1942 nach Minsk deportiert und dort ermordet.

Institut für Sozalforschung

1923 durch eine Stiftung des Kaufmanns Hermann Weil und seines Sohnes Felix Weil entstanden. Von einem akademischen Marxismus geprägt, entwickelte es sich unter Max Horkheimer 1931 zu einer Forschungsstätte der Kritischen Theorie. Als erstes Theorieseminar gilt die Marxistische Arbeitswoche* im Mai 1923. 1932 wurde die *Zeitschrift für Sozialforschung* herausgegeben. Zu den ersten Autoren zählten Theodor W. Adorno, Walter Benjamin, Erich Fromm und Herbert Marcuse. Horkheimer erkannte früh die nationalsozialistische Gefahr und bereitete dementsprechend die Emigration des Instituts vor. Es befand sich im Exil zuletzt an der Columbia University in New York. Nach schwierigen Jahren kehrte das Institut unter Horkheimers Leitung nach 1945 zurück und setzte erneut Impulse.

Internationale Arbeiterhilfe / IAH

1921 gegründete KPD-nahe Organisation, die für notleidende Arbeiterfamilien soziale Leistungen bereitstellte. Sie unterhielt auch verschiedene proletarische Filmproduktionsgesellschaften. Anfangs wurde sie als rote Heilsarmee verspottet, die aber nach 1933 weiter tätig sein konnte. 1935 wurde die IAH von der Internationalen Roten Hilfe übernommen.

Internationaler Willi-Wanka-Kreis / IWWK

In Kanada 1964 gegründeter sudetendeutscher Verein. Benannt nach Willi Wanka, einem überzeugten Sozialdemokraten, der 1938/39 vor den Nazis nach Kanada flüchtete. Dort gründete er in British Columbia die Siedlung Tomslake. Zu den Vereinsmitgliedern gehörten auch deutsch-schwedische Sozialdemokraten. Mitteilungsblatt ist der *Sudetenbote*. Seit Jahren wird der Kreis als rechte Gesinnungsgemeinschaft eingeordnet.

Kleine Internationale

Dieser Name stand für die im Abschnitt Organisationen ausführlicher beschriebene Internationale Gruppe demokratischer Sozialisten, die in Kontakt und im Austausch mit anderen sozialistischen Organisationen im Exil und in Schweden selbst stand.

Klepper, Jochen und Hanni, mit Renate Stein

Jochen Klepper (1903-1942) war evangelischer Theologe, Journalist und Dichter geistlicher Lieder. Er heiratete 1931 die Jüdin Johanna (Hanni) Stein. Zusammen mit den zwei Töchtern

Brigitte und Renate aus ihrer ersten Ehe bildeten sie eine Familie. 1938 ließ sich Johanna taufen. Brigitte S. konnte 1939 mit dem letzten Kindertransport nach Großbritannien entkommen. Klepper selbst wurde 1941 wegen seiner sogenannten nichtarischen Ehe als ›wehrunwürdig‹ eingestuft. Johanna K. und Renate S. drohte die Deportation. In Stockholm bemühte sich das Ehepaar Meschke, zumindest Renate S. die Einreise nach Schweden zu ermöglichen. Diese wurde ihr endlich im Dezember 1942 erlaubt, doch lehnte in Deutschland Adolf Eichmann eine Ausreise ab. Daraufhin wählten Renate Stein, Hanni und Jochen Klepper am 10./11. Dezember 1942 den Freitod.

Konstnärer i landsflykt / Künstler im Exil
Im Januar 1944 organisierten skandinavische Künstler unter der Schirmherrschaft von Eugen Prinz Bernadotte eine gemeinschaftliche Ausstellung exilierter Künstler, gegen den Widerstand vieler junger schwedischer Künstler. Auf deutscher Seite waren u. a. E. Hahnewald, K. Helbig, L. Laserstein, H. Rubinstein, W. Taesler und H. Tombrock vertreten. während P. Weiss zur ČSR-Gruppe gehörte. Mit Hilfe dieser Ausstellung erhofften sich die Initiatoren einen Impuls für die schwedische Kunst- und Kulturszene, die eher provinziell aufgestellt war. (Müssener, *Exil*)

KPO – Kommunistische Partei Opposition
Sie entstand 1929/30 in Reaktion auf die ultralinke Wende. Es sollte das propagiert werden, was eigentlich von der KPD erwartet wurde. So forderte man zwar eine Einheitsfront mit den Sozialdemokraten, gab sich teilweise aber kommunistischer als die KPD selbst. Einen eigenen politischen Standpunkt konnte die Gruppierung nicht entwickeln, sie verstand sich auch nicht als eine neue Partei. Ab 1933 agierten die Mitglieder in Deutschland illegal, viele gingen ins Exil. In Schweden gehörte die Parteigruppe der Internationalen Vereinigung der kommunistischen Opposition an. Diese bestand von 1930 bis 1939 und agierte sowohl im Untergrund als auch im Exil. In Stockholm selbst trafen sich regelmäßig in privatem Kreis etwa 15 Mitglieder der KPO. Es wurden Beiträge gezahlt, um Angehörige inhaftierter politischer Gefangener zu unterstützen. Zu den Mitgliedern gehörten u. a. die Brüder Bergmann und R. Janus. Nach 1945 löste sich die Partei allmählich auf.

Kreisauer Kreis
Eine 1940 auf dem schlesischen Gut Kreisau der Familie Moltke gegründete deutsche Widerstandsgruppe, die sich aber nicht über einen Namen identifizierte und insofern durch Anonymität besser geschützt war. Der sogenannte innere Kreis umfasste etwa 20 Personen und mehrere Sympathisanten aus unterschiedlichen gesellschaftlichen Gruppierungen. Leiter und Initiator war Helmuth James Graf von Moltke. Sie stand in Kontakt zu weiteren Gruppen in anderen europäischen Ländern und war vor allem christlichen Vorstellungen verpflichtet unter Einbeziehung katholischer und protestantischer Akteure. Zu den Mitgliedern gehörte u. a. auch Adam von Trott zu Solz, der als Mitarbeiter im Auswärtigen Amt Auslandsreisen unternehmen konnte und sich mehrfach in Schweden aufhielt. Dort kam es zu Kontakten u. a. mit Willy Brandt. Nach der Verhaftung Moltkes im Januar 1944 war nunmehr der Sozialdemokrat Julius Leber* maßgebliche Kraft. Das misslungene Attentat am 20. Juli

brachte erneut Verhaftungen mit anschließenden Todesurteilen sowie die Auflösung der Gruppe mit sich. (→ Widerstand) Erst zu diesem Zeitpunkt wurde sie wohl von der Gestapo nach dem Ort der Haupttreffpunkte so benannt. Die entsprechenden Akten des VGH sind mit den Bezeichnungen OJ 21/44 und OJ 38/44 sowie IL 439/44 und IL 39/744 versehen, fehlen aber in der Datenbank.

Künstlerkolonie Berlin

Auf Initiative der Genossenschaft Deutscher Bühnenangehöriger und des Schutzbundes Deutscher Schriftsteller zwischen 1927 und 1931 als Wohnsiedlung in Wilmersdorf entstanden, im Volksmund auch Hungerburg genannt. Ziel war die Beschaffung preiswerter und guter Wohnungen für sozial schwache Künstler und Schriftsteller. Sie befand sich nahe Südwestkorso und Breitenbachplatz. Die Bewohner standen zumeist der KPD und der SPD nahe. 1933 wurde die Situation für die Bewohner zunehmend gefährlich: Es kam zu Durchsuchungen und Verhaftungen, wie die von C. Trepte. Andere Bewohner emigrierten noch im gleichen Jahr ins Ausland, u. a. Ernst Bloch, Ernst Busch, Walter Hasenclever. Susanne Leonhard schickte ihren Sohn Wladimir nach Schweden in das Internat Viggbyholm. Viele der aus der Siedlung Vertriebenen kehrten nach 1945 zurück. Aktuell steht sie unter Denkmalschutz.

Leber, Julius

1891–1945. Im Elsass geborener und später u. a. in Freiburg lebendes SPD-Mitglied. Nach der Teilnahme als Soldat am Ersten Weltkrieg war er überzeugter Republikaner und wurde 1921 Chefredakteur beim sozialdemokratischen *Lübecker Volksboten*. Hier freundete er sich mit Herbert Frahm (Willy Brandt) an, der als Schüler ebenfalls für die Zeitung tätig war. Als Gegner des Nationalsozialismus war er von 1935 bis 1937 in verschiedenen Konzentrationslagern inhaftiert. Nach seiner Freilassung lebte er als Kohlenhändler in Berlin und nahm 1940 Kontakt zum im Widerstand aktiven Carl-Goerdeler-Kreis und über Helmuth James von Moltke zum Kreisauer Kreis. Auf seinen Impuls hin kam es zu einer Verbindung Willi Brandts mit dem Kreisauer Kreis*. Noch vor dem geplanten Attentat am 20. Juli 1944 wurde er am 5. Juli verhaftet und im Oktober vom VGH unter den Aktenzeichen 8J 170/44g und 1H 244/44 sowie 10J 18/4g Rs und 1L 336/44 angeklagt. (db.saur.de) Nach schwerer Folter und Androhung der sogenannten Sippenhaft für seine Familie »machte er Aussagen, doch vermied er es, andere als sich selbst zu belasten«, so Willy Brandt. Aus politischem Kalkül wurde das gegen ihn verhängte Todesurteil erst am 5. Januar 1945 in Berlin-Plötzensee vollstreckt. Politisch galt er als Gegenspieler von Kurt Schumacher, der ihn auch nach seinem Tod klein hielt. (*Erinnerungen*)

Leninbund

1928 von ehemaligen KPD-Mitgliedern mit anfangs etwa 6000 Mitgliedern gegründet, zu denen auch K. Singer gehörte. Im gleichen Jahr kam es zu einer großen Abspaltung, der Leninbund besaß mit jetzt etwa 1000 Mitgliedern nur noch Bedeutung auf kommunaler Ebene. 1933 musste der Bund in die Illegalität gehen, eine im Exil sich bewährende Gruppe existierte nicht. In Stockholm agierte eine kleine Gruppe um H. Urbahns, zu der auch E. Koetting gehört haben soll.

Lindley, Charles
1865–1957. Geboren iunter dem Namen Carl Gustav Lindgren, der sich als Sozialdemokrat und Gewerkschafter verstand, Zunächst war er als Handelsseemann auf britischen Schiffen tätig und kehrte 1895 nach Schweden zurück. 1897 gründete er in Schweden die dortige ITF. Von 1933 bis 1956 war er zum Präsidenten der ITF gewählt worden und als solcher aktiv. Seine Ehefrau Elin Jonsson war befreundet mit der sowjetischen Diplomatin Alexandra Kollontai, wie auch in *faror för staten* von M.F. Scholz beschrieben. Sein Grab befindet sich in Stockholm auf dem Norra Begravningsplatsen.

Linkskartell deutscher Geistesarbeiter
In der Weimarer Republik von Willy Münzenberg gegründeter und der KPD nahe stehender Bund der Geistesarbeiter = Linkskartell der geistigen Arbeiter und freien Berufe.

Lutetia-Kreis / Hotel Lutetia
Ursprünglich ein Ausschuss zur Vorbereitung einer deutschen Volksfront. Im September 1935 fanden sich im berühmten Pariser Hotel Lutetia am Boulevard Rapail kommunistische, sozialdemokratische und bürgerliche Nazi-Gegner zusammen, um eine Protesterklärung gegen die Hinrichtung des Funktionärs Rudolf Kraus zu formulieren. Das wurde beispielsweise auch von P. Weiss in *Ästhetik* festgehalten. Weitere Treffen folgten, so die Volksfrontkonferenz mit 118 Teilnehmern, darunter W. Brandt. Ebenso nahm H. Wehner als Vertreter der KPD teil. Infolge unterschiedlicher Vorstellungen kam es im April 1937 zur Auflösung des Kreises.

Manhem förbundet – Society Manhem
Manhem förbundet ist der Name für eine im 19. Jahrhundert in Schweden entstandene völkisch ausgerichtete Organisation. Sie steht aber nicht in direkter Verbindung zur Society Manhem. Diese ist hervorgegangen aus der 1928 gegründeten Gewerkschaft Gymniska asssociation. Gründer war der schwedische Offizier und Olympia-Turner Carl E. Carlberg (1889-1962), der während des Zweiten Weltkriegs Listen von in Schweden lebenden Juden anfertigen ließ. Er war auch für die Verbreitung antisemitischer Schriften verantwortlich und finanzierte vor, während des Kriegs und danach die Nazi-Propaganda. Mitglieder der Society Manhem kamen aus der national gesinnten Mittel- und Oberschicht. Der Name Manhem leitet sich her aus dem im 17. Jahrhundert verfassten Werk *Atland Sive Manhem*.

Marxistische Arbeitswoche
Am 20. Mai 1923 fand über Pfingsten in Geraberg bei Arnstadt eine einwöchige Konferenz als Theorieseminar des zuvor gegründeten Frankfurter Instituts für Sozialforschung statt. Die Idee zu diesem Treffen ging auf Karl Korsch zurück, Richard Sorge war als Koordinator tätig und Felix Weil als Mäzen wichtig. Weitere Teilnehmer waren neben Hedda Korsch z. B. Christiane Sorge, Käthe Weil, Karl August und Rose Wittfogel, Friedrich Pollock, Georg Lukács, Fukumato Kazuo, Konstantin Zetkin. Die Konferenz gilt inzwischen als Gründungsakt der Frankfurter Kritischen Theorie.

Matteotti-Komitee

Benannt war diese Organisation nach dem in Turin ermordeten italienischen Antifaschisten und Sozialisten Giacomo Matteotti (1885-1924), der auch als Abgeordneter tätig war. Sie wurde 1924 in Belgien für dorthin geflüchtete politisch verfolgte Italiener gegründet und erweiterte später den Tätigkeitsradius. So fungierte das Komitee in Paris ab 1933 als Hilfskomitee des Internationalen Gewerkschaftsbundes und war auch als Internationaler Matteotti-Fonds bekannt. Das Komitee stand politischen Flüchtlingen aus allen Ländern, vor allem aber Sozialdemokraten und Gewerkschaftlern zur Verfügung, obwohl die Mittel sehr knapp bemessen waren. Ihm gehörte z. B. auch Bruno Kreisky an, der Verfolgten über das Komitee in Paris die Flucht ermöglichte.

In Dänemark bzw. Kopenhagen war das Matteotti-Komitee ab 1934 eine wichtige Anlaufstelle für sozialdemokratische Emigranten und wurde auch von der dänischen Sozialdemokratie bzw. dem Genossen und späteren Ministerpräsidenten Hans Hedtoft mitgetragen. Im Spätherbst 1939 unterstützte es 285 politische Exilierte, so auch Fritz Bauer. Geschäftsführer war der oben genannte Richard Hansen. Dieser konnte Anfang 1940 nach der deutschen Besetzung Dänemarks nach Schweden mit der Namenkartei des Komitees entkommen. In diesem Kontext wurden sowohl Hedtoft als auch Hansen 1940/41 vom VGH erfasst. (Az. 10J 204/40 und 2H 17/41, db.saur.de) In Schweden gab es die Gemeinschaft der deutschen Flüchtlinge beim Matteotti-Komitee als Teil der Arbeitsgemeinschaft der deutschen Flüchtlinge in Schweden. Allerdings stand das Komitee der Volksfrontpolitik und der Roten Hilfe ablehnend gegenüber – sie galten als unehrlich.

Meyer-Danielsen, Gertrud (Trudel) verh. u. gesch. Gaasland

1914–2002. In Lübeck geboren als zehntes Kind einer Arbeiterfamilie. Sie selbst verließ die Schule mit der Mittleren Reife und wurde im kaufmännischen Bereich tätig. 1931 trat sie der SAJ bei, die sie bald verließ und etwas später zur SAPD wechselte. Zusammen mit Herbert Frahm/Willy Brandt gehörte sie zum linken Flügel. (Abb. 104) 1933 war Trudel anfangs im politischen Untergrund aktiv, wurde kurz verhaftet, ging dann im Sommer nach Oslo zu Brandt, mit de m sie weiterhin eng liiert war und in einer gemeinsamen Wohnung lebte. Auch hier engagierte sie sich politisch und war in der Flüchtlingshilfe aktiv. 1936 ging sie als Gjertrud eine Pass-Ehe mit dem Norweger Gunnar Gaasland ein. Ab Mitte 1939 kam es zu einer räumlichen Trennung von Brandt und ihr, doch waren beide politisch weiterhin gemeinsam aktiv. Bald darauf konnte sie mit einem Visum als Laborassistentin von Wilhelm Reich mit diesem nach New York reisen. Dorthin sollte ihr eigentlich Willy Brandt folgen, was aber die deutsche Besetzung 1940 verhinderte. Darüber hinaus ging Brandt noch in Oslo eine neue Beziehung ein und lebte dann mit Frau und Tochter in Stockholm. Gertrud kehrte 1946 nach Oslo zurück und heiratete einen Kapitän, mit dem sie zwei Söhne hatte und sehr glücklich gewesen sein soll. Zwischen ihr und Brandt bestanden allerdings kaum noch Kontakte. Mehr über ihr Leben und Wirken findet sich in der Dissertation von Gertrud Lenz, *Gertrud Meyer.* Mutmaßlich war sie auch bis 1939/40 unter dem Decknamen Anna Johannsen aktiv und zwar zumindest in Verbindung zur SAPD-Widerstandsgruppe in Bremen. (Dünzelmann, *Disziplin*)

Meyer-Prenzlau, Gertrude
1897–1990. Aus Hindås bei Göteborg stammende schwedische Jüdin mit deutscher Mutter, welche die Tochter zur beruflichen Ausbildung nach Berlin schickte. Sie lernte Ende 1930 den auf Nedsjölund in Hindås weilenden K. Tucholsky kennen, für den sie anfangs als seine Sekretärin tätig war, später vertiefte sich die Beziehung. Für Tucholsky war sie *Tydde,* das *Fröken aus Hindås,* das ihn 1931 auf einer Reise nach Kent/England begleiten durfte. In den Jahren bis zu seinem Tod war sie es, die ihn betreute und unterstützte. Noch im Sommer 1935 hielten sich beide auf Gotland auf. Sie war es, die im Dezember 1935 den bereits komatösen Tucholsky in das Göteborger Sahlgrenska-Krankenhaus bringen ließ und nach seinem Tod die Grabstelle in Mariefred ausgesucht und bezahlt haben soll. Später lernte sie in Göteborg während eines Vortrags von Käthe Hamburger ihren späteren Mann, einen aus russischer Gefangenschaft geflohenen deutschen Juristen, kennen.

Michaelis, Walter
1915–1943. Decknamen: Sverre,/allgemein; Harald Kittelsen, Berlin; Horst (Holmström)/ Bremen. Georg, Jung, Werner u. a. /Berlin
Er stammte aus der linken Jugendbewegung und war von Beruf Büroangestellter mit musikalischen Ambitionen. Als aktives Mitglied der SAPD (vorher SPD) emigrierte er 1934 nach Oslo und war seitdem politisch im Untergrund tätig. Zu diesem Zeitpunkt lernte er auch Willy Brandt persönlich kennen, mit dem er vorher bereits korrespondiert hatte. Wie dieser kam auch er aus der Jugendbewegung. Unter seinem in Norwegen erhaltenen Decknamen Sverre war er vor allem als Kurier tätig und suchte als solcher wichtigen Anlaufstellen auf. Er reiste mehrfach von Oslo über Kopenhagen illegal nach Deutschland, vor allem nach Berlin und Norddeutschland. Insbesondere sorgte er für politische Unterrichtung und stellte inzwischen zerrissene Verbindungen wieder her. Besonderen Kontakt hatte er zur Bremer Gruppe um Adolf Ehlers, die ihm ein Mandat für seine Arbeit erteilte und ihn unter dem Namen Horst kannte. Auch mit Brandt stand er weiter in enger Beziehung, beide trafen sich z. B. 1936 in Paris, wo sie den Auftrag erhielten, sich um die »Metro« (Berlin) zu kümmern. Hier agierte Sverre unter dem Decknamen Harald Kittelsen. Wie andere in Oslo lebende Emigranten tarnte man ihn als norwegischen Studenten. So schrieb er sich in Berlin als Pianist am Konservatorium ein, um seine dortige illegale Tätigkeit zu kaschieren. Doch fürchtete er sich stark vor einer Verhaftung durch die Gestapo, die vielleicht Informationen »aus ihm herausquälen könnte«. Tatsächlich galt er als stark gefährdet, und die Auslandsleitung der SAP wollte zumindest seine Tätigkeit einschränken. Um einer drohenden Verhaftung zu entgehen, trat er 1939 selbst mit einer Schrift an die Reichskanzlei heran, worin er sich als »Anhänger des neuen Deutschland« outete. Daraufhin machte man ihm im November 1939 den Prozess (Az. 10J 39/39 und 1H 56/39, db.saur.de), den er laut Brandt »unbeschadet« überstand. Er wurde zwar freigelassen, aber zur Wehrmacht eingezogen. Die schickte ihn zunächst an die Westfront und dann an die Ostfront, wo er im November 1943 gefallen ist. (GDW; StAB 7,144-

19; db.saur.de; P. Brandt; W. Brandt; Dünzelmann, *Disziplin*. Weitere Archivalien befinde sich im Bundesarchiv unter RY 13 und R 58).

Michaelis-Stern, Eva

1904–1992. In Breslau geborene und aufgewachsene jüngste Tochter des Psychologen W. Stern. Ab 1916 lebte die Familie in Hamburg, sie selbst ließ sich zur Gymnastiklehrerin in Hamburg und Berlin ausbilden. In Berlin fand sie Zugang zum Zionismus und besuchte 1926 und 1928 Palästina, musste aber wegen einer Erkrankung wieder nach Deutschland zurückkehren. 1933 emigrierten die Eltern und ihr mit Hannah Arendt verheirateter Bruder Guenther in die USA. Sie selbst blieb in Berlin und wurde Mitbegründerin und Organisatorin der Jugend-Alijah. 1938 reiste sie mit ihrem Verlobten Dolf Michaelis erneut nach Palästina und heiratete in Jerusalem. Im gleichen Jahr gingen beide nach London, wo EMS das Büro der Youth Aliyah eröffnete und zu einer wichtigen Repräsentantin wurde. Nach Kriegsende emigrierte sie mit ihrer Familie endgültig nach Palästina und war bis 1952 für das Büro der Aliyah in Jerusalem tätig. (jwa.org) Im Jüdischen Museum Berlin befindet sich ein Bericht über ihre Tätigkeit bei der Jugend-Alijah in Berlin (Konvolut 91/1). S.a. Maier-Wolthausen.

103 *Grab von Charles Lindley*
Norra Begravningsplatsen

104 *Gertrud Meyer, Oslo*
Buch/Bildzitat

105 *H. J.Graf Moltke*
Buch/Bildzitat

Minneslund

Seit 1959 wird auf vielen schwedischen Friedhöfen ein Bereich ausgewiesen, der als Minneslund bzw. kollektive Erinnerungsstätte ausgewiesen ist. Hier wird die Asche Verstorbener nach der Kremierung anonym und ohne weitere Kennzeichnung verstreut.

Moltke, Helmuth James von

1907–1945. Geboren und aufgewachsen auf dem schlesischen Familiengut Kreisau und in Berlin. Nach dem Studium der Rechts- und Staatswissenschaft in Breslau, Wien und Berlin schlug er eine Anstellung als Richter aus, um nicht in die NSDAP eintreten zu müssen. Stattdessen war er als Rechtsanwalt in verschiedenen Kanzleien bis 1944 tätig. Nach Beginn des Zweiten Weltkriegs war er in der völkerrechtlichen Abteilung der Amtsgruppe Ausland/Abwehr innerhalb der Wehrmacht eingesetzt. Wie andere Mitglieder des Kreisauer

Kreises erwartete er einen inneren Zusammenbruch des nationalsozialistischen Staates und lehnte zunächst ein Attentat als Mittel zum Umsturz ab. Trotz großer Geheimhaltung wurde er bereits im Januar 1944 verhaftet und vom VGH zum Tode verurteilt. Die Hinrichtung erfolgte am 23. Januar 1945 in Berlin-Plötzensee. Seine Asche wurde zerstreut. Staatsanwaltschaftlich erfasst wurde er unter Az. OJ 21/44 und IL 439/44 sowie unter OJ 38/44 g rs und IL 397/44 g rs.

Nansen-Hilfe / Nansenhjelp
1936 von Odd Nansen (1901-1973), dem Sohn von Fridtjof Nansen, in Norwegen gegründet. Als Sekretärin fungierte die Journalistin Tove Filseth(-Tau). Diese Organisation kümmerte sich nicht nur um staatenlose Flüchtlinge im Zwischenkriegseuropa, sondern auch um von den Nationalsozialisten Verfolgte. Die Nansen-Hilfe war eine Stiftung und finanzierte sich durch private Spenden sowie durch staatliche und Nobelkomitee-Gelder. Eine große Aktion war die Aufnahme österreichischer Juden nach 1938 in Norwegen. 1941/42 konnte die Organisation nur noch eingeschränkt tätig sein. 1946 wurde die Nansen-Hilfe reaktiviert und Teil der neu gegründeten Norwegischen Europahilfe. Von den vor 1940 etwa 200 aufgenommenen jüdischen Flüchtlingen blieb der größte Teil nach der deutschen Besetzung in Norwegen. Etwa die Hälfte von ihnen wurde deportiert.

Neu Beginnen /NB
Um 1929 gründeten ehemalige KPD-Mitglieder die Leninistische Organisation. 1933 hatte die Gruppe etwa 100 Mitglieder und wurde durch die Exil-SPD unterstützt. Doch bereits 1934 entzog diese der sich als Widerstandsgruppe verstehenden Organisation ihre Unterstützung, die ideologischen Unterschiede waren nicht zu überbrücken. Nach einigen Auseinandersetzungen spaltete sich 1935 eine Gruppe unter dem Namen Neu Beginnen ab, Mitglieder waren u. a. Fritz Erler, Richard Löwenthal und die Pschoanalytikerin Edith Jacobsohn. 1935/36 kam es zu einer größeren Verhaftungswelle, 1938 wurde die derzeitige Leitung, darunter Erler, verhaftet. W. Brandt bezeichnete sie als Kaderorganisation, die über gute Beziehungen verfügte. Während seines Aufenthalts in Paris im Herbst 1938 traf er Löwenthal im Hotel Lutetia* zu einem Gespräch. (*Links*)

Im Exil verstand sich NB als positiv mitarbeitende Opposition innerhalb der Sozialdemokratie. Sie war besonders im britischen und US-amerikanischen Exil aktiv, im skandinavischen spielte sie keine Rolle. In Großbritannien beteiligte sich NB an den Vorbereitungen der Sozialistischen Union zum demokratischen Aufbau Deutschlands nach dem Krieg. Nach 1945 halfen nach eigener Aussage die überlebenden Mitglieder, die SPD neu zu organisieren. Da sie sehr einflussreich waren, konnten sie anscheinend verdeckt mithelfen, Brandt als wichtigen Politiker aufzubauen. Das geht auch aus einem Vortrag von Richard Löwenthal am 28. Januar 1981 hervor: *Die Widerstandsgruppe „Neu Beginnen".* (GDW, pdf 2001)[9]

Neuer Weg

Diese Gruppierung entstand 1937 in Reaktion auf den Ausschluss einiger Mitglieder aus der SAPD, darunter P. Blachstein. Sie hatten eine zu unkritische Haltung der SAPD gegenüber der KPD und den Moskauer Prozessen kritisiert. In Schweden stand insbesondere I. Enderle dieser kurzlebigen Bewegung nahe.

Nürnberger (Rasse-)Gesetze

Auf dem 7. Reichsparteitag der NSDAP im Septemner 1935 im Nürnberg wurde das »Gesetz zum Schutz des deutschen Blutes und der deutschen Ehre« (und auch das Reichsbürgergesetz) verkündet- Mit dem Gesetz des Alliierten Kontrollrats Nr. 1 vom 20.9.1945 wurde es aufgehoben.

OSS / Office of Strategic Services

Es wurde im Juli 1941 vom damaligen US-amerikanischen Präsidenten Franklin Roosevelt initiiert und erhielt ein Jahr später seinen Namen. Als operativ arbeitender Nachrichtendienst leistete er neben seiner Aufklärungsarbeit auch Unterstützung von Partisanengruppen hinter den feindlichen Linien wie z. B. in Norwegen. Ab 1943 stand das OSS auch mit Gruppen und Einzelpersonen im deutschen Widerstand in Verbindung. In Schweden gab es Kontakte zu den Enderles und in Form einer indirekten Verbindung auch zum Kreisauer Kreis. Nach Kriegsende wurde dieser Nachrichtendienst nicht mehr benötigt und im September 1945 aufgelöst.

Osten, Maria (Greßhöner)

1908–1942. Als Tochter eines Gutsbesitzers in Ostwestfalen und Westpreußen aufgewachsen. Sie arbeitete 1926 als Volontärin beim Malik-Verlag in Berlin. Später war sie als Lektorin, Verlagsmitarbeiterin, Journalistin und Schriftstellerin tätig. Sie wurde 1927 Mitglied der KPD und besuchte kurz die UdSSR. Von 1932 bis 1934 arbeitete sie in Moskau für die *Deutsche Zentrale Zeitung* als Journalistin, ab 1933 nutzte sie das Pseudonym Osten. Hielt sich dann bis 1936 im Saarland auf. Mit ihrem Lebensgefährten Kolzow adoptierte sie den 12-jährigen Hubert L'Hoste, der allein in die Sowjetunion reiste und dort ideologisch geprägt wurde. MO beteiligte sich am Spanischen Bürgerkrieg als Korrespondentin. Entgegen vieler Warnungen ging sie wieder nach Moskau zurück, vor allem um dem inzwischen verhafteten Kolzow beizustehen. Er wurde 1940 hingerichtet. Etwas später stellte Hubert L'Hoste sich gegen seine Adoptivmutter, da sie nunmehr zu den sogenannten Volksfeinden gehörte. 1941 pflegte MO die mit ihr befreundete G. Steffin im Moskauer Lungensanatorium. Sie selbst wurde im April 1942 vom NKWD verhaftet und im August wegen angeblicher Spionage erschossen.

Ottesen-Jensen, Elise (Ottar)

1886–1973. Norwegisch-schwedische Sexualpädagogin. Sie wurde als 17. von 18 Kindern eines norwegischen Pastors geboren – eine Erfahrung, die ihr Leben prägte. Ging später in Dänemark verschiedenen Tätigkeiten nach, u. a. als Journalistin. Seit 1912 unterzeichnete sie ihre Artikel mit dem Namen *Ottar*. 1915 heiratete sie den schwedischen Syndikalisten Albert Jensen, mit dem sie später nach Schweden ging. Ihr wichtigstes Thema war die der sexuellen

Aufklärung für Frauen, in Verbindung zu radikal-sozialistischen Ideen. 1933 gründete sie mit einigen Ärzten und Gewerkschaftlern den RFSU*, dem sie lange Zeit vorstand. Dem Verband angeschlossen war ein Institut im Sveavägen/Ecke Kungsgatan. Während des Zweiten Weltkriegs erhielt M. Hodann die Möglichkeit, hier als informeller Mitarbeiter tätig zu sein. Im Laufe ihrer Tätigkeit publizierte sie eine Vielzahl von Arbeiten. U. a. schrieb sie auch für die Zeitung *Arbetaren*. Heute trägt das Magazin des RFSU den Namen *Ottar*. Ein Teilnachlass befindet sich im ARAB.

Pietrzak, <u>Franz</u> Joseph Adalbert

1902–1967. Er stammte aus einer zum Ende des 19. Jahrhunderts aus Polen nach Bremen zugewanderten Arbeiterfamilie. Um 1921 fuhr der angelernte Zimmermann als Trimmer und Heizer zur See und trat 1928 der KPD bei. Ebenso wurde er Mitglied im Einheitsverband der Seeleute, Hafenarbeiter und Binnenschiffer und leitete in Bremen die kleine gewerkschaftliche Gruppe Interklub. Zudem war er als Funktionär beim Deutschen Schiffahrtsbund tätig und soll zu den führenden KPD-Funktionären in der Seeschifffahrt gehört haben. Ein Jahr später heuerte er auf US-amerikanischen Schiffen an, da er inzwischen auf der schwarzen Liste des Reeder-Verbands in Deutschland stand. 1933 ging er ins Exil und verließ ein Jahr später in Kopenhagen die KPD. Stattdessen wurde er aktives Mitglied und Funktionär der ITF. In den nächsten Jahren führte er ein anstrengendes Leben im Untergrund und im Exil, wo er in Antwerpen z. B. mit H. Knüfken und auch W. Pötzsch* (der mit ihm in Bremen in derselben Straße wohnte) zusammenarbeitete. Eine seiner Aufgaben war, deutsche Schiffe im Antwerpener Hafen aufzusuchen und an die Besatzung politische Flugschriften zu verteilen. (Az. 10J 29/42; db.saur.de) Ebenso war er in den Häfen von Bergen, Oslo, Stockholm, Göteborg, Kopenhagen, Rotterdam und New York politisch tätig. So arbeitete er 1935 in Göteborg und Stockholm mit den dortigen ITF-Gruppen zusammen. Im Winter 1936/37 hielt er sich illegal in Norwegen auf und überquerte von dort die Grenze nach Schweden. In Göteborg war es seine Aufgabe, sich für das aus vom OSS und auch von der ITF unterstützte Projekt der Observierung von Schiffen einzusetzen.

Ab September 1937 lebte er wieder in Antwerpen und war für die Verteilung von Materialien zuständig. Im gleichen Jahr sollte er als inzwischen Ausgebürgerter nach New York gehen, um dort in der Passagier-Schiffahrt tätig zu sein. Nach Kriegsausbruch 1939 wurde er auf Ellis Island interniert, kam aber im November 1942 auf Betreiben des OSS wieder frei. Zu diesem Zeitpunkt wurde er vom VGH unter Az. 10J 129/42 und 2 H 205/42 erfasst. (db.saur.de) Danach war er wieder im Untergrund unterwegs und nahm z. B. in Antwerpen an Bord der *Gerolstein* kommunistische Flugschriften in Empfang. Nach einem erneuten Aufenthalt in New York wurde er 1947 als unerwünschter Ausländer zurück nach Bremen deportiert. Hier beteiligte er sich als ehemaliger Vertrauensmann der ITF am Wiederaufbau der freien Gewerkschaften und wurde Mitglied der SPD. (Dünzelmann, *Disziplin;* Nelles, *Widerstand*)

Pötzsch, <u>Waldemar</u> Felix

1892–1944. Er war gebürtig aus Bad Schmiedeberg in Sachsen-Anhalt und als Gewerkschafts-angestellter tätig. Politisch stand er anfangs der SPD nahe, später der KPD. Bevor er 1929 nach Bremen kam, wohnte er in Bremerhaven. Zwei Jahre später heiratete er die Kontoristin Luise Ewert und lebte mit ihr bei der Schwiegermutter in der Waller Vorstadt in der dann im Krieg total zerstörten Leuchtenburger Straße. (Meldekarte StAB 4,82/1) In seiner Nachbarschaft wohnte auch Franz Pietrzak, insofern dürften beide neben ihrer Tätigkeit im Widerstand auch entsprechenden Kontakt gehabt haben. Im November 1933 flüchtete das ITF-Mitglied Pötzsch nach Antwerpen, was seine Ausbürgerung als sogenannter Volksschädling 1934 zur Folge hatte. (Hepp) Laut seiner oben angeführten Meldekarte aber nicht die in Bremen gebliebene Ehefrau, von der er im November 1934 geschieden wurde und über die nichts weiter bekannt ist. In Antwerpen arbeitete er eng mit Hermann Knüfken im Widerstand zusammen, auch um im Schifffahrtsbereich eine Sabotagegruppe aufzubauen. Ebenso war er als Mitarbeiter beim dortigen Matteotti-Komitee tätig. Zudem galt er anscheinend als operativer Leiter der Sabotageaktionen in den Niederlanden. Außerdem gerhörte er auch dem illegalen Nachrichtendienst der ITF an. Da Pötzsch noch immer im Fokus der Bremer Gestapo stand, setzte diese einen V-Mann als Kontaktperson auf ihn an. Bei einem Besuch des V-Manns in Antwerpen soll Pötzsch ihn beauftragt haben, auch in Bremen eine Sabotagegruppe aufzubauen. Tatsächlich sollte der V-Mann versuchen, ihn wieder nach Bremen zu locken. Eine andere Tätigkeit in Antwerpen bestand 1937 darin, Freiwillige für den Spanienkrieg anzuwerben. 1938 hielt Pötzsch sich kurz in Holland auf, wurde abgeschoben und lebte wieder in Belgien. Im Februar 1939 wurde er aus Belgien wegen des Verdachts auf Schiffssabotage ausgewiesen. Pötzsch ging dann nach Kopenhagen, wo er mit dem dort im Exil lebenden Grenzsekretär der SAP Richard Hansen in Kontakt stand und vielleicht vom Matteotti-Komitee* untertützt wurde. Dort wurde er nach Kriegsausbruch verhaftet und wegen Spionage für die Briten angeklagt. Seine Verhaftung stand wohl auch in Zusammenhang mit der Verhaftung von Knüfken in Schweden und einem dort von ihm verfassten Bericht über Sabotageaktivitäten, so Borgersrud, Im April 1940 deportierte man ihn nach Deutschland. Laut Aussage der Gestapo war er einer der Hauptbeteiligten an 15 Sabotageanschlägen auf deutsche Schiffe.- Doch wurde er als inzwischen Ausgebürgerter zwar nicht vom VGH angeklagt, aber in den Akten 9J 399/39g und 9J 107/41 erwähnt. (db.saur.de) Stattdessen wurde er am 9. Juli 1943 unter der Häftlingsnummer 68321 im KZ Sachsenhausen inhaftiert. Dort verstarb er am 30. Juni 1944 um 11 Uhr angeblich an einer Coronarsklerose, wie aus einer Datenbank der Gedenkstätte Sachsenhausen hervorgeht. Beim französischen Geheimdienst war er unter dem Namen Potsch bekannt wie auch bei Knüfken und Wollweber. (Borgersrud und Nelles, *Widerstand*)

Politische Information

Die Zeitschrift wurde im Juli 1943 vom Nationalkomitee Freies Deutschland herausgegeben. Sie verstand sich als eine Tribüne des Kampfes gegen den Faschismus und wollte in »authentischer Weise über Vorgänge in Deutschland und den okkupierten Gebieten berichten«. (Müssener, *Exil*) Chefredakteur war E. Glückauf, Verfasser der Grundsatzartikel K. Mewis. Weitere Mitarbeiter waren W. A. Berendsohn, G. Henke, H.-H. Meyer, M. Seydewitz, W. Steinitz, C. Trepte, P. Verner und H. Warnke. Später dominierten KPD-Leute wie Glückauf, Mewis und Verner die Redaktion. 1945 wurde das Erscheinen eingestellt. Archiviert im ARAB.

Reichsbanner Schwarz-Rot-Gold

Entstanden aus einem Veteranenverband des Ersten Weltkriegs. Um die Republik vor rechtsnationalen und kommunistischen Kräften zu schützen, gründeten Parteien der Weimarer Koalition im Februar 1924 diesen Verband. 1932 wurden etwa drei Mio. Mitglieder registriert. Im März 1933 kam es zum Verbot des Reichsbanners, es setzte eine breite Verfolgung mit Deportationen und auch Morden ein. Bis 1945 waren viele der früheren Mitglieder illegal im Widerstand tätig. Die erneute Gründung 1953 führte aber nicht zu einer Massenbewegung. Ein bekanntes Mitglied im Exil war Fritz Bauer.

Reichsverband nichtarischer Christen

1933 gegründet als Reichsverband christlich-deutscher Staatsbürger nichtarischer oder nicht rein arischer Abstammung, u. a. von G. Simson. 1934/35 erfolgte die Umbenennung in Paulus= Bund Vereinigung nichtarischer Christen e.V. Zweck des Zusammenschlusses sollte vor allem die Selbsthilfe sein. Auf Anordnung des Reichsministeriums für Volksaufklärung und Propaganda hieß ab Juli 1937 der Paulus-Bund nur noch Vereinigung 1937. Im Herbst 1938 kam es zur Beschlagnahme der Mitgliederkartei und damit zur Auflösung der Geschäftsstelle in Berlin. Die Mitgliederzahl lag bei etwa 5400 Personen. (Vgl. A.-S. Vuletic, *Christen jüdischer Herkunft*)

Religionsfreiheit in Schweden

Bis Ende 1950 war die evangelisch-lutherische Svenska Kyrkan die bestimmende Konfession. Wer die schwedische Staatsbürgerschaft annehmen wollte, musste Mitglied in einer der drei zugelassenen Konfessionen (evangelisch, jüdisch, katholisch) sein. Ab dem 1. Januar 951 konnten schwedische Staatsbürger ihre Religion frei wählen und benötigten keine Zugehörigkeit mehr zu einer Religionsgemeinschaft. Auch die Svenska Kyrkan, die schwedische Staatskirche, konnte verlassen werden. Am 1. Januar 2000 erfolgte die Trennung von Staat und Kirche.

Revolutionäre Gewerkschafts-Opposition / RGO

Diese Vereinigung entstand um 1929 als KPD-nahe Gewerkschaft, die 1930/31 verschiedene Industrieverbände gründete. Sie stützte sich nicht nur auf die KPD, sondern auch auf die Moskauer Komintern und die Rote Gewerkschafts-Internationale (RGI), vor allem aber auf eine radikale Minderheit in der Arbeiterbewegung. Die Mitglieder standen in starker Opposition zu den sozialdemokratischen Gewerkschaften und zur SPD. Die Organisation war zumeist in Berlin und dem Ruhrgebiet vertreten, aber auch in Hamburg. Gegliedert war sie in die Bereiche Metall, Bergbau und Bau. 1932 unterstützte sie gemeinsam mit Nationalsozialisten in Berlin einen Streik der Verkehrsbetriebe, musste aber 1933 in die Illegalität gehen. In

Konsens mit Komintern und RGI löste sie sich zwischen 1934 und 1936 allmählich zugunsten der SPD auf. Zu den Funktionären zählte von den Stockholmer Exilierten nur P. Peschke.

Revolutionäre Sozialisten Deutschlands / RSD
Ab Anfang der 1930er Jahre galt diese Gruppe als einflussreichste innerhalb der SPD. Die RSD war auch im Exil aktiv, vor allem in Prag bis 1938. Mitbegründer in der ČSR waren u. a. O. Friedländer und M. Seydewitz. Die Mitglieder hatten sich schon früh auf den antifaschistischen Kampf eingestellt und eigene Grenzsekretariate aufgebaut. Als Teil der Exil-SPD zeichnete sie sich durch einen wesentlich marxistischeren Kurs aus als die SoPaDe. Im Osloer und wohl auch noch im Stockholmer Exil vertrat P. Bromme maßgeblich die Grundsätze der RSD, ebenso L. Lewy, doch besaß die Gruppe keine Relevanz mehr.

Rickman, <u>Alfred</u> Frederick
1902–1985. In Wimbledon geboren und aufgewachsen. Später lebte er in Australien und Kanada und kehrte 1933 nach Großbritannien zurück. Im Sommer 1938 war innerhalb der SIS die Abteilung D (Destruction) gegründet worden, deren Aufgabe bestand darin, nichtmilitärische Operationen gegen Schwachstellen Deutschlands zu erkunden. Der SIS-Mitarbeiter Rickman wurde beauftragt, nach Schweden zu reisen. Er sollte dort Möglichkeiten herausfinden, um die für das deutsche Reich wichtige Erzverschiffung durch Sabotageaktionen zu verhindern. Ein Jahr später hatte Rickman als Leiter der Sektion D eine Gruppe aufgebaut, zu der Arno Behrisch, Gottfried Bermann-Fischer und Immanuel Birnbaum gehörten. Dieses Netzwerk wurde bekannt als Rickmann-Liga bzw. Rickman-Bande. Sein Deckname war Richard, er wurde aber z. B. im Schriftverkehr auch Onkel Richard genannt. Er selbst wurde wie auch die hier Genannten von der schwedischen Polizei infolge unvorrschtigen Verhaltens im April 1940 verhaftet und im Juni zu acht Jahren Gefängnis bzw. Zwangsarbeit verurteilt. Nach seiner Begnadigung im Februar 1944 kehrte er zusammen mit seiner schwedischen Verlobten nach Großbritannien zurück und lebte zuletzt in Kent. (S.a. M.F. Scholz, *faror för staten*)

Riksförbundet för Sexuell Upplysning / RFSU
Im Februar 1933 von Elise Ottesen-Jensen sowie Medizinern und Gewerkschaftlern gegründet. Bis 1959 hatte Ottesen-Jensen den Vorsitz inne. Der Verband versteht sich als eine religiös und politisch unabhängige Oganisation und ist heute in vielen Bereichen tätig. Seinerzeit befand sich das Institut in einem Bürohaus am Sveavägen, Ecke Kungsgatan, heute in der Eriksbergsgatan 46. In regelmäßiger Folge wird das rfsu-Magazin *Ottar* herausgegeben. Im ARAB befinden sich 17 Bände.

Rote Hilfe Deutschlands / RHD
1922 wurde in Moskau von der Komintern die Bildung eines proletarischen Roten Kreuzes beschlossen. Zwei Jahre später gründete sich dann die Rote Hilfe Deutschlands, die der KPD nahestand. Sie unterhielt u. a. das von Heinrich Vogeler geleitete Kinderheim Barkenhoff* in Worpswede. Er selbst gehörte zu den Gründungsmitgliedern. F. Altwein leitete z. B. die Rote

Hilfe in Berlin. Zu den Unterstützern gehörten Albert Einstein, Heinrich Mann, Carl von Ossietzky, Kurt Tucholsky und viele andere.

Rote Kämpfer

Etwa 1931/32 gegründet als eine syndikalistisch-rätekommunistische Organisation gegen den Nationalsozialismus. Die Mitglieder kamen aus dem linken Spektrum und waren nach 1933 im Untergrund tätig. Bis 1936 blieben sie unentdeckt, dann wurde die über 150 Personen starke Gruppe zerschlagen. Zu den ersten Mitgliedern gehörte K. Stechert, der bereits 1933 emigrierte.

Roter Stoßtrupp

Ab 1933 existierende sozialistische Widerstandsgruppe, die eine sehr kämpferische Politik gegenüber den Nazis vertrat. Sie setzte sich tatkräftig für politisch Verfolgte und ihre Angehörigen mit Unterkunft und Beschaffung gefälschter Papiere ein. Bereits im November 1933 wurde die Gruppe von der Gestapo zerschlagen, 240 Mitglieder verhaftet, wovon 180 zu Zuchthaus bzw. KZ verurteilt wurden. Kleinere Zellen blieben unentdeckt.

Roter Studentenbund

Stand der KPD nahe, besaß aber allgemein wenig Einfluss im Gegensatz zur nationalsozialistischen Studentenbewegung. Inhaltlich ist er als Teil der Kritischen Theorie der Marxistischen Woche einzuordnen. Zeitweiliger Leiter war um 1925 der Historiker und Soziologe Franz Borkenau.

Rotfrontkämpferbund (RFB)

Als paramilitärischer Wehrverband der KPD 1924 auf Vereinsbasis gegründet und 1929 verboten. Da in der Folge die notwendige Agitation fehlte, verlor der Verband an Bedeutung. Ein Großteil der Mitglieder engagierte sich später im Spanischen Bürgerkrieg, wobei ein Teil der Kämpfer eine Ausbildung in Sabotagetechnik erhielt und sich im Kampf gegen den Nationalsozialismus mit dem erworbenen Wissen und Können einbrachte.

SAC / Sveriges Arbetares Centralorganisation

1910 als syndikalistische Gewerkschaft von früheren Mitgliedern der schwedischen Gewerkschaften gegründet, die mit deren Politik unzufrieden waren. Ihr nahe standen Ferdinand und Elly Götze sowie deren Tochter Annemarie G.-Dagerman. Aktuell hat die Organisation um die 7000 Mitglieder.

Schaap, <u>Josef</u> Rimbertus

1899–1943. Deckname: Fred

 Anfangs arbeitete der Niederländer bei der Eisenbahn und dann im Hafen von Rotterdam. Zudem war er auch als Koch und Steward auf See tätig. 1924 wurde er Mitglied der CPN, der Kommunistischen Partei der Niederlande und war auch mit der ITF verbunden. So war er u. a. 1931 Vorsitzender des Interclubs in Rotterdam und wurde 1933 mit dem dorthin geflüchteten Aktivisten Hermann Knüfken bekannt. Unter seiner Leitung der ISH in Rotterdam entstand ein Netzwerk der ISH vom Rhein/Ruhrgebiet bis nach Norddeutschland. In den Jahren 1935 und 1936 war er als Abgeordneter im Gemeinderat von Rotterdam tätig.

Nach einem Aufenthalt in der Sowjetunion 1935 rekrutierte ihn Ernst Wollweber im Sommer 1936 während eines Besuchs in Oslo für die Mitarbeit in einer (illegalen) Sabotagegruppe für den Ostseeraum und beauftragte ihn mit einem Teil der Organisierung von Sabotageaktionen an Schiffen, wie sie in der Anklageschrift des VGH auch ausführlicher dargestellt wurden (Az. 9J 9/43g; db.saur.de) So organisierte er im belgischen Antwerpen eine entsprechende Sabotagegruppe und auch für Rotterdam war eine solche vorgesehen. Zudem war er 1936 ständig in nordeuropäischen Hafenstädten unterwegs, um Ablager der Wollweber-Organisation zu etablieren. Auch wurde seine Flucht nach Paris im April 1939 und dann nach Kopenhagen erwähnt. Dort wurde er im August 1940 von der Kopenhagener Polizei festgenommen. Im Strafverfahren wurde sein beruflicher Werdegang kurz skizziert: Nach seiner Tätigkeit bei der Kriegsmarine war er zumächst Hilfsarbeiter und wurde 1929 in die Sowjetunion eingeladen und dort in sechs Monaten auf bestimmte Aufgaben vorbereitet. 1931 wurde er leiter des Interclubs in Rotterdam und hatte Kontakt sowohl zu Hermann Knüfken als auch zu Ernst Wollweber. Letzterer traf sich mit seinem Stellvertreter Schaap in Antwerpen m Sommer 1936, um ein erstes Netzwerk für die konspirative Arbeit zu knüpfen. Die Gestapo sprach hinsichtlich seiner Person und seiner Aktivitäten gegenüber der schwedischen Polizei eine Warnung aus – er stand also wohl massiv unter Beobachtung. (Borgersrud) Im April 1939 hielt er sich eine Weile in Paris auf, sah sich dort aber gefährdet und ging nach Kriegsausbruch nach Kopenhagen. Dort wurde er im August 1940 festgenommen und in Berlin vom VGH wegen Vorbereitung zum Hochverrat angeklagt und »zum Tode verurteilt«, wurde aber zwischen 1940 und 1942 außerdem insgesamt dreimal in Strafsachen des VGH namentlich erfasst. (db.saur.de)
Von 1933 bis Mitte 1940 besaß Schaap eine führende Position in einer kommunistischen Organisation und verteilte als solcher entsprechende Zeitschriften im Reich, so weiter in der Anklage des VGH. Zudem hatten Mitte 1936 Wollweber und Ragnhild Wiik zu ihm »Fühlung genommen«, um das weitere Vorgehen zu besprechen. Es war geplant, Sprengladungen an Bord deutscher, italienischer und japanischer Schiffe anzubringen. Alles lief sehr geheim unter Nutzung von Decknamen, falschen Pässen, illegalen Unterkünften, Anlauf- und Poststellen sowie mittels Geheimschriften und sonstiger Tarnmittel. Zudem hatte er als »Haupt einer Terrorbande Dynamitanschläge, die Menschen gefährdeten, gegen friedliche Schiffe auf hoher See organisiert«. Was er auch im Krieg von Dänemark aus und nach der deutschen Besetzung fortsetzte. In der Begründung wurden u. a. auch Hermann Knüfken und Ernst Wollweber als Verdächtige genannt. Weiter wurden einzelne Sabotageanshläge beschrieben. Zwischen 1937 und 1939 leitete er eine sogenannte Wollweber-Gruppe, wurde dann festgenommen und nach Berlin-Moabit transportiert, wo es zur Anklage kam. Zwar hatte er vieles im Verhör abgestritten, ws man ihm vorwarf, doch berief sich das Gericht auf das Beweisverfahren. Die zuvor verhaftete Ragnhild Wiik wurde als Zeugin benannt und hatte ausgesagt, sie hätten sich in Oslo kennengelernt, war aber selbst bei der Unterredung mit Wollweber nicht dabei gewesen. Auf der Grundlage der gegen ihn vorgebrachten

Anschuldigungen verurteilte ihn das Gericht wegen Vorbereitung zum Hochverrat zum Tode und ließ ihn am 30. Juli 1943 in Berlin-Plötzensee hinrichten. (Az. 9J 9/43 und 1H 37/43; db.saur.de)

Schwarze Front Strasser

Nach 1920 aus kleinen nationalsozialistischen Gruppen entstanden. Unter dem Politiker Otto Strasser (SPD- und dann NSDAP-Mitglied) etablierte sich als Folge seines Bruchs mit Hitler 1930 die Kampfgemeinschaft revolutionärer Nationalsozialisten. Er selbst setzte sich 1933 über Österreich in die ČSR ab. Dort agierte die Kampfgemeinschaft als Widerstandsorganisation weiter unter dem Namen Schwarze Front. Von den Stockholmer Exilierten soll E. Koetting der Gruppe nahe gestanden haben.

Schwedischer Strafvollzug

Mit der Annahme des Gesetzbuchesx im Dezember 1734 wurde eine Gesetzgebung gescchaffen, die für die weitere Entwicklung durchaus von Bedeutung war. Denn sie war so abgefasst, dass spätere Änderungen bis hin zum Recht des frühen Wohlfahrtstaates aufgwnommen weren konnten.

Maßgeblich für das schwedische Strafrecht war im hier behandelten Zeitraum das Prinzip der Resozialisierung. Ziel war die Förderung der Wiedereingliederung der Verurteilten in die Gesellschaft. Das zu erreichen, wurden die dafür als notwendig erachteten Strukturen entsprechend angepasst. Nach diesem dazu geschaffenen Modell war ein eher offener Strafvollzug bestimmend. Davon profitierten auch die zwischen 1933 und 1945 in Schweden verurteilten und inhaftierten deutschen Exilierten, wofür Knüfken und Wollweber beispielhaft sind. Da sie als Kriminelle eingeordnet wurden, konnten sie auch nicht ohne weiteres an Deutschland ausgeliefert werden, zumal ihnen dort die Todesstrafe drohte. Leider wurde dieses doch nicht unwichtige Zeitfenster bisher kaum gründlich erforscht. Denn ein Markenzeichen des schwedischen Strafvollzugs war die Überleitung der jeweiligen Klienten in die Freiheit mit bestimmten Programmen, wovon z. B. Knüfken und Wollweber profitierten, Zudem sollten um 1934 die Gefängnisse entvölkert werden. Überhaupt wurde in den 1930er Jahren der Gleichheitsgedanke zur Diskussion gestellt, und zwar in Verbindung zum Gedanken eines schwedischen Volksheims (Vgl. A. Yngborn, *Strafvollzug*) Es ist aber davon auszugehen, dass von einer transitiven Phase ausgegangen werden kann bis hin zu aktuell geltenden Strafrecht.

Schutzverband Deutscher Schriftsteller im Ausland /SDS

Der (ursprüngliche) Schutzverband Deutscher Schriftsteller wurde 1909 gegründet und 1933 in den Reichsverband deutscher Schriftsteller überführt. Er entstand im Pariser Exil im Oktober 1933 nach der Bücherverbrennung. Mitbegründer waren u. a. Alfred Kantorowicz, Ludwig Marcuse und Anna Seghers. In verschiedenen Ländern und Städten entstanden einige Lades- bzw. Ortsgruppen, so in Kopenhagen. In Stockholm initiierten W. Steinitz und andere 1939 eine Art Ortsgruppe, deren Sekretär B. Brecht wurde. Der Verband vertrat eine Art Volksfront-Politik gegen die Nazi-Diktatur.

Sozialistenfriedhof

Dieser so genannte Friedhofsteil befindet sich auf dem 1881 eröffneten Zentralfriedhof Friedrichsfelde in Berlin-Lichtenberg. Mit dem Begräbnis von Wilhelm Liebknecht und Rosa Luxemburg 1919 wurde er zu einer Begräbnisstätte von Persönlichkeiten mit sozialistischem Hintergrund. Zusammen mit der Gräberanlage Pergolenweg wurde dieser Bereich 1951 als »Gedenkstätte der Sozialisten« eröffnet. Ebenso wurde eine Dauerausstellung mit 12 Informationstafeln eingerichtet und mit kleineren Zusatztafeln ergänzt. Auch die Grabanlage Pergolenweg ist zu diesem Zeitpunkt entstanden und enthält etwa 520 Urnengräber. Insgesamt sind diese Grabstätten zusammen mit den Gedenkstätten namhafter Persönlichkeiten Mahnmal und Ehrenmal zugleich. Darüber hinaus wurde auch ein Gedenkstein für die Opfer des Stalinismus und der Widerstandskämpfer von 1933 bis 1945 angebracht. Dazu gehören auch die in Stockholm lebenden Exilierten, wie aus den einzelnen Biografien ersichtlich ist. So sind Im Bereich Pergolenweg an der Ringmauer die Grabstellen von Adolf Baier, Wilhelm und Henny Bick, Erich Glückauf, Paul Peschke, Richard Stahlmann und Ernst Wollweber zu finden.

Sozialistische Arbeiter-Jugend / SAJ

Ist in Deutschland 1922 aus den Jugendverbänden der SPD und der USPD hervorgegangen. 1931 verließen etwa 5000 Mitglieder die SAJ und schlossen sich dem Jugendverband der SAPD an, so auch W. Brandt und H. Wehner. 1933 wurde der Verband verboten; im Ausland entstanden einige Exil-Gruppen, so in Prag. Nach 1945 wurde die Sozialistische Jugend Deutschlands/SJD – Die Falken gegründet.

Sozialistische Arbeiterpartei Deutschlands / SAPD

In Deutschland kam es 1931 zur Gründung der SAPD, die ab 1933 illegal im Untergrund tätig sein musste bzw. in der Emigration tätig war. Es wurde viel diskutiert über die Richtung der linken Parteien. Mit der jeweiligen Führung im Ausland konnte nur per Kurierdienste kommuniziert werden, es gab keine direkten Kontakte. Nach der Zerschlagung 1937/38 war nur noch eine kleine Gruppe aktiv. W. Brandt leitete in seinem norwegischen Exil das SAP-Büro in Oslo und bildete zusammen mit Gertrud Meyer sowie W. Sager und dem Paar P. Bromme / H. Beuthen das informelle Lübecker Exil. 1936 war Brandt illegal in Berlin tätig, so wie W. Pöppel 1935 vor ihm. Mit der Flucht nach Schweden 1940 verlagerten sich auch die Aktivitäten dorthin. (→ Vernetzungen. SAP)

Sozialistische Tribüne

Im Januar 1945 entstanden aus den 1944 publizierten *Sozialistischen Monatsblättern,* initiiert durch F. Bauer und W. Brandt. Zu den Redakteuren gehörten neben Bauer und Brandt auch O. Friedländer und W. Strzelewicz. Im April 1945 lag die Auflage bei 1000 Exemplaren, im Mai 1946 bei nur noch 600. Es wurde versucht, das Blatt in Hannover weiter zu publizieren Doch bestand dort kein Interesse, daher wurde das Erscheinen eingestellt. Im ARAB befinden sich archivierte Ausgaben.

Spanischer Bürgerkrieg / Spanienkämpfer
Der auch Spanienkrieg genannte Bürgerkrieg wurde von Juli 1936 bis April 1939 zwischen der gemokratisch gewählten Regierung, denRepublikanern, und den rechtsgerichteten Putschisten unter General Franco, den Nationalisten, ausgetragen. Die zur Verteidigung der demokratischen Republik angeworbenen und eingesetzten nichtspanischen sogenannten Spanienkämpfer wurden auf freiwilliger Basis rekrutiert. Auch einige der nach Ende des Krieges im schwedischen Exil lebenden gehörten dazu und kämpften im Thälmann-Bataillon oder bei den Internationalen Brigaden, wie z. B. Baier, Bargstädt, Blachstein, Glückauf, Hagge, Henke, Knüfken, Martens, Mewis, Rauch, Stahlmann . Stephany., Verner und die Winters.

Spartakusbund
1916 als Spartakusgruppe von der Gruppe International innerhalb der SPD gegründet. 1918 agierte sie als Spartakusbund mit dem Ziel einer gesamtdeutschen Räterepublik und ging 1919 in der neu gegründeten KPD auf. Der Bund wurde benannt nach Spartacus, dem Anführer eines Sklavenaufstands im antiken Römischen Reich.

Claus Schenk Graf von Stauffenberg
1907–1944. Geboren und aufgewachsen auf Schloss Jettingen in Bayern mit katholischer Prägung. Im Elternhaus wurde ihm zudem eine tolerante und aufgeklärte Geisteshaltung vermittelt. Nach dem Abitur entschied er sich für eine militärische Laufbahn und erlebte den Kriegsausbruch 1939 als teilnehmender Offizier. Bis 1943 fühlte er sich noch an den Treueid auf Hitler gebunden, nahm dann aber Kontakt zum sog. Kreisauer Kreis* auf. 1944 war auch ihm klargeworden, dass eine militärische Niederlage Deutschlands nicht mehr abzuwenden war. Das bewog ihn, einen zuvor abgelehnten Staatsstreich zu beschleunigen. Die Gelegenheit für einen entsprechenden Anschlag auf Hitler boten sich ihm und der Widerstandsgruppe am 20. Juli. Doch der Anschlag misslang, Hitler überlebte, Stauffenberg wurde mit weiteren beteiligten Personen verhaftet und am 21. Juli standrechtlich erschossen. Doch wurde er staatsanwaltschaftlich erfasst unter den Az. OJ 21/44 und IL 439/44 sowie OJ 38/44 g rs und IL 397/44 g rs.

Steltzer, Theodor
1885–1967. Lebte als Heranwachsender in Lüneburg und trat nach dem Abitur 1904 in die preußische Armee ein, studierte von 1907 bis 1909 Staatswissenschaft in München und setzte danach seine militärische Laufbahn fort. Nach dem Ersten Weltkrieg war er bis 1933 Landrat im Kreis Rendsburg. Doch konnte er aus politischen Gründen nicht im Staatsdienst tätig sein und war ab 1936 Sekretär der Evangelischen Michaelsbruderschaft in Marburg. In dieser Funktion konnte er Kontakte nach Skandinavien knüpfen. Zu Beginn des Zweiten Weltkriegs wurde Steltzer in Polen als Transportoffizier eingesetzt und Anfang August 1940 nach Oslo im Range eines Oberstleutnants zum Generalstab des Wehrmachtsbefehlshabers Norwegen versetzt. Wohl im gleichen Jahr lernte er Helmuth James Graf Moltke persönlich kennen, der ihn als Mitarbeiter des Kreisauer Kreises gewann. 1941 organisierte er in Norwegen ebenfalls

die Flucht der in Norwegen lebenden Juden, nachdem ihn der in Dänemark tätige Duckwitz über die bevorstehende Deportation informiert hatte. Als Mitglied der genannten Widerstandsgruppe nahm er 1942 an den ersten beiden Haupttagungen in Kreisau teil und stand sowohl mit Willy Brandt in Kontakt als auch mit den Enderles (Nelles, *Widerstand*). In seinen *Erinnerungen* hebt Brandt besonders seinen Mut im Widerstand hervor. Ebenso wies er darauf hin, dass Steltzer ihn eingeweiht hatte »in die Gedankengänge der maßgeblichen oppositionellen Kräfte im Reich.« Ebenso »hörte ich wieder von Julius Leber und der zentralen Stellung, die er unter den Berliner Verschwörern einnahm.« (*Erinnerungen*) Nach dem missglückten Attentat vom 20. Juli 1944 wurde er dienstlich nach Berlin beordert, wo er von der Gestapo verhaftet und im Januar 1945 zum Tode verurteilt wurde. Auch Steltzer wurde, wie bei Stauffenberg angeführt, unter den gleichen Aktenzeichen staatsanwaltschaftlich erfasst. Doch dank der Intervention finnischer und schwedischer Freunde wie dem oben genannten Harry Johansson bei Heinrich Himmler wurde die Hinrichtung aufgeschoben, er selbst am 24. April aus der Haft entlassen. Im Herbst 1945 konnte er wieder in Rendsburg als Landrat tätig sein und gehörte zu den Mitbegründern der CDU. Im Zeitraum 1946/47 war er kurz Ministerpräsident von Schleswig-Holstein. Später lebte er u. a. in München und in Kiel. In der Deutschen Nationalbibliothek befindet sich Literatur von und über ihn.

Stolpersteine (Stubbelstenar)
Zur Erinnerung an durch den Nationalsozialismus verfolgte Personen wurden und werden sowohl in Deutschland als auch in einigen anderen europäischen Ländern an den jeweiligen Wohnorten kleine mit den Namen versehene Metallplättchen im Boden verlegt. Der erste Stein wurde am 16. Dezember 1992 durch den Künstler Gunter Demnig vor dem Historischen Rathaus in Köln gesetzt. Der Text (Abb. 106) weist auf die von Heinrich Himmler verfügte Deportation bestimmter Bevölkerungsgruppen hin.

In Schweden selbst wurden erstmalig im Juni 2019 die hier so genannten Stubbelstenar gesetzt. Das auf Initiative des Forums für levande historie zusammen mit der Vereinigung der Holocaust-Überlebenden und der Jüdischen Gemeinde in Stockholm. In Stockholm selbst wurden mehrere Stolpersteine gesetzt, so u. a. einer für Erich Holewa. Außerdem erinnern noch zwei weitere Stubbelstenar an nach Schweden illegal geflüchtete Juden. Auch sie wurden wie Erich Holewa abgeschoben und später nach Auschwitz deportiert und dort umgebracht.

Hans Adam von Trott zu Solz
1909–1944. Er entstammte einer hessischen Uradelsfamilie im Raum Bebra und ist in Potsdam geboren. Während seines Jurastudiums und in den nachfolgenden Jahren hielt er sich viel im Ausland auf und vor allem in Oxford, wo er maßgebliche Impulse erhielt. Danach lebte er in Berlin mit Kontakten zu sozialistischen Kreisen. Nach 1933 übten die Nationalsozialisten erheblichen Druck auf den nunmehrigen und journalistisch tätigen Gerichtsreferendar aus, dem er aber standhielt. 1937 reiste er nach China und war als wissenschaftlicher Mitarbeiter in New York tätig. Als solcher wurde er 1940 vom AA

eingestellt und war dann als Legationsrat tätig. Bereits ein Jahr zuvor hatte er sich der allmählich entstehenden Widerstandsbewegung um Helmuth James von Moltke angeschlossen. Im gleichen Jahr heiratete er und wurde Vater von zwei Töchtern. Zur Tarnung seiner beginnenden Widerstandstätigkeit trat er im Juni 1940 in die NSDAP ein. In den nächsten Jahren nutzte er seine Stellung beim AA zur Schaffung eines Kreises von Widerständlern, aus dem sich der Kreisauer Kreis formierte. Dank seiner Tätigkeit konnte er sich frei im Ausland bewegen und war mehrfach in Schweden, wo er zwischen 1942 und 1944 auch mit dem oben genannten Johansson zusammentraf. (Lindgren, *Adam von Trotts Reisen*) Außerdem suchte er im Juni 1944 auf Empfehlung von Julius Leber Willy Brandt in dessen Wohnung auf und informierte diesen über geplante Umsturzpläne (wie auch relativ kurz in den *Erinnerungen* beschrieben). Zusammen mit Leber und Claus von Stauffenberg vertrat er als wichtigste Aufgabe im Widerstand die Durchführung eines Regimesturzes. Doch scheiterte das geplante Attentat am 20. Juli 1944. Trott zu Solz wurde am 25. Juli verhaftet, am 25. August zum Tode verurteilt und am Tag darauf in Berlin-Plötzensee hingerichtet. Dazu vergleichlich die Akten des VGH OJ3/44g und 1L 292/44. (db.saur.de) Willy Brandt würdigte seine Verdienste als »Wähler der SPD«, aber ohne »mit all deren Eigenheiten identifiziert werden zu wollen« und bezeichnete ihn als »Bild vom deutschen Widerstand«. (*Erinnerungen*) Sein Nachlass befindet sich im Bundesarchiv in Koblenz mit der Signatur N 1416.

Verband nationaldeutscher Juden

Gegründet 1921 und rechtskonservativ ausgerichtet. Der Verband mit etwa 3500 Mitgliedern konnte sich aber nicht als ein Repräsentant des deutschen Judentums durchsetzen und geriet bald ins Abseits. Es wurde eine völkisch orientierte Ideologie vertreten und man versuchte erfolglos, sich den Nazis anzubiedern. Zu seinen Mitbegründern zählte A. Peyser. Der Verband wurde 1935 verboten.

106 *erster Stolperstein*
Köln Dezember 1992
  107 *Adam von Trott zu Solz*
1943 in Schweden
  108 *Gedenktafel Volksgerichtshof*
B.-Schöneberg, Bellevuestraße

Viggbyholmsskolan / Viggbyholms Herrgård

Seinen Grundsätzen entsprechend bot das 1928 gegründete Internat vielfache kulturelle Aktivitäten mit Arbeit in der Natur an. Es wurde geleitet von dem Quäker Per Sundberg, der als prominenter Schulreformer auch friedenspolitisch aktiv war. Die Schule bestand zunächst aus dem so- genannten Herrenhaus mit Ostflügel. Kurzzeitig war auch der deutsche Anthroposoph Helmut Giese als Lehrer tätig. Daher wurde manchmal diese Schule der Reformbewegung fälschlicherweise auch als Waldorf-Schule bezeichnet. Um 1935 wurde die Anlage erheblich erweitert. Neben dem Schulgebäude gab es eine Küche, Speisesaal, mehrere Schlafsäle, Räume für Sport, Kunsthandwerk und Bibliothek. Im Ostflügel waren die Lehrkräfte untergebracht. 1936 wurde ein vierjähriger Gymnasialzweig eingerichtet. In dieser Zeit lag die Schülerquote bei etwa 100, später wohl bei 200.

Um 1938/39 lebte möglicherweise auch K. Ruths-Hoffman in Viggbyholm, ebenso die berühmte schwedische Dichterin Karin Boye. Beide waren als Lehrkräfte tätig und miteinander befreundet. Der hier ebenfalls untergekommene H. Holewa freundete sich vor allem mit Boye an. Im Schlüssselroman *Die Mutter der Flüchtlinge* von R. Braun steht die Waldschule (Viggbyholm) im Zentrum einer Gruppe aufgenommener Emigranten. Deren Dasein wird als schwierig und bedrückend geschildert. Leicht erkennbare Akteure sind die Brauns selbst, die Kautskys, die Meschkes und A. Weiss.

1944/1945 beherbergte das Landschulheim zudem Flüchtlinge aus etwa 17 Ländern, darunter auch Finnland. Aus finanziellen Gründen wurde 1954 das Internat in ein staatlich gefördertes Privatgymnasium umgewandelt. Bis zu seiner endgültigen Schließung 1972 hatte Viggbyholm weltweite, der Humanität verpflichtete Kontakte. Aktuell besteht eine Website unter dem Namen viggansvanner, dahinter steht die von Ehemaligen gegründete Viggbyholmsskolans vän förening. Dieser Verein hat ein Buch über das Landschulheim von 1928-1972 unter dem Titel *En otrolig tigerkaka* herausgegeben mit vielen Informationen über deutsche Emigranten, u. a. verfasst von M. Meschke und B. (Weinreich) Öberg-Sjögren. Unter www. viggansvanner.se/bilder befinden sich eine Vielzahl von Fotos.

Volksgerichtshof / VGH

Die 1933 an die Macht gelangten Nationalsozialisten gründeten im April 1934 den sogenannten Volksgerichtshof zur Durchsetzung und ihrer Ziele und Vorstellungen. Ab 1936 fungierte es als ordentliches Gericht besonders in Sachen Landes- und Hochverrat. Als Richter wurde nur zuverlässig verortete Anhänger des Nationalsozialismus berufen. Die Verfahren wurden als Kurzprozesse organisiert ohne freie Wahl der Verteidiger seitens der Angeklagten. Das Gericht selbst tagte bis 1945 in unterschiedlichen Räumen, u. a. auch im Plenarsaal des Kammergerichts in Berlin-Schöneberg. Die mehrfach verhängten Todesurteile wurden in der nunmehrigen Gedenkstätte Plötzensee vollzogen. Zur Auflösung des VGH kam es erst im Oktober 1945 durch den Alliierten Kontrollrat. In dem entsprechenden Nürnberger Prozess wurden 1947 etwa 570 Richter und Staatsanwälte verurteilt, viele von ihnen blieben danach in der BRD weiterhin im Richterdienst tätig. Nahezu alle Gerichtsverfahren sind in der Datenbank db.saur.de einsehbar.

Familie Weiß/Weiss

Die Mutter war die aus dem Alemannischen stammende protestantische Schauspielerin Franziska Frieda Hummel (1885-1958). Mit ihrem ersten Ehemann Ernst Thierbach hatte sie zwei

Söhne, Arwed und Hans. Der Vater (Jenö) Eugen Weiß (1885-1959) war ein in der Westslowakei und in Wien aufgewachsener jüdischer Textilkaufmann. Ursprünglich lautete der Familienname Weisz, der während der Wiener Zeit formell in Weiß geändert wurde. Das Paar heiratete 1915 in Berlin, ein Jahr später kam Peter in Nowawes bzw. Babelsberg (Potsdam) zur Welt. Zum Haushalt gehörten weiterhin Arwed, Hans und die Hausangestellte Auguste. Nach dem Ende des Ersten Weltkriegs nahm der Vater die tschechoslowakische Staatsangehörigkeit an, die auch die vier Kinder erhielten.

1919/20 verlegten die Weiß ihren Wohnsitz von Nowawes nach Bremen, wo EW zusammen mit einem Gesellschafter eine Handelsfirma gründete. Hier wurden in der Folge die Kinder Irene (1920-2001), Margit (1922-1934) und Gerhard Alexander (1924-1987) geboren. Im Februar 1921 ließ der Vater sich sowie die Kinder Peter und Irene in der St. Ansgarii-Kirche taufen. In Bremen wechselten die Eltern dreimal den Wohnsitz. (Vgl. Dünzelmann, *Verortungen*) Ab Sommer 1930 lebten die Weiß in Berlin, wo der dort plötzlich erfolgte Unfalltod von Margit 1934 ein Schock für die Familie war. Obwohl Eugen W. die Wahl Hitlers zum Reichskanzler noch begrüßt hatte, zog er es vor, mit der Familie (aber ohne Arwed und Hans T.) 1935 nach Chislehurst in England zu ziehen. Da sich hier seine Erwartungen nicht erfüllten, ließ sich die Familie 1936 in Varnsdorf/ ČSR nieder.

1939 erhielt der Vater das Angebot, in Alingsås in Schweden u. a. als Designberater tätig zu sein. Mit Hilfe eines Geldgebers aus Buenos Aires gründete er dort die Textilfabrik Silfa in der Plangatan 37-43. Der Umzug dorthin erfolgte ohne Auflagen seitens der Nazis, da die beiden Söhne aus der ersten Ehe der Mutter Mitglieder der NSDAP waren und ihre Beziehungen einsetzten. Somit gehörte die Familie Weiß auch nicht zum Kreis der Fluchtmigranten. In Alingsås als einem wichtigen Standort der Textilindustrie war man sehr an Eugen Weiss' Tätigkeit und seinen Kenntnissen interessiert, zumal er ein Patent für den neuartigen Filmdruck besaß. Außerdem stärkte die Fabrik die schwache Wirtschaftskraft in Alingsås und schuf zeitweise bis zu 400 Arbeitsplätze, zudem bildete sie ein gutes Pendant zur dortigen Bomullsväfveri AB (Baumwollweberei). Als Anpassungsleistung an die schwedische Gesellschaft und Schreibweise wurde der Name *Weiß* offiziell in *Weiss* geändert. Kurz vor Beginn des Zweiten Weltkriegs konnte Irene noch die ČSR verlassen und ebenfalls zu den Eltern gelangen.

Irene Weiss-Eklund (1920–2001) sah sich als unbekannte Schwester von Peter. Gern wäre sie seinerzeit in England geblieben. Erst nach Beendigung einer hauswirtschaftlichen Ausbildung in Brünn emigrierte sie 1939 ebenfalls nach Alingsås. Bis zu ihrer Heirat mit Gunnar E. lebte sie bei den Eltern. Das Paar hatte drei Kinder. Später ließ sie sich zur Tanztherapeutin ausbilden. Die letzten Lebensjahre verbrachte sie schwerkrank in Göteborg. 2001 erschienen ihre Lebenserinnerungen unter dem Titel *Auf der Suche nach einer Heimat*.

Weiße Busse / vita bussarna

Von norwegischer Seite aus kam es in Zusammenarbeit mit Dänemark und Schweden zum Start einer Rettungsaktion mit dem Ziel, die in Deutschland in Konzentrationslagern inhaftierten Skandinavier herauszuholen. Mit der Planung und Durchführung wurde Anfang 1945 Graf Folke Bernadotte (1896-1948), Präsident des Schwedischen Roten Kreuzes, beauftragt. Im Februar traf er sich zu entsprechenden Verhandlungen mit dem Reichsinnenminister Heinrich Himmler, der zwar einer Freilassung zustimmte, aber jegliche Hilfen seitens Deutschlands verweigerte. Das bedeutete, die Transportaktion musste von skandinavischer Seite organisiert und durchgeführt werden. Um die Sammeltransport zügig durchzuführen, wurden die in Frage kommenden Personen im KZ Neuengamme nahe Hamburg gesammelt. Von dort sollten dann die Transporte nach Dänemark und Schweden durchgeführt werden.

Anfang April 1945 kam der erste Transport im dänischen Padborg an, weitere folgten. Darunter befanden sich auch die 1943 verschleppten und nach Theresienstadt deportierten über 400 Juden. Für die Transporte nach Schweden wurden Busse nach Lübeck genutzt, von dort ging es per Schiffen weiter nach Trelleborg. Dort standen im nahe gelegenen Hässleholm 75 weiß angestrichene und mit dem Emblem des Roten Kreuzes versehene Busse zum Weitertransport bereit. Ende März waren etwa 2000 französische polnische und russische Häftlinge nach Trelleborg verschifft worden.

 Noch vor der Kapitulation der deutschen Wehrmacht wurden weitere Inhaftierte freigelassen und zunächst nach Schweden und von dort in ihre Heimatländer gebracht. Da alle freigelassenen Häftlinge sich in einem schlimmen Zustand befanden, wurden sie zunächst in entsprechenden Einrichtungen, in denen zum Teil zuvor deutsche Exilierte untergebracht waren, nicht nur medizinisch versorgt. In seinen *Erinnerungen* bedankte sich Willy Brandt mit einem Beitrag für diese Aktion, »durch die in letzter Stunde 20000 Gefangene aus deutschen Lagern gerettet wurden«

109 *einer der weißen Busse*

Heinrich Wiatrek

1896–1945. Decknamen: Heinrich Kirsch, Richard, Robert, Fritz Weber und weitere

Im oberschlesischen Gleiwitz geboren und aufgewachsen. Ab 1922 war er für die KPD tätig, besuchte dann von 1932 bis 1934 die Internationale Lenin-Schule in Moskau und gehörte 1935 zum ZK der KPD. Gleichzeitig war er als Delegierter der niederrheinischen KPD tätig. Ebenso war er Mitglied der KPdSU, wurde aber 1936 ausgeschlossen. Danach war er im Kopenhagener Exil als Leiter des Abschnitts Nord der illegalen KPD tätig.. Nach der deutschen Besetzung nahm er in Kopenhagen den Namen Fritz Weber an und hatte Kontakt mit weiteren in Skandinavien lebende Exilierten. Während eines Aufenthalts in Kopenhagen verhaftete ihn die Gestapo und brachte ihn nach Hamburg. Nicht nur infolge der zahlreichen und intensiven Verhöre durch die Gestapo kam es zu weiteren Verhaftungen. So ist sein eigenes Verhalten gegenüber der Gestapo noch ungeklärt: War er womöglich als V-Mann oder aus gesinnungsethischen Gründen für die Gestapo tätig – oder? Tatsächlich verhielt er sich während der Verhöre sehr mitteilsam, wodurch die Gestapo nicht nur Informationen über Mitgenossen erhielt, sondern auch über die Untergrund-Aktivitäten der KPD selbst. Er wurde dann in das Zuchthaus Brandenburg verlegt, vom VGH angeklagt und zum Tode verurteilt. (Az. 10J 2/43g und 1H 89/43; db.saur.de) Doch kam es nicht zur Urteilsvollstreckung. Kurz vor Kriegsende 1945 wurde er nach Hamburg überführt und im April freigelassen. Er tauchte zunächst unter, wohl auch aus Angst vor der Rache ehemaliger Mithäftlinge und Mitgenossen, die ihn nunmehr als Verräter einordneten. (Dazu vgl. JHK, Berlin 2022, 330-357). Doch lebte Wiatrek allerdings nur noch kurze Zeit in der Nähe seiner Herkunftsfamilie und starb wenig später an Tuberkulose. Vom VGH ist er in 17 Fällen namentlich erfasst worden. Im Bundesarchiv befinden sich die Archivalien BArch DY 30/38310 und RY 1/I2/3/284. (S.a. Scholz, *Erfahrungen*)

Ragnhild Elisabeth Wiik-Biering

1910–1964. Deckname:Else

Sie stammte aus einer Familie mit neun Kindern und war besonders ihrer jüngeren Schwester Gudrun verbunden. Beide verstanden sich als Kommunistinnen und waren im Widerstand tätig. So hielt sie sich Ende August 1934 kurz in Leningrad auf und war im dortigen Interclub tätig, wo sie sich skandinavischer Seeleute annahm. Hier traf sie auf Ernst Wollweber und heiratete ihn aus parteimäßig beschlossenen Vernunftgründen im Mai 1935. Beide kehrten mit erheblich erweitertem Wissen über die operative Sabotagearbeit nach Oslo zurück, wo sie auch ihre Schwester Gudrun in die politische Arbeit einbezogen. Im Sommer 1940 reiste sie nach Schweden, aber ohne ein gültiges Visum, was zu ihrer Verhaftung und Ausweisung führte. Sofort nach der Besetzung Norwegens durch die deutsche Wehrmacht reiste Ragnhild mit ihrer Schwester Gudrun (die inzwischen die Geliebte Wollwebers geworden war) an die schwedische Grenze, wo Gudrun und Ernst sich in einer Hütte versteckten. Ragnhild kehrte nach Norwegen zurück, verabschiedete sich von dem ungeliebten Ehemann und flüchtete nach Schweden, wo sie von der Polizei vernommen und nach Karlstad gebracht wurde. Eine im Oktober 1940 geplante Reise nch Moskau war inzwischen nicht mehr erforderlich.

Während eines Aufenthalts in Dänemark im März 1941 wurde sie von der Gestapo verhaftet und nach Berlin zum Reichssicherheitshauptamt gebracht, von dort über Kopenhagen nach Hamburg-Fuhlsbüttel. Im Mai wurde sie erneut nach Kopenhagen geflogen. Da ihr dortiges Zusammentreffen mit einigen Dänen bei der Gestapo zu bstimmten Rückschlüssen führte, wurde sie wieder nach Hamburg gebracht und war dort vielen mit Folter verbundenen Verhören ausgesetzt. Eigentlich sollte sie vom VGH angklagt werden, ihr Fall wurde aber zurückgestellt und das Strafverfahren im Januar 1945 ohne Begründung eingestellt. Allerdings wurde sie nicht sofort aus der Haft entlassen, aber in einem anderen Verfahren vom VGH unter den Aktenzeichen 9J 9/43 und 1H 37/43 (db.saur.de) erfasst. Während eines Aufenthalts in Dänemark wurde sie von der Gestapo verhaftet und und nach Deutschland in ein KZ transportiert. Im Februar 1946 kehrte sie nach Norwegen zurück, heiratete einen norwegischen Arzt und nannte sich fortan Ragnhild Biering(-Wiik). Ihren früheren Ehemann Ernst Wollweber hat sie nicht wiedergesehen und ist 1964 in Norwegen gestorben. (S.a. *far1or för staten*)

Zedakah e.V.

= Wohltätigkeit, Barmherzigkeit. Eine 1960 gegründete christliche Organisation mit Zentrale in Freiburg, die ihre Aufgabe darin sieht, Überlebende des Holocaust in israelischen Gästehäusern und Pflegeheimen zu ver- und zu umsorgen. Im Norden Israels befindet sich in Ma'alot nahe Nahariya ein Pflegeheim und in Shavei Zion ein Gästehaus. (Die Siedlung Shavei (Schawe) Zion wurde 1938 von aus Rexingen stammenden Juden gegründet.)

Zeitungskorrespondenzbureau Berlin

Um 1938 entwickelte der Journalist Rudolf von Scheliha die Einrichtung eines antinazistischen Zeitungsdienstes in Berlin. Da er als polnischer Minderheitendienst gegründet wurde, konnte er in Deutschland aber agieren. So war er nicht dem deutschen Presserecht verpflichtet, verhielt sich aber gegenüber der Nazi-Regierung loyal und eher unkritisch. Zu den Mitarbeitern zählte u. a. Immanuel Birnbaum, der ja wegen seiner jüdischen Herkunft nicht bei deutschen Presseorganen tätig sein durfte. Doch bestanden auch nach seiner Ankunft in Stockholm weiterhin Kontakte zum Zeitungsbüro und vor allem zu dem dort tätigen aus Lodz stammenden Redakteur E. Kutzner. Mit diesem tauschte er klandestine Informationen aus, was letztendlich zu seiner Verhaftung führte. (Birnbaum; Kern; Coppi/Kebir)

Anmerkungen

[1] Frank Meisler (1929-2018) war ein aus Danzig stammender dt.-brit.-isr. Architekt und Bildhauer. Im August 1939 kam er mit einem Kindertransport nach Großbritannien, und zwar in einem von SS-Leuten bewachten Viehwaggon nach Berlin, von dort mit einem regulären Zug nach Holland, weiter mit dem Schiff nach Harwich und von dort nach London. Er kam bei seiner dort lebenden Großmutter unter und erhielt eine künstlerische Ausbildung. 1960 emigrierte er nach Israel und lebte dort in Jaffa bei Tel Aviv.

[2] Während seines Aufenthalts in Russland soll er mit anderen Beteiligten finanziell in die Revolution eingegriffen haben, was von Verschwörungstheoretikern thematisiert wurde und wird. – Wohl auch aus Gehässigkeit wurde seinerzeit in der Presse eine Nähe zum Rotlichtmilieu kolportiert, was Eva Warburg später strikt dementierte.

[3] Anscheinend hat PW nirgendwo erwähnt, dass von Ende 1943 bis 1945 aus Mitteleuropa stammende und aus Norwegen geflüchtete jüdische Kinder in Alingsås in der Villa Engabo gård einquartiert waren und im Herrenhaus Nolhaga Slott eine Art Lager für kommunistische Exilierte bestand. Letztere dürften in Borås und möglicherweise auch in Alingsås als Textilarbeiter tätig gewesen sein. – Verdrängt wurde auch die Rolle des Vaters im Holocaust. Nach Angaben von Alexander W. sollen ihn seine Verwandten in Wien um Hilfe gebeten haben. worauf er aber anscheinend nicht reagierte (vgl. *Fragment*).

[4] Ungefähr zu diesem Zeitpunkt könnte G. Wiesholler sich in Malmö aufgehalten haben. Das geht aus einem Brief von ihm an Karl Mewis Ende 1971 hervor. Worin er sich auch wegen einer Übersiedlung als Lehrer in die DDR interessierte, was aber lt. Mewis schwierig gewesen sein dürfte. Denn: »Das ganze Lehrerprogramm ist - abgesehen vom System - anders« (lt. Brief an G. Wiesholler) — Es stellt sich allerdings die Frage nach dem Warum der Desertion: Hat Wiesholler während seiner Zeit in Schweden ein gesinnungsethisches Doppelleben geführt und war verdeckt tätig, um deutsche Exilierte auszuspähen?

[5] Der eigentlich angeklagte Heinrich Wiatrek* (1896-1945) stammte aus Gleiwitz und wurde 1928 Mitglied der KPD, wo er in der Folge als Funktionär tätig war und nach 1933 im Widerstand agierte. Von Kopenhagen aus koordinierte er u.a. die gesamte Arbeit der Exil-KPD in Skandinavien, wurde aber im Mai 1941 von der Gestapo verhaftet und im Mai 1943 vom VGH zum Tode verurteilt. (Az 10J 2/43g und 1H 89/43; db.saur.de) Doch kam es bis 1945 zu Verzögerungen, so dass er überlebte. Wenige Monate nach Kriegsende starb er allerdings an Tuberkulose. Da er mit Mewis regen Kontakt hatte, wird er sich des Öfteren auch in Schweden bzw, Stockholm aufgehalten haben. In den Jahren 1941 bis 1944 wurde er mehrfach in Akten des VGH genannt. (Ebd.)

[6] Diese 1930 und bis 1937 existierenden gegründeten Einrichtungen der ISH waren marxistisch ausgerichtet und standen in Verbindung zum Internationalen Solidaritätsfonds und zur Komintern in Moskau. Sie dienten u. a. als Treffpunkt aller Seeleute und besonders derjenigen, die seinerzeit aus den Kolonien stammten. Möglicherweise sollten sie zusammen mit der RGI als eine Art Gegengewicht gegenüber der ITF fungieren u. Weitere Clubs gab es in Bordeaux, Hamburg, Kopenhagen, Marseille und New York.

[7] In Dudweiler selbst ist eine Art Geschichtsgruppe betr. Jakob Welter aktiv, doch verfügt sie anscheinend nicht über bestimmte Informationen hinsichtlich seiner eigenen Familie.

[8] Da die in den vorherigen Ausgaben genannte geografische Verortung sich als falsch erwies, erfolgt hier die Korrektur: Laut Information von Stefan Larsson, Göteborg befand sich diese Einrichtung am Rand der Ortschaft Löberöd in der Gemeinde Enslöv.

[9] Dazu sagte Löwenthal aus, sie hätten bei der Aufbauarbeit »einen sehr wichtigen Freund gewonnen, der nicht aus unserer Gruppe kam, aber schon draußen mit unserer Gruppe zusammengearbeitet hat. Das war Willy Brandt, der nach der Rückkehr bei anfänglichen Auseinandersetzungen von den Überlebenden der Gruppe indirekt unterstützt worden sein soll.« (GDW 2001; s. a. W. Brandt)

[10] Die Staatliche Ausländerkommission wurde später von Invandrarverket abgelöst und sammelte alles in Zusammenhang mit Immigrationsfragen Stehende. Im Centraldossier befinden sich alle einschlägige Akten, die bis 1970 noch gesperrt waren.

Abkürzungen

ABBAW Archiv Berlin-Brandenburgische Akademie der Wissenschaften
AdK Akademie der Künste Berlin
AdsD Archiv der sozialen Demokratie
ARAB Arbetarrörelsens arkiv och bibliotek (inkl. vormaliger Bestand VLSB)
AWO Arbeiterwohlfahrt
Az Aktenzeichen
BArch Bundesarchiv
BBA Bertolt-Brecht-Archiv (AdK)
ČSR Tschechoslowakische Republik
DGB Deutscher Gewerkschaftsbund
DNB Deutsche National-Bibliothek
FDJ Freie Deutsche Jugend
FDGB Freier Deutscher Gewerkschaftsbund (DDR)
Gestapo Geheime Staatspolizei
g geheim
gRs geheime Reichssache (der Gestapo)
GDW Gedenkstätte Deutscher Widerstand
HIAS Hebrew Immigrant Aid Society (USA)
HICEM dito in Europa bzw. Paris
HSB Hyresgästernas Sparkasse och byggnadsförening
JHK Jahrbudh für Historische Kommunismusforschung
ISH Internationale der Seeleute und Hafenarbeiter
JOINT American Jewish Joint Distribution Committee
JWA Jewish Women Archives
KB-A Kungliga Biblioteket-Arkiv
KPdSU Kommunistische Partei der Sowjet-Union
KZ Konzentrationslager
NGO Non-governmental organization

NKDW	Narodny Kommissariat Wnutrennych Del / KGB (Volkskommissariat Innere Angele- genheiten, später umbenannt in KGB)
NSDAP	Nationalsozialistische deutsche Arbeiter-Partei
OSS	Office of Strategic Services
PWA	Peter-Weiss-Archiv (in AdK)
RA	Riksarkivet, Schweden
SAC	Sveriges Arbetares Centralorganisation
Säpo	Säkerhetspolisen / Sicherheitspolizei
SBZ	Sowjetisch besetzte Zone
SD	Sicherheitsdienst der SS
SED	Sozialistische Einheitspartei Deutschlands (DDR)
SIM	Svenska Israel Missionen
SIS	Secret Intelligence Service
Skr	Schwedische Krone(n)
SOE	Special Operations Executive
SS	Schutzstaffel der NSDAP
StAB	Staatsarchiv Bremen
SUK	Statens utlänningkommission ...[10] (Staatl. Ausländerbehörde in Schweden)
SWA	Stiftung Warburg Archiv
USPD	Unabhängige Sozialdemokratische Partei Deutschlands
VGH	Volksgerichtshof (in Berlin)
VHS	Volkshochschule
VLSB	Västerås Stifts och Landesbibliotek
VVN	Vereinigung der Verfolgten des Naziregimes
WHO	World Health Organisation
ZDWV	Zentralverb. Demokratischer Widerstandskämpfer und Organisationen Verfolgter.
ZK	Zentralkomitee

Abbildungen: Nachweise und Zuordnungen

Einband von links nach rechts

Lise Meitner. commons.wikimedia.org. User: Materialscientist

Fritz Bauer als Student 1921. de.wikipedia.org. Foto: unbekannt

Nelly Sachs 1966. de.wikipedia.org. Foto: unbekannt

Willy Brandt 1937. willy-brandt.de. Foto:fredstein.com.User: Peter Stein, New York.

Lotte Laserstein, 1930 bei der Arbeit / Bildauszug. Foto: Wanda von Debschitz-Kunowski. User: Opfergaben. Wikimedia common. www.swp.de/ulm/nachrichten/kultur/1938

Bruno Kreisky, 1983. Bildauszug aus Csac 4864. Foto: Votava (SPÖ Presse und Kommunikation. Flickr. Wkikimedia Commons.

Frontispiz

Marionettenfigur *Baptiste* (Kinder des Olymp) von Michael Meschke. Foto: Michael A. Kersten.

Schriftzug im Text

Ernst Emsheimer. Privatbesitz Andreas Lüderwaldt. S. 90

44/ 88 Henrik Rosengren (aus Familienbesitz Emsheimer) : Emsheimer u. Steinitz
45/ 98 Buch/Bildzitat
        Stefan Szende, Der letzte Jude aus Polen. Zürich 1945: Adolf Folkman
46/ 98 commons.wikipedia. Foto: unbekannt: Fred Forbat
47/98 sv. wikipedia.org CC BY-A 4.0; Foto: Ulf Rigner. Ausschnitt: Hai Frankl (99)
48/ 99 Buch/Bildzitat
        Otto Friedländer, Individuum, Klasse und Nation. Offenbach 1947.
49/ 99 dito: Werner Wolf Glaser, Symphonie No. 6. Musik vid Mälaren
50/105 Richard Hansen. SPD-Geschäftswerkstatt.de; Familienarchiv Karl Meitmann
51/105 Buch/Bildzitat : Simplicissimus. 1897: Th. Heine
52/111 wikimedia.com. Foto: unbekannt: Karl Helbig
53/111 Buch/Bildzitat:
        Wilfried Wolff; Max Hodann (1894-1946). Hamburg 1993
54/116 dito
        Hans Holewa, Piano works. proprius 2002
55/116 dito
        Hildegard Kaeser; Das unsichtbare Band. Zürich 1946
56/123 dito
        Hermann Knüfken; Von Kiel bis Leningrad. Berlin 2003
57/123 dito
        Erich Leiser; Wähle das Leben. Zürich 1963
58/134 Stockholms Auktionsverket. Foto: unbekannt: Walter Lindenthal
59/134 Familienbesitz Michael Meschke
60/146 Buch/Bildzitat
        Maud von Ossietzky erzählt. Berlin 1998
61/146 dito
        Peggy Parnass; Mut und Leidenschaft. Hamburg 1997
62/148 dito
        Walter Pöppel; Es war einmal. Stockholm 1988
63/148 dito
        Hilde Rubinstein; Atomdämmerung. Zürich 1960
64/160 Kungliga biblioteket. Foto: Harry Järv, Ende Mai 1970   (162)
65/160 Harry Schein. Norrvikens valkewerk 1948. commons wikipedia.org, Foto: unbekannt
66/168 Max Seydewitz 1951. CC BY-SA 3.0. Deutsche Fotothek df_roe-0000093_005, Foto:
        Roger und Renate Rössing
67/168 Kurt Singer, commons,wikimedia.org. Foto: OTFW
68/174 Buch/Bildzitat:
        Ursula El-Akramy; Transit Moskau: Margarete Steffin und Maria Osten. Hamburg   1988
69/174 Buch/Bildzitat:
        Stefan Szende. Mellan våld och tolerans. Stockholm 1975
70/186 Werner Taesler; commons.wikipedia. Dagens Nyheter 1965, Foto: unbekannt   (186)
71/186   Buch/Bildzitat:
        Hallvard Rieber-Mohn; En Max Tau Bok. Oslo 1977
72/191 dito:
        Hans Tombrock; Ausstellungskatalog Dortmund 1965
73/191 dito:

Rolf Hosfeld, Tucholsky. Ein deutsches Leben (1890-1935). München 2012
74/191 dito:
       Elisabeth Åsbrink; Und im Wienerwald . . .. Hamburg 2014
75/200 Anne E Dünzelmann
76/200 dito
       Herbert Wehner; Wandel und Bewährung. Berlin 1968
77/200 Buch/Bildzitat
       J. v. Flocken / M. Scholz, Ernst Wollweber. Berlin 1994
78/210 dito
       Werner Hecht; Helene Weigel. Frankfurt/Main 2000
79/208 wikipedia.com. Foto: unbekannt
80/209 wikipedia com. CC BY-SA 3.0 Stolpersteine Fam. Goldstein, Berlin. Foto: ÖTFW
81/213 Zeichnung von Mago/ M. Goldstein in *Klä av, Klä på* . Privatbesitz Jan Winter
82/213 Privatbesitz Jan Winter: Sophie Michael
83/213   Privatbesitz Jan Winter: Die Cousins
84/234 Privatbesitz Torkel S. Wächter: Michael Wächter
85/234 5tiftung Bruno Kreisky, Archiv Wien: Willy Brandt u. Bruno Kreisky. Foto: unbekannt
86/238 wikipedia.common. Foto: unbekannt
87/238 CC BY-SA wikimedia.commons. libris.kb.se/ bib/1296244. Fotograf unbekannt.
88/243 commons.wikimedia. Foto: wikifrits 2008
89/243 StAB 10,B-486: Ella u. Adolf Ehlers
90/251 wikipedia.org. Foto: Holger Ellgaard
91/251 dito. Foto: $traight-$hoota 2006
92/258 Buch/Bildzitat:
       Daniel Birnbaum, Dr. B.: Immanuel Birnbaum. München 2021
93/258 common. wikimedia.org. CC BY 2.0. Foto: Håkan Dahlström
94/258 Buch/Bildzitat
       Flamman: Hermann Knüfken. 10. Oktober 2012
95/267 Symbolbild: Jacob Welter. Anne E Dünzelmann
       mit Straßenschild. onlinestreet.de
96/269 CC BY-SA 3.0 de. Foto: ein US-amerikanischer Soldat der 100th Infantry Division.
       Nutzer; Rosenzweig
97/269 CC BY-SA 3.0 de. Nutzer: BArch Bot (Diskussion) Beiträge 2008. Zugang:
       Bundesarchiv 146-1987-058-09
98/273 wikipedia.org. Foto: Jochr
99/274 Upplandsmuseet. Foto: Ola Ehn
100/283 Buch/Bildzitat)
       Hans Kirchhoff, Den gode tysker. G. F. Duckwitz, de danske jøders redningsmand.
       Kopenhagen 2013
101/283 Buch/Bildzitat
        Gottfried Bermann-Fischer, Wanderer durch ein Jahrhundert. Frankfurt am Main 1994
102/283 Buch/Bildzitat: Ferdinand Goetze
       Andreas Graf (Hrsg.), Anarchisten gegen Hitler. Berlin 2001
103/294 Grab von Charles Lindley. Foto: Raffael Saulus. Saulus commonwiki
104/294 Buch/Bildzitat:
       Gertrud Lenz, Gertrud Meyer. Paderborn 2013

105/294 Buch/Bildzitat
         Kurt Finker, Graf Moltke und der Kreisauer Kreis. Berlin 1987
106/307 Stolperstein vor dem Kölner Rathaus. Januar 2008. Foto: Willy Horsch
107/307 Familie von Trott zu Solz
108/307 wikipedia,org. CC BY-SA 3.0 de, Foto: OTFW 2013
109/310 commons.wikimedia.org. CC BY 2.0, Foto: Håkan Dahlström

Bibliografie

Ungedruckte und gedruckte Quellen

– ARCHIV.ORG
  Briefe von Hertha [Josias]

– archivportal.de

– DAGEN, 29. Januar 2009, www.dagen.se

– db.saur.de. Nationalsozialismus, Holocaust Widerstand und Exil 1933-1945.
  8J 1713/33 (Stefan Szende); 9J 3/43g (Schaap m. Wollweber); 03 3/44g (Trott zu Solz)

– DN.se/kultur-noje/film-tv/berättelser-fran-kibbutzen-i-falun

– FLAMMAN. 10. Oktober 2012. *Kamrat Pirat −fallet som förbryllar.* Dokumentarfilm von Staffan
  Lamm 1988 (*Fallet Fredag*). Rezension von Lena Kallenberg. www.flamman.se

– GEDENKSTÄTTE DEUTSCHER WIDERSTAND
  Biografien

– GEDENKSTÄTTE UND MUSEUM SACHSENHAUSEN

– HEPP, MICHAEL (Hrsg.)
  Die Ausbürgerung deutscher Staatsangehöriger 1933-45 nach den im Reichsanzeiger
  veröffentlichten Listen. München 1985

– INFORMATIONEN / INFO
  Anja und Peter Emsheimer sowie Mikael Erikson/SAC; Michael Meschke; Helmut Müssener;
  Gunilla Palmstierna-Weiss; Michael F. Scholz; Torkel S. Wächter; Georg Wiesholler; Jan Winter

– JWA.ORG / Jewish Women' Archive.

– KUNGLIGA BIBLIOTEKET / Sveriges Nationalbibliotek

– LexM. Online-Lexikon verfolgter Musiker und Musikerinnen in der NS-Zeit. Universität Hamburg

– Münster.de
  Nachruf Hans Kaufmann. November 2916

– MÜSSENER, HELMUT
  Abschiedsrede zum 70. Geburtstag der Deutschen Vereinigung 1945. Gehalten am 18.9.2015

– DERS. / SCHOLZ, MICHAEL F.
  Von Hilfe zur Selbsthilfe. Die Emigranten-Selbsthilfe und ihre Tätigkeit von der Gründung bis
  in die 1950er Jahre. o.J. Manuskript

– RIKSARKIVET, Stockholm

Sveriges Dödbok. Komm.Nr. 964, F2:6, F2:8
– SAC / Sveriges Arbetares Centralorganisation
– SPIEGEL 29/1977 und 8/1961
– StAB (Staatsarchiv Bremen) 4,82/1 (Meldekarten):
  7,144 (Nachlass Adolf Ehlers)
  7,144-19 (Gespräch Peter Brandt und Adolf Ehlers)
  7,48 (Nachlass Kurt Thiele)

Literatur (Auswahl)

ARENDT, HANNAH
  Vita activa oder vom tätigen Leben. München 1967
ÅSBRINK, ELISABETH
  Und im Wienerwald stehen noch immer die Bäume. Hamburg 2014
BARTH, MAX
  Spur im Ufersand. Eine Auswahl aus seinem Werk. Waldkirch 1971
BIRNBAUM, DANIEL
  Dr. B. München 2021
BORGERSRUD, LARS
  Die Wollweber-Organisation und Norwegen. Berlin 2000
BRANDT, PETER
  Antifaschismus und Arbeiterbewegung. Hamburg 1976
BRANDT, WILLY
  Links und frei. Mein Weg 1930–1950. Hamburg 1982
  Erinnerungen. Berlin 1989
BRECHT, BERTOLT
  Mutter Courage und ihre Kinder. In: Gesammelte Werke 4. Stücke 4. Frankfurt am Main 1967
  Flüchtlingsgespräche. In: Gesammelte Werke 14, Prosa 4. XII, Schweden oder die Nächstenliebe
  / Ein Fall von Asthma. 1461-1472. Frankfurt am Main 1967
  Arbeitsjournal 1938-1942. Frankfurt am Main 1967
COPPI, HANS / KEBIR, SABINE
  Ilse Stöbe: Wieder im Amt. Hamburg 2013
DENCIK, LARS
  Exil: Verzweiflung und Kreativität, In: Glöckner, S. 57-103
DÜNZELMANN, ANNE E
  Peter Weiss – Bremer Verortungen. Norderstedt 2016
  ... keine normale Reise. Eva Warburg und die Kinder/Jugend-Alijah in Schweden. Norderstedt
  2017
  »Es galt eiserne Disziplin«. Die Sozialistische Arbeiterpartei Deutschlands in Bremen, ihr
  Widerstand gegen den Nationalsozialismus und ihre Verbindungen nach Skandinavien. Bremen
  2021
FLOCKEN, JAN VON / SCHOLZ, MICHAEL F.
  Ernst Wollweber. Saboteur. Minister. Unperson. Berlin 1994
GERLACH, RAINER (Hrsg.)

Peter Weiss. Frankfurt am Main 1984

GLÖCKNER, OLAF
Deutschsprachige jüdische Emigration nach Schweden 1774 bis 1945. Berlin/Boston 2017

GLÜCK, EMIL
Hachschara and Youth Aliyah in Sweden 1933-1948. 1985, o.O.

GOCH, STEFAN
Jüdisches Leben – Verfolgung-Mord-Überleben. Essen 2005

GRUCHMANN, LOTHAR
Schweden im Zweiten Weltkrieg. In: Vierteljahreshefte für Zeitgeschichte. Heft 4, 1977, S. 591-657

HÄRTLING, PETER
Peter Guttmann, Darmstadt 1985

HEPP, MICHAEL (HG.)
Die Ausbürgerung deutscher Staatsangehöriger 1933-1945 nach den im Reichsanzeiger veröffentlichten Listen. München 1988 und 2012.

KERN, ERICH
Verrat an Deutschland. Spione und Saboteure gegen das eigene Vaterland. Oldendorf 1972

KIEFER, GERD U.A.
Jakob Welter. Widerstandskämpfer aus Dudweiler. Hrsg. Verein Freunde des LPM (Landesinstitut für Pädagogik und Medien) Saarbrücken

KRAUSS, MARITA
Heimkehr in ein fremdes Land. München 2001

LAMM, STAFFAN
Film: Ein Mann namens Freitag. o.J. (1988). NDR-Redaktion Film und Theater (NDR III, 3.5.1989). S.a. *Flamman*, mit Rezension von Lena Kallenberg. Oktober 2012

LINDGREN, HENRIK
Adam von Trotts Reisen nach Schweden 1942 – 1944. In: Vierteljahreshefte für Zeitge schichte, H. 3/1970, S. 274-29

MAIER-WOLTHAUSEN, CLEMENS
Eine unmögliche Reise. Ein Brief der Kinder- und Jugendalija in Schweden von 1940. MEDA ON. Magazin für jüdisches Leben in Forschung und Bildung, 8, 2014, S. 1-6. Online: http: /medaon.de/pdf/MEDAON_14_Maier-Wolthausen. pdf [dd.mm.yyyy]
— Zuflucht im Norden. Die schwedischen Juden und die Flüchtlinge 1933-1941. Göttingen 2019

MARSSOLEK, INGE / OTT, RENÉ
Bremen im 3. Reich. Bremen 1986.

MIELKE, SIEGFRIED / MATTHIAS FRESE
Die Gewerkschaften im Widerstand und in der Emigration 1933-1945. Köln 1999

MISGELD, KLAUS
Die „Internationale Gruppe demokratischer Sozialisten" in Stockholm 1942–1945. Uppsala 1976

MÜSSENER, HELMUT
Exil in Schweden. Politische und kulturelle Emigration nach 1933. München 1974

MÜSSENER, H. / SCHOLZ, M.F.

Von Hilfe zur Selbsthilfe. In: Glöckner 2017, S. 273-303

DIES.

Die jüdische Emigrantenselbsthilfe in Stockholm (1938-1973). Berlin/Boston 2023

NELLES, DIETER

Widerstand und internationale Solidarität: Die Internationale Transportarbeiter-Föderation (ITF) im Widerstand gegen den Nationalsozialismus. Essen 2001
Das abenteuerliche Leben des Hermann Knüfken. In: ötv report Seefahrt, H. 3/1996, S. 13-23

PAMMER, THOMAS

Barnen som var räddning värde? Die Schwedische Israelmission in Wien 1938-1941, ihre Kindertransporte und der literarische und wissenschaftliche Diskurs. Wien 2012. Magisterarbeit (pdf

PAUL, HANS-HOLGER (Hrsg.)

Inventar zu den Nachlässen der deutschen Arbeiterbewegung: für die zehn westdeutschen Länder und West-Berlin. Archiv der sozialen Demokratie Bonn. München 1993

PUSCH, THOMAS

Politisches Exil als Migrationsgeschichte. Schleswig-Holsteiner EmigrantInnen und das skandinavische Exil 1933–1960. Dissertation. Flensburg 2003

RÖDER, WERNER / STRAUSS, HERBERT A.

Biographisches Handbuch der deutschsprachigen Emigration nach 1933. München 1980

ROSENGREN, HENRIK

Från tysk höst till tysk vår. Hans Holewa, Maxim Stempel, Ernst Emsheimer, Herbert Connor, Richard Engländer. Lund 2013 (Nordic Academic Press). Deutsch: Fünf Musiker im schwedischen Exil. Neumünster 2016

RUDBERG, PONTUS

Sweden and Jewish Refugees from Nazi Germany, 1933-1939. In: Bystanders, Rescuers or Perpetrators? The Neutral Countries and the Shoah. International Holocaust Remembrance Alliance. Berlin 2016

RYMAN, BJÖRN

Die schwedische Sigtuna-Gruppe und ihre Beziehung zum Widerstand in Deutschland und Norwegen. In: Joachim Garstecki (Hrsg.), Die Ökumene und der Widerstand gegen Diktaturen. Stuttgart 2007, S. 71-87

SACHS, NELLY

Das Leiden Israels. Eli. In den Wohnungen des Todes. Sternverdunkelung. Frankfurt am Main 1962

SCHMOLKE, AXEL

»Das fortwährende Wirken von einer Situation zur andern«. Strukturwandel und biographische Lesarten in den Varianten von Peter Weiss' Abschied von den Eltern. St. Ingbert 2006

SCHOLZ, MICHAEL F.

Skandinavische Erfahrungen erwünscht? Nachexil und Remigration. Die ehemaligen KPD-Emigranten in Skandinavien und ihr weiteres Schicksal in der SBZ/DDR. Stuttgart 2000 (Abb. 110)
Wollweberligan: Ernst Wollweber. In: ... faror för staten av svåraste slag. Stockholm 2012, S. 240-253

SCHOPPMANN, CLAUDIA

Das war jenseits jeder menschlichen Vorstellungskraft. Hilfe für verfolgte Juden im deutsch besetzten Norwegen 1940-1945. Hg. GDW. Berlin 2016

SZENDE, STEFAN
Zwischen Gewalt und Toleranz. Frankfurt am Main 1975
Der letzte Jude aus Polen. Zürich/New York 1945

TAU, MAX
Ein Flüchtling findet sein Land. Hamburg 1964

WEISS, GERHARD ALEXANDER
Fragment. In: Berichte aus der Klinik und andere Fragmente. Frankfurt am Main 1978

WEISS, PETER
Abschied von den Eltern. Text und Kommentar. Kommentar von Axel Schmolke. Frankfurt am Main 2007
Fluchtpunkt. Frankfurt am Main 1962
Notizbücher 1960-1971. Erster und zweiter Band. Frankfurt am Main 1982
1971-1980. Erster und Zweiter Band. Frankfurt am Main 1981
In Gegensätzen denken. Ein Lesebuch. Ausgewählt von Rainer Gerlach und Matthias Richter, Frankfurt am Main 1986
Die Ästhetik des Widerstands. Frankfurt am Main 1988

DERS. / ANGELA ABMEIER / HANNES BAJOHR (Hrsg.)
Briefe an Henriette Itta Blumenthal. Berlin 2011

WINTER, JAN
Kullarna. Roman om ett brott. Uppsala 2023

WEISS-EKLUND, IRENE
Auf der Suche nach einer Heimat. Das bewegte Leben der Schwester von Peter Weiss. München 2001

YNGBORN, ANNALENA
Strafvollzug und Strafvollzugspolitik in Schweden: von Resozialisierung- zum Sicherungsvollzug. Mönchengladbach 2011

ZARUSKY, JÜRGEN / HARTMUT MEHRINGER (Hrsg.), Widerstand als »Hochverrat« 1933-1945. Die Verfahren gegen deutsche Reichsangehörige vor dem Reichsgericht, dem Volksgerichtshof und dem Reichskriegsgericht. 2012 (1998). S.a. db.saur.de

Buchbildzitate

Eine Art Nachwort . . .

»Neunzehnhundert Sechsundzwanzig war sie, durch Vorsorge des zum Beistand ihres Vaters gegründeten schwedischen Komitees. nach Vigbyholm gekommen. zuvor hatte sie [Rosalinde von Ossietzky] als erstes politisches Flüchtlingskind aus Deutschland, drei Jahre im Internat Dartington Hall in Südenglamd verbracht. Ehe ich noch wußte, wer sie war, war mir ihre Haltung völliger Abgeschiedenheit aufgefallen. Ich folgte Hodann und seiner Frau, die von Kautsky und dessen Familie von der Bahn abgeholt worden waren, nicht zum Schulgebäude, sondern verweilte am Feldrain.«
Aus: *Peter Weiss, Die Ästhetik des Widerstands, S. 131*

An dieser Stelle möchte die Autorin

*Claudia Haase, Frank Kedenburg, Bernd Lübbers,
Michael Meschke, Helmut Müssener,
Michael F. Scholz und Jan Winter*
**ihren Dank aussprechen:
für Informationen, Fotos und Hilfe**

**Auch bedanke ich mich besonders bei meinem Sohn
Robert Dünzelmann
für das unterstützende Miteinander!**